AF672734

Martina Sevecke-Pohlen

Abgesang

–

Morde zwischen Geest und Meer

Wieken-Verlag

Die Deutsche Nationale Bibliothek verzeichnet diese Publikation in der Deutschen Nationalbibliographie;
Detaillierte bibliographische Daten sind im Internet über http://dnb.de abrufbar.
Bilder (c): Cover: Mohammad Metri on Unsplash, Trennbilder: eommina on pixabay.com
Titelgestaltung: Martina Sevecke-Pohlen
Copyright (c) 2018 Martina Sevecke-Pohlen
Wieken-Verlag Martina Sevecke-Pohlen
Fenderstr. 1, 26 817 Rhauderfehn
info@ wieken-service.com
All rights reserved.
ISBN Taschenbuch 978-3-943 621-63-1
ISBN Hardcover 978-3-943 621-66-2
ISBN Amazon 978-3-943 621-62-4
ISBN E-Book Kindle 978-3-943 621-65-5
ISBN E-Book EPUB 978-3-943 621-64-8
(c) 2018

Das Werk, einschließlich seiner Teile, ist urheberrechtlich geschützt. Jede Verwertung ist ohne Zustimmung des Verlages und des Autors unzulässig. Dies gilt insbesondere für die elektronische oder sonstige Vervielfältigung, Übersetzung, Verbreitung und öffentliche Zugänglichmachung.

Inhaltsverzeichnis

Frühjahr 1990 11

Mittwoch, 2. Woche Juni
Okko in Rhauderfehn 14
Christa in Rhauderfehn 16

Donnerstag, 2. Woche Juni
Christa in Rhauderfehn 19

Freitag, 2. Woche Juni
Leo in Sandkrug 22
Christa in Rhauderfehn 27

Samstag, 2. Woche Juni
Eden in Sandkrug 32
Amke in Ostrhauderfehn 36
Leo in Sandkrug 38

Sonntag, 2. Woche Juni
Ida in Idafehn 42
Christa in Rhauderfehn 44
Leo in Sandkrug 47

Montag, 3. Woche Juni
Christa in Rhauderfehn 53
Ida in Leer 57
Leo in Sandkrug 59

Dienstag, 3. Woche Juni
Christa in Rhauderfehn 64
Eden in Sandkrug 67
Leo in Sandkrug 70
Ida in Leer 76
Christa in Rhauderfehn 78

Mittwoch, 3. Woche Juni
Christa in Oldenburg und Sandkrug 80

Donnerstag, 3. Woche Juni
Christa in Rhauderfehn 85

Freitag, 3. Woche Juni
Leo in Sandkrug 87

Samstag, 3. Woche Juni
Christa in Idafehn 91

Sonntag, 3. Woche Juni
Leo in Sandkrug 97
Christa in Rhauderfehn 102
Amke in Rhauderfehn 104

Montag, 4. Woche Juni
Christa in Rhauderfehn 108
Eden in Sandkrug 112

Dienstag, 4. Woche Juni
Christa in Rhauderfehn 115
Leo in Sandkrug 117

Mittwoch, 4. Woche Juni
Amke in Rhauderfehn 124
Christa in Oldenburg und Sandkrug 127

Donnerstag, 4. Woche Juni
Christa in Idafehn 135
Eden in Sandkrug 139
Leo in Sandkrug 144
Christa in Rhauderfehn 147

Freitag, 4. Woche Juni
Leo in Sandkrug 153
Christa in Rhauderfehn 162

Sonntag, 4. Woche Juni
Amke in Rhauderfehn 169

Montag, 1. Woche Juli
Eden in Sandkrug 172
Amke in Rhauderfehn 174
Hafsa in Sandkrug 178

Dienstag, 1. Woche Juli
Leo in Sandkrug 182
Christa in Leer 185
Christa in Rhauderfehn 188

Donnerstag, 1. Woche Juli
Leo in Oldenburg 192
Christa in Rhauderfehn 198

Freitag, 1. Woche Juli
Eden in Sandkrug 202
Christa in Rhauderfehn 208
Hafsa in Sandkrug 211

Samstag, 1. Woche Juli
Christa in Rhauderfehn 216

Dienstag, 2. Woche Juli
Leo in Oldenburg 222

Mittwoch, 2. Woche Juli
Christa in Sandkrug 228

Donnerstag, 2. Woche Juli
Christa in Rhauderfehn 236

Freitag, 2. Woche Juli
Christa in Oldenburg 240
Christa in Sandkrug 242

Samstag, 2. Woche Juli
Hafsa in Sandkrug 245
Leo in Sandkrug 247

Montag, 3. Woche Juli
Ramesh in Sandkrug 252
Christa in Rhauderfehn 254

Dienstag, 3. Woche Juli
Leo in Hude 258
Christa in Rhauderfehn 260
Leo in Sandkrug 263

Mittwoch, 3. Woche Juli
Eden in Sandkrug 269
Ramesh in Sandkrug 272
Leo in Sandkrug 276

Donnerstag, 3. Woche Juli
Eden in Sandkrug 280
Christa in Sandkrug 284

Freitag, 3. Woche Juli
Christa in Rhauderfehn 291

Samstag, 3. Woche Juli
Christa in Sandkrug 296

Sonntag, 3. Woche Juli
Christa in Sandkrug 304
Amke in Rhauderfehn 307

Dies ist eine fiktive Geschichte. Handlung und Personen sind frei erfunden. Ähnlichkeiten zu lebenden oder verstorbenen Personen oder zu realen Ereignissen sind zufällig.

Frühjahr 1990

ZIGARETTENRAUCH HING ZWISCHEN DEN SITZEN DES BUSSES, GELBE SCHWADEN im Licht der Straßenlaternen. Im Halbschlaf sah er zu, wie die Wolken sich drehten, Formen annahmen und wieder verloren. Hinter den nassen Scheiben verschwamm die Stadt mit der Dämmerung. Auf abgenutzten Stoßdämpfern schwamm der Bus über die Schlaglöcher. In seinem benommenen Zustand fand er das Geschaukel beruhigend, als treibe er in einem Boot durch die Nacht. Ein Kopf fiel auf seine Schulter, neben sich hörte er ein missmutiges Stöhnen. Melli. Ausgerechnet. Er hatte vergessen, dass sie auf dem Sitz neben ihm war. Ein schläfriger Teil von ihm signalisierte Befriedigung, dass sie seine Nähe suchte, der wache Teil seines Bewusstseins warnte. Man sollte sie nicht zusammen sehen. Nicht nach der Szene vor der Abfahrt. Nicht nach den Drohungen dieser komplett durchgeknallten Zicke auf dem Sitz hinter dem Fahrer. Aber verlockend war Mellis Nähe schon.

Sie versuchte, sich auf dem Sitz zusammenzurollen. Ihr Absatz stieß in sein Schienbein. Nach einem weiteren Schlagloch drehte sie sich zu ihm.

„Wo sind wir?"

Ihre Augen waren halb geschlossen, die Haare zerzaust. Unter ihrem Make-up sah sie erschreckend jung aus.

„Keine Ahnung. Du kommst doch von hier."

Jenseits der Stadt fuhr der Bus durch konturlose Dunkelheit. Der Regen blieb ihr Begleiter, trommelte auf das Dach und sprenkelte die Scheiben. Auch im Bus war es dunkel. Er lehnte mit der Wange an dem kühlen Glas. Müde, gelangweilt, aufmerksam nur für Mellis Körper so nah an seinem. In dem engen Sitz fand sie keine Position, in der sie länger als ein paar Minuten verharren konnte. Wenn sie sich ein weiteres Mal in ihrem Sitz wand, hörte er sie fluchen. Nach einer Woche schon hatte sie die Angewohnheiten der anderen angenommen. Niemand hätte gedacht, dass sie bis Silvester auf einer Opernbühne gestanden hatte. Ein beleuchtetes Ortsschild kam vorbeigeflogen.

„Kennst du das Kaff?"

„Nie gehört."

Als er das nächste Mal aufwachte, hatte jemand weiter vorne die Beleuchtung über dem Sitz eingeschaltet. Das schwache Licht erhellte den Bus kaum, machte die Welt draußen jedoch undurchdringlich. Er sah hoch zu dem Lichtschalter über ihm, dann neben sich zu Melli, die eine Position zum Schlafen gefunden hatte. Gerne hätte er ihr gesagt, dass sie nicht alles hier ernst nehmen sollte. Dass sie sich den anderen nicht anpassen sollte, weil ihr eigenes Talent viel größer und frischer war. Zu viele Ohren waren in der Nähe. Er konnte nicht sicher sein, wer schlief oder wie er döste. Leise zog er seine Zigaretten aus der Hemdtasche. Als er das Feuerzeug schnappen ließ, regte sie sich.

„Stört es dich?“

„Nee.“

Wenn sie schlechte Angewohnheiten so schnell annahm wie schlechte Sprache, würde auch sie mit dem Rauchen anfangen.

„Hunger?“

„Mir ist schlecht.“ Hastig sah er zu ihr, doch sie grinste. „Geht schon. Ich fahr nicht so gerne Bus. Und dann der Alk.“

Draußen blieb Dunkelheit, kein Licht von Häusern oder anderen Fahrzeugen. Er sah dem Rauch seiner Zigarette zu. Es war besser, als sie anzusehen.

„Meinst du, die kriegt sich wieder ein?“ Er warf einen kurzen Blick zu ihr und starrte wieder an die Decke. Das Thema hatte er vermeiden wollen.

„Klar.“ Er räusperte sich. „Sie braucht dich im Chor.“ Da sie nichts sagte, schob er noch einen Satz hinterher. „Wer will den Job sonst haben?“

„Davon gibt es genug.“ Um sie herum schnarchten erschöpfte Männer. Er rappelte sich hoch und sah sie an. Das verwischte Make-up verdeckte kaum Mellis Gesichtszüge und damit einen der Gründe, warum die durchgeknallte Zicke auf ihr herumhackte.

„Glaub das nicht. Das sagt sie dir, weil sie glaubt, dass du nicht weißt, warum sie hier ist. Ohne die Wiedervereinigung gäbe es die Tour nicht, und ohne die Tour würde kein Hahn nach ihr krähen. Wenn sie jetzt keinen Erfolg hat, ist für sie der Zug abgefahren.“

Er sah wieder nach vorne. Wenn er Melli zu lange ansah, würde er verraten, was er lieber für sich behielt.

„Warum bist du bei ihr? Du bist richtig gut.“

Er lachte heraus, schlug sich aber die Hand vor den Mund.

„Ich habe schon oft mit ihr gearbeitet.“ Wenn die Zicke es diesmal nicht durchstehen würde, sähe es auch für ihn schlecht aus. Aber das brauchte Melli nicht zu wissen. Doch genau das wollte sie. Er merkte es an der veränderten Körperhaltung.

Abgesang

„Sie steht das nicht durch, oder?“

„Sie ist clean.“ Davon ging er aus. Er hatte sie früher erlebt, als die Chemikalien in ihrem Blut sie antrieben und zu einem Wirbelsturm auf der Bühne, und im Bett, machten.

„Sie hat keine Stimme und kann kaum einen Fuß vor den anderen setzen.“

Er zog die Schultern hoch.

„Aber sie kriegt das hin.“

„Vorher feuert sie alle.“ Melli nahm sein Schweigen als Zustimmung. „Die hat sie nicht mehr alle.“

„Sie braucht halt noch ein paar Tage.“ Melli schmollte. Er sah sie an. „Hör zu. Ich weiß, sie hat dich auf dem Kieker. Glaub nur nicht, sie nimmt dich nicht ernst. Die hat eine Heidenangst vor dir. Du bist jung, du siehst gut aus, du kannst was. Und du hast keine Angst. Du bist, wie sie früher mal war, nur dass sie eine Scheiß-Angst hatte. Die Angst konnte sie nicht aushalten. Und denk dran: Wenn sie die Tour durchsteht, und du am Ende dabei bist, stehen dir alle Türen offen.“

„Die olle Zicke. Eines Tages bringe ich sie um.“

Sein Feuerzeug rutschte zu Boden. Beide tauchten danach zwischen die Sitze. Im nächsten Moment ging ein Ruck durch den Bus, Metall kreischte auf Metall, Glassplitter regneten auf sie herab. Das letzte, woran er sich erinnerte, war Mellis Schulter in seiner Brust.

Mittwoch, 2. Woche Juni

Okko in Rhauderfehn

OKKO LÜKEN WIES MIT DER HAND AUF DEN RADWEG. „FAHR MAL RECHTS ran. Ich wette, das ist sie." Von seinem Kollegen Gerriet Haske kam ein zustimmendes Grunzen. Okko stieg aus, richtete seine Uniformjacke und ging der älteren Dame ein paar Schritte entgegen.

„Moin, moin, Frau Santer. Ist das nicht zu warm heute für einen Spaziergang?", fragte er auf Platt. Strahlend sah die Dame zu ihm auf.

„Ja, da haben Sie Recht, Herr Wachtmeister", entgegnete sie ebenfalls auf Platt. „Aber ich musste einfach losgehen, verstehen Sie?" Okko nickte ebenso strahlend.

„Klar verstehe ich das, Frau Santer. Wie wäre es, wenn mein Kollege und ich Sie nach Hause fahren?" Er hielt ihr seinen Arm hin.

„Och, das ist aber nett." Er half ihr auf den Rücksitz und schloss den Sicherheitsgurt für sie.

„Moin, Frau Santer", rief Gerriet nach hinten. „Alles in Ordnung bei Ihnen?"

Die Frau fasste Okko am Arm, als er sich aus dem Fond zurückziehen wollte.

„Gar nichts ist in Ordnung, Herr Wachtmeister. Deshalb wollte ich Sie auch , sobald ich zuhause war."

„Ach, ja?" Okko warf einen gequälten Blick zu seinem Kollegen. Der zuckte mit den Schultern. Okko hockte sich neben die offene Wagentür. „Was Sie nicht sagen. Was ist denn passiert?" Die Dame nahm Haltung an, soweit ihr das unter dem Sicherheitsgurt möglich war.

„Stellen Sie sich vor: Man hat mich entführt." Okko nickte beeindruckt.

„Entführt hat man Sie, Frau Santer? Aber Sie gehen hier doch an der Rajenstraße spazieren." Sie sah ihn ernst an.

„Ich bin der Frau weggelaufen. Jetzt gehe ich nach Hause zu meiner Tochter."

„Das haben Sie aber toll gemacht, Frau Santer", lobte Gerriet. „Jetzt fahren wir Sie zu Ihrer Tochter."

Unter den Dankesreden von Frau Santer stieg Okko auf den Beifahrersitz. Frau Santer sah ein paar Minuten schweigend aus dem Fenster. Plötzlich beugte sich vor. „He, wo bringen Sie mich hin?“ Okko schloss kurz die Augen, ehe er sich mit einem Lächeln umdrehte.

„Wir müssen einen kleinen Umweg fahren, Frau Santer.“

„Ja, da ist eine Baustelle am Rajen“, mischte sich Gerriet ein. „Deshalb ist die Straße gesperrt. Wir müssen einen riesigen Umweg über Westoverledingen fahren.“

„Ach, du meine Güte.“

Den Rest der Fahrt schwieg sie. Okko hoffte, sie sei eingeschlafen, doch als das Polizeiauto in die Auffahrt der Santers einbog, ertönte ein Protestruf.

„Das ist das falsche Haus. Hier wohne ich nicht. Herr Wachtmeister, ich wohne in Ostrhauderfehn. Jägerstraße. Da will ich hin. Meine Tochter wartet auf mich. Die macht sich immer so schnell Sorgen.“

Gerriet hielt vor dem großen restaurierten Ziegelhaus, dessen Reetdach noch hellbraun leuchtete. Okko war noch nicht ausgestiegen, da sah er durch das Glas der Eingangstür zwei Frauen auf sich zukommen. Die Tür wurde aufgerissen, und Ida Santer lief ihm entgegen.

„Haben Sie sie gefunden?“ Im Inneren des Autos schimpfte Frau Santer und gestikulierte zu Gerriet, er solle schnell davonfahren. Ida Santer seufzte, ob enttäuscht oder resigniert, vermochte Okko nicht zu entscheiden. Als sie ihren Blick zu ihm hob, sagte er sich, dass auch eine Frau jenseits der Fünfzig, vor allem wenn sie so viel Geld besaß, äußerst attraktiv sein konnte. „Es tut mir leid, dass Sie das immer wieder mitmachen müssen.“

„Das ist nicht so schlimm. Manchmal trifft es ja auch die Kollegen.“ Okko drehte sich zu Gerriet um, der an der Wagentür bereitstand. Inzwischen war die zweite Frau aus dem Haus getreten.

„Ich habe Doktor Venema angerufen, Ida. Er kommt gleich.“ Sie steckte ihr Telefon ein und trat zur Seite, damit Okko und Gerriet die tobende Frau Santer durch die Tür manövrieren konnten.

„Das ist das falsche Haus, Herr Wachtmeister. Glauben Sie der da kein Wort. Das ist nicht meine Tochter. Das ist nicht meine Tochter!“

„Aber das ist doch nur ein Trick von uns, Frau Santer“, schwor Okko und setzte sie auf einem weißen Ledersofa ab. Er wiederholte den Satz mehrfach, bis sie ruhiger wurde, dann erst ließ er ihren Arm los und setzte sich neben sie. Das Wohnzimmer nahm bestimmt die Hälfte des Erdgeschosses ein und war in etwa so groß wie seine Wohnung an der Rhauderwieke. Rote Fliesen bedeckten den Boden, darauf standen weiße Möbel aus Chrom, Leder und

Glas. Ein Wintergarten schloss sich an den Wohnbereich an. Seine zur Terrasse geöffneten Türen suggerierten Fluchtmöglichkeiten. Frau Santer atmete immer noch heftig. Als draußen eine Autotür zuschlug, sah sie Okko an. Er neigte sich zu ihr.

„Jetzt kommt Doktor Venema, Frau Santer", flüsterte er in ihr Ohr. „Der gibt Ihnen eine Spritze, und dann schmuggeln wir Sie aus dem Haus. Einverstanden?" Sie nickte.

„Und dann bringen Sie mich zu meiner richtigen Tochter?"

Christa in Rhauderfehn

Christa Hemmen missbrauchte das Fahrradcafé am Untenende als neutralen Treffpunkt mit Leuten, die sie mochte, aber nicht bei sich zu Hause empfangen wollte. Okko Lüken gehörte zu diesem Personenkreis. Seine Nützlichkeit als Polizist war nicht zu unterschätzen, als Mann gab er Christas Selbstwertgefühl einen kleinen Schubs nach oben, besonders wenn er nicht versuchte, charmant zu sein. An diesem Tag hatten sie sich nach der Arbeit im Fahrradcafé verabredet. Als Christa kurz vor fünf die altmodische Glastür aufstieß, sah sie Okko bereits an einem Tisch am Fenster. Sie grüßte Mareike an der Theke und setzte sich zu Okko. Mareike schwebte zu ihr.

„Moin, Christa. Wo geiht'?" Christa versicherte, dass es ihr gut gehe, bestellte Tee und nach einem kurzen Blick über die Schulter auf die geplünderte Auslage ein Erdbeertörtchen mit Sahne. Mareike warf ihr noch einen verschwörerischen Blick zu, ehe sie hinter ihre Theke entschwand. Christa hielt Okkos Charme schon über ein Jahr stand, weshalb Mareike sie als Vorzeigeobjekt verwendete, wenn es darum ging, jungen Rhauderfehnerinnen weibliche Selbstbeherrschung zu demonstrieren. Christa war froh, nicht als abschreckendes Beispiel herhalten zu müssen.

Auf der anderen Seite des Tischchens schob Okko sein wohl rasiertes Kinn vor. Er stellte die Fragen, die das Handbuch für den modernen Mann im Umgang mit sperrigen Frauen vorschlug, erkundigte sich nach ihrer Sitzung im

Rathaus am Vormittag und brachte das Thema zu älteren Damen. Nachdem er sie für ihren Einsatz im Management des Pflegedienstes Crea. Heim und Pflege gewürdigt hatte, war nun er an der Reihe. Christa nippte an ihrem Tee und stach die Gabel in ihr Törtchen.

„Und was hast du heute so erlebt?" Okko schob sein Kinn noch weiter vor, bis Christa fürchtete, seine Antwort nicht verstehen zu können. Als er den Mund öffnete, schnellte das Kinn in Sprechposition zurück.

„Ich habe Hinriette Santer eingefangen und nach Hause gebracht." Christa starrte ihn über ihrer vollen Gabel an.

„Ist das ein Pferd?" Sein Lachen und das Grinsen von Mareike, die Okko ein Eis brachte, ließen sie ahnen, dass ihre Vermutung in die falsche Richtung ging.

„Du hast noch nie von Hinriette Santer gehört?", fragte Mareike und stellte sich zum Schwatz bereit an den Tisch.

„Sie wohnt noch nicht so lange hier, Mareike."

„Aber sie arbeitet schon über drei Jahre in Rhauderfehn."

„Wer ist diese Henriette Santer?", unterbrach Christa.

„Hinriette", korrigierte Mareike und kehrte endlich zurück an die Theke, wo sie ein frisches Tablett Feierabend-Küchlein einräumte. Okko bemühte sich um einen ernsten Gesichtsausdruck.

„Hinriette Santer ist Idas Mutter." Auch das sagte Christa nichts. Er begann von vorne. „Heute Morgen hat Ida Santer auf der Wache angerufen, weil ihre Mutter abgängig war. Die alte Frau Santer ist total dement. Läuft ihrer Tochter immer weg. Sie will nach Hause. In ihr richtiges Zuhause. Du verstehst?" Christa nickte. Obwohl sie persönlich nichts mit den Klienten von Crea. Heim und Pflege zu tun hatte, kannte sie solche Geschichten. Okko nahm einen Löffel Sahne von seinem Eis. Nachdem er die Sahne gelutscht hatte, fuhr er fort: „Frau Santer weiß genau, wohin sie will. Wir fahren nach einem Anruf von Ida einfach den Rajen entlang Richtung Ihrhove. Meistens finden wir sie, ehe sie bis zum Kreisverkehr gekommen ist. Jedes Mal erzählt sie dann, man hätte sie entführt, und sie will zurück zu ihrer Tochter. Wir versprechen ihr dann, dass wir sie zu ihrer Tochter bringen. Aber wenn wir bei der ankommen, geht das Geschrei los."

„Oh", machte Christa. „Das klingt nicht gut. Aber wer ist diese Ida?" Okko musterte sie aufmerksam.

„Du kennst sie echt nicht? Aber sie ist berühmt."

„Als Dorfflittchen, oder was?" Zu Christas Überraschung brach Okko in lautes Lachen aus. Die übrigen Gäste sahen zu ihnen. Es waren alles Frauen, und

Christa vermutete, dass die meisten in irgendeiner Weise schon mit Okko zu tun gehabt hatten.

„Das auch“, gab er zu, nachdem er sich die Nase geputzt hatte. „Aber das ist Jahrzehnte her. Nein, sie ist ein echter Star. Ursprünglich kommt sie aus Ostrhauderfehn. Sie hatte eine Rockband in den 1980ern in Berlin, hat mit Udo Lindenberg gesungen und viele Platten verkauft. Dann war sie eine Weile weg vom Fenster und in den 1990er Jahren hat sie als Jazzsängerin weitergemacht. Vor ein paar Jahren hat sie dann ein Haus an der Kastanienallee gekauft und ihre Mutter zu sich genommen.“

„Dieser Star wohnt in Rhauderfehn?“ Okko nickte, als sei es selbstverständlich, Gesangspartnerinnen alternder Rock-Ikonen in der Nachbarschaft zu haben.

„Allerdings. Sie ist natürlich nicht mehr jung. Jahrzehnte älter als wir.“ Sein Blick ruhte schmelzend auf Christa. „Aber sie soll massig Kohle haben. Und seit sie wieder hier ist, veranstaltet sie jedes Jahr am Idasee ein Musikfestival. Davon musst du aber schon gehört haben, Christa.“ Christa gab zu, in den vergangenen Jahren Plakate für ein Festival gesehen zu haben. Sie war nicht sicher, ob die Plakate das Festival dieser Ida Santer angekündigt hatten, aber Plakate hatte sie gesehen.

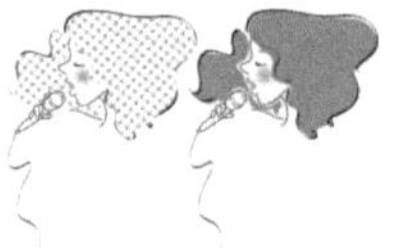

Donnerstag, 2. Woche Juni

Christa in Rhauderfehn

Wie der Zufall es wollte, erhielt Christa am nächsten Vormittag bei Crea. Heim und Pflege einen Anruf von einer Frau Hilbig, die sich als Managerin von Ida Santer vorstellte. Frau Santer bat um ein Gespräch wegen der Unterbringung ihrer Mutter in einer Einrichtung, die auf die Bedürfnisse von Demenzkranken zugeschnitten war. Solche Gespräche fielen normalerweise in den Bereich von Christas Kollegen Harald Meinert. Harry befand sich in Urlaub, deshalb machte Christa einen Termin mit Frau Hilbig aus.

„Kennen Sie eine Ida Santer?", fragte Christa Amke Kehl, die Pflegedienstleiterin, als die ihr in der Teeküche begegnete. Frau Kehl hob ihre langen Arme.

„Nicht persönlich. Sie wohnt hier irgendwo in Rhauderfehn, heißt es." Sie musterte Christa von oben herab, was bei einer Frau von über eins neunzig Körpergröße nur zu erwarten war. Christa fühlte sich immer bedrängt, wenn sie mit Frau Kehl auf engem Raum stand. Unauffällig wich sie mit ihrem vollen Kaffeebecher Richtung Tür aus.

„Das tut sie. Wir treffen sie heute Nachmittag, wenn es Ihnen passt." Frau Kehl starrte Christa an. Die tat den letzten Schritt in den Flur.

„Wir fahren zu Ida Santer nach Hause? Cool!" Verstimmt, weil sie immer noch keine Ahnung hatte, wer diese Frau war und was sie so berühmt machte, ging Christa in ihr Büro. Frau Kehl folgte unaufgefordert. „Was möchte Ida, also Frau Santer, denn von uns?"

„Es geht um ihre Mutter. Gesprochen habe ich allerdings nur mit einer Frau, die sich als ihre Managerin bezeichnet." Christa fasste für Frau Kehl das Anliegen zusammen. „Okko Lüken hat mir gestern erzählt, dass die Rhauderfehner Polizei diese Frau Hinriette Santer ständig suchen muss." Frau Kehl zog die Brauen hoch.

„Ja, der sollte das wissen."

„Er hat mir auch gesagt, dass diese Ida Santer eine Art Rocksängerin war." Christa konnte an der Stellung der hochgezogenen Brauen sehen, dass Frau Kehl mit dieser Darstellung nicht einverstanden war.

„Sie war ein Star."

„Und was noch?" Klatsch gehörte nach Christas Erfahrungen zu den Daten, die sie vor einem Gespräch mit Angehörigen erheben sollte. Frau Kehl nahm bereitwillig eine Position ein, in der sie auf dem Besprechungsstuhl lange aushalten konnte.

„Meine Mutter sagt, Ida Santer war ein Flittchen. Und die Kusine meiner Nachbarin hat mit den Santers drüben in Ostrhauderfehn in der Jägerstraße gewohnt. Sie sagt, dass Ida Santer mit fünfzehn alle Jungen in der Straße durch hatte. Mit sechzehn hat sie die Schule geschmissen und ist nach Berlin abgehauen. Das war Anfang der 1980er Jahre."

Christa schniefte. Solchen Geschichten konnte sie nicht einmal in Illustrierten Faszination abgewinnen.

„Gut, gut. Was sollte ich noch über Ida Santer wissen?" Frau Kehl überlegte.

„Als ihre wilde Zeit vorbei war, hat sie Jazz gesungen. Und in ein paar Filmen mitgespielt. Sogar in Hollywood. Und sie organisiert dieses Festival in Idafehn."

„Herr Lüken erwähnte das Festival. Waren Sie schon einmal da?" Frau Kehl zögerte.

„Ach, wissen Sie, diese Musik ist nicht so ganz mein Ding. Ich bin mehr für Rock'n Roll."

Christa überlegte, wie es aussehen mochte, wenn Frau Kehl Rock'n Roll tanzte, gab den Gedanken in Hinblick auf ihre Würde als Vorgesetzte auf und zog ihren Notizblock näher.

„Tut ja auch nichts zur Sache. Also, begleiten Sie mich heute Nachmittag um drei?" Frau Kehl versprach es.

Insgeheim war Christa froh, diesen Termin nicht allein wahrnehmen zu müssen. Ihr Zuständigkeitsbereich war die Akquise von Wohnraum und die Betreuung der Bauprojekte von Crea. Heim und Pflege. In dieser Funktion traf sie auf Ingenieure oder Verwaltungsleute. Mit solchen Leuten konnte sie ungehemmt über Bauvorschriften und Termine diskutieren, den direkten Kontakt zu Klienten scheute sie hingegen.

Ida Santer hatte an der westlichen Gemeindegrenze von Rhauderfehn ein altes Fehnhaus gekauft. Umgeben von feuchten Wiesen, auf denen das Moorgras in dunklen Klumpen wuchs, stand das hellrote Ziegelgebäude unter seinem schmucken Reetdach. Eintönig grüner Rasen lag in zwei Streifen beiderseits der gepflasterten Auffahrt und ging fünf Meter vor der Straße in eine Moorwiese über.

Abgesang

Frau Hilbig erwartete Christa vor dem Haus und führte sie und Frau Kehl um die Hausecke auf eine weitläufige Terrasse. Durch eine der Glastüren trat eine Frau aus dem Wintergarten. Sie trug einen weißen Leinenanzug und sah aus, als wäre sie einer Homestory über ihren luxuriösen Alltag entstiegen.

„Ich bin so froh, dass Sie kommen konnten. Joy hat mir gesagt, dass Crea. Heim und Pflege die beste Einrichtung hier vor Ort ist." Sie streckte erst Christa und dann Frau Kehl die Hand hin. „Nehmen Sie doch Platz. Joy, kannst du bitte nach Mutter sehen?" Frau Hilbig entfernte sich. Während Frau Kehl mit Frau Santer über den Gesundheitszustand der alten Dame sprach, ließ Christa den Blick schweifen. Sie glaubte Frau Hilbigs Gesicht an einem Fenster in der ersten Etage zu sehen, doch das Gesicht verschwand rasch. Wenig später sah sie den Schatten von zwei Frauen im Wintergarten. Ihr wurde bewusst, dass sie Frau Kehl das Gespräch überließ, deshalb drehte sie sich zu Frau Santer. Sie musste den Sechzig näher sein als den Fünfzig, doch die glatte gebräunte Haut und die glänzenden hochgegelten Haare erlaubten keine Schätzung. Die Jahre in Berlin hatten sich in einem leichten, aber unüberhörbaren Akzent niedergeschlagen. Sie musste an eine Angela Merkel mit vollerem Stimmvolumen denken. Frau Santer brauchte nicht zu rufen, um Frau Hilbig aus dem Haus zu bitten. Der Befehl trug über die zehn Meter, und Frau Hilbig gehorchte umgehend. Eine zarte alte Dame folgte in trotzigem Abstand.

„Darf ich zu Ihnen ziehen, junge Frau?", begrüßte die alte Frau Santer Christa. Eine Wolke aus Haarspray und Maiglöckchenparfüm schlug Christa entgegen, als sie sich zu ihrem Ohr reckte. „Man hält mich hier gefangen. Diese Frau behauptet, dass sie meine Tochter ist. Wenn ich nicht zurück in mein Haus kann, möchte ich bei Ihnen wohnen."

Befremdet nickte Christa. Auf der Rückfahrt fragte sie Frau Kehl nach ihrer Einschätzung des Gesundheitszustands von Hinriette Santer. Frau Kehl überlegte.

„Auf mich wirkt das eher wie eine fixe Idee von ihr. Ich habe ja nur kurz mit ihr gesprochen, aber alle anderen Fragen konnte sie zusammenhängend beantworten. Ich kenne den Hausarzt, Doktor Venema. Der sollte Anzeichen auf eine Demenzerkrankung erkennen können."

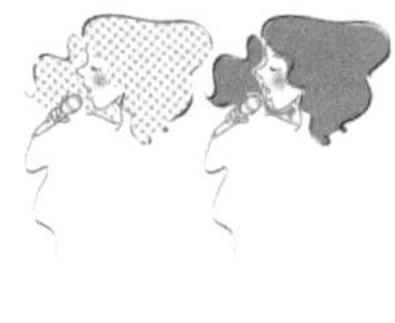

Freitag, 2. Woche Juni

Leo in Sandkrug

Im Zug von Oldenburg nach Osnabrück saßen nur wenige Fahrgäste. Leo Muh ließ sich auf einem Platz nahe der Tür nieder. Für die acht Minuten bis Sandkrug lohnte sich das Hinsetzen nicht, doch er war gelaufen, um den Zug noch zu erreichen. Als er wieder zu Atem gekommen war, sah er sich ohne großes Interesse im Wagen um. Einige ältere Schüler spielten auf Smartphones, eine Frau telefonierte auf Russisch, ein Fahrgast mit Gepäck für eine Weltreise packte in Butterbrotpapier eingewickelte Leberwurstbrötchen aus. Bei der Tür hielt ein älterer Mann seine Zigarettenpackung wie einen Talisman vor der Brust umklammert.

Leo kannte einige der Schüler vom Sehen, und auch die telefonierende Frau kam ihm bekannt vor. Seit er in der Welt lebte, beobachtete er seine Umgebung aufmerksamer als früher. Er war unsicher, ob diese Zuwendung zur Welt als negativ einzuordnen war, deshalb belästigte er Bea Muh nicht damit. An manchen Tagen hatte er den Eindruck, seine Fragen amüsierten sie.

Der Zug hielt in Sandkrug. Leo stieg aus und ging in Richtung der Fahrradstellplätze. Nach ein paar Metern überholte ihn der Mann mit der Zigarettenpackung.

„'tschuldige, wo fährt der Bus nach Sandhatten ab?" Leo zeigte auf die Bushaltestelle, wo sich gerade ein Bus in den Verkehr einfädelte.

„Das ist der Bus. Ich glaube, der nächste fährt erst in zwei Stunden."

„Mist."

Der Mann wirkte mit einem Mal älter. Leo erklärte, wie er zu Fuß nach Sandhatten gelangen konnte, warnte, dass der Weg über eine Stunde dauern würde, und ging zu seinem Fahrrad. Ehe er nach Hause fuhr, wollte er erst ins Tagungshaus der Muh fahren. Bea als seine Kodexwächterin sollte den Brief vom Gericht lesen.

Mit dem Fahrrad nahm Leo den direkten Weg durch den Wald zum Tagungshaus, mit dem Auto musste man das Barneführerholz umrunden. Auf den Pfaden lag loser Sand, der unter den Reifen aufwirbelte. Entsprechend staubig betrat Leo das Foyer des Tagungshauses. Inna Muh sah ihn vorwurfsvoll über den Tresen an.

„Ich habe gerade gefegt“, begrüßte sie ihn.

„Guten Tag, Inna Muh. Ich bin erfreut, dich zu sehen und hoffe, dir geht es gut.“

„Übertreib es nicht, Leo.“ Sie ließ sich auf den Stuhl vor dem Computer fallen, auf dem er bis vor einem Jahr so oft gesessen hatte. Bea hatte seine Aufgaben im Zentrum der Minderen und Heimatlosen immer weiter zusammengestrichen, bis er nur noch für die Computeranlage verantwortlich war.

„Ist Bea Muh im Haus?“

„Ja. Aber, Leo, Christa Hemmen ist bei ihr. Ist das ein Problem für dich?“

Er hatte Christa seit dem vergangenen Sommer einige Male getroffen, aber nie in Situationen, in denen ein Gespräch notwendig gewesen wäre. Wenn er an ihre letzte richtige Begegnung dachte, meinte er, dass ihm in den Augen der Welt eine Entschuldigung zugestanden hätte. Als Muh erwartete er keine.

„Nein, Inna. Bist du nachher noch an der Rezeption?“ Sie nickte, und Leo lief über die Treppe zu Beas Büro. Ihre Tür stand wie immer offen. Am Besprechungstisch sah er sie mit Christa Hemmen Tee trinken. Beinahe sah es aus wie ein Treffen zwischen zwei Frauen aus der Welt, aber Beas raspelkurze Haare wurden nicht durch auffällige Ohrringe ergänzt. Sie trug ein schlichtes dunkelblaues Hemd aus dem Gemeinschaftsregal der Frauen. Christa Hemmen dagegen leuchtete in Weiß und Hellgrau, Farben, die bei den Muh auffielen.Bea drehte sich um.

„Leo Muh, ich wusste nicht, dass du im Hause bist. Möchtest du dich zu uns setzen?“ Er warf einen raschen Blick zu Christa. Ihre Brauen zuckten kurz, doch sie sagte nichts, als er neben Bea Platz nahm und eine Tasse Tee ablehnte.

„Ich wollte nur kurz nachsehen, ob es Probleme mit der Anlage gibt. Ihr habt euch seit zwei Tagen nicht mehr gemeldet, da wurde ich unruhig.“

„Zwei Tage ohne Hilferuf sollten dich erfreuen.“

„Das tut es, Bea Muh, doch ich fürchte auch, dass ihr bescheiden kleine Probleme unerwähnt lasst, die unerwartet große Probleme verursachen.“ Bea senkte den Blick nicht schnell genug, um ihre Belustigung zu verbergen. Christa Hemmen auf der anderen Tischseite verzog keine Miene. Leo holte einen Umschlag aus seinem Rucksack. „Der Brief ist gestern vom Gericht gekommen.“

Bea faltete das Schreiben auseinander und las es sorgfältig. Leo sah ihr zu, bis ihm einfiel, dass seine Aufmerksamkeit unhöflich war. Er wandte sich zu Christa, die ihn eingehend musterte, aber keine Anstalten machte zu sprechen. Bea legte das glatt gestrichene Papier auf den Tisch.

„Danke, dass du das Schreiben vorbeigebracht hast. Ich rufe nachher die Anwältin der Gemeinschaft an." Sie machte eine Pause, ehe sie lächelnd hinzufügte: „Dann ist auch dieses Verfahren ausgestanden." Er nickte, froh dass sie nicht gefragt hatte, wie er sich fühlte. Sie schob ihm das Schreiben zu, und er stopfte es zurück in den Rucksack.

„Dann gehe ich in den Serverraum." Er war schon an der Tür, als Bea ihn noch einmal ansprach.

„Möchtet ihr am Wochenende an der gemeinsamen Mahlzeit teilnehmen? Die Muh würden euch gern in ihrer Mitte sehen." Inna und einige andere Muh würden sich freuen, den meisten wäre es gleichgültig und einer hätte etwas dagegen, würde aber nichts sagen.

„Danke, Bea. Ich werde Ramesh fragen." Erleichtert, auch diesen Punkt geklärt zu haben, ging Leo zum Ende des Flurs und schloss den Serverraum auf. Als er eine halbe Stunde später ins Foyer kam, verabschiedete Inna gerade eine Gruppe Teilnehmer.

„Bleibst du nicht zum Essen?", erkundigte sie sich ohne Einleitung. Leo verneinte. Er erklärte kurz, weshalb er mit Bea hatte sprechen wollen und lud Inna zum Tee ein. Wie bisher jedes Mal lehnte sie ab. Inna vermied es, außerhalb ihrer Pflichten Gebäude in der Welt zu betreten, und er wagte es nicht, um eine Ausnahme zu bitten. Während sie sich verabschiedeten, kam Christa Hemmen die Treppe hinunter. Leo ging mit ihr zur Glastür und hielt sie für sie auf.

„Danke, Leo." Sie betrachtete ihn mit gerunzelter Stirn. „Wie geht es dir?"

„Gut. Ich danke dir." Sie atmete tief durch.

„Und du bist zufrieden mit deiner Entscheidung?"

„In der Welt zu leben? Ja." Er konnte ihr nicht zwischen Tür und Angel erklären, wie komplex die Gründe für seine Entscheidung waren, und wie vielschichtig die Folgen. Was die Folgen anging, war er zufrieden, wenn er auch niemals dieses Wort für sich beansprucht hätte.

Die letzten Kilometer nach Hause führten Leo durch den Wald nach Sandhatten.

Ramesh war noch nicht in dem ehemaligen Heuerhaus zwischen Mais- und Roggenfeldern. Wie es aussah, hatte er es auch nicht geschafft, zwischen seiner Arbeit in der Physiotherapiepraxis in Oldenburg und dem Yogakurs im Tagungshaus einen Zwischenstopp einzulegen. In der Welt hatte die Urlaubszeit begonnen, und Ramesh übernahm so viele Stunden von Kollegen, wie er in seine Woche packen konnte. Mit dem anstehenden Beginn der Schulferien endeten die meisten seiner Kurse, und damit das Einkommen aus der freiberuflichen Arbeit. Er war jetzt im Tagungshaus, und Leo bedauerte, dass er dort nicht auf ihn gewartet hatte. So hätte er ihn zehn Minuten früher sehen können, aber Ramesh mochte es nicht, wenn Leo unnötig viel Zeit im Tagungshaus verbrachte.

Es gab nichts zu tun, deshalb goss Leo Tee auf und setzte sich auf die Stufe vor der Haustür. An diesem Tag würde die Sonne wohl nicht mehr hinter den Wolken hervorkommen, nach Regen sah es eben so wenig aus. Er nippte an seinem Tee und versuchte, an nichts zu denken. Er hätte die Zeit alleine im Haus nutzen sollen, sein Sammlungsritual durchzuführen. Lieber wartete er auf Ramesh. Wenn der am Abend noch meditieren wollte, würde Leo eine Sammlung durchführen. Es war leichter, sich auf das Wesentliche zu konzentrieren, wenn neben ihm Ramesh in bewusster Ruhe saß.

Schritte auf der Straße weckten Leo aus seinen Gedanken. Durch eine Lücke in der Hecke erkannte er den Mann vom Bahnhof. Leo nippte weiter an seinem Tee. Die Schritte entfernten sich. Auch die Geräusche eines Freitagabends verklangen, als Rasenmäher und Kreissägen in die Schuppen geräumt wurden und die Kirchhattener zum Abendessen in ihre Häuser gingen. Bis zur Dämmerung waren es noch einige Stunden.

Er stellte die Tasse hinter der Türschwelle ab und ließ die Ruhe auf sich wirken. Das Haus an der kleinen Straße Zwischen den Büschen zwischen Sandhatten und Kirchhatten war alt. Der Bauer, dem die umliegenden Felder gehörten, hatte erzählt, dass es während der Kämpfe im April 1945 nur leicht beschädigt worden war. Nach dem Krieg zogen Flüchtlinge ein, später nutzte es ein Hamburger Geschäftsmann als Ferienhaus, bis Rameshs Großmutter von ihrem Ehemann, einem britischen Offizier aus Osnabrück, dort einquartiert wurde. Für einen Muh in der Welt war das Haus angemessen.

Nachdem Leo in unbewusster Ruhe, was weder der Sammlung noch einer Meditation entsprach, gesessen hatte, hielt ein Auto vor den Außengebäuden. Langsam stand er auf, um Ramesh entgegen zu gehen. Für Leo war das ein Ritual. Ein Rest der alten Atemlosigkeit überkam ihn, als er vor Ramesh stand und der ihm einen Kuss an die Schläfe drückte.

„Du warst bei deiner kleinen Schwester, habe ich gehört?“ Ramesh ignorierte die übrigen Bewohner des Tagungshauses. Sie waren ihm unheimlich, was er nie zugegeben hätte, Leo ihm aber ansah.

„Ja. Und bei Bea. Ich habe ihr den Brief vom Gericht gezeigt.“ Sie waren im Haus angekommen, und Ramesh leerte seine Tasche.

„Du hast deine Meinung wohl nicht geändert?", bemerkte er über die Schulter.

„Es gibt keinen Grund, in Eile zu entscheiden." Leo sah zu, wie Ramesh seine Arbeitskleidung ausschüttelte und in den Anbau trug, den er mit viel Optimismus als Waschküche bezeichnete. „Wir wissen doch, dass wir zusammen sind. Ich bin kein Gegenstand, der bei dem einen Besitzer ausgelöst wird, damit man ihn an den nächsten verkaufen kann." Inna hatte sich so ausgedrückt, als Leo ihr von ihrer Meinungsverschiedenheit erzählt hatte. Ramesh musterte ihn, als überlegte er, wer Leo so einen Vergleich in den Mund gelegt haben könnte.

„Ich gehe duschen", brach er das Thema ab. Leo war erleichtert, dass er keine weiteren Argumente suchen musste. In Ruhe begann er, das Essen aufzuwärmen. Nachdem er jahrelang für zwanzig Personen gekocht hatte, reichte sein Essen meist für drei Tage. Inzwischen wagte er sich jedoch an die indischen Gewürze im Schrank. Kaum etwas lag einem Muh ferner als ein Experiment, aber durch kleinste Dosen dieser Gewürze schmeckten seine Gerichte nicht mehr nach der schlichten Kost der Minderen und Heimatlosen.

Nach dem Duschen war Ramesh besserer Laune.

„Eden hat mich eben angehalten." Er sagte das so beiläufig, dass Leo hellhörig wurde. „Ich soll morgen vorbeikommen, damit sie mir Anweisungen für ihre Sommermusikschule geben kann."

„Hat sie das so gesagt?" Ramesh ließ sich zu einem verlegenen Grinsen herab.

„Sie hat es gedacht", rechtfertigte er seine Formulierung. So wie Leo Eden einschätzte, stimmte es sogar.

„Wann gehst du rüber?"

„Am Nachmittag. Ich fürchte, ich muss mit ihr Tee trinken. Ach, ich soll dich grüßen, du kannst gerne mitkommen."

„Lieber nicht", entfuhr es Leo. Ramesh lachte.

Im Haus war es jetzt dunkel, doch als sie sich nach dem Abwaschen auf die Stufe setzten, war es draußen immer noch hell genug, dass sie durch die Büsche die Straße sehen konnten. Ihr Gespräch endete in müder Zufriedenheit. Leo hing seinen Gedanken nach. Wäre Bea am Nachmittag allein im Büro gewesen, hätte er von seinem Zögern erzählt, sofort nach der Aufhebung seiner Lebenspartnerschaft eine neue einzugehen. Aber vor Christa Hemmen mochte er nichts ansprechen, was Fragen der Lehre betraf. Vor langer Zeit, wie ihm schien, kaum mehr als zwölf Monate, hatte er Christa geküsst. Sie hatte danach, und vielleicht auch vorher schon, geglaubt, dass er mehr für sie empfand als freundschaftliche Gefühle. Im Rückblick konnte Leo nicht ausschließen, dass er ein wenig verliebt gewesen war, genug, um seinen muhischen Gleichmut zu gefährden. In gewisser Weise war Christa Hemmen ein Katalysator gewesen. Erst durch ihren Kuss, glaubte Leo, ohne das jemals auszusprechen, hatte er aufgehört, Ramesh als einer der vielen Kursleiter im Tagungshaus zu sehen.

„Wer ist das?" Über ihm sah Ramesh Richtung Gartentor. Jemand stand dort und späte in den dämmrigen Garten. Leo richtete sich auf. Der Mann ging weiter Richtung Sandhatten.

„Der war heute im Zug."

„Du hast ihn bei dem Licht erkannt?"

„Ja. Er hat irgendwie komisch ausgesehen. Nicht wie jemand, der nach Sandhatten möchte."

„Ich sehe auch nicht aus wie jemand, der nach Sandhatten möchte", stellte Ramesh fest, aber auf die Diskussion ließ Leo sich nicht ein. Lieber nahm er ihn bei der Hand und zog ihn ins Haus.

Christa in Rhauderfehn

WENN JUSTIN FREITAGS NACH RHAUDERFEHN KAM, TRAF ER DORT NIE VOR ZWEIUNDzwanzig Uhr ein. Christa war das recht. Sie konnte ohne Stress im Büro bleiben, bis sie alle Aufgaben abgearbeitet hatte, einkaufen und Justins Zimmer vorbereiten. Hätte sie ihre Wohnung in Wardenburg behalten, wäre Justin eine Stunde früher bei ihr gewesen, doch sie hätte ihm kein separates Zimmer anbieten können. Manchmal glaubte sie, das Zimmer sei die Voraussetzung für ihre Beziehung.

Nachdem sie mehr als zwei Jahre die fünfzig Kilometer von Wardenburg nach Rhauderfehn gependelt war, hatte Christa im vergangenen Sommer ein Haus in der Vereinswieke gemietet. Sie wohnte nun etwa einen Kilometer von ihrem Büro bei Crea. Heim und Pflege in der Rhauderwieke entfernt. Das Haus war nur wenige Jahre alt und gut sauber zu halten, was eine berufstätige

Frau, die von einer Hauswirtschaftsleiterin erzogen worden war, zu schätzen wusste. Gartenarbeit bereitete Christa weniger Freude, doch ihre patente Mutter und ihr fleißiger Vater hatten den Garten im Herbst pflegeleicht gestaltet. Justin mähte am Wochenende den Rasen, ansonsten genoss Christa die Farben gekaufter Kübelpflanzen.

An diesem Freitag schleppte sie gegen neunzehn Uhr dreißig eine Klappkiste mit Einkäufen ins Haus. Nach einem Termin in Oldenburg hatte sie am Nachmittag Bea Muh besucht und anschließend in Ruhe eingekauft. Von Sonntagabend bis Freitagabend lebte sie allein. So konnte sie die Hausarbeit auf die Wochentage verteilen und brauchte vor Justins Eintreffen nur sein Bett zu beziehen.

Sie öffnete das Fenster in Justins Zimmer und blickte zwischen den Häusern auf der anderen Straßenseite über die flachen Wiesen. Ihr Blick wurde durch eine schüttere Baumreihe einen guten halben Kilometer weiter begrenzt. Hinter den Bäumen verlief schnurgerade der Westrhauderfehnkanal Rajen neben der gleichnamigen Straße. Christa beugte sich weiter aus dem Fenster und verglich den Zustand ihres Vorgartens mit den Gärten der Nachbarn. Morgen würde Justin mähen, und sie hatte am Vortag eine Ampel mit purpurroten Petunien neben die Haustür gehängt. Der Farbklecks schob das gemietete Haus näher an den Standard der gekauften Häuser. Christa wandte sich Justins Bett zu. Farbe bekam der Raum durch das Indigoblau der Bettwäsche und einen runden Webteppich in verschiedenen Blautönen. An der Wand hingen Bilder vom Meer. Es war das blaue Zimmer, für einen Mann passend. Ihre Eltern hielten es für das Gästezimmer und fragten, weshalb in dem kleinen Glasschrank Bücher standen, englischsprachige noch dazu. Dass es Justins Bücher waren, in denen er, wie Christa nur vermuten konnte, abends las, hatte sie nicht verraten, auch nicht dass es sein Glasschrank war, seine Bettwäsche und sein Bett. Den schmalen Kleiderschrank hatte auch Justin gekauft, und er hatte bereitwillig den Stoff für die Vorhänge ausgesucht, die Christas Mutter voll Enthusiasmus genäht hatte. Christa durfte nach mehreren höflichen Auseinandersetzungen Kleidungsstücke, die er in Rhauderfehn trug, waschen und in seinem Schrank aufbewahren. So kam er stets mit minimalem Gepäck und reiste unbelastet zurück nach Hamburg. Die Nachbarn glaubten, sie lebten in einer Wochenendbeziehung. Christa wusste nicht, ob passendere Bezeichnungen existierten.

Abgesang

Justin traf um zweiundzwanzig Uhr zwanzig ein. Sie hatte ihm einen Schlüssel überlassen, doch wenn er aus Hamburg kam, klingelte er immer, als wollte er ihr Gelegenheit geben, Privates beiseite zu räumen. Sie öffnete die Tür und wurde mit einem Kuss auf die Wange begrüßt.

„Hattest du eine gute Fahrt?", fragte sie, obwohl sie die Antwort vorhersagen konnte. Seine Fahrten waren immer gut, selbst wenn er zwei Stunden im Stau gestanden hatte. Genauso gut verliefen seine Arbeitstage und seine Abende allein in Hamburg. Justin hätte nie zugegeben, wenn etwas nicht gut verlaufen wäre. Er fand immer einen Aspekt, der positiv aus dem dunkelsten Desaster strahlte.

„Ja. Das Verkehrsaufkommen hielt sich in Grenzen."

Im Wohnzimmer überreichte Justin sein obligatorisches Geschenk, ehe er sie allein ließ, um sich die Hände zu waschen. Mit klopfendem Herzen öffnete Christa jedes seiner Päckchen. Der Inhalt war immer unverbindlich, mal ein Buch, mal eine Dekoration für das Haus, selten eine Kleinigkeit für sie wie ein Halstuch oder eine Haarspange. Weshalb sie auch nach fast einem Jahr rascher atmete, sobald sie das Päckchen in seiner Hand erblickte, wusste sie nicht zu sagen. Jedes Mal empfand sie beim Anblick des ausgepackten Geschenks ein Sinken in der Magengegend, keine Enttäuschung, aber ein Abfallen der Spannung. So war es auch an diesem Tag, als sie einen signierten Gedichtband in Händen hielt. Sie wusste, dass Justins Firma mit dem Verlag des Autors zusammengearbeitet hatte und der Gedichtband samt Unterschrift und Widmung ein Werbegeschenk war. Anderseits wusste sie auch, dass Justin in den vergangenen Monaten mit zunehmender Begeisterung über die Projekte, die der Autor in Hamburg durchführte, erzählte. So hatte er früher nicht gesprochen. Erst seit er die neue Stellung angetreten hatte, redete Justin überhaupt über seine Arbeit. Mit einem beinahe mütterlichen Gefühl strich sie über das Cover des Gedichtbandes und legte ihn auf den Couchtisch.

Am nächsten Morgen war Justin vor ihr aufgestanden und las bereits in der Papierausgabe des Generalanzeigers, als Christa in die Küche kam.

„Deine Schwester hat angerufen, während du unter der Dusche warst. Du sollst zurückrufen. Ist sie krank? Ihre Stimme klang so komisch." Christa wählte Pfannkuchen mit Ahornsirup.

„Nein, krank ist sie nicht. Sie ist ... erwartet ein Kind." Das Wort *Schwanger* mied Christa aus Rücksicht auf Justin und auch auf sich selbst. Aus dem gleichen Grund hatte sie Heidis Schwangerschaft vier Wochen lang unterschlagen. Er legte Messer und Gabel auf seinen Teller und lächelte sie an.

„Wie schön für sie." Er dachte kurz nach. „Deine Mutter ist bestimmt hocherfreut." Hocherfreut beschrieb Kati Hemmens Zustand treffend, auch wenn die Wendung eine unhandliche Übersetzung aus Justins Muttersprache war.

„Das ist sie. Aber Heidi geht es nicht so gut. Ihr ist immer schlecht. Den ganzen Tag." Betroffen schwieg Justin, aber Christa konnte sehen, wie er nach dem positiven Aspekt von Schwangerschaftsübelkeit suchte. Über den Rand seiner Tasse strahlte er sie an, so dass sie zurücklächelte und sich vorwarf, die Vorteile ihrer Beziehung zu ignorieren. Nur wenige ihrer Nachbarinnen hatten samstags einen so gut aussehenden Mann am Frühstückstisch sitzen.

Pflichtbewusst fragte sie nach seiner Familie und erhielt die gewohnte Antwort, dass es seinen Angehörigen gut gehe. Aus seinen kurzen Berichten hatte Christa im Laufe der Monate erfahren, dass Justins Vater gern angelte, dass seine Mutter für ihre Blumengestecke berühmt war und dass sein Bruder in den Bergen um San Francisco Mountainbike fuhr. Sie alle gehörten der gleichen Kirchengemeinde an und nahmen an deren Gemeindeleben teil. Christa hatte den Verdacht, dass dieses Gemeindeleben anders aussah als das, was sie in Wardenburg und Rhauderfehn beobachtete, wenn sie Justin zuliebe am Sonntagmorgen den Gottesdienst in der Hoffnungskirche besuchte. Es war nicht so, dass andere Aktivitäten dem Kirchgang Konkurrenz gemacht hätten.

„Es geht ihnen gut", sagte Justin gerade. „Dieses Wochenende fliegen sie nach Atlanta. Eine Nichte meiner Mutter heiratet." Christa riss ihre Gedanken gerade rechtzeitig in die Gegenwart, um angemessen reagieren zu können.

„Kennst du diese Kusine von dir gut?"

„Nein. Sie ist viel jünger als ich." Er überlegte kurz. „Ich muss gestehen, als Mom mir die Einladung gemailt hat, habe ich Gwynneth auf dem Foto nicht erkannt. Insofern finde ich es nicht schlimm, dass ich nicht an der Hochzeit teilnehmen kann. Obwohl so ein Fest eine schöne Gelegenheit ist, die Verbindungen zwischen den Familienmitgliedern zu stärken." Da Christa ihn nur ansah, redete er weiter. „Das heilige Band der Ehe verbindet ja nicht nur Mann und Frau. Es verbindet zwei Familien. Und diese helfen dem jungen Paar auf dem Weg in das Eheleben."

Christa nickte langsam, weil sie den Eindruck bekam, eine Reaktion zeigen zu müssen.

„Kann nur die Ehe diese Verbindung herstellen?" fragte sie. Er nickte.

„Ja. Jede andere Form der Bindung ist zwangsläufig weniger stark. Eine zivilrechtliche Ehe ist besser als gar keine, aber es ist eine menschengemachte Bindung, weiß du." Er zögerte. „Das ist keine Kritik an Heidi und Druschka. Ich weiß, dass ihr in Deutschland diese Dinge anders seht.

Es war einer der Momente, in denen sie sich fragte, ob er es ernst mit ihr meinen konnte, wenn er sie an den Wochenenden besuchte, von der Ehe schwärmte und doch nie etwas unternahm, was sie einer eheähnlichen Beziehung nähergebracht hätte.

Samstag, 2. Woche Juni

Eden in Sandkrug

EDEN SNOWE STECKTE DIE LETZTE NADEL UNTER IHREN HAARKNOTEN UND betrachtete sich im Spiegel. Die weißen Strähnen in ihrem goldblonden Haar passten aus ihrer Sicht besser in den Winter, wenn sie sich mit frostigen Kleiderfarben die spröde Zartheit eines Eiskristalls verlieh. An warmen Sommertagen glaubte sie, es wäre besser, ihr Haar zu tönen. So wäre es jedoch schwieriger, in den kalten Monaten das Bild der Eisfee zu inszenieren. Nach einem Blick auf die Uhr auf ihrem Frisiertisch stäubte sie losen Puder über Stirn und Wangen und eilte über die steile Treppe in die Diele des ehemalige Bauernhauses, die sie als Salon bezeichnete. Die Tür zum Garten stand offen, draußen blühten Rosen, drinnen war der Tisch für zwei Personen gedeckt. Hafsa verstand es, Räume vorzubereiten, wenn Eden ihr sagte, zu welchem Zweck sie Gäste zu sich bat. Hafsa besaß auch das seltene Talent, die Schwächen der Gäste zu erkennen und bei der Dekoration darauf zu achten, dass die Schwächen verstärkt oder überspielt wurden.

Eden nickte der gestärkten weißen Spitzendecke zu, lächelte die kleinen Kuchen an und hob beim Anblick des blauweißen Teeservice die Brauen. Sie richtete das viereckige Dekolleté ihres Kleides, schüttelte die Spitzenvolants an den Ellenbogen frei und strich das bestickte Tülloberkleid glatt. Langsam, um den Sitz der Spitze nicht zu stören, ging sie zur Terrassentür. Im Garten sah sie niemand, deshalb ging sie zur Flurtür und öffnete diese gerade so weit, dass sie hören konnte, ob im Erdgeschoss gesprochen wurde. Alarics Stimme kam aus dem Anbau. Sie schloss die Tür wieder, gerade rechtzeitig, um durch das Fenster ihren Gast auf der Auffahrt zu erblicken. Eden nahm ihre Position in der Mitte des Raumes ein.

An der Eingangstür klingelte es. Hafsa kam aus den hinteren Räumen, um zu öffnen. Eden hob das Kinn. Die Klinke senkte sich. Sie zauberte ein Lächeln auf die Lippen und trat ihrem Gast mit ausgestreckter Hand entgegen.

„Wie nett von dir, dass du so kurzfristig kommen konntest, Ramesh", begrüße sie ihn auf Englisch. Ihr Akzent schwang frei zwischen Königsenglisch und Shakespeare. Seine Brauen zuckten, als er ihre Hand nahm.

„Ich wollte dich sowieso anrufen, Eden." Sie nahm den Kopf zurück und lächelte eine Spur tiefer.

„Und wie ich sehe, bist du allein gekommen. Wie schade."

„Wir wollen über meinen Auftrag reden, Eden."

„Auftrag? Wie brutal das klingt. Komm, Ramesh, nimm Platz." Er wartete, bis sie auf den Stuhl neben der Teekanne gesunken war. „Hafsa hat ihre delikaten Küchlein gebacken. Was darf ich dir anbieten?" Sie plauderte über belanglose Themen, während sie Tee einschenkte und die Miniaturkuchen, für die alle Gäste Hafsa rühmten, servierte. Aus dem Garten klangen jetzt Stimmen. McPhelps folgte ihrem Blick.

„Alaric ist beschäftigt?" Sie wusste nicht, worauf er anspielte, bis sie sah, dass Alaric mit Darren Welsh durch den Garten ging.

„Ja, er weist den neuen Gärtner ein. Wenn nächste Woche die Pavillons aufgestellt werden, muss der Garten vorbereitet sein. Alaric ist kein Handwerker. Und er muss auf seine Hände achten." Sie musste herausfinden, weshalb Alaric ausgerechnet Welsh eingestellt hatte.

Die zarten blauweißen Tassen passten perfekt zu Edens Händen. Beinahe jede andere Person fand es schwierig, sie an den winzigen Henkeln zu fassen. McPhelps schien nicht zu wissen, wie er seine Tasse an den Mund führen sollte. Eden plapperte in leichtem Ton über die viele Arbeit, die die Sommermusikschule bereitete, dabei behielt sie ihn genau im Blick. Wenn Alaric weitergehen würde, könnte sie das Thema wechseln, doch dieser unterbelichtete Welsh lenkte sie ab. Sie hatte zugesehen, wie Alaric ihm den Geräteschuppen gezeigt hatte. Einen Spaten erkannte Welsh, die anderen Geräte hatte er nur angestarrt.

„Hast du die Konzepte gelesen, die ich dir gemailt habe?" Eden riss sich zusammen und sah McPhelps an. Sie las nur, was sie für wichtig hielt.

„Ja. Aber ich habe nicht alles verstanden. Du weißt, wie dumm ich sein kann. Kannst du mir noch einmal erklären, was genau du meinst. Diese deutschen Fachbegriffe ..."

„Die Konzepte sind auf Englisch, Eden." Er klang gelangweilt, als hätte er mit dieser Ausrede gerechnet. Sie wusste, dass sie diese Ausrede zu oft verwendete, aber es war typisch für diesen Bastard, dass er die Ausrede nicht hinnahm. Aus großen Augen sah sie ihn an.

„Ja, ich habe geschwindelt." Aus den Augenwinkeln sah sie, wie Alaric und Welsh unter einem Baum redeten. Einzelne Worte schallten über den Rasen, doch sie waren nicht deutlich genug, um sie zu verstehen. „Ich habe so viel zu organisieren, da entgeht mir schon einmal das eine oder andere Detail." Da er nicht reagierte, bot sie ihm frischen Tee an. Er lehnte ab.

„Eden, du hast bestimmt noch viel zu erledigen, und ich muss morgen arbeiten und möchte heute noch etwas Freizeit haben. Lass uns zur Sache kommen." Alaric und Welsh zogen diskutierend ab. Eden holte widerwillig ihren Tablet von der Anrichte. Es gelang ihr, sich eine halbe Stunde auf verspannte Nackenmuskeln, überanstrengte Sehnen, geschädigte Nerven in den Armen und chronische Kopf- und Rückenschmerzen zu konzentrieren, bis Welsh mit bitterböser Miene einen Rasenmäher über das Gras schob. Sie unterbrach sich mitten im Satz.

„Das ist auch ein Kandidat für die Physiotherapie. Hat euch das Jobcenter diesen Typ geschickt?" Eden drehte sich wieder zu McPhelps um.

„Nein, der ...", sie sah noch einmal in den Garten, wo Welsh mit glimmender Zigarette im Mundwinkel um einen Baum mähte. „Den hat Alaric aus Gutherzigkeit eingestellt." Sie fürchtete, sie habe bitter geklungen, denn McPhelps sah sie aufmerksam an, ehe er wieder von Massagen und der nötigen Ausstattung des Raums sprach. Am liebsten hätte Eden ihn weggeschickt, um herauszufinden, worüber Welsh und Alaric gesprochen hatten. Dennoch saß sie tapfer über dem Tablet, bis McPhelps verkündete, aus seiner Sicht sei alles besprochen. Eden erhob sich von ihrem Stuhl, achtete darauf, dass das Spitzenoberkleid mit sachtem Rascheln über ihre Knie fiel und streckte ihren weißen Arm aus.

„Das nächste Mal bringst du hoffentlich Leo mit."

„Ich werde ihn fragen."

Eden fehlte die Geduld, Hafsa zu rufen, damit sie ihn hinausbegleitete. Sie ging mit ihm in den Flur und öffnete eigenhändig die Haustür.

„Schone deine Gelenke, Eden. So ein Drehknopf ist nicht gut für dich. Ihr solltet normale Klinken einbauen lassen. Hafsa kann nicht immer alle Türen für dich öffnen." Die Erwähnung ihrer Gelenke reichte aus, stechende Schmerzen von der Sehnenscheide bis in die Armbeuge schießen zu lassen. Tapfer lächelnd sah sie zu ihm auf.

„Ich passe auf, Ramesh." Kaum war er hinter der Hecke verschwunden, zog sie die Tür zu und marschierte um das Haus in den Anbau, wo Alaric auf einem Campingtisch Pläne studierte.

„Ist McPhelps weg?", fragte er, ohne aufzusehen. Eden trat neben ihn und blickte kurz auf den ausgerollten Plan der Pavillons für die Sommermusikschule.

„Ja. Wo hast du diesen Welsh aufgegabelt? Das ist kein Gärtner. Und ein Arbeitstier ist er auch nicht, so wie der den Rasenmäher durch den Garten schiebt." Der ganze Shakespeare und fast der gesamte König war aus ihrem Akzent verschwunden, dafür hörte man provinzielles Yorkshire. Alaric hob müde den Kopf. Die Schatten unter seinen Augen erschreckten sie. Am Morgen hatte er noch nicht so angegriffen ausgesehen. „Wirst du krank?"

„Und wenn?"

„Soll ich die ganze Arbeit machen?"

„Die machst du doch sowieso schon. Oder?" Die Frage klang nach einer Falle.

„Wo hast du diesen Welsh aufgetan?", kam sie zu ihrem ursprünglichen Punkt zurück. Diesmal sah Alaric so aus, als vergliche er alternative Antwortmöglichkeiten auf ihre Wirkungskraft.

„Gefunden habe ich ihn nicht", gab er dann zu. „Er ist gestern hier aufgelaufen und hat nach Arbeit gefragt. Du warst nicht da, da habe ich mir erlaubt, ihn als Gärtner einzustellen. Wenn er nichts taugt, entlassen wir ihn wieder." Eden kannte Alaric zu gut, um ihm zu glauben.

„Niemand kommt zufällig zu uns, um nach Arbeit zu fragen. Was will der Kerl?" Sie ging zur offenen Tür. Welsh war nirgendwo zu sehen, aber ein Rasenmäher war in der Nachbarschaft aktiv. Mit etwas Glück bediente ihn Welsh. Eden drehte sich zu Alaric um. „Was will der Kerl?" Er nahm die Brille ab und rieb seinen Nasenrücken. Sie musste an die chronischen Kopfschmerzen bei Musikern denken, von denen McPhelps gesprochen hatte.

„Ach, Eden, wir kennen uns von früher. Er ist ein armes Schwein und nicht besonders gesund. Ich habe ihm den Job aus Mitleid gegeben." Sie hatte McPhelps weismachen wollen, Alaric habe aus Gutherzigkeit gehandelt. So gut kannte sie ihn, dass sie seine Geschichten erzählen konnte, ehe er den Mund aufmachte.

„Verstehe." Sie musterte ihn. Ein ungutes Gefühl entstand nahe ihres Magens, stieg in ihr auf und legte sich um ihren Hals. Sie musste sich räuspern, ehe sie weitersprechen konnte. „Kanntest du ihn … aus der Zeit." Er starrte auf seine Hände, drehte die Handflächen nach oben und bewegte vorsichtig die Finger.

„Ja." Er schielte zu ihr. Eden lehnte sich ungeachtet ihres Spitzenoberkleides gegen das grobe Regal. „Eden, das geht alles in Ordnung. Ich habe Darren Welsh im Griff."

„Wie viel?" Er wich ihrem Blick aus. „Alaric, wie viel?"

„Hin und wieder ein paar Hunderter. Nie größere Summen. Nie regelmäßig." Er sah sie an. „Das bisschen Geld sollte es mir wert sein, oder?" Sie überschlug, auf welche Summe das bisschen Geld hinauslief.

„Für ihn hat es sich trotzdem gelohnt." Eden löste vorsichtig ihr Oberkleid von dem unbehandelten Holz. „Aber gut. Er bleibt hier als Gärtner, bis er wieder auf Reisen geht. Sieh wenigstens zu, dass er arbeitet."

Amke in Ostrhauderfehn

DER TEETISCH IN TAMMA KEHLS STUBE WAR BUNT EINGEDECKT. SIE SELBST TRUG ein selbstgenähtes Sommerkleid, das viele jüngere Frauen für gewagt gehalten hätten. Amke war in einem von ihrer Mutter angefertigtem Kleid nach einem Schnittmuster von 1956 erschienen. Mutter und Tochter hatten ein halbes Blech gefüllten Butterkuchen verzehrt und gönnten sich zum Abschluss Erdbeeren aus Tammas Garten.

„Du, ich hab übrigens diese Woche Ida getroffen. Du weißt doch, Ida Santer aus der Jägerstraße." Unter sich sprach man bei Kehls Platt. Tamma tauchte eine Erdbeere in den Sahneklecks auf ihrem Teller und verzehrte sie genießerisch, ehe sie antwortete.

„Die Ida? Die wohnt ja jetzt bei euch in Westrhauderfehn." Amke bestätigte, dass Ida der östlichen Fehnkolonie die Treue gebrochen hatte. „Die konnte sich hier nicht mehr blicken lassen. Ihre Mutter hat sie zu sich geholt, weil sie nicht will, dass die schlecht über sie spricht, sagt man." Bei *Man* handelte es sich um die Frauen der Jägerstraße und der 1. Südwieke in Ostrhauderfehn. Tamma wohnte am Ende der 1. Südwieke, wo die rotweißen Masten der Marinefunkstelle wie die Beine von Riesen aus dem Moor ragten. „Was wolltest du denn von der Ida?"

Tamma warf ein großes Stück braunen Kandiszucker, auf dem eine Fliege mit trockenen Füßen stehen konnte, in ihre Teetasse, gab Tee darüber und legte ungeschlagene Sahne darauf. Die Sahne sank und stieg als Wölkchen wieder auf. Tamma nahm einen Schluck und sah zu Amke. Die pflückte Blättchen von den Erdbeeren.

„Die wollte etwas von mir. Also von Crea. Heim und Pflege. Die Mutter von der Ida läuft immer weg und behauptet, Ida hätte sie entführt." Tamma brach in schallendes Gelächter aus.

„Geschieht der Ida recht. Mit einem Lastwagenfahrer, den sie sich an der Tankstelle angelacht hatte, ist sie damals nach Berlin abgehauen. Wenn die jetzt so vornehm tut, kann die Hinriette sie natürlich nicht erkennen." Amke wiegte ihren Kopf.

„Für sie ist das trotzdem nicht schön, wenn ihre Mutter sie für eine Entführerin hält." Tamma nickte mit einem Hauch Schuldbewusstsein. „Sag mal, wann ist die Frau Santer denn zu Ida gezogen?"

„Das sind bestimmt fünf Jahre. Mindestens."

Amke dachte zurück an ihren Besuch auf Ida Santers Anwesen. In ihrer Wahrnehmung war Ida um das Wohlergehen ihrer Mutter besorgt. Bei dieser Frau Hilbig war Amke sich nicht sicher. „Ist Ida eigentlich lesbisch?" Tamma tippte sich an die Schläfe.

„Wie kommst du denn darauf? Die hatte schon als Mädchen einen Männerverschleiß wie sonst keine."

„Das muss nichts heißen."

„Ich weiß, wovon ich rede."

Amke erwähnte Joy Hilbig, die wie ein missmutiger Geist in Idas Nähe geschwebt hatte. Tamma ging ihre innere Datei durch.

„So eine Dünne mit extrem rotem Lippenstift?" An Tammas Tasse klebte ein Rot, das durchaus als extrem bezeichnet werden konnte, aber Amke nickte. „Das ist die Managerin." Tamma schenkte Amke Tee ein und legte ein Sahnewölkchen in die Tasse. „Wie hat sich die Ida gemacht?"

„Was du so fragst, Moder. Für ihr Alter sieht sie blendend aus. Gefärbt, natürlich." Zu Amkes Leidwesen blitzten in ihren rotblonden Haaren immer wieder weiße Fäden auf, dabei war sie noch nicht einmal Ende dreißig. Tamma, die schamlos jede Haarfarbe annahm, die ihrer Friseurin gerade einfiel, verzog den Mund zu einem wissenden Grinsen. „Und war dieser Lindberg da?"

„Udo Lindenberg? Was sollte der in Rhauderfehn? Bis auf die drei Frauen habe ich da niemand gesehen." Amke beschrieb das restaurierte Fehnhaus mit dem Reetdach. Tamma lachte wieder.

„Na, die Ida hat es nach wie vor drauf, allen etwas vorzumachen."

„Wie meinst du das?", fragte Amke. Tamma schob Tasse und Teller beiseite und stützte ihre Ellenbogen auf die Tischdecke.

„Jetzt spielt sie die feine Dame und besorgte Tochter. Aber mir kann die nichts vormachen. Ida ist ein paar Jahre jünger als ich und war immer ein faules Ding, das nur den Jungs hinterher war. Mit fünfzehn stand sie an der Tankstelle und hat sich von LKW-Fahrern mitnehmen lassen. Dann war sie immer ein paar Tage weg, bis ein anderer Fahrer sie abgesetzt hat. Und eines Tages hat sie einen Kerl überredet, dass er sie rüber nach Berlin mitnimmt. Zwei Wochen hat die Hinriette nichts von ihr gehört. Dann hat sie angerufen, gesagt, alles wäre gut und sie hätte Arbeit gefunden. Dein Onkel Ubbo ist ja ein Schwager von Hinriettes verstorbenem Mann. Ubbo ist mit der Hinriette nach Berlin gefahren, um die Ida zurückzuholen. Aber die wollte nicht. Ich hätte dem Flittchen einfach ein paar hinter die Löffel gegeben und es mitgenommen."

„Und wie ist die Ida Sängerin geworden?" Amke war jetzt doch fasziniert von der wilden Vergangenheit ihrer, wie es schien, weitläufigen Verwandten.

„Sie war im Kirchenchor und auch im Schulchor, ist aber bei beiden rausgeflogen. Ich nehme an, sie ist in Berlin irgendwelchen Musikern nachgelaufen und die haben gemerkt, dass sie auch singen kann." Amke zog die Brauen hoch.

„Auch singen?" Tamma grinste. Beide brachen in lautes Kichern aus.

Leo in Sandkrug

Leo las im Gras vor dem Schuppen. Seit er nicht mehr unter Beas Führung lebte, versuchte er, sein Wissen über die Welt und die Menschen mit Hilfe von Büchern zu erweitern. Die Stadtbibliothek in Oldenburg erwies sich als gute Quelle. Zwar vermied er es, ohne Begleitung durch die volle Innenstadt dorthin zu gehen, wenn er erst einmal dort eingetroffen war, beruhigten ihn die hohen Bücherregale und die einander schweigend ausweichenden Besucher der Bibliothek.

Er hörte, wie Ramesh sein Fahrrad vor dem Haus abstellte. Leo legte das Buch beiseite und sah ihm entgegen. Wortlos setzte Ramesh sich neben ihn. Sein Gesichtsausdruck warnte Leo.

„Habt ihr alles besprochen?" Ramesh antwortete nicht sofort.

„Ja. Es war wie in einem Film über die gute alte Zeit in unseren Kolonien." Leo überlegte, was Eden inszeniert haben mochte.

„Wie ein Film?"

„Wir haben auch über die verdammten Kurse gesprochen. Aber sie war auch nicht bei der Sache. Sonst säße ich immer noch drüben und müsste ihr Memsahib-Gehabe ertragen." Ramesh starrte vor sich auf das Gras.

„Nimm es geduldig hin, du kannst es nicht ändern." Ein Muh konnte keinen anderen Rat geben. Ramesh zuckte mit den Schultern.

„Dir ist klar, dass du für sie auch ein Teil dieses Spiels bist? Mitgefangen, mitgehangen, wie ihr Deutschen so schön sagt."

„Ich bin Belgier", merkte Leo an und wartete, ob die Bedeutung des Satzes ankam. Ramesh drehte sich zu ihm.

„Ja." Er wartete weiter. „Aber es stimmt trotzdem. Kein Wunder, dass du mich nicht heiraten willst." Leo atmete tief durch.

„Das ist Quatsch. Wenn Eden dich manipulieren wollte, ist ihr das gelungen. Sie macht auf Memsahib, wie du das nennst, aber du weißt, warum sie das macht. Also nimm es hin. Ändern kannst du es nicht. Und es wird nicht besser, wenn du es an mir auslässt." Ramesh betrachtete ihn missmutig.

„Sprechen so Muh?"

„Ich spreche so." Er betonte viel zu sehr seine eigene Bedeutung. Leo suchte nach einer bescheideneren Formulierung, fand aber keine. Er hoffte, er habe sich zumindest so klar ausgedrückt, dass Ramesh ihn verstand. Dieser Prozess zog sich hin.

„Tut mir leid. Es ist nur ..."

„Fang nicht schon wieder an, okay?" Ramesh nickte. Eine Weile saßen sie schweigend nebeneinander. „Wir könnten heute im Zentrum essen." Er konnte sehen, wie Ramesh Argumente für und gegen einen Besuch im Zentrum abwog.

„Aber ich gehe heute nicht ein zweites Mal an Edens Haus vorbei."

„Dann nehmen wir eben einen anderen Weg."

Da sie zu Fuß fast eine Dreiviertelstunde zum Tagungshaus benötigten, machten sie sich kurze Zeit später auf den Weg.

„Eden hat einen neuen Gärtner." Leo warf einen Blick auf Rameshs Profil, doch der sah vor sich hin. „Deshalb war sie ... abgelenkt. Alaric hat sich erlaubt, den Kerl einzustellen. Ich habe ihn gesehen, wie er versucht hat, den Rasen zu mähen. Das war bestimmt das erste Mal, dass er so einen riesigen Benzinmäher benutzt hat."

„Seit wann weißt du, wie man Rasenmäher verwendet?"

„Ich bin nicht so unpraktisch, wie du glaubst." Ramesh blickte weiter geradeaus, als ob sich am Ende des schnurgeraden Weges etwas Interessantes aus den Feldern bewegte. „Welsh ... Das könnte der Kerl sein, den du am Bahnhof gesehen hast. Der nachher bei uns am Haus war." Leo versuchte sich an den Mann vom Sandkruger Bahnhof zu erinnern.

„Der sah nicht aus wie ein Gärtner", gab er nach ein paar Minuten zu. „Und Eden war von dem Kerl abgelenkt?"

„Ja. Sie musste immer wieder zu ihm sehen. Zum Schluss hat sie mich praktisch vor die Tür gesetzt. Ich habe noch gesehen, dass sie in den Anbau gegangen ist. Da hat sie Alaric bestimmt zur Rede gestellt." Ramesh legte den Arm um Leos Schulter, und nach einer Anpassung der Schrittlängen gingen sie weiter. „Komisch ist nur ... Ich habe den Kerl schon einmal woanders gesehen. Als Patient? Mir ist die Schulterhaltung aufgefallen, als ob er nach einem Unfall ... Ist ja auch egal."

Sie erreichten das Tagungshaus, als Inna die Glastür zum Foyer abschließen wollte. Auf der Treppe sitzend sahen sie ihr zu, wie sie fegte und wischte.

„Es freut mich, dass ihr gekommen seid", teilte sie ihnen mit, als sie zwischen ihnen wartete, bis der Boden trocknete. Sie sah Leo an. „Bea hat mir heute gesagt, dass der Kodexmeister eine Anfrage wegen einer Zuweisung in eine solidarische Fürsorgepartnerschaft für mich gestellt hat."

„Wo sollst du hingehen?" Sie schlug ihm unsanft auf die Schulter.

„Ich soll nirgendwo hin. Unser Zentrum wird ausgebaut. Alle Zuweisungen kommen hierher. Wir kennen den Muh übrigens. Mathis. Einer von der Frittenmühle aus Astenet." Leo sah Inna an, ehe beide in Gelächter ausbrachen.

„Was ist daran so lustig?"

„Astenet ist ein kleiner Ort bei uns zu Hause in Ostbelgien. „Inna wischte sich Tränen von den Wangen. „Und in dem Zentrum dort leben nur zehn Muh. Die haben im Ortskern ein Haus und eine Mühle. Der Kodexwächter ist ein ziemlich verrückter Typ." An dieser Stelle verzog Ramesh skeptisch den Mund. „Er hat in der Mühle eine Frittenbude eröffnet." Leo musste übersetzen.

„Fritten sind frittierte Kartoffeln. Wie Pommes."

„Deshalb Frittenmühle", ergänzte Inna. „Die riechen alle nach Frittenfett. Das ist nicht unbescheiden, sondern eine Tatsache." Seinem Gesichtsausdruck nach verstand Ramesh den Witz immer noch nicht.

„Und den Typ sollst du heiraten?" Inna nahm Bescheidenheit an.

„Erstmal soll ich ihn mir angucken. Dann entscheide ich." Sie streckte ihm die Zunge raus. „Schnelle Entscheidungen liegen uns im Blut, wie du gemerkt hast. Es wurde auch Zeit, dass ich einmal eine Zuweisung bekomme. Alle unsere Halbschwestern haben schon einen Haufen Gören, nicht wahr, Leo?" Ehe er antworten konnte, erklang ein Gong. Inna sprang auf.

„Mist. Ich muss noch diese Brühe wegkippen." Sie eilte mit dem Putzwagen davon. Leo dimmte das Licht und ging mit Ramesh Richtung Speisesaal.

„Hat sie das ernst gemeint?"

„Was genau?"

„Dass sie einen nach Frittierfett stinkenden Kerl heiraten will."

„Ich glaube, sie wird es sich sehr gut überlegen."

Ramesh nickte kurz. Er hatte diesen wachsamen Ausdruck, den er bekam, wenn er auf größere Gruppen Muh traf. Auch seine Haltung war aufrechter und er ging einen Hauch näher an Leos Arm als notwendig. Leo rutschte auf eine Bank, und Ramesh setzte sich neben ihn, nachdem er sich im Raum umgesehen hatte. Edu Muh war nicht im Raum. Inna flitzte herein und schlüpfte auf den freien Platz neben Ramesh. Alle Anwesenden senkten den Blick, als Bea Muh sich erhob, um einleitende Worte für die Mahlzeit zu sprechen.

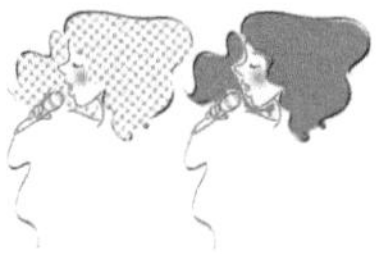

Sonntag, 2. Woche Juni

Ida in Idafehn

Der Himmel über Ostfriesland war zugezogen, als Ida Santer aus ihrem SUV stieg. Langsam ging sie vom Parkplatz zum Idasee. Der Name des Sees passte erstklassig zu ihrem Festival, aber benannt waren der See und die frühere Moorkolonie Idafehn nach der Mutter des Großherzogs von Oldenburg Nikolaus Friedrich Peter. Joy Hilbig folgte mit einem Tablet in der Hand. Ida setzte die Sonnenbrille auf und öffnete den Reißverschluss ihrer Lederjacke. Die Touristen auf dem Campingplatz würden sie nicht erkennen, aber es gab zu viele Leute in den umliegenden Häusern, die sie auf ihre gemeinsame Jugend ansprechen wollten. Ein paar Kinder spielten am Ufer und ein Wasserskifahrer zog seine Runden, auf dem Weg um den See waren keine Spaziergänger zu sehen.

Sie folgten einem Pfad, der sich vom Campingplatz entfernte. Joy las ihr die Liste ihrer Lieder für das Festival vor. Es waren alte Rocksongs aus den 1980er Jahren, die nie ein Hit hätten werden dürfen, und die Rockballaden der Rekonvaleszenz, die den Übergang der alten Ida zur neuen Ida darstellten. Das Publikum über Vierzig schmolz dahin, das Publikum über Fünfzig weinte. Die Liste variierte von Jahr zu Jahr kaum. Ida nickte bei jedem Titel geistesabwesend, bis Joy mit einem missmutigen Gesichtsausdruck abbrach. Ida verdrehte hinter den dunklen Brillengläsern die Augen. Es war wichtig, Joy bei Laune zu halten. Wenn Ida nicht den erwarteten Enthusiasmus für Joys Pläne zeigte, rächte die sich mit Terminen bei Talkshows. In Anbetracht des bevorstehenden Festivals begnügte Joy sich mit einem Hinweis auf Idas Image als Rockröhre. Sie wischte ein paar Mal über den Tablet und begann mit einer anderen Liste. Diesmal unterbrach sie.

„Joy, sag dem Pflegedienst, dass wir eine Pflegerin für das gesamte Festivalwochenende brauchen. Die Presse wäre begeistert, wenn Mutter in der Zeit von der Polizei aufgelesen werden müsste.“ Joy machte eine Notiz, ehe sie weiter vorlas.

„Die Probentermine sind in deinem Kalender, Ida. Ich fahre dich nach Leer. Freitag hast du morgens einen Termin mit dem Bürgermeister hier auf dem Gelände. Ich hoffe, die Klimaanlage in den Containern funktioniert dieses Jahr." Joy spulte noch mehr Informationen ab, Ida hörte mit einem Ohr zu. „Im Anschluss Einzelgespräche von fünfzehn Minuten Länge. Keine Fotos, die stellen wir zur Verfügung. Interviews zusammen mit Ron Thunder, Bloody Jean Amis und Kurt Kramer mittags, um drei Fototermin mit allen Musikern. Um ..." Idas Telefon klingelte wie in alten amerikanischen Krimiserien. Die Rufnummer war unterdrückt, aber nur wenige Personen besaßen diese Nummer.

„Warte mal." Sie wandte sich von Joy ab und ging ein paar Schritte auf das Ufer zu. Zunächst hörte sie nur atmosphärisches Rauschen, als käme der Anruf aus dem All. Dann identifizierte sie ein raues Atmen.

„Hi, Ida. Geht es dir gut?"

„Wer ist da?"

„He, du kennst mich." Ida schielte zu Joy, die mit gerunzelter Stirn in einigen Metern Abstand stand.

„Ich weiß nicht ..."

„Ich gebe dir einen Tipp: eine Regennacht 1990. Ich habe euch geholfen." Ida fröstelte wie in jener Nacht.

„Was willst du?" Er lachte heiser und hustete.

„Wir haben lange keine Geschäfte mehr gemacht. Nicht wahr, Ida?" Er zog das I lang, dass es wie der Hauch eines Gespenstes klang. „Wie ist es nächstes Wochenende?"

„Das geht nicht. Da ..." Er machte ein Geräusch, als müsste er einen Schleimpfropfen aus seinem Hals würgen.

„Ich weiß, ich weiß. Das Festival. Aber ohne mich hättest du kein Festival. Ich treffe dich, wo es dir am besten passt. Keine Sorge." Sie blickte über den See zu dem Wasserskifahrer, der immer noch unterwegs war, dabei merkte sie, wie ihre Zähne aufeinanderschlugen.

„Kann ich dich anrufen?"

„Nein, sorry. Aber ich melde mich. Damit du zur Bank gehen kannst." Sie wollte widersprechen, doch er beendete das Gespräch. Unbemerkt war Joy neben sie getreten.

„Probleme?"

„Nein. Ich muss nachdenken." Ida ging zurück zu dem befestigten Weg, wo sie ihren Schritt beschleunigte. Vielleicht würde ihr so wieder warm. Die

Stimme lachte weiter heiser in ihrem Ohr. Sie war nicht hundertprozentig sicher, sie erkannt zu haben, doch nur zwei der Leute, die ihre Nummer besaßen, kamen infrage. Mit einem stand sie in regelmäßiger Verbindung. Er verlangte nie, nahm aber ohne Zögern. Der andere war längst nicht so diskret. Der musste es sein. Bezahlen würde sie. Sie zahlte immer. Das bronchitische Grollen in der Stimme ihres Anrufers war im Laufe der Jahre rauer geworden. Wenn sie ehrlich war, hoffte sie, dass er bald sterben würde.

„Joy, mach einen Termin beim Notar aus. Noch nächste Woche. Ich muss einige Dinge für Mutter regeln."

Christa in Rhauderfehn

Die Glocken der Hoffnungskirche am Rhauderfehner Untenende schlugen noch, als Christa neben Justin das Kirchenschiff betrat. Bei strahlendem Sonnenschein waren sie zu Fuß zum Gottesdienst gegangen, Hand in Hand die Vereinswieke entlang. Erst auf dem Parkplatz vor der Kirche hatte Justin Christas Hand losgelassen. Das tat er jedes Mal an genau der gleichen Stelle. Auf dem Rückweg nahm er ihre Hand an dieser Stelle wieder. Insgeheim amüsierte sich Christa über die Regelmäßigkeit, doch an manchen Sonntagen fühlte sie sich provoziert.

Sie wählten ihre Plätze in der dritten Reihe. Die Kirche war nur locker besetzt, und Justin zog es vor, vorne, aber nicht ganz vorne, zu sitzen. Das Sonnenlicht durch die hohen Fenster tauchte Talar und Beffchen von Pastor Uhlig in goldenes Licht. Christa fand immer, der Pastor sehe aus wie ein Import aus Irland. Wenn er auf der Kanzel stand und das Lesepult packte, als wollte er es aus der Halterung reißen, glühten seine roten Locken, und die Gläser seiner Brille reflektierten grelle Blitze. Einzig sein ausgeprägter sächsischer Akzent störte das Bild eines tapferen Christen im Kampf gegen keltische Gottheiten, Fremdenhass und Kapitalismus.

An Christas Seite lauschte Justin aufmerksam den Ausführungen des Pastors. Anfangs hatte dessen ungewohnte Aussprache ihn irritiert, seit er ihn besser verstand, äußerte sich seine Achtung für Uhlig in Zitaten aus seinen Predigten. Wenn Christa an diesem Tag zu Justin schielte, sah sie Überraschung auf seinem Gesicht. Während des Gottesdiensts konnte sie ihn nicht ansprechen, daher begnügte sie sich damit, mit erhöhter Aufmerksamkeit zu lauschen.

„Wie fandest du die Predigt?“, wollte sie wissen, sobald er auf dem Parkplatz ihre Hand wieder in seine genommen hatte.

„Mich hat der Aspekt der Verantwortung beeindruckt. Als Christ habe ich Verantwortung so vielen Menschen gegenüber. All diese Erwartungen – wie sagt man? In Einklang zu bringen – fällt schwer.“ Er lächelte verlegen, als forderte sie dieses In-Einklang-Bringen für ihre Beziehung ein.

„Jeder Mensch hat Verantwortung seinen Mitmenschen gegenüber. Nicht nur Christen.“ Justin nickte.

„Nehmen wir meine Eltern“, setzte er nach einer halben Minute an. Christa wurde sofort aufmerksam. „Sie erhoffen sich so viel von meinem Bruder und mir. Ich weiß, dass sie sich widersprechen, wenn sie einerseits behaupten, Bildung sei Selbstzweck, und andererseits darauf achten, dass sich ihre Investition in unsere Ausbildung gelohnt hat.“ Christas Eindruck, dass sie Justins Eltern nicht sympathisch finden würde, sollte es jemals zu einer Begegnung kommen, verstärkte sich.

„Diesen Erwartungen fühlst du dich verpflichtet“, stellte sie fest. Er nickte langsam.

„Ja, gewiss. Sie wollen das Beste für uns. Dann haben sie auch Vorstellungen, wie wir unser Leben gestalten sollen. Religion hat für meine Eltern einen hohen Stellenwert. Deshalb legen sie Wert auf eine fromme Ehefrau.“

„Hat dein Bruder denn schon so eine fromme Ehefrau gefunden?“ Christa tat sich schwer mit dem Adjektiv, das Justin so leicht über die Lippen kam. In Deutschland hatte das Wort seine Unschuld verloren.

„Nein. Ich glaube auch nicht, dass das eine hohe Priorität für ihn hat. Er genießt das Leben und die Jagd.“

„Die Jagd nach Frauen?“ Christa fand den Zusammenhang naheliegend, Justin hingegen lachte auf.

„Nein. Enten, Wapitis, Füchse, Bisons ...“

„Bisons? Ich dachte, die sind ausgerottet.“

„Nein, es gibt in den Rocky Mountains-Staaten Bestände, die man bejagen darf.“ Schockiert sah sie zu ihm auf.

„Hast du das auch schon gemacht?“ Er nickte zerknirscht.

„Ja. Mein Vater meint, ein richtiger Mann muss jagen. Mein Pastor an der Universität ist anderer Ansicht. Ich hatte deshalb einen Streit mit meinem Vater. Wir haben uns darauf geeinigt, dass wir verschiedener Meinung sind."

„Eine weise Übereinkunft." Nach einer weiteren Pause sah Justin sie von der Seite an.

„Natürlich möchten sie Schwiegertöchter. Aber Jeff hat noch keine Lust zum Heiraten." Er sprach nicht weiter, obwohl es für Christa so geklungen hatte, als wollte er mehr sagen.

„Also setzen sie alle Hoffnungen auf dich."

„Ja, so kann man sagen." Während der nächsten Schritte verstärkte sich sein Griff um ihre Hand. „Sie waren enttäuscht über das Ende meiner Verlobung mit Trish letzten Sommer. Dabei kannten sie sie gar nicht. Da Justin nie über diesen Teil seines Lebens sprach, fand Christa es vermessen zu fragen, wer auf die Auflösung gedrungen hatte. „Meine Mutter sagt ganz klar, wie sie sich meine zukünftige Frau vorstellt. Mein Vater widerspricht ihr nicht." Justin lachte leise, wenn auch nicht heiter. „Gefühle sind nicht seine Stärke."

„Väter sind so", sagte Christa, ohne an einen bestimmten Vater zu denken. Sie überlegte, ob sie Justin nach seinen Vorstellungen fragen sollte. Er kam ihr zuvor.

„Ich fürchte, keine Frau, die mir gefallen könnte, würde alle diese Erwartungen erfüllen. Amerikanerin, aus guter Familie, gebildet, musikalisch, berufstätig, kinderlieb, fromm, tierlieb, gut aussehend und so weiter." Wieder sah Christa zu ihm, aber er blickte in einen Garten neben der Straße.

„Musikalisch?" Da war wieder das Wort *Fromm* gewesen, das Christa so irritierte. Lieber ignorierte sie es und hakte bei einer Eigenschaft nach, die sie sich in Zusammenhang mit Justin nicht vorstellen konnte. Er lachte.

„Ja, das hat meine Mutter einmal gesagt. Sie ist es mit Sicherheit nicht. Jeff und ich mussten ein Instrument lernen. Aber frag lieber nicht. Wir waren – ich hab's: grottenschlecht." Christa lachte, wobei sie weiter über die Aspekte amerikanisch und fromm nachdachte. Beides war sie nicht, und beides konnte sie nicht durch Willenskraft werden.

„Was wäre dir denn wichtig?", platzte sie heraus. Justin lächelte verschmitzt.

„Tierlieb. Du weißt doch, wie gern ich Hunde mag."

Abgesang

Leo in Sandkrug

Das Konzept freier Zeit war Leo erst beim Auszug in die Welt begegnet. Er überstand mittlerweile einige Stunden ohne festgesetzte Aufgaben, konnte aber nichts planen, was in der Welt als Vergnügung galt. Er nahm an, dass Ramesh diese Unfähigkeit als Krankheit deutete und deshalb zuvorkommend mit ihm umging. Nach dem Frühstück am Sonntag sagte er nur: „Ich bin gegen drei zurück. Und ich bringe einen Snack mit."

Sich selbst überlassen räumte Leo die Reste des Frühstücks weg und setzte sich mit der ePaper-Ausgabe der Nordwest-Zeitung auf die Stufe vor dem Haus. Rameshs Großmutter hatte die Zeitung abonniert, und Ramesh war nie dazu gekommen, das Abo zu kündigen. Es war Leos Idee gewesen, von Papier auf digital zu wechseln. Die digitale Ausgabe ersparte ihm in ihrer nicht materiellen Form das Gefühl, eine Ablenkung zu genießen.

Die Sonne wanderte weiter, bis sie an der Hecke vorbei in sein Gesicht schien und er auf dem Tablet nichts mehr erkennen konnte. Leo rieb über seine geröteten Unterarme. An den Türrahmen gelehnt trank er ein Glas Wasser, dabei sah er durch die Zweige von Holunder und Eberesche auf die Straße. Auf dem sandigen Pflaster knirschten Schritte, dann kam ein Mann am Gartentor vorbei. Leo beschlich ein ungutes Gefühl. Er war sicher, dass es sich um den Mann vom Bahnhof in Sandkrug handelte. Seit Freitag hatte er ihn mehrmals am Haus vorbeigehen sehen.

Leo rief sich zur Ordnung. Wenn der Mann dieser Welsh war, von dem Ramesh erzählt hatte, wohnte er in Sandhatten und hatte das Recht, auf dem Weg spazierenzugehen. Er setzte sich wieder auf die Stufe und überlegte, was er tun wollte. Seine lustlose Unruhe musste Langeweile sein. „Es gibt immer Arbeit für einen Muh", war eine Mahnung seiner Mutter gewesen. Arbeit war ihm zwar untersagt, aber Leo fand trotzdem eine Beschäftigung, bis Ramesh nach Hause kam.

„Beerenpflücken ist keine Arbeit", rechtfertigte er sich, als der beim Anblick der Schüssel gezuckerter Erdbeeren die Brauen hochzog.

„Ich sag ja nichts." Er legte ein in Papier gewickeltes Päckchen auf den Küchentisch. Der Duft von frischem Brot stieg aus den Papierbahnen. „Zwiebelbrot von einer fleißigen Landfrau."

„Dieser Typ vom Bahnhof war wieder hier." Ramesh verteilte die kleinen Brotstangen auf zwei Teller und reichte den einen Leo.

„Edens Gärtner?"

„Ja."

„Komisch, dass Eden ihn heute nicht arbeiten lässt. Ab Morgen sollen die Pavillons aufgebaut werden." Sie trugen ihre Teller vor die Haustür und setzten sich auf die Stufe. Ramesh stellte keine Fragen, doch Leo sah ihm an, dass er wissen wollte, wie er mit sechs Stunden freier Zeit zurechtgekommen war. Leo berichtete über Zeitung und Erdbeeren. Rameshs Mundwinkel entspannten sich.

„Da, wo du die Erdbeeren gefunden hast, war früher ein Gemüsegarten", bemerkte er, nachdem er die leeren Teller ins Haus gebracht und die Erdbeeren geholt hatte. „Aber ich hätte ein schlechtes Gewissen, wenn du da schuften würdest."

In Leos Heimatzentrum im belgischen Raeren gehörte der Gemüsegarten zur Grundausbildung eines Muh. Körperliche Arbeit hätte ihn geerdet und seinem Muh-Sein näher gebracht. Nach einem Morgen im Büro und einem freien Nachmittag fühlte er sich abends erschöpfter als nach sechzehn Stunden im Tagungshaus. Er stellte die leere Schüssel, auf deren Boden noch Erdbeersaft stand, hinter die steinerne Schwelle und rückte zu Ramesh. Der legte einen Arm um ihn.

„Dann muss ich dein schlechten Gewissens hinnehmen und überlegen, ob ich nicht trotzdem Gemüse anbaue."

„Wer hat behauptet, dass Muh machen, was man ihnen sagt?"

„Keine Ahnung. Bea sagt, ein erwachsener Muh sollte in der Lehre so gefestigt sein, dass er nicht einmal der Weisungen eines Kodexwächters bedarf." Bei all seinem Misstrauen gegenüber Bea Muh lachte Ramesh auf.

„Dann musst du ein Musterbeispiel sein." Leo schielte zu ihm hoch. Er hatte auch zu Ramesh nicht über die Worte des Kodexmeisters gesprochen, der ihm am Tag seiner Entbindung von Edu Muh empfohlen hatte, über eine Wächterschulung nachzudenken. Leo hatte sich in den vergangenen Monaten davon überzeugt, dass dieser Rat einer Verwechslung mit einem anderen Muh geschuldet gewesen war.

Auf dem Weg näherten sich Schritte, langsam und unregelmäßig. Leo richtete sich auf. Der Mann, der vermutlich Edens Gärtner war, erreichte das Gartentor und öffnete es, nachdem er sie entdeckt hatte.

„Ich will nicht stören", sagte er auf Englisch und blieb auf halbem Weg zur Haustür stehen. Ramesh ließ Leo los und ging auf ihn zu. Aus einem Gefühl, dass er dabei sein sollte, folgte Leo.

„Und was wollen Sie?" Ramesh blieb bei Deutsch. Der Mann strich sich über das Kinn, als verlangte die andere Sprache eine andere Taktik. Leo nutzte die Gelegenheit, sich zu vergewissern, dass er der Mann aus dem Zug war. Verschwitzt und mit eingefallenen Wangen wirkte Welsh älter, als Leo ihn vor zwei Tagen eingeschätzt hatte. Die Zigarettenpackung steckte in der Brusttasche seines ausgeblichenen Jeanshemds. Aus schütteren grauen Haaren fiel ein schnürsenkelbreiter Zopf. Nach einem Hustenanfall wechselte er ins Deutsche.

„Du bist Aditis Junge." Leo hörte Ramesh scharf einatmen.

„Wer will das wissen?" Der Mann biss sich in seine rissige Unterlippe.

„Du erinnerst dich doch an mich? Ich bin Darren." Er sah hoffnungsvoll drein, ehe seine Züge zu einer wehleidigen Maske zerflossen. „Aditi und du, wir waren doch in Hamburg oft zusammen. Und später in Kochi." Ramesh schwieg. „Wir beide haben auf alten Ölkanistern Schlagzeug gespielt."

„Und?" Von Ramesh ging eine Ablehnung aus, wie Leo sie noch nicht bei ihm erlebt hatte. Der Mann, der sich Darren nannte, warf einen raschen Blick auf Leo, wie um sich zu vergewissern, welche Rolle er in dem Gespräch innehatte. Da Leo sich ebenso wenig hilfsbereit zeigte wie Ramesh, konzentrierte er sich wieder auf den.

„Es tut mir leid, was mit Aditi passiert ist." Er legte den Kopf zur Seite. Leo rechnete halb damit, dass er die Hände falten würde, doch so weit ging er nicht. „Ich hatte sie total aus den Augen verloren. Immer unterwegs, die Lady. Ich wusste auch nicht, dass du in Deutschland bist." Ramesh reagierte nicht. Darren seufzte tief und gurgelnd. „So ein Zufall, dass du ausgerechnet hier wohnst." Wieder sah er kurz zu Leo, ehe er mit neuer Hoffnung weitersprach. „Aditi hat mir vor vielen Jahren mal erzählt, dass ihre Mutter in der Nähe von Oldenburg wohnt. Sie hatte dich bei ihr untergebracht, nach dieser Sache mit Joe. Aber in Hamburg hat man mir gesagt, du wärst wieder in Kochi."

Darren hatte die falschen Worte gewählt. Ramesh sprach oft von Engergiefeldern, die der Ingenieur in Leo nie ernst genommen hatte. Aber das, was ihm jetzt von der Seite entgegenwallte, war unbestreitbar negativ. Eilig fasste Leo nach Rameshs Ellenbogen.

„Was willst du?" Darren nickte erfreut, als bewiese die Frage, dass er eine gemeinsame Basis für ein Gespräch geschaffen hatte. Leo bezweifelte das. Er hielt Rameshs Arm, damit der sich erinnerte, dass es außerhalb seiner Wahrnehmungsblase noch eine Welt gab.

„Ich wollte sehen, was aus Aditis Jungen geworden ist. Über alte Zeiten reden ..."

„Ihr Name war Mary. Diesen anderen Namen hat sie sich zugelegt, um einfältige Männer wie dich zu beeindrucken ..."

„Sie war nun einmal eine faszinierende Frau." Darren lachte, brach aber ab, als Rameshs Feindseligkeit endlich bei ihm ankam. Nun faltete er die Hände vor der Brust. „Ich weiß, es ist nicht der beste Zeitpunkt. Aber ... hat sie mit dir über mich gesprochen?"

Ramesh lachte bitter.

„Du willst nicht hören, was sie über dich gesagt hat."

Darren überlegte offenbar, was Rameshs Mutter über ihn gesagt haben könnte. Ein Blick auf Leo zeigte ihm, dass der ihm nicht weiterhelfen konnte. Langsam nickte er.

„Wir haben uns im Streit getrennt." Dazu sagte Ramesh nichts. „Aber sie hätte mit dir sprechen sollen." Darren scharrte mit den Füßen. „Ach, du hast es dir bestimmt schon gedacht. Ich bin dein Vater."

Erwartungsvoll stand er auf dem sandigen Gartenpfad und sah von Ramesh zu Leo und zurück. Auch Leo beobachtete Ramesh, die Finger um seinen Arm. Der starrte Welsh voll Verachtung an.

„Als sie dich das erste Mal angeschleppt hat, konnte ich schon laufen. Joe war mein Vater."

Darren grinste abfällig.

„Der ging noch zur Schule, als wir dich gemacht haben, mein Junge. Ich weiß nicht, was er dir erzählt hat, dieser Schlappschwanz. Aber dein Vater bin ich, und das wusste er. Deswegen hat er sich die Kugel nicht ins Hirn gejagt."

Hätte Leo Rameshs Arm nicht bereits umklammert, er wäre nicht schnell genug gewesen, ihn aufzuhalten. So kam Ramesh nur zwei Schritte vor, während Darren überraschend behände zurücksprang.

„Verpiss dich."

Das tat Darren. Er rannte beinahe, und seine Schritte verlangsamten sich erst, als sie kaum noch zu hören waren. Ramesh machte sich von Leo los und ging in den hinteren Garten. Im ersten Moment wusste Leo nicht, was er tun sollte. Muh hielten es für schädlich, wenn sich Mitglieder von der Gemeinschaft zurückzogen. Nun war Ramesh weder vom Wesen noch von der Erziehung ein Muh, doch es konnte nicht gut sein, wenn er nach dieser Auseinandersetzung allein blieb. Nachdem Leo sich vergewissert hatte, dass Darren nicht mehr zu sehen war, ging er langsam um das Haus.

Ramesh saß vor dem Schuppen im Gras, den Kopf auf den Knien. Zögernd trat Leo näher.

„Da siehst du, auf was du dich mit mir eingelassen hast."

„Ich sehe gar nichts“, entgegnete er und setzte sich neben Ramesh. „Kennst du den Kerl?“ Ramesh zuckte mit den Schultern.

„Darren Welsh heißt er. Welsh hat mich als Kind ein paar mal so verprügelt, dass ich mehrere Tage nicht aufstehen konnte.“ Leo fragte sich, wieso er nicht überrascht war. Es fühlte sich so an, als fielen die kleinen Bemerkungen des letzten Jahres zusammen und ergäben ein Bild.

„Und deine Mutter?“

„Hat gelacht. War zugedröhnt mit irgendwas, was sie sich von den Touristen erbettelt hatte.“ Ramesh schob die Finger unter seine Haare. „Ich bin nicht so. Ich will nicht so sein. Mit diesen Leuten habe ich nichts zu tun. Nichts.“

„Du bist nicht so. Das weiß ich.“ Leo betrachtete die wirren Haare, die sich über Rameshs Rücken ausbreiteten. Er strich die Strähnen zusammen, als wollte er einen Zopf formen. „Warum hat er dieses Wort für deine Mutter verwendet?“

„Aditi? Das ist ein Name. Aditi war Mutter der Götter in den Veden, den alten hinduistischen Schriften. Von denen hatte sie keine Ahnung, aber die Bedeutung des Namens gefiel ihr. Es passte zu ihrem Größenwahn.“ Leo ließ die Strähnen durch seine Finger gleiten, um sie zu glätten. Die Vorstellung, den Namen einer Gottheit anzunehmen, war für ihn so fremd, dass er sich keine Entgegnung zutraute. „Sie war die Mutter eines Gottes. Das hat sie mir ins Gesicht gesagt. Mein Name kommt von dem Gott Rama. Eines Tages hat sie vor dem Krankenhaus in Kochi auf mich gewartet und mir vorgejammert, wie schlecht es ihr geht und dass sie ihre Miete nicht bezahlen kann und ich ihr einziger Sohn bin“

„Und was hast du gemacht?“

„Ihr Geld gegeben. Was sollte ich sonst tun?“

Auf Rameshs Rücken lagen die geglätteten Strähnen. Leo drehte sie um sein Handgelenk.

„Und dieser Welsh?“ Ramesh atmete tief ein.

„Der war in dieser Wohnung in Hamburg, in der meine Mutter und ich untergekommen waren. Aber Joe ist mit uns nach Indien gegangen. Welsh tauchte später auch auf. Wir hatten ein Zimmer in einem Haus von Schweizern, die zu irgendeiner Sekte gehörten. Die haben mich zur Schule geschickt und aufgepasst, damit nichts Schlimmeres passiert.“ Wieder hing ein Puzzleteil in der Luft, bereit zu fallen.

„Schlimmeres?“

„Das brauchst du nicht zu wissen.“

„Doch.“ Es gab zu viel, was er nicht zu wissen brauchte, aber offenbar hätte wissen sollen.

„Es hat meiner Mutter und ihren Freunden Spaß gemacht, mir Alkohol zu geben. Oder andere Sachen. Das ist ein paar Mal passiert. Ich weiß nur noch, dass ich bei den Schweizern wachgeworden bin und tagelang krank war.“ Eine Weile saßen sie so da, Ramesh mit den Kopf auf den Knien, Leo mit dem Zopf um sein Handgelenk. Er spürte die Atembewegungen unter seinem Arm, sah die hochgezogenen Schultern und fühlte, dass die Geschichte noch nicht zu Ende erzählt war.

Ramesh zog die Schultern noch höher, als wollte er der Berührung durch Leos Hand ausweichen.

„Wir waren auf dem Markt gewesen, Joe und ich. Ich war neun. Meine Mutter lag mit Welsh im Bett, als wir zurückkamen. Joe hat einfach einen Schrank geöffnet, die Pistole rausgenommen und sich in den Kopf geschossen. Ohne ein Wort. Überall war Blut und Knochen und Gehirn und er lag mitten auf dem Boden. Meine Mutter hat geschrien. Welsh hat gekotzt. Dann sind die Schweizer gekommen. Dieses Mal haben sie die Polizei geholt. Aber vorher haben sie mich zu Sunita gebracht. Ich war bei Sunita, bis meine Mutter mich nach ein paar Wochen abgeholt hat. Dann sind wir nach Deutschland geflogen, und sie hat mich hier bei meiner Großmutter abgeliefert. Ich habe sie erst Jahre später wieder gesehen, als sie zurückwollte nach Kochi.“ Ramesh sah Leo an. „Für mich hat Welsh Joe getötet.“

Montag, 3. Woche Juni

Christa in Rhauderfehn

NACH EINEM FRÜHSTÜCK MIT CROISSANTS VOM SONNTAG UND JUSTIN ÜBER Skype fuhr Christa zur Arbeit. Als sie ihre Fahrten noch sorgfältig auf Wetterverhältnisse und Verkehrslage hatte abstimmen müssen, war sie meistens exakt um acht eingetroffen. Nun konnte es vorkommen, dass sie erst um zehn nach acht eintraf oder, wie an diesem Morgen, um halb neun. Ihr Kollege Harald Meinert lehnte bereits am Tresen und informierte Frau Hahn minutiös über seine Urlaubserlebnisse.

„Ach, moin, Frau Hemmen. Hatten Sie einen schönen Sonntag?", unterbrach Frau Hahn seinen Redefluss. Harry drehte sich zu Christa um. Seine Haare schwangen in einem eleganten Bogen hinter seinem Kopf. Christa vergaß in seiner Abwesenheit regelmäßig, wie beeindruckend die kompakte Matte graubrauner Haare um ihn schwappte, als hätte ihm jemand eine alte Fußmatte über den höchsten Punkt des Schädels gelegt. Bei Crea. Heim und Pflege wurde gemunkelt, Harry verdanke seinen Job einzig der Frisur, aber Christa hielt das für das neidische Geschwätz männlicher Pädagogen mit Halbglatze.

„Christa, da bist du ja!" Als Zugeständnis an sein Alter ließ Christa sich in den Arm nehmen. Er hätte ihr Vater sein können, von daher gestattete sie ihm solche Gesten.

„Wie war dein Urlaub?" Zu spät bemerkte Christa Frau Hahns panisches Abwinken. „Frau Hahn, wie weit ist der Kaffee?"

„Oh, der müsste durchgelaufen sein. Ich bringe Ihnen gleich eine Kanne ins Büro."

Nachdem Frau Hahn in die Teeküche entwichen war, begann Harry seinen Bericht. Langsam folgte er Christa in ihr gemeinsames Büro. Er war bereits beim dritten Urlaubstag angekommen, als Frau Hahn den Kaffee brachte. Zehn Minuten später kam die Pflegedienstleiterin Frau Kehl gerade recht, um den Beginn der dritten Woche zu hören.

„Ich unterbreche Sie ungern, Herr Meinert, aber es wäre gut, wenn wir jetzt mit der Besprechung anfangen könnten." Sie sah zu Christa. „Ida Santers Managerin hat mich eben angerufen. Ida kommt um neun Uhr vorbei."

„Wir hatten doch vereinbart ..."

„Ich weiß."

Harry hatte ihnen mit offenem Mund zugehört. Christa nahm an, dass er weitererzählen wollte, doch er stemmte beide Hände auf die Platte des Besprechungstisches und sah zu Frau Kehl auf.

„Habe ich das richtig verstanden? Ida Santer? Die Ida Santer von Blemish?"

Christa sagte *Blemish* nichts. Sie sah zu Frau Kehl, die langsam nickte.

„Ja, das ist sie."

Harry sackte auf seinen Stuhl.

„Was will sie von uns?"

„Sie möchte ihre demente Mutter in einer unserer Einrichtungen unterbringen." Harry drehte das Gesicht zu Christa.

„Nun ja, Eltern haben wir alle. Auch Ida."

„Harry, was ist los? Die Frau kommt um neun, um mit dir zu sprechen. Vorher müssen wir wenigstens grob planen, wie diese Woche verlaufen soll."

„Mit mir sprechen? Oh." Er wurde beängstigend rot. Christa wechselte einen Blick mit Frau Kehl, doch die wirkte nicht besorgt. „Meine Bude in Hamburg war tapeziert mit ihren Postern", hauchte Harry. Christa räusperte ein Kichern weg.

„Das ist nicht dein Ernst."

Er sah sie aus leuchtenden Augen an.

„Ich bin ein Fan der ersten Stunde." Seine Stimme brach. Nach einem weiteren Blickwechsel nahmen Christa und Frau Kehl gleichzeitig Platz. Frau Kehl legte ihre Hand auf seinen Arm.

„Ich kann verstehen, dass Sie jetzt ergriffen sind, Herr Meinert. Nach Ihrem Gespräch können Sie uns alles über Ihre Faszination erzählen. Aber jetzt müssen wir Sie auf den neuesten Stand bringen, sonst wissen Sie im Gespräch nicht, was Frau Santer von Ihnen möchte."

Harry bezwang seine Emotionen und ließ sich in den folgenden zwanzig Minuten über die wichtigsten Termine der Woche und Ida Santers Anliegen informieren. Um neun Uhr rief Frau Hahn an, dass Ida Santer warte. Harry rückte seine Haarmatte zurecht und ging in das Kundezentrum, um Frau Santer in den Beratungsraum zu führen. Christa führte mit Frau Kehl die Besprechung fort, bis nach einer Viertelstunde Harry anrief und Frau Kehl fragte, ob eine Pflegerin von Freitagmorgen bis Montagmorgen abgestellt werden konnte. Frau Kehl rief sich den Dienstplan auf.

„Bei Frau Santer im Haus? Hm." Sie wischte auf dem Tablet nach rechts, dann nach oben. „Ich mache das selbst, Herr Meinert." Nachdem sie das Gespräch beendet hatte, sah Christa sie an.

„Sind Sie sicher, dass Sie das machen wollen?" Frau Kehl nickte.

„Alles andere ist zu kompliziert. Ich übernehme die vier Tage, komme am Montag zur Dienstbesprechung und baue dann Überstunden ab. Es geht auch nur darum, die alte Dame zu unterhalten, damit sie nicht auf die Idee kommt, der Presse von ihrer Entführung zu erzählen. Das wird ein ruhiger Einsatz."

Da die Planung der Pflege in Frau Kehls Bereich fiel, wagte Christa keinen Einwand. Ein paar Minuten später kam Harry zurück, diesmal mit Frau Hahn im Schlepptau. Deren in akkurate Farbfelder aufgeteiltes Gesicht war von einem unterdrückten Lachen verzogen. Nachdem Harry auch sie auf einem Stuhl platziert hatte, warf er sich in Pose.

„Wir, Crea. Heim und Pflege, haben die Ehre – ja, das ist das angemessene Wort – Ida Santer zu unseren Klienten zu zählen." Er wedelte mit einem Vertrag, den Christa ihm aus der Hand nahm und sicher auf ihrem Schreibtisch unterbrachte. „Ida Santer ist eine der großen, der ganz großen deutschen Rocksängerinnen. Auch wenn sie in den letzten Jahren eher Jazz gesungen hat, ist sie nach wie vor die Stimme Deutschlands."

Sechs Augen sahen erwartungsvoll zu ihm auf. Harry sah sie der Reihe nach an.

„Ida Santer muss doch ein Begriff sein?" Frau Hahn meldete sich wie in der Schule.

„Ich weiß nur, was der Gemüsehändler Demir in Ostrhauderfehn über sie erzählt. Er war mit ihr in einer Klasse."

Christa empfand tiefe, an Furcht grenzende Bewunderung vor dem großen Bekanntenkreis von Frau Hahn. Dann fiel ihr ein, dass Frau Hahn nur wenige Jahre älter war als sie, so dass der Gemüsehändler nicht gleichzeitig mit ihr und Ida Santer zur Schule gegangen sein konnte. Verwirrt sah sie wieder zu Harry, der ob der mangelnden Bildung seiner Kolleginnen die Hände rang.

„Keine Frage meiner Liebe." Christa schielte zu Frau Kehl, die leicht die Schultern hob. „Totale Randale." Frau Hahn räusperte sich nervös. „Auf dem Rücksitz deiner Liebe." Harry hob die Hände. „Das müsst ihr doch kennen. Das waren Hits." Er erntete nur Achselzucken.

„Harry." Christa fasste sich ein Herz. „Ich war damals ein Kleinkind."

„Verstehe." Er setzte sich auf die Kante des Besprechungstischs. „Dann gebe ich euch einen Abriss ihrer Karriere."

„Aber nur einen kurzen Abriss, ich muss wieder ins Kundenzentrum." Harry winkte Frau Hahns Einwand ab.

„1980 kam die junge Ida Santer nach Berlin und jobbte als Bedienung im Club Palaver. Dort verkehrte Rick Maurer, ein Gitarrist bei Flamingo. Er hörte sie auf dem Klo durch die Wand singen und nahm sie mit zu Kurt Einstein ..."

„Harry, geht das etwas schneller? Wir haben alle noch zu arbeiten", warf Christa ein.

„Aber klar. Nachdem sie vorgesungen hatte, hat Einstein sie bei Flamingo mitmachen lassen. 1981 stand sie auf der Deutschlandtour als Sängerin vorne. 1982 hat sie Blemish gegründet und 1983 hatte sie ihren ersten Nummer eins Hit. 1984 hatte sie vier Nummer eins Hits. 1985 hat Blemish beim deutschen Life Aid-Beitrag mitgemacht. 1986 hatte sie drei Nummer eins Hits. 1988 kam dann der Zusammenbruch: Drogen und Alkohol. Man hat nichts mehr von ihr gehört, bis 1990. Da hat sie eine neue Band zusammengestellt und ist durch die DDR getourt. Und dann – die Katastrophe!" Unter seinem donnernden Ruf zuckte Frau Hahn zusammen.

„Du meine Güte! Was ist passiert? Die STASI ...?"

„Ich glaube, die hatte da schon nichts mehr zu sagen", warf Frau Kehl ein.

„Also die Peggy Menninga, die Frau vom Hajo Menninga aus der Post, sagt, dass sie 1990 in Dresden ..."

„Frau Hahn!" Frau Hahn signalisierte mit einer Handbewegung, dass ihr Mund von nun an versiegelt war. Harry nahm eine dramatische Pose ein. „Auf einer regennassen Landstraße kam der Tourbus von der Fahrbahn ab und prallte gegen einen Baum. Es gab Tote und Schwerverletzte. Ida hat überlebt. Es hat noch fast ein Jahr gedauert, bis sie wieder auftreten konnte." Er ließ die Hände auf die Tischplatte fallen. „Der Unfall hat alles verändert." Seufzend rieb er an einem eingetrockneten Kaffeefleck. „Das Feuer war weg. Obwohl die Stimme wieder super war. Aber sie ist langsam zum Jazz rübergeglitten. Jetzt macht sie nichts anderes mehr."

Im Kundenzentrum klingelte das Telefon. Frau Hahn nutzte die Gelegenheit, aus dem Büro zu fliehen. Frau Kehl folgte ihr. Christa betrachtete Harry, der noch immer den Kaffeefleck bearbeitete. Auch sie empfand nach seiner Schilderung Mitgefühl mit Ida Santer, doch für eine Frau, die über so viel Geld verfügte, brauchte er keine Tränen zu vergießen.

„Was hast du sonst noch mit ihr besprochen?"

„Am Untenende wird zum ersten Juli ein Platz frei, weil die Bewohnerin zu ihrer Tochter zieht. Den kann Idas Mutter haben. Zwei auf der Warteliste sind verstorben und drei sind anderswo untergekommen. Und während des Festivals ist Frau Kehl bei der Mutter. Ach so." Er tastete in der Brusttasche seines Jacketts. „Freikarten für das Festival am Samstag. Für jeden hier im Büro." Ohne Enthusiasmus nahm Christa zwei Karten entgegen.

Ida in Leer

Ida wartete, dass die letzten Kollegen gingen. Selbst diejenigen, mit denen sie in den Jahren nach dem Unfall gearbeitet hatte, kamen nur noch selten aus ihren Rückzugsgebieten, um vor größerem Publikum aufzutreten. In Alterssitzen, privaten Studios oder Bars in vergessenen Kleinstädten verfolgten sie eigene Interessen. Zum Festival wurden Erinnerungen aufgefrischt, alter Klatsch und alte Feindschaften aufgewärmt. Am Montag wäre all das Geschichte. Sie wartete auf diesen Tag. Während die anderen rauchten oder Tipps gegen Kniebeschwerden austauschten, stand Ida am Klavier, spielte einige Noten und sang leise Passagen, die ihr am Nachmittag Mühe bereitet hatten. Nachdem der letzte fort war, suchte Ida ein Fenster zum Parkplatz. Draußen lag der Norden von Leer, Wiesen, Felder, und die B70 Richtung Einkaufscenter Emspark. Auf den Nachbargrundstücken standen glänzende Autohäuser und ausgeblichene Fitnesscenter. Das Aufnahmestudio mit Probenräumen hielten die meisten Autofahrer für ein langweiliges Motel, in dem niemand absteigen wollte. Auch jetzt stand kein Auto auf dem Parkplatz. Irgendwo im Gebäude hielt sich bestimmt noch der Inhaber auf, aber ansonsten wirkte alles verlassen.

Ida rief Joy an und bat sie zu kommen. Dann wählte sie eine andere Nummer. Mit zusammengekniffenen Lippen lauschte sie auf das Freizeichen. Irgendwann musste er sich melden. Es war ihre Absprache, dass der Kontakt nie ganz abbrach. Doch wenn er sich jetzt zu viel Zeit ließ, konnte die Situation brenzlig werden.

„Ja?"

Sie sog die Luft tief ein und stieß sie aus, ehe sie antwortete.

„Ich bin's. Wie geht es dir?“

Sie bemühte sich um einen neutralen Ton. So hatten sie beide es von Anfang an gehalten. Es war sinnlos, die Vergangenheit zu bedauern oder zu verklären, und es schmerzte nur, alten Gefühlen nachzuhängen. Aber in unregelmäßigen Abständen gönnte sie sich ein Telefonat mit ihm. An diesem Tag brauchte sie keine Ausrede zu suchen. Er wusste mehr als sie über den Anrufer vom Sonntag, und er besaß größere Bewegungsfreiheit.

„Gut.“ Sie hörte im Hintergrund Vögel, als spräche er aus einem Garten. Über sein Leben wusste sie nichts, sie besaß keine Vorstellung, wo sie ihn erreicht hatte. Es konnte am Amazonas sein, an der Themse oder am Rhein.

„Jemand will Geld.“

Auf seiner Seite waren lange nur die Vögel zu hören.

„Weißt du, wer?“

„Ich bin nicht sicher. Kannst du herausfinden, ob ... er ... es ist?“

Wieder verzögerte sich seine Antwort. Die Vögel wurden leiser, Schritte hallten.

„Das kann ich.“

Sie war erstaunt, wie bereitwillig er nachforschen wollte.

„Er hat mich zweimal angerufen. Zwanzigtausend Euro. Bis Freitag. Du musst dich beteiligen, ich kann diese Summe nicht so schnell aufbringen.“

Diesmal hörte sie sein Stöhnen.

„Auf keinen Fall bis Freitag.“

Sie schloss die Augen.

„Du musst. Wenn er es ist, wird er reden. Auch du kannst es dir nicht leisten, dass die Wahrheit rauskommt.“

„Liebes.“ Die unerwartete Bezeichnung ließ ihr Herz schneller schlagen. „Ich kann nicht so schnell an Geld kommen. Halte diesen Anrufer hin. Ich finde heraus, ob er es ist. In ein paar Wochen kann ich dir helfen. Aber jetzt nicht.“

„Du musst mir jetzt helfen. All die Jahre habe ich dir Geld gegeben. Aus Dankbarkeit.“ Sein Lachen war deplatziert. „Bitte.“

Er räusperte sich.

„Ich sehe, was ich tun kann. Und jetzt muss ich Schluss machen.“

Sie starrte auf das Display, wo seine Nummer verblasste. Draußen fuhr Joy auf den Parkplatz. Ida drückte die Nummer weg, steckte das Telefon ein und holte ihre Jacke.

„Wie ist es gelaufen?“, fragte Joy, sobald Ida die Beifahrertür öffnete.

„Wird schon werden.“ Ida warf sich auf den Beifahrersitz. „Was macht Mutter?“

„Schläft. Die Tabletten wirken schnell.“

Ida nickte und schloss die Augen.

Leo in Sandkrug

Die kleine Frau mit roten Stoppeln stand gleichmütig auf dem Bahnsteig, trotzdem erkannte Leo, wie aufgewühlt sie war. Unauffällig trat er neben sie.

„Hallo, Inna Muh. Alles in Ordnung?“ Sie drehte sich zu ihm um. Augen und Nase waren gerötet.

„Ja.“ Sie erwiderte seinen prüfenden Blick offen.

„Das bezweifle ich.“ Sie zuckte mit den Achseln. Leo wartete noch eine halbe Minute. „Warum hast du geweint?“

Die direkte Frage brachte Inna dazu, ihn wieder anzusehen.

„Ich konnte nicht hinnehmen und habe in einer unbescheidenen Art und Weise gesprochen und gehandelt. Der Situation war es eventuell angemessen. Doch es bedrückt mich, dass ich mich überhaupt in so einer Lage befunden habe.“

„Was für eine Lage?“ Nicht zum ersten Mal wünschte Leo, Muh äußerten sich in klaren Worten.

„Heute war ich in der Flüchtlingsberatung und habe eine Frau zum Arzt begleitet. Auf dem Rückweg waren ein paar Männer im Bus. Sie haben uns beschimpft. Dann sind sie an der gleichen Haltestelle wie wir ausgestiegen. Sie sind uns gefolgt, haben Bemerkungen gemacht und uns immer wieder angefasst und geschubst. Die Frau hatte Angst. Sie versteht kein Deutsch und ihre Erfahrungen mit Männern sind nicht gut gewesen.“ Sie biss sich auf die Unterlippe. „Dann habe ich die Geduld verloren.“

Leo musterte sie aufmerksam.

„Was hast du getan?“

„Ich habe die Tür zu einem Laden aufgerissen und in unbeherrschter und unbescheidener Form verlangt, dass die Verkäuferin die Polizei ruft. Es waren ein paar Leute in dem Laden. Die sind auf die Straße gekommen. Da sind die Männer weggerannt. Aber ich musste in der Beratungsstelle anrufen, damit uns jemand abholte, weil die Frau Angst hatte, auf die Straße zu gehen."

„Und du?" Er hatte die Hand an ihren Arm gelegt. Sie zuckte wieder mit den Schultern.

„Ich nicht. Zu dem Zeitpunkt nicht. Aber als wir dann wieder in der Beratungsstelle waren, und die anderen uns Tee gegeben haben, da ging es mir nicht so gut."

Der Zug nach Sandkrug hielt vor ihnen. Sie stiegen ein und blieben bei der Tür stehen.

„Du musstest laut werden und handeln. Das war nicht unbescheiden." Inna sah ihn zweifelnd an, nickte aber.

„Das weiß ich." Sie zögerte. „Es war eine unangenehme Erfahrung. Und ich fürchte, sie wird sich wiederholen." Da er genau das befürchtete, nickte er kurz. Er wollte sie ermahnen, auf sich aufzupassen, doch das war Aufgabe der Kodexwächterin.

In Sandkrug holten sie ihre Fahrräder und fuhren durch den Wald zum Tagungshaus.

„Kommst du mit rein, Leo?".

„Heute nicht. Morgen wollte ich den ganzen Nachmittag kommen." Er sah zum Haus, wo Tagungsgäste vor der Tür Tee tranken und sich unterhielten. Ihre lauten Stimmen klangen bis zu ihnen. Mit einem Mal war er froh, dass er in das einsame Haus in den Feldern fahren konnte. „Was macht der Neubau?"

„Bea sagt, Ende des Monats können wir die ersten Zimmer beziehen. Bis zum Herbst sollen alle Schlafräume und die Krankenstation verlegt sein. Seit Ella Muh die Arbeit am Bau leitet, geht jedenfalls alles schneller ..." Inna brach ab. Entgegen jeder Bescheidenheit fühlte Leo sich provoziert. Er gehörte immer noch zur Gemeinschaft, und nun erfuhr er nebenbei von einer Neuerung, die offenbar schon seit Wochen bestand.

„Wer ist Ella? Edu Muh leitet die Aktivitäten um den Neubau." Inna sah an ihm vorbei in den Wald.

„Bea hat ihm vor zwei Monaten die Verantwortung entzogen. Ella Muh ist aus Liège gekommen, um alle Arbeiten zu Ende zu führen." Ihr Blick streifte sein Gesicht, als sie eilig zum Tagungshaus sah. „Bea sagt, Edu Muhs Gesundheit erlaube ihm nicht, weiter so große Verantwortung zu tragen."

Obwohl Edu für Leo nur ein weiterer Muh unter vielen war, fühlte er Reste der Solidarität, die er einmal versprochen hatte und von der er sich hatte entbinden lassen.

„Und das heißt was?“ Inna nahm seine verworrene Grammatik hin.

„Das heißt, dass er nicht in der Lage ist zu arbeiten. Mehr weiß ich auch nicht. Du kannst morgen Bea fragen.“ Sie sah ihn jetzt voll an. „Es geht ihm nicht gut. Dir auch nicht, nebenbei bemerkt.“

„Mir geht es gut.“ Inna forschte nicht weiter. Sie winkte, obwohl er direkt vor ihr stand, und schob ihr Rad zum Fahrradschuppen. Leo fuhr weiter Richtung Sandhatten. Ohne Inna gelang es ihm, sich den Zwischenfall, in den sie verwickelt gewesen war, in all seinen Facetten vorzustellen. Muh kannten von klein auf Situationen, in denen sich Außenstehende durch ihr Aussehen provoziert fühlten. Das Sandkruger Zentrum hatte Leo selten ohne Begleitung verlassen. Einmal war er zu Rameshs Haus gegangen, ohne Erlaubnis. Dass er jetzt dort wohnte, war für einige Muh ebenso beängstigend wie Innas Erlebnis vom Vormittag.

In Sandhatten errichteten Arbeiter auf dem Rasen von Eden und Alarics umgebauten Bauernhaus Pavillons. Leo fuhr an der Hecke vorbei und erhaschte einen Blick auf das Chaos vor dem sonst so stillen Haus. Von den Bewohnern war niemand zu sehen. Ab der nächsten Straßenbiegung herrschte wieder Ruhe. In der Straße Hinter den Büschen kam ihm ein Traktor entgegen, sonst sah er keinen Menschen. Es würde noch mehrere Stunden dauern, bis Ramesh käme, aber er war im Laufe des Tages nach Hause gekommen, hatte Einkäufe weggeräumt und die Waschmaschine mit Arbeitskleidung gestartet. Gegessen hatte er, soweit Leo sehen konnte, nichts. Er warf einen Blick in den Kühlschrank, überlegte, was er kochen sollte und suchte den Briefkastenschlüssel. Auch dieses Mal gab es nur Post für Ramesh, ein Umschlag mit Adressaufkleber der Post und einem Absender in einer Schrift, die Leo wegen der runden Buchstaben für Malayalam hielt, und ein Schreiben der Bank, aufgebläht mit Werbung. Nachdem er die weiße Arbeitskleidung zum Trocknen gehängt hatte, suchte er eine Beschäftigung, bis es Zeit war mit dem Kochen anzufangen. Immer wieder dachte er an Inna, an ihr Erlebnis in der Stadt und ihre Andeutungen, dass Bea Edu Muh die Arbeiten am Neubau entzogen hatte.

Gegen halb neun kam Ramesh.

„Deine Inna ist ein Herzchen. Sie hat mich gefragt, ob ich dich rumgekriegt hätte, doch noch zu heiraten.“ Leo erwiderte den Begrüßungskuss. Wenn Inna solche Sprüche machen konnte, hatte sie sich von ihrem Schrecken erholt.

„Hör bloß nicht auf Inna. Die war schon immer durchgeknallt.“

„Redet ein Muh so über seine Schwester?“

„In aller Bescheidenheit, ja. Ich kenne sie schon sehr lange. Simon hat Post." Der Bankbrief ging an Simon McPhelps, Rameshs zweiter Vorname, den er im Umgang mit offiziellen Stellen verwendete.

„Der wohnt nicht hier", behauptete Ramesh und entsorgte den Umschlag. Den Brief aus Indien las er schweigend. Mit den meisten seiner Freunde kommunizierte er über eine App, deren Schriftzeichen Leo nicht lesen konnte. Briefe kamen meistens nur von Verbänden, in denen er seine Mitgliedschaft aufrecht erhielt und älteren Kollegen. Mit seiner Ersatzmutter Sunita skypte er, weil ihr das Schreiben schwer fiel. Nach einer Weile steckte Ramesh den Brief zurück in den Umschlag und begann den Tisch zu decken. „Ich hatte ja geglaubt, meine Vergangenheit würde mich in Sandkrug nicht einholen. Bei euch im Tagungshaus hat heute Abend ein neuer Kurs angefangen. Da saß eine ehemalige Lehrerin von mir auf der Matte. Ausgerechnet Frau Schuhmann-Schulz. Und weil wir alle den Vornamen verwenden, muss ich sie Viola nennen."

Dass seine Vergangenheit ihn bereits in Form ganz anderer Leute eingeholt hatte, verdrängte er erfolgreich.

„War der Schock groß?"

„Viola Schumann-Schulz schockiert gar nichts. Sie nennt mich allerdings Simon, weil sie mich mit zwölf unter diesem Namen kannte. Aber sie war auch nur kurz als Französischlehrerin an unsere Schule abgeordnet."

„Du hast Französisch gelernt?" Ramesh winkte ab.

„Das waren zwei Monate in der siebten Klasse. Dann hat meine Mutter mich wieder nach Indien geholt."

Leo rechnete mit einem Rückfall in die Stimmung vom Vortag, doch Ramesh verzog nicht einmal das Gesicht, als er seine Mutter erwähnte. Beim Essen sprach er über Viola Schuhmann-Schulz in jener lange zurückliegenden siebten Klasse und an diesem Abend im Tagungshaus. Leo gewann den Eindruck, dass es sich um eine der Lehrkräfte handelte, deren Persönlichkeit sich mehr einprägte als ihr Unterrichtsstoff.

„Hat Inna dir erzählt, dass sie heute in Oldenburg angegriffen worden ist?" Nach dem Essen sah Leo zu, wie Ramesh seine Arbeitskleidung bügelte. Es war ihm untersagt zu helfen, also saß er dabei und tat das, was Muh in solchen Fällen nicht tun sollten, er lenkte Ramesh mit seiner Unterhaltung ab.

„Sie hat gesagt, ich soll dir kein Wort glauben."

Leo musste grinsen. Dann fiel ihm ein, was Inna ihm außerdem verraten hatte. Er schielte zu Ramesh, doch der kämpfte mit den Schultern eines T-Shirts. Leo hatte nicht vor, mit ihm über Edu Muh zu sprechen, doch er kämpfte mit Schuldgefühlen. Der Kodexmeister hatte ihn von seinem Solidaritätsversprechen, das er im Prinzip freiwillig eingegangen war, entbunden. Ohne offizielle Bindung, weder vor der Gemeinschaft noch vor der Welt, hatte Leo seine Solidarität Ramesh gegeben, den er, wie er zugeben musste, völlig unbescheiden liebte. Nun schien es ihm, dass gerade diese unbescheidene Liebe es notwendig machte, Edu einen Teil der Solidarität, die er aufgekündigt hatte, zurückzugeben.

Dienstag, 3. Woche Juni

Christa in Rhauderfehn

Justin war begeistert von den Freikarten zu Idas Festival. Christa musste sich eingestehen, dass sie ihn falsch eingeschätzt hatte. Als sie ihm von den Karten erzählt hatte, war er sofort auf die Internetseite des Festivals gegangen, um nachzusehen, wer an dem Samstag auftreten sollte. Im Gegensatz zu Christa sagten ihm die Namen etwas. Er hatte sogar eine der Bands in den USA live gesehen und sang für Christa einige Zeilen ihres größten Hits. Ida, oder die von ihr beauftragten Organisatoren des Festivals, konnten auf populäre Musiker der günstigeren Preisklasse zurückgreifen.

Justins Version des Hits hing noch in Christas Ohren, als sie am Dienstagmorgen bei Crea. Heim und Pflege eintraf. Sie versuchte, die Melodie mit Hilfe von Kaffee zu vertreiben, doch auch in den Pausen der Dienstbesprechung für die Haushaltshilfen, dudelte das Lied am Rande des Hörbaren. Erst das Eintreffen Harrys, der die große Dienstbesprechung aller Niederlassungen in Wardenburg besucht hatte, brachte das Lied zum Verstummen. Harry tat äußerst geheimnisvoll. Er beorderte Christa, Frau Kehl und Frau Hahn ins Büro und startete das CD-ROM-Laufwerk seines Desktop-Computers. Frau Hahn zuckte zusammen, als elektrische Gitarren aufheulten und eine raue Frauenstimme von den Gefahren des Verkehrs sang. Während des Refrains begann sie zu kichern. Frau Kehl drehte sich zu ihr um.

„Was hast du denn? Das hier sind historische Aufnahmen."

Eine hochrote Frau Kehl lugte hinter ihrer vorgehaltenen Hand hervor.

„Verkehr. Du weißt, was sie meint, oder?"

Frau Kehl schüttelte den Kopf, wobei sie offen ließ, ob sie die Anspielung nicht verstand oder sich über das Gehabe von Frau Hahn wunderte.

„Das ist Blemish, die Band von Ida Santer", erläuterte Harry über die Musik hinweg. „Verkehrsfunk war ihr erster Nummer-eins-Hit. Verboten im Bayerischen Rundfunk und bei Radio Luxemburg."

„Warum das denn?“, fragte Frau Kehl. Er zuckte mit den Schultern.

„Die waren damals schnell dabei, wenn es um das Verbieten ging.“

Das nächste Lied begann mit einem Scheppern, das nach einem Unfall mit dem Besteckkorb einer Spülmaschine klang. Ida Santers Stimme hetzte über eine Anzahl konsonantenreicher Silben, bis sie in eine Art Jodeln ausbrach.

„Hubertus-Song“, informierte er seine Zuhörerinnen.

„Harry, warum müssen wir diese Musik anhören?“, wagte Christa zu fragen. Er sah sie überrascht an.

„Damit ihr mitreden könnt. Mit dem Festival kommen bestimmt tausende Leute in meinem Alter. Es schadet nicht, wenn ihr wisst, was diese Frau in unserer Jugend gespielt hat.“

Nach dem Ende des dritten Liedes berief sich Frau Hahn auf das verwaiste Kundenzentrum und entwich aus dem Büro. Frau Kehl erinnerte sich nach dem vierten Lied, dass sie noch wegen einer Medikamentenbestellung in der Apotheke anrufen musste. Sie ließ Christa mit Harry zurück. Der tanzte um den Besprechungstisch, und Christa hoffte, niemand auf dem Parkplatz käme auf die Idee, durch das gekippte Fenster zu spähen.

„Harry“, versuchte sie es ein zweites Mal, als die CD zu Ende war und Harry erschöpft auf seinem Schreibtischstuhl ruhte. „Wozu hast du diese Musik mitgebracht? Wir müssen doch nicht den Festivalbesuchern beweisen, dass wir diese Band … Blemish … kennen.“

Er tupfte mit einem Papiertaschentuch über seine feuchte Stirn.

„Nein, das ist klar, Christa. Aber die Musik soll euch zeigen, was das für eine Frau ist, diese Ida Santer. Die könnt ihr nicht mit den normalen Angehörigen vergleichen. Wenn sie sich über Crea. Heim und Pflege aufregt, hagelt es schlechte Presse. Wenn Crea. Heim und Pflege ihr gefällt, wollen ihre Fans ihre Eltern von Crea betreuen lassen.“

Seine Überlegung war nachvollziehbar.

„Hast du Frau von Geldern von Ida Santer erzählt?“

„Bin ich verrückt? Der Geschäftsführerin erzählen wir nur von Ida und ihrer Mutter, wenn die alte Dame sicher in einem von uns betreuten Appartement sitzt und Ida den richtigen Leuten von diesem tollen Pflegedienstleister erzählt. Frau von Geldern flippt uns so oder so aus.“

Auszuschließen war das nicht. Christa erkundigte sich nach den anderen CDs auf Harrys Schreibtisch. Er überflog die Titel.

„Also, das was wir eben gehört haben, ist von 1983. Da war sie noch ganz jung und unverbraucht. Wie wäre es mit ihrem Beitrag zum deutschen Life Aid-Projekt 1985?"

„Wenn du mir sagst, was das war, gerne."

„Ach, du Küken." Harry grinste und gab einen kurzen Abriss über das von Bob Geldorf ins Leben gerufene Musikprojekt, mit dem weltweit Geld für die Hungernden in Afrika gesammelt werden sollte. „Rückblickend ist die Spendenaktion beispielhaft, die Umsetzung der Hilfe dagegen problematisch. Stichwort Korruption und fehlgeleitete Geldströme. Aber darum geht es hier nicht. Das ist Ida."

Idas rauchige Stimme füllte das Büro und lockte Frau Hahn und Frau Kehl wieder an. Ihre Stimme klang tiefer als bei den früheren Liedern, sie hatte ihre Atmung besser unter Kontrolle und konnte selbst bei den geflüsterten Passagen noch singen. Der Effekt war gespenstisch.

„Wow. Das hätte ich nicht erwartet", gab Frau Kehl zu. Harry zuckte mit den Schultern.

„Rückblickend war 1985 wohl der Höhepunkt ihrer Karriere. Mit dem Life Aid-Projekt hatte der Mainstream Ida entdeckt. Sie wechselte die Plattenfirma und den Produzenten. Hier, das ist von 1987, ein Jahr, bevor sie in den Entzug musste."

Die Musik war besser arrangiert, und anstößige Vokabeln fehlten. Ida Santers Stimme war geschickt abgemischt, doch Unsicherheiten bei den ganz hohen und den ganz tiefen Tönen fielen im direkten Vergleich zu ihren älteren Stücken auf.

„Eindeutig. Sie hat auch Probleme beim Artikulieren."

„Das war mir noch nicht aufgefallen, Frau Kehl, aber Sie haben Recht." Harry seufzte.

„Hast du nicht gesagt, dass sie sich wieder gefangen hat?" fragte Christa, um ihn zu trösten. Er nickte und wühlte in den CDs.

„Ah, nehmen wir die. Das ist Ida Santer live beim Montreux Jazz Festival 1996. Nach ihrem schweren Unfall 1990, bei dem so viele ihrer Bandmitglieder umgekommen sind, hat sie erst eine unauffällige Platte veröffentlicht. Niemand mochte sie verreißen, aber alle waren sich einig, dass sie nicht mehr über die Power von früher verfügte. Aber 1996 hat sie alle überrascht. Besonders ihre alten Fans."

Applaus ertönte, Stimmen raunten, ein paar Töne wurden spröde auf dem Klavier angeschlagen. Ida begann zu singen. Bei den ersten Versen klang sie nervös. Das Publikum applaudierte höflich, wie um eine Auferstandene Willkommen zu heißen. Ida murmelte „Merci. Thank you. Grazie. Danke, danke.“ Dann setzte sie erneut an, sicherer als zuvor. Ihre Stimme füllte das Büro, tieftraurig und voller Macht. Das Publikum in Montreux jubelte. Frau Kehl, Frau Hahn und Christa sahen sich beeindruckt an.

„Das ist mehr als ein Comeback“, bemerkte Christa. Die anderen nickten.

„Sie muss hart an sich gearbeitet haben.“ Frau Kehl sah zu Harry. „Aber ich glaube, das ist nicht mehr Ihre Ida?“ Er hob die Hände.

„Sie ist unbestreitbar gut, und ich kaufe auch ihre neuen CDs. Aber das ist nicht meine Musik.“ Er sah Christa an. „Denk an das, was ich dir eben gesagt habe. Ida Santer kann uns sehr viel nützen, aber auch schaden. Ich habe oft gehört, dass sie eine Zicke sein soll.“

Frau Kehl lachte auf.

„Na toll. Ich verbringe das Wochenende mit der Mutter. Wie ich mich kenne, ecke ich an.“

Harry lachte und machte eines seiner Komplimente, die so salopp aus den Achtzigern kamen, dass weder Christa noch eine der anderen sie verstanden.

Eden in Sandkrug

Alaric war schon aus dem Haus gewesen, als Eden nach unten kam. Laut Hafsa hatte er in der Küche eine Scheibe Toast aus dem Toaster genommen und war weggefahren. Eden tat so, als wisse sie Bescheid. Sie selbst knabberte Toast, trank Tee und wechselte vom Esstisch zum Schreibtisch. Gegen Mittag bestand Hafsa darauf, dass sie eine Tasse Suppe und einen klein geschnittenen Apfel zu sich nahm. Sie blieb vor Eden stehen, bis die alles aufgegessen hatte.

„Sagen Sie nicht immer, man soll nicht am Schreibtisch essen?“, knurrte sie auf Englisch, als sie Suppentasse und Dessertteller auf ein Tablett stellte.

„Schau dich um. Wie soll ich mit der Arbeit fertig werden? Und heute Nachmittag muss ich proben.“ Heiße Schmerzen schossen ihr von der Mitte beider

Handflächen bis zur Armbeuge. Hafsa musste ihr Zucken gesehen haben, denn ihre Augen verengten sich.

„Lassen Sie McPhelps kommen."

„McPhelps kommt nicht, selbst wenn ich im Sterben liege."

„Von kranken Sehnen stirbt man ja auch nicht. Erzählen Sie McPhelps einfach keine Märchen. Dann kommt er zu Ihnen." Eden meinte einen sehnsüchtigen Zug um Hafsas Mund zu erkennen. Dieses dumme Ding lief einem Mann nach, der nichts von ihr wollte. Auch wegen Hafsas Blindheit zuckte sie mit den Schultern.

Hafsa wies mit dem Kinn auf den Probedruck eines Plakats, der mit der Post gekommen war. Das Plakat zeigte Alaric an seinen Flügel gelehnt, die Falten um Augen und Mund retuschiert.

„Wann kommt er? Ich frage nur wegen dem Abendessen." Eden zögerte.

„Wenn er zu spät kommt, kriegt er die Reste." Empörung über diese Art, den Herrn des Hauses zu behandeln, zeigte Hafsa schon lange nicht mehr. Auch jetzt musterte sie Eden nur mit zusammengezogenen Brauen.

„Falls Sie seine Passwörter kennen, können Sie in seinem Terminkalender sehen, wo er ist und wie lange das dauert." Mit diesen Worten verließ sie den Raum. Eden warf sich in ihrem Schreibtischstuhl so weit zurück, wie die biegsame Lehne es zuließ. Sie starrte an die Decke und überlegte, wie verwerflich es wäre, Alarics Passwörter zu entwenden.

Eine Stunde später hatte Eden die Korrespondenz für den Tag abgeschlossen. Sie musste nur noch Welsh ausfindig machen, damit er zur Post fuhr. Die Küche und Hafsa mied er, so schlau war er, aber in dem Trubel draußen konnte er gut untertauchen. Eden schritt an den Arbeitern vorbei durch den Garten. Wenn sie Eden sahen, grüßten sie, überrascht und größtenteils angetan von ihrem Anblick. Ihr wahres Alter hätte niemand geraten. Eden lächelte ihr kühles Lächeln, als sie an den riesigen Kerlen vorbeiging. Es waren erschreckend viele, aber keiner sah auch nur entfernt aus wie Darren Welsh. Im Geräteschuppen war er nicht, auch nicht im Anbau. Eden betrachtete den Plan, der inzwischen an der Wand hing. Den größten Teil des Areals hatte sie überquert. Offenbar war er nicht da. Gerade hatte sie sich dazu durchgerungen, die Briefe selbst nach Sandkrug zu bringen, als Welsh, die Hände in den Hosentaschen, in den Anbau schlenderte.

„Da sind Sie also. Gehen Sie zur Haustür. Sie müssen für mich zur Post fahren."

„Kein Problem." Er folgte ihr zur Terrassentür. „Ich habe allerdings keinen Führerschein." Sie drehte sich um. Er hatte sich bereits in Position gebracht, die Begründung angemessen dramatisch zu erzählen.

„Egal. Bringen Sie die Briefe zur Post. Hafsa sagt Ihnen, wo Fahrräder stehen." Welsh nickte, trottete aber weiter hinter ihr her, bis sie ihn daran erinnerte, dass er an der Haustür auf sie warten sollte. Zu spät fiel ihr ein, dass sie wieder den Drehknauf betätigen musste. Doch Welsh war beleidigt abgezogen und den Gerüchen im Flur nach zu urteilen, war Hafsa mit dem Abendessen beschäftigt. Eden wappnete sich und hätte doch beinahe den Knauf zurückschnellen lassen, so sehr brannten ihre Handgelenke.

„Beeilen Sie sich. Die Briefe müssen heute noch weg."

Eden zog die Tür zu, eine angenehm gerade Bewegung, und überlegte. Sie musste proben, alles in ihr schrie danach, doch genauso laut schrie die Stimme, die nach Alarics Passwörtern suchen wollte. Dieser Stimme folgend stieg sie in die erste Etage.

Alaric war von Natur aus ordnungsliebend. Im obersten Klappfach seines Sekretärs lag ein Buch mit der hilfreichen Aufschrift „Passwörter". Darin fand sie seine TAN-Codes und einige andere Dokumente, die in einen abgeschlossenen Schrank gehört hätten. Eden fuhr das Laptop hoch. Das Passwort war der Name seines ersten Soloalbums. Beinahe jeder in seinem Umfeld wusste das. Sein Terminkalender war nicht gesichert, aber für diesen Tag gab es keinen Eintrag. Eden entschied, dass das ein schlechtes Zeichen war, und suchte nach dem ledergebundenen Kalender, den er meistens benutzte. Vermutlich hatte Alaric ihn mitgenommen. Eden fluchte leise vor sich hin. Sie ging seine E-Mails durch, und loggte sich in sein Bankkonto ein. Das Guthaben war geringer, als sie vermutet hatte. Die meisten Ausgaben gingen über Edens Konto, weil die Musikschule unter ihrem Namen lief. Sie loggte sich wieder aus und spähte aus dem Fenster. Alarics Auto stand nicht unter dem Carport. Eden biss die Zähne zusammen. Sie fuhr das Laptop herunter und verstaute das Buch mit den Passwörtern. Dann zog sie den Ordner mit seinen Kontoauszügen aus dem Regal und vertiefte sich darin. Die Überweisungen an Welsh fand sie sofort. Allein im Mai hatte er fünfhundert Euro erhalten, dazu vierhundert im Januar. Im Vorjahr waren insgesamt zweitausend Euro an Welsh gegangen. Eden blätterte Monat für Monat zurück und murmelte Zahlen vor sich hin. Bei zehntausend Euro warf sie den Ordner auf den Boden. Welsh mochte ein armes Schwein sein, wie Alaric ihn beschrieben hatte, doch Alaric war noch etwas ganz anderes, wenn er über Jahre Geld an diesen Mann überwies.

Mit einem tiefen Seufzer zog sie den Ordner wieder auf ihre Knie und begann eine zweite Suche. Alaric hatte nicht nur Geld bezahlt, er hatte auch

Geld erhalten, immer zu Beginn eines jeden Quartals von einem Konto in der Schweiz. Diese Summe war höher als das, was er wiederum an Welsh gezahlt hatte. In diesem Ordner gingen die abgelegten Kontoauszüge neun Jahre zurück. Aus Edens Sicht sprach alles dafür, dass auch in den Jahren davor Geld aus der Schweiz gekommen und zum Teil wieder an Welsh abgeflossen war. Andere verdächtige Zahlungen fand sie nicht.

Sorgfältig verstaute sie den Ordner wieder im Regal und schlich aus dem Zimmer. Alles an ihr drang darauf, sich in Musik zu versenken, mochten ihre Handgelenke schreien, so viel sie wollten. Wie in Trance ging Eden hinunter in den Probenraum und zog ihre Harfe an sich.

Leo in Sandkrug

WÄHREND DER MITTAGSMAHLZEIT TRAF LEO IM TAGUNGSHAUS EIN. DIE ERSTEN MUH hatten bereits gegessen und ihre Plätze geräumt, die Küchenmuh füllte eigenhändig die Teller der Neuankömmlinge.

„Besuchst du uns wieder, Leo Muh?“, fragte sie, als sie ihm seinen Teller reichte. „Hier, du kriegst zwei Frikadellen. Nur Gemüse ist nicht gut für einen jungen Kerl wie dich. Komm nachher doch mal in der Küche vorbei. Mein Computer spinnt, wenn ich die Menüpläne ausdrucken will.“ Die meisten der anderen Muh hatten Angst vor der Küchenmuh, die stets laut sprach und schnell beleidigt war. Ehe Leo das Zentrum verlassen hatte, war meistens ihm die Aufgabe zugefallen, sie zum Markt und zu den Bauernhöfen in der Umgebung zu begleiten. Wenn er jetzt im Tagungshaus essen wollte, war die Küchenmuh besonders nett. „Du wirst gleich den Zugewiesenen von Inna Muh kennenlernen. Er ist heute Vormittag eingetroffen.“

Es dauerte noch bis zum Ende seiner Mahlzeit, ehe Inna und Mathis in den Speisesaal kamen. Inna machte einen angestrengten Eindruck, wie es oft vorkam, wenn sie zu lange gleichmütig zu sein versuchte. Sie wies Mathis an, sich zu Leo zu setzen und ging zur Küchenmuh, die ihr schon neugierig entgegensah. Das Gespräch an der Essensausgabe würde sich hinziehen. Leo fragte Mathis, ob Inna ihm schon das ganze Zentrum gezeigt hatte.

„Wir waren bei dem Neubau und im Garten. Mehr haben wir nicht geschafft, weil es so viel zu erzählen gab. Der Kodexwächter von eurem Heimatzentrum hat mich am Freitag nach Raeren eingeladen. Deine Mutter hat mir für Inna und dich Briefe mitgegeben. Deinen hat Inna an die Rezeption gelegt."

Leo fragte sich, weshalb seine Mutter ihn nicht einfach anrief. Ein- oder zweimal im Jahr rang sie sich dazu durch, zuletzt zu Beginn des Jahres, um sich zu beschweren, dass die Polizei die Außengebäude des Zentrums nach Waffen durchsucht hatte. Als er diesen Zwischenfall erwähnte, lachte Mathis hinter vorgehaltener Hand. Leo hatte erst nach Beas Ermahnungen diese Angewohnheit abgelegt. In Ostbelgien achtete man immer noch alte Gesten der Bescheidenheit.

„Bei uns in der Fritten-Mühle war die Polizei auch. Irgendjemand hat der Polizei in Brüssel wohl erzählt, dass die Muh auch eine parallele Lebensweise haben. Wir haben die Durchsuchungen gleichmütig hingenommen. Solche Eingriffe in unsere Alltagsverrichtungen müssen wir ertragen, schließlich weiß die Welt nicht, wer wir sind."

Die Muh in Astenet und Raeren lebten seit beinahe einem Jahrhundert in ihren Zentren. Nach so vielen Jahren sollten die Außenstehenden wissen, wer sie waren und wie sie lebten. Mathis war jedoch so glücklich mit seiner Erklärung, dass Leo ihm nicht widersprechen wollte.

Inna stellte einen voll beladenen Teller vor ihren Zugewiesenen, setzte sich neben ihn und übernahm das Gespräch. Die beiden arbeiteten Listen ab, die sie sich offenbar zurechtgelegt hatten. Es war amüsant anzusehen, stimmte Leo aber auch traurig. Inna und Mathis hatten jetzt schon mehr miteinander gesprochen als Edu Muh und er in fast zweieinhalb Jahren. Diese Zeit war eine Übung in Gleichmut gewesen, trotzdem konnte er nicht anders, als sie als verlorene Zeit zu sehen.

Nach dem Essen suchte er Bea in ihrem Büro auf. Sie war in einem Skype-Gespräch, machte das Fenster jedoch nicht klein.

„Leo Muh, es freut mich, dich zu sehen. Nimm dir einen Stuhl und setze dich zu mir. Deine Einschätzung ist von Interesse."

Es kam selten vor, dass Bea einen Schutzbefohlenen aufforderte, an einem ihrer Gespräche teilzunehmen. Verwundert nahm Leo einen Stuhl vom Besprechungstisch und setzte sich neben Bea. Die führte das Gespräch fort, als sei es nicht unterbrochen worden.

„Ulf Muh, ich sehe keine andere Möglichkeit, als den Rat der Ärztin aus Sandkrug zu beherzigen und eine Einweisung in eine Klinik anzustreben. Hier, das ist Leo Muh, der frühere Fürsorgepartner von Edu Muh. Er wird dir bestätigen, dass sich dieser Zustand über mehrere Jahre entwickelt hat."

Ulf Muh betrachtete Leo aufmerksam. Mit seiner Brille, deren Gläser die Augen stark vergrößerten, sah er aus wie ein kurz rasierter Maki. Leo hatte den Muh, der als Arzt in einer Magdeburger Klinik arbeitet, nie persönlich getroffen. Auch deshalb mochte er nicht so angestarrt werden, selbst wenn hunderte Kilometer Datenkabel zwischen ihnen lagen.

„Ich grüße dich, Leo Muh. Wärest du bereit, mir einige Fragen zu beantworten?" Bereit fühlte Leo sich nicht, nickte jedoch. Ulf Muh erkundigte sich nach allgemeinen Eindrücken von Edu Muhs Verhalten, die Leo ohne langes Nachdenken nennen konnte. Ulf rückte an seiner Brille und wandte sich wieder an Bea. „Nach dem, was ich von Leo Muh gehört habe, teile ich deine Ansicht. Ich empfehle dir, dich bei der behandelnden Ärztin um eine Einweisung in eine psychiatrische Klinik zu bemühen, Bea." Bea legte Gleichmut in ihren Blick.

„Ich danke dir für deine Einschätzung." Sie sah kurz zu Leo, der sich überflüssig fühlte, aber nicht wagte aufzustehen. „Ich melde mich, wenn ich mit der Ärztin gesprochen habe." Die Makiaugen blinkten, dann war das Gespräch beendet. Leo schob seinen Stuhl zurück an seinen Platz.

„Geht es Edu Muh so schlecht?" Bea sah ihn aufmerksam an.

„Ja. Dir ist bewusst, dass sein Zustand nichts mit dir und deiner Entscheidung zu tun hat?"

„Aber ich hätte ..." Sie unterbrach ihn.

„Nein. Nach dem, was wir wissen, war er bereits erkrankt, als er sich entschied, in die Gemeinschaft zurückzukehren. Ich bedaure, dass du mit den Auswirkungen der Erkrankung konfrontiert wurdest, und dass ich das nicht eher erkannt habe. Du bist von deinem Solidaritätsversprechen entbunden. Nutze die Vorteile, die dein jetziges Leben dir gibt."

Keineswegs überzeugt schwieg Leo. Bea konnte ihm seine Verantwortung nicht ausreden, doch er wusste, dass er nicht mit ihr diskutieren sollte.

„Wo ist Edu Muh denn jetzt?", erkundigte er sich stattdessen. Bea betrachtete ihn immer noch aufmerksam.

„Auf der Krankenstation. Ich halte es für angebracht, dass er nicht allein bleibt. Du wirst ihn nicht aufsuchen, Leo. Gleichgültig aus welchen Gründen."

Er nickte, obwohl ihre Erklärung ihn eher bestärkt hatte, mit Edu zu sprechen.

„Dann gehe ich jetzt in den Serverraum“, sagte er. Sie nickte, offenbar erleichtert, dass das Thema abgeschlossen war.

Die nächsten Stunden verbrachte Leo in aller Abgeschiedenheit im Serverraum. Dienstags konnte er sich Zeit lassen, weil Ramesh nach einem Vormittag in einer Oldenburger Physiotherapiepraxis nach Bremen fuhr und dort im Ayurveda-Zentrum arbeitete. Nachdem er auch das Problem der Küchenmuh mit ihrem Computer gelöst hatte, kam der Zeitpunkt, an dem es nichts mehr zu tun gab. Auf dem Weg zum Ausgang hielt ihn der Muh an der Rezeption auf und reichte ihm den Brief seiner Mutter.

Der Umschlag reichte aus, Leo auf dem Heimweg langsamer fahren zu lassen. Ihm lag nichts daran, den Brief zu lesen und zu erfahren, was in seinem Heimatzentrum vor sich ging und was seine Mutter über Innas Zuweisung dachte. Wie viele Muh-Frauen ihrer Generation vertrat sie die Ansicht, dass Kinder ab dem Alter von drei Jahren der Gemeinschaft gehörten. Sie wäre zufrieden gewesen, mit den erwachsenen Kindern über die Kodexwächter der Zentren zu kommunizieren, doch da der Kodexmeister die Ansicht geäußert hatte, dass Eltern für die Pflege der solidarischen Beziehungen zu ihrem Nachwuchs verantwortlich waren, tat sie das in allem ihr zur Verfügung stehenden Gleichmut. Es erforderte Leos vollständigen Gleichmut, ihre Nachrichten zu lesen oder mit ihr zu telefonieren.

In der Hoffnung, sich von ihrem bescheidenen Desinteresse erholt zu haben, wenn Ramesh nach Hause kam, öffnete Leo den Umschlag, sobald er das Fahrrad abgestellt hatte. Alles an diesem Brief drückte demonstrative Bescheidenheit von einem aus Sicht junger Muh verwerflichen Ausmaß aus. Mit Bleistift hatte seine Mutter auf die Rückseite eines gelben Flyers, der zu einem Dorffest auf der deutschen Seite der Grenze einlud, geschrieben, dass es den Schafen und Ziegen gut ging, eine Kuh gekalbt hatte und Mathis Muh aus dem Zentrum in Astenet eine Zuweisung zu Inna erhalten habe. Dann erwähnte sie eine Muh, die ihr Baby dem Zentrum in Raeren vorgestellt habe und in den nächsten Wochen auch nach Sandkrug kommen würde. Er nahm an, dass es sich um eine Halbschwester aus einer späteren Fürsorgepartnerschaft seines Vaters handeln musste. Mit einem Kopfschütteln knüllte er den Flyer zusammen und warf ihn ihn die Altpapiertonne.

Als er aus dem Anbau trat, kam Darren Welsh auf das Haus zu. Bei Leos Anblick zögerte er, ging ihm aber entgegen.

„Hi. Ramesh ist nicht da, oder?“

„Er ist nicht da."

Darren Welsh nickte abwesend. Er starrte vor sich hin, ehe er sich an Leo erinnerte.

„Wer bist du?"

„Ich wohne hier." Leo hatte keinerlei Interesse, Welsh seine Identität zu offenbaren. Der betrachtete ihn mit leicht gekrausten Brauen.

„Ach was. Wann kommt Ramesh denn?"

„Das kann spät werden."

Welsh kratzte mit einem Fuß über den Boden und tastete nach Zigaretten. Nachdem er auch sein Feuerzeug lokalisiert hatte, zündete er eine Zigarette an und rauchte einige Züge. Leo wich vor dem Rauch aus. Es galt als eine der größten Formen der Unbescheidenheit zu rauchen. Aber nach dem, was Ramesh über Welsh erzählt hatte, war der zu ganz anderen Formen der Unbescheidenheit fähig.

„Der Junge will nicht wahrhaben, dass ich sein Vater bin, was? Hat er dir schlimme Geschichten über mich erzählt? Eins sag ich dir, und das kannst du dem Jungen weitersagen, diesen Joe hat Aditi sich aufgelesen, da hatte sie das Balg schon. Ich hab sie getroffen, da war sie auf dem Weg nach Hamburg. Stand am Straßenrand in einem Rock, da konnte man alles sehen. Aus reiner Gutherzigkeit habe ich den Hasen einsteigen lassen. Sie ist dann bei mir geblieben, bis ich wieder auf Tour war. Damals war ich noch Drummer. Seit dem Unfall geht das nicht mehr. Als ich von einer Tour zurückkam, war Aditi mit dem Lütten fort. Als ich sie aufgetrieben hatte, war sie mit dem kleinen Arschloch zusammen. Das war eine Braut, sage ich dir. So scharf, da hat man sich schnell die Finger verbrannt."

Leo hatte nicht die Hälfte verstanden, war aber sicher, dass er weder Welsh noch Ramesh um Aufklärung bitten sollte. Er hüllte sich in Bescheidenheit und sah auf einen Punkt zwischen Welshs Augenbrauen. Der wurde unsicher und hustete.

„Ja, okay. So spricht man nicht über Tote. Rest in Peace. Aber sie hatte mir versprochen, dem Jungen zu sagen, dass ich sein Vater bin."

„Warum haben Sie es ihm nicht selbst gesagt? Sie haben doch in Kochi im gleichen Haus gewohnt."

Welsh kratzte sich im Nacken.

„Da fragst du was. Keine Ahnung. Ich hab wohl gedacht, dass es Aditis Sache ist. Aber es ist ja nie zu spät, was? Es soll auch sein Nachteil nicht sein."

Wenn Leo Welsh betrachtete, fielen ihm keinerlei Ähnlichkeiten mit Ramesh auf. Das konnte an den Haaren liegen und hieße nicht zwangsläufig, dass es keine gab. Trotzdem zweifelte er an der Wahrheit von Welshs Behauptung.

Welsh hatte sich genug darüber gewundert, dass er es vor einem Vierteljahrhundert versäumt hatte, mit Ramesh zu sprechen. Er musterte Leo mit neuem Interesse.

„Rasierte Haare. Isst du Fleisch? Die Krishna-Jünger essen kein Fleisch. Aditi hat auch nur Grünzeug gegessen." Auch mit diesem Beitrag konnte Leo nichts anfangen. Welsh erwartete offenbar keine Antwort. Er trat seine Zigarette aus und steckte die leeren Hände in die Hosentaschen. „Du kannst dem Jungen ja sagen, dass ich da war. Ich muss unbedingt mit ihm reden. Ich hab da was am Laufen, aber dafür brauch ich ihn. Sag ihm das."

Als Ramesh eine halbe Stunde später kam, rümpfte er die Nase.

„Wo hast du dich denn herumgetrieben? Ich dachte, bei euch im Büro ist Rauchen tabu und im Tagungshaus auch."

„Dieser Welsh war hier. Er hat geraucht."

Ramesh ließ Leo los und stand einen Moment schweigend da.

„Wieso hast du mit dem geredet?", fragte er dann missmutig.

„Weil ich ihn nicht einfach wegschicken konnte."

Muh schickten nicht fort. Leo glaubte auch, gar nicht in der Lage zu sein, jemand einfach vor die Tür zu setzen. Er sah Ramesh an, der an ihm vorbei blickte. Nach einer Weile nahm Ramesh ihn wahr.

„Du brauchst nicht bescheiden zu sein, wenn dieses Arschloch hier aufkreuzt. Der will irgendwas. Und egal was, er wird es nicht bekommen. Lass ihn das nächste Mal stehen. Hast du verstanden?" Leo nickte, überrascht von dem Ton. Ramesh seufzte und streckte ihm die Hand hin. „Tut mir leid. Es ist ... Dieser Kerl braucht nur hier aufzukreuzen, da fange ich an, mich so zu verhalten, als hätte ich nichts gelernt."

Leo nahm die hingehaltene Hand und zog Ramesh zu sich herunter.

„Du bist nicht wie der. Okay? Du könntest nie so sein." Ramesh sah nicht so überzeugt aus, aber er nickte, gab Leo einen Kuss und wandte sich seiner Tasche mit der Arbeitskleidung zu.

„Nächsten Dienstag ist der letzte Termin vor der Sommerpause im Ayurveda-Zentrum. Ich komme später als sonst. Eine der Therapeutinnen feiert ihren Abschied. Sie macht eine Fortbildung in Indien, in dem College, in dem ich auch meine Ausbildung gemacht habe. Ab August bekomme ich einen Teil ihrer Termine. Für ein ganzes Jahr."

„Seit wann weißt du, dass du diese Termine bekommst?"

„Seit heute. Ich wusste, dass sie diese Ausbildung machen wollte, aber ich dachte, die anderen zwei Inhaberinnen teilen die Stunden unter sich auf. Die überzähligen Stunden haben sie mir angeboten."

Die Aussicht auf zwölf Monate Zusatzeinkommen hellte Rameshs Stimmung wieder auf. Während des Abendessens hörte er sich Leos Bericht über Innas Zugewiesenen an und grinste, als Leo den Brief seiner Mutter erwähnte. Leo erwähnte nicht, was er von Bea über Edu Muh erfahren hatte. Wenn er hier mit Ramesh am Tisch saß, konnte er nachvollziehen, wieso der nichts von Edu hören wollte. Ihm selbst wäre es lieber gewesen, säße Edu in seinem Heimatzentrum in Bastogne, wo andere Muh sich um ihn kümmerten. Doch er war in Sandkrug und er war krank, während es Leo so gut ging wie nie zuvor.

Ida in Leer

Die anderen waren fort. Ida hatte ihnen zugesehen, wie sie vom Parkplatz auf die B70 fuhren. Solange sie zusammen gewesen waren, hatte Ida professionell mit ihnen gesprochen und sich bemüht zu überspielen, wie viel sie über Musik wusste und was sie über Bühnentechnik vergessen hatte. Sie hatte wie jedes Jahr vor dem Festival gehofft, Gemeinschaft mit den anderen Musikern zu finden. Wie jedes Jahr fühlte sie sich isoliert. Sie war Ida Santer. Niemand vergaß das. Joy drängte sie zu neuen Projekten. Ihr ging es um Geld, und um das Prestige, für Ida Santer Verträge auszuhandeln. Ida hatte seit Jahren keine Lust verspürt zu arbeiten. Der alte Name stand ihr im Weg. Mit einem Hollywood-Film hatte sie vor einigen Jahren so viel verdient, dass sie in Ostfriesland davon leben konnte. Erst in den letzten Monaten hatte sie wieder den Impuls zu schreiben gespürt. Joy wusste nichts von den neuen Kompositionen und Texten, und Ida wollte den Zeitpunkt gut auswählen, an dem sie Joy mit diesem Material konfrontierte.

Abgesang

Es hatte lange gedauert, bis sie sich den Jazz zu eigen gemacht hatte. Sie war keine Jazzsängerin, tief drinnen spürte sie nach wie vor Widerstand, wenn sie die Töne anders ansang als ihr Gefühl es verlangte. Aber nachdem sie jahrelang bewusst keine andere Musik anderes gehört hatte, merkte sie, wie ihr Widerstand nachgab. Ihre rohen Kompositionen trugen noch starke Anklänge an die Musik ihrer frühen Laufbahn. Doch sie verstand ihr Handwerk gut genug, die fremden Akkorde und Melodiebögen zu bereinigen und zu formen, bis Jazz erklang, wenn sie die Noten auf ihrem elektrischen Klavier spielte. Am mechanischen Klavier wagte sie diese Kompositionen nicht auszuprobieren. Joy war nur mittelmäßig begabt, doch sie verkehrte zu lange in Musikerkreisen, um nicht zu hören, woher die Einflüsse auf die unbearbeiteten Kompositionen stammten.

Nach all den Jahren war der Zeitpunkt gekommen, noch einmal eine neue Ida zu erschaffen. Wenn Hinriette Santer in das Appartement von Crea. Heim und Pflege zog, war Ida frei. Angesichts der Umstände durfte sie nicht hoffen, sie könnte den Käfig, in den sie sich selbst gesetzt hatte, vollends aufbrechen. Doch bevor sie sich Gedanken über die neue Ida und deren Musik machen konnte, brauchte sie Geld, um ein letztes Mal Schweigen zu kaufen. Sie war sicher, dass es das letzte Mal wäre.

Ihr Telefon auf dem Klavier klingelte.

„Ich habe das Geld."

Am liebsten hätte sie ihn geküsst. Einmal hatte sie das, vor sehr vielen Jahren. Es war Teil des Versprechens, dass sie einander nie daran erinnerten, dass sie einmal – fast – ein Paar gewesen waren.

„Wie?"

Es gab so viele Unwägbarkeiten. Auch er musste Rücksicht nehmen.

„Ich habe Gefallen eingefordert. Wann soll ich dir das Geld bringen?"

„Freitag. Kannst du nach der Pressekonferenz zu mir kommen?"

„Auf das Festivalgelände? Das geht nicht."

Sie sah ein, dass das keine gute Idee war.

„Okay, pass auf. An der Straße Richtung Holterfehn geht neben dem Damm der B72 eine kleine Straße ab. Da treffen wir uns." Ohne auf sein Einverständnis zu warten, beschrieb sie, wie er von der Abfahrt in Strücklingen zu der kleinen Straße fuhr.

„Um wie viel Uhr?" Er klang skeptisch.

„Halb drei. Ich verschwinde kurz zwischen den Terminen. Da laufen so viele Leute herum, das fällt nicht auf. Und der Treffpunkt ist so nah am See, dass ich zu Fuß gehen kann. Oder ich nehme ein Fahrrad."

„Ein Fahrrad? Du?"

Ida lachte.

„Bin ich nicht auf dem Fehn aufgewachsen? Hier fahren die Leute Fahrrad."

Er war immer noch nicht überzeugt.

„Ich schicke dir eine SMS, wenn ich am Treffpunkt bin. Versuch bitte, pünktlich zu sein. Kommendes Wochenende ist bei uns im Haus der Bär los."

Sie versprach es und legte auf. Ein Stein, ein ganzer Berg fiel von ihrem Herzen. Wenn alles klappte, wäre sie frei. Ihm musste sie weiterhin Geld geben, aber auf ihn konnte sie sich verlassen.

Christa in Rhauderfehn

JUSTIN LAS EINE LISTE MIT AUSRÜSTUNGSGEGENSTÄNDEN VOR, VON DENEN ER behauptete, dass sie sie auf dem Festival am Idasee benötigten. Über den Lautsprecher des Laptops klang sein Enthusiasmus bis nach Rhauderfehn.

„Wir müssen mit dem Fahrrad hinfahren", versuchte Christa ihn zu bremsen. Er hatte sich gleich nach ihrem Einzug ein gebrauchtes Fahrrad besorgt und bei ihr untergestellt. Manchmal fuhren sie mit den Rädern in die Umgebung von Rhauderfehn, aber sie hatte immer den Eindruck gehabt, er mache das nur ihr zuliebe. Nun lachte er.

„Das ist doch toll. Wie im Ferienlager."

Kaum hatte Christa das Skype-Gespräch beendet, klingelte ihr Festnetztelefon. Nach kurzem Suchen entdeckte sie es auf der Fensterbank.

„Hi, ich bin's. Ich bin im Krankenhaus."

Heidi hatte sich abgewöhnt, am Telefon ihren Namen zu nennen. Da sie die einzige in Christas Bekanntenkreis mit dieser Angewohnheit war, konnte sie ihre Schwester immer noch erkennen.

„Hattest du einen Unfall?"

„Reg dich ab. Ich hatte eine Blutung, und die Ärztin meinte, es wäre besser, wenn ich über Nacht hier bleibe. Keine Gefahr einer Fehlgeburt. Aber sie wollen sicher gehen, was die Ursache ist. Hör zu, Christa. Ich habe Druschka nach Hause geschickt. Aber er ist nicht der Richtige, um mit Mutti zu sprechen. Er könnte sie niemals beruhigen, dazu ist er selbst viel zu aufgeregt. Bitte, ruf du sie an."

Heidi gehörte nicht zu den abwartenden Menschen, lieber nahm sie sich, was sie zu benötigen meinte, und informierte ihre Umwelt später. Wenn sie jetzt darum bat, dass Christa ihre Mutter anrief, blieb der keine andere Wahl.

Seit Heidis Hochzeit vor einem knappen Jahr hatten die Schwestern noch weniger Kontakt als vorher. Heidi wohnte in Oldenburg, aber auch als sie beide noch im kleinen Wardenburg gewohnt hatten, waren oft Wochen vergangen, bis sie sich getroffen hatten. Die Statusveränderung zur verheirateten jüngeren Schwester hatte Heidi, aus Christas Sicht zumindest, eine gewisse Überheblichkeit verliehen. Christa glaubte zwar nicht, dass sie so leben wollte wie Heidi, aber sie hätte gerne deren Gewissheit über ihren Beziehungsstatus gehabt.

Wie von Heidi vorausgesagt war es schwer, Kati Hemmen davon abzuhalten, sofort ins Auto zu steigen und im Oldenburger Klinikum nach Heidi zu sehen. Es gelang Christa in mühevollen zwanzig Minuten, sie zu überreden, wenigstens bis zum nächsten Tag zu warten und den Ärzten eine Chance zu geben, die Ursache für die Blutung festzustellen.

Nachdem Christa das Gespräch beendet hatte, überlegte sie, was sie empfand. Sie machte sich Sorgen um Heidi, doch sie spürte, dass es pflichtschuldige Sorgen waren, die auf ihrem Bedürfnis nach vollständiger Information und Kontrolle beruhten. Sie wünschte Heidi nichts Schlimmes, ansonsten war es ihr gleichgültig, was aus ihr wurde. Die Erkenntnis beunruhigte Christa viel mehr als Heidis Krankenhausaufenthalt. Ihr musste etwas fehlen, vielleicht ein Schwester-Gen. Heidi, mit der sie aufgewachsen war, stand ihr weniger nahe als etwa Justin oder Bea Muh. Sie beschloss, Heidi am nächsten Tag zu besuchen und anschließend nach Sandkrug zu fahren. Mittwoch war nicht der günstigste Tag für einen Besuch bei Bea, doch sie kam nicht mehr oft nach Sandkrug, seit Justin ihre Wochenenden belegte. Gemessen an seinem Einfluss auf ihren Umgang mit Freundinnen wirkte er sich aus wie ein Mann in einer richtigen Beziehung.

Mittwoch, 3. Woche Juni

Christa in Oldenburg und Sandkrug

Am frühen Mittwochnachmittag floh Christa vor Frau Kehls Ausführungen über Komplikationen in der Schwangerschaft und fuhr Richtung Oldenburg. Heidi saß in einem champagnerfarbenen Nachthemd im Bett und las in einer Illustrierten, als Christa mit Blumen und Süßigkeiten in ihrem Dreibettzimmer eintraf.

„Oh, gut dass wenigstens du kommst. Hier geht man ja vor Langeweile ein."

Christa zwang ein Lächeln auf ihre Lippen und überreichte die Pralinen. Während sie die Blumen in eine Vase stellte, erhielt sie von Heidi einen Abriss ihrer Symptome. „Die Ärzte lassen mich hier schmoren, und sagen, ich soll mich ausruhen. Als ob sich hier jemand ausruhen könnte. Du solltest diese Bluse nicht zu dem grauen Hosenanzug tragen. Kein richtiger Kontrast. Wie geht es Justin?"

„Dem geht es gut. Wir gehen am Samstag zu einem Festival in Idafehn. Die Frau, die das Festival ausrichtet, hat mir Karten geschenkt." Neid huschte über Heidis Gesicht.

„Ein Festival. Du."

„Wieso nicht?"

„Was für Musik?"

Christa zählte die Namen der Bands auf, an die sie sich erinnerte. Heidi zuckte mit den Schultern und wechselte das Thema.

„Wann wirst du denn schwanger? Wir können ja die Geburtstage gleichmäßig über das Jahr verteilen. Das macht mehr Spaß und man kommt sich nicht mit den Einladungen in die Quere."

Im bisherigen Status von Christas Beziehung zu Justin war Schwangerschaft ausgeschlossen. Auch zweifelte sie daran, dass sie auf ihre Arbeit verzichten wollte, gleichgültig wie langweilig die oft war. Letzteres könnte sie Heidi vermitteln. Doch die würde ihr niemals abnehmen, dass Justin sie nicht einmal auf den Mund küsste.

„Darüber habe ich noch nicht nachgedacht."

„Das solltest du aber. Du bist schon einunddreißig."

„Aber das spielt doch keine Rolle“, wehrte Christa ab. Heidi zuckte mit den Schultern.

„Na, bei nur einem Kind nicht.“ Sie bauschte mit beiden Händen ihre Frisur auf. „Wenn du nicht aufpasst, geht Justin ohne dich in die USA zurück. Du musst ihm schon einen Grund geben, bei dir zu bleiben.“

„Mit einem Kind? Das ist nicht dein Ernst.“

„Nicht unbedingt“, gab Heidi zu. „Aber nur wegen deines guten Charakters bleibt er nicht bei dir. Er ist einer von diesen verantwortungsvollen Typen. Gib ihm etwas, wofür er Verantwortung übernehmen kann. Darauf springen solche Jungs an. Das ist wie bei Druschka.“

„Wie meinst du das?“

Heidi sah Christa mit entwaffnender Offenheit an.

„Alle paar Jahre brauchen Männer einen kleinen Anschub für ihre Liebe. Erst tut es dein Lächeln, dann Sex, dann dein Essen, dann heiratest du ihn, dann kauft ihr ein Haus, dann gibt es ein Kind. Das hält einen Mann bei der Stange.“

Christa wollte Heidis Weisheiten abtun, doch sie fürchtete, ein klitzekleiner wahrer Kern könnte darin enthalten sein. Zwischen ihr und Justin war nichts außer seiner Beteuerung, dass er sie liebte. Angesichts seines prekären Aufenthaltsstatus war das nicht beeindruckend.

Unter dem Eindruck von Heidis Lehren fuhr Christa kurz darauf nach Sandkrug. Die Muh an der Rezeption schickte sie gleich in Beas Büro. Christa lief die Treppe hoch und zögerte erst an der offenen Bürotür, als sie sah, dass Bea in einem Skype-Gespräch war.

„Wir können das im Einzelnen besprechen, wenn ich am Wochenende nach Sandkrug komme, Bea. Nimm aber jetzt schon Kontakt zu der Klinik auf.“

Bea lächelte Christa abgelenkt zu und signalisierte ihr, dass sie sofort Zeit für sie haben würde.

„Ich bin deiner Meinung, Ulf Muh. Trotzdem ...“

Der für Christa unsichtbare Muh wagte Widerspruch. Nur wenige Muh erlaubten sich das bei einer Kodexwächterin.

„Bea Muh, du weißt, was deine Fürsorgepflicht für Schutzbefohlene verlangt. Nimm gleichmütig hin, dass es manchmal notwendig ist, Verantwortung in die Hände von Spezialisten zu geben.“

Bea rieb mit den Fingerknöcheln über eine Augenbraue.

„Ulf Muh, ich danke dir für diese Ermahnung. Lass mich wissen, wann dein Zug am Freitag hier eintrifft. Ein Muh wird dich abholen.“

„Wer war das?", fragte Christa, sobald das Gespräch beendet war. Bea lächelte gequält.

„Ulf Muh ist ein Muh, der in einer Klinik in Magdeburg arbeitet. Sein Rat ist manchmal notwendig, wenn ich Entscheidungen betreffend der Gesundheit meiner Schutzbefohlenen fällen muss."

Christa fragte nicht weiter, obwohl in Beas Augen ein Glitzern war, das sie dort noch nicht gesehen hatte. Bea reckte sich. Als sie Christa nun ansah, war das Glitzern verschwunden.

„Wie geht es Heidi Schelupa-Hemmen?", erkundigte sie sich, während sie den Wasserkocher befüllte. Auf die Frage war Christa vorbereitet gewesen.

„Die Ärzte behalten Heidi im Krankenhaus, bis sie die Ursache für die Blutungen gefunden haben. Deshalb ist Heidi genervt." Ihre spitzfindigen Bemerkungen waren jedoch nicht die Folge von Langeweile gewesen. Heidi wusste genau, wie sie ihre Schwester treffen konnte. Bea nickte, als sie das Teegeschirr auf den Besprechungstisch stellte.

„Nachdem ich als Kodexwächterin die erste Schwangerschaft einer Schutzbefohlenen begleiten durfte, erscheint mir der Vorgang höchst komplex."

Bea musste eine Muh meinen, mit der Christa wenig Kontakt gehabt hatte. Ihr fiel nur die kleine Ann ein, die im Frühjahr letzten Jahres dem Zentrum in einer Fürsorgepartnerschaft zugewiesen worden war. Christa hatte sie länger nicht gesehen, aber wegen ihrer seltenen Besuche nicht darüber nachgedacht. Es war ihr außerdem entgegengekommen, wenn Ann nicht im Foyer arbeitete. Sie hatte beobachtet, wie Christa in einem Anfall von Verzweiflung kombiniert mit Wahnsinn, wie sie jetzt meinte, Leo gefragt hatte, ob er sie zu Heidis Hochzeit begleiten wollte. In den großen runden Augen war zu viel Neugier gewesen, als dass Christa jemals gelassen an diese Entgleisung denken konnte. Sie hoffte nur, dass der Zwischenfall nicht an Bea herangetragen worden war. Die erkundigte sich nun gerade nach Justin.

„Seine Arbeit bei der Beratungsagentur gefällt ihm immer besser. Nur die Ausländerbehörde nervt. Weißt du, er war ja noch nicht lange in Deutschland, als er seine Stelle gewechselt hat. Und seine Aufenthaltsgenehmigung war an diese erste Stelle gekoppelt. Er hat so lange verhandelt, bis er die Stelle wechseln konnte, ohne seinen Status zu verlieren. Doch diese Beamten lassen ihn ständig zu Terminen erscheinen. Das macht ihm Sorgen. Zwar redet er nicht darüber. Aber ich merke das."

„Gibt es denn keine Lösung?"

Christa verzog das Gesicht.

„Zwei. Er könnte in die USA gehen und einen neuen Antrag stellen. Sein Arbeitgeber kann aber nicht warten, bis Justin zurückkommen darf. Oder er könnte heiraten."

„Dich, zum Beispiel", bemerkte Bea und sah Christa so gleichmütig an, als ob sie nicht um die Bedeutung dieser Worte wüsste. Christa zuckte mit den Schultern.

„Zum Beispiel." Sie machte eine Pause. „Das ist kein guter Grund zum Heiraten."

„Es gibt schlechtere", behauptete Bea, die aus Christas Sicht zu diesem Thema keine Aussage treffen konnte. „Diesen Schritt dürftet ihr ohnehin in Erwägung gezogen haben."

Christa war nicht sicher, ob etwas so Definitives wie *in Erwägung ziehen* zwischen Justin und ihr vorgekommen war. Betrachtete sie die vielen Wochenenden, die verstrichen waren, seit Justin das blaue Zimmer angenommen hatte, fragte sie sich, ob er jemals weiter dachte als bis zum nächsten Wochenende.

Bis der Gong zur öffentlichen Sammlung ertönte, redeten sie über Christas Arbeit. Bea bereitete sich dann auf die Sammlung vor. Sie hatte einmal in der Woche das Sammlungsritual vorgezogen, um Besuchern des Tagungshauses die Teilnahme zu ermöglichen. Christas Besuche in der Sammlung hatten sie auf diese Idee gebracht. Christa als Verursacherin der Neuerung plagte das schlechte Gewissen, dass ausgerechnet sie so selten an der öffentlichen Sammlung teilnahm.

Nach einer kurzen Verabschiedung ging Bea in den Sammlungsraum, während Christa ins Foyer ging. Am Fuße der Treppe stockte ihr Atem, als sie Leo mit Inna und einem ihr unbekannten Muh neben der Rezeption entdeckte. Inna winkte sie heran. Widerstrebend trat Christa zu ihr. Leo nickte ihrer Schulter zu, der unbekannte Muh senkte den Blick.

„Christa Hemmen, was führt dich unter der Woche ins Tagungshaus der Muh?", fragte Inna in diesem erschreckend direkten Ton, den sie im Umgang mit Außenstehenden angenommen hatte, seit sie an der Oberschule die Biologielehrer im Nachmittagsbereich unterstützte.

„Ich habe Bea besucht, Inna Muh." Inna sah zu ihr auf und hatte gerade zu einer weiteren Frage angesetzt, als sie Bescheidenheit wie einen Schleier über sich warf und beiseite trat. Ein Mann, den Christa als McPhelps erkannte, trat mit einem „Inna Muh ist heute ein Muster an Gleichmut" an Inna vorbei zu

Leo. Er runzelte leicht die Stirn, als er Christa entdeckte, und nickte ihr wortlos zu. Inna streifte die Bescheidenheit wieder ab. „Christa Hemmen war heute im Tagungshaus, Ramesh. Sie fährt jetzt wieder nach Ostfriesland."

Leo sah zu Christas linkem Ohr.

„Du bist umgezogen?"

Bea hatte ihn selbstverständlich nicht über Christas Tun auf dem Laufenden gehalten. Aus Beas Sicht war Christa zu viel Ablenkung für ihn gewesen. Wie die Dinge lagen, hatte jemand anders ihn weit mehr abgelenkt.

„Ja. Wie Inna sagte, wohne ich jetzt in Ostfriesland." Woher Inna ihre Informationen hatte, war eine andere Frage.

Der Gong ertönte eine weiteres Mal. Inna gönnte sich wieder Bescheidenheit.

„Die Sammlung beginnt gleich, Christa Hemmen. Ich wünsche dir eine gute Fahrt."

Mit geneigtem Kopf stieg sie die Treppe hoch, gefolgt von dem unbekannten Muh. Leo und McPhelps schlossen sich ihnen an.

Donnerstag, 3. Woche Juni

Christa in Rhauderfehn

An diesem Donnerstagnachmittag waren die kleinen Tische im Fahrradcafé alle besetzt, auch die Tische auf dem Gehweg vor der Glastür. Okkos Charme verschaffte ihnen Platz an einem Tisch mit zwei Frauen Mitte Vierzig. Von ihrer Kleidung her gehörten sie in die Kategorie Pädagogin im Jugendbereich, was sie besonders empfänglich für Okkos Lächeln machte.

„Wir wollten sowieso gleich aufbrechen", erwiderte die eine Frau auf Christas Dank. Sie rollte das R wie eine Süddeutsche. „Wir fahren gleich weiter zum Campingplatz in Idafehn, aber vorher wollten wir noch eine Kleinigkeit essen. Man weiß ja nie, ob es in der Nähe vom Campingplatz ein Café gibt."

„Dann sind Sie bestimmt wegen des Festivals hier."

„Genau", entgegnete die andere Frau. „Wir gönnen uns jedes Jahr ein Festival, Rock am Ring im letzten Jahr, Roskilde das Jahr davor. Als wir herausgefunden haben, dass The Frizz in Idafehn sein wird, haben wir uns heuer für dieses Festival entschieden."

Christa nahm an, dass sie angesichts ihrer relativen Jugend The Frizz nicht zu kennen brauchte. Die Frauen bezahlten und suchten Jacken und Taschen zusammen.

„Glaubst du, dass all diese Leute hier zum Festival wollen?", flüsterte Christa Okko zu, sobald die beiden fort waren.

„Ja, klar. Die Supermärkte sind voll von Campern. Es gab keine Sonnencreme mehr und auch keine Tomatensoße im Glas. Das sind eindeutige Zeichen."

Christa nutzte die Zeit, in der sie einen kleinen Gugelhupf kaute, sich im Café umzusehen. Die Mehrzahl der Gäste war in Ida Santers Alter oder nur wenig jünger, alle trugen Accessoires, die auf eine rockige Jugend schließen ließen. Sie zählte zwei Palästinenserschals, drei Paar echte Bikerstiefel, vier speckige Lederjacken mit bunten Ansteckern, einen schwarz und einen violett geschminkten faltigen Mund und ein rotes Bandana-Tuch über einer grauen Dauerwelle.

„Das Publikum scheint in die Jahre gekommen zu sein."

„Die Jüngeren sitzen in Ostrhauderfehn auf der Hauptstraße und essen Pizza vom Iraner und Börek vom Chinesen." Okko grinste. „Und du hast Freikarten für den Samstag ergattert? Ich habe auch welche bekommen, als ich Idas Mutter abgeliefert habe."

„Woher weißt du das?" Die Antwort konnte sie sich selbst geben.

„Eure Frau Hahn hat es mir erzählt, als ich dich eben abgeholt habe."

Wenn seine Arbeitszeiten es zuließen, legte Okko Wert darauf, Christa von Crea. Heim und Pflege abzuholen. Diese kleine Aufmerksamkeit verlieh ihm das Image eines viel engeren Freundes. Da er nur hundert Meter von Crea entfernt wohnte und auf dem Weg zum Fahrradcafé am Eingang des Kundenzentrums vorbeikam, hatte er eine erstklassige Entschuldigung, die Glastür auch zu öffnen und in Christas Büro zu schlendern.

„Justin und ich wollen am Samstag mit dem Fahrrad nach Idafehn fahren."

„Schade. Ich wollte dich einladen." Falls er enttäuscht war, überspielte er das mit einer Erklärung, wie sie am besten fuhren, um dem Hauptstrom der Besucher zu umgehen. „Ich weiß nicht, wie Ida das macht", setzte er nach einer Pause hinzu. „Alle diese bekannten Bands kommen nach Ostfriesland, wenn sie einlädt."

Christa hielt ihm ihre Tasse hin, und er füllte sie mit frischem Tee.

„Okko, diese Frau Santer kann sehr überzeugend sein. Ich habe sie selbst erlebt. Und das Festival gibt es schon seit Jahren. Die Musiker wissen, worauf sie sich einlassen."

„Mag sein." Er grinste. „Kennt dein Justin diese Musiker überhaupt?"

„Mein Justin", entgegnete Christa, „hat eine der Bands in den USA live gesehen. Ich muss allerdings gestehen, dass ich vergessen habe welche. Die meisten der Namen sagen mir nichts."

„Banausin." Okko grinste weiter und schaffte es, an einen lässigen Cowboy zu erinnern. Christa nahm es amüsiert zur Kenntnis. Gleichzeitig war sie erleichtert, dass er nicht länger wegen Justin stichelte.

Freitag, 3. Woche Juni

Leo in Sandkrug

AUF DER RÜCKFAHRT VOM TAGUNGSHAUS SAH LEO DAS CHAOS IM GARTEN von Eden Snowe und Alaric Tudor und fragte sich, wie bis Sonntag alles so eingerichtet sein sollte, dass Workshops und Konzerte in den Pavillons stattfinden konnten. Ramesh sollte sich an diesem Nachmittag den Raum ansehen, in dem er seine Veranstaltungen durchführen würde. Leo hoffte, dass er und Eden nicht aneinandergerieten.

Zu seiner Überraschung war Ramesh amüsiert, als er am späten Nachmittag einen Zwischenstopp einlegte, ehe er zum Yoga-Kurs ins Tagungshaus fuhr.

„Beinahe hätte Memsahib mir leid getan."

„Wie das?" Leo reichte Ramesh ein Glas Wasser. Es war heiß für einen Junitag. Im Süden hingen dunkle Wolken über den Feldern. Kein Wind ging, selbst der Sand lag reglos auf der gepflasterten Straße.

Ramesh hielt sich das Glas kurz an die Wange, ehe er trank.

„Sie ist ganz allein in dem Chaos. Alaric hat sich seit dem Frühstück nicht mehr gezeigt, sagt Hafsa. Und als ich nach Welsh gefragt habe, hat Eden nur gelacht. Der hat sich unter Garantie nach Oldenburg oder Bremen abgesetzt, weil er irgendetwas braucht, was er in Sandkrug nicht kriegen kann."

Leo nahm an, dass er von Drogen sprach. Zu lange wollte er nicht über Welsh sprechen, deshalb ging er voran auf die Terrasse. Dort war wenigstens Schatten, wenn auch der Duft des Maisfelds schwer über dem Garten lag. Ramesh folgte ihm und ließ sich auf einem der altersschwachen Stühle aus der Zeit seiner Großmutter nieder.

„Nimmst du gleich das Auto?"

„Ich weiß nicht. Ich würde lieber mit dem Rad fahren und den Kurs draußen abhalten. Die große Wiese am Tagungshaus liegt im Schatten. Aber bei dem, was sich über der Hunte zusammenbraut, ist das wohl nicht so schlau." Er trank ein paar Schlucke. „Kommst du mit?"

„Ich war schon da." Leo überlegte, was er über seinen Aufenthalt im Tagungshaus berichten und was er lieber verschweigen sollte. Über Inna konnte er reden. Ramesh mochte ihre direkte Art, die Unbescheidenheit mehr als nur streifte. Doch an diesem Tag war Leos Zusammentreffen mit Inna problematisch. „Ich war bei Inna auf der Krankenstation."

„Was ist mit ihr?"

„Nichts. Sie hatte dort Dienst. Sie hat Edu Muh betreut." Ramesh schwieg. „Es geht ihm nicht gut. Bea Muh möchte, dass er sich in die Karl Jaspers Klinik für Psychiatrie in Wehnen einweisen lässt." Ramesh sagte immer noch nichts, aber Leo fand, dass er alles gesagt hatte, was relevant war. Geduldig wartete er, wie Ramesh die Nachricht aufnahm. Er verfügte über viel mehr Geduld als Ramesh.

„Dann galt dein Besuch wohl nicht Inna." Ramesh musterte Leo scharf, doch der ließ sich nicht aus der Ruhe bringen. „Und was habt ihr besprochen, Edu Muh und du? Darf ich davon wissen?"

„Du kannst alles wissen. Aber besprochen haben wir nichts." Leo überlegte, ob es einen Grund gab, weshalb Ramesh das Verb *Wissen* verwendet hatte. „Ich bin nicht einmal sicher, ob er gemerkt hat, dass ich es war und nicht irgendein anderer Muh."

„Nur um das herauszufinden, musstest du zu ihm? Hat Bea Muh dir das befohlen?"

„Bea befiehlt nicht. Und nein, sie wollte nicht, dass ich ihn aufsuche."

„Und dann hast du gegen den erklärten Willen deiner Kodexwächterin gehandelt? Da frage ich mich, warum."

„Warum was?" Es überraschte Leo, dass Ramesh Bea Muhs Autorität hochhielt.

„Bist du so naiv? Warum hast du mit dem Kerl gesprochen? Es war ja ganz offensichtlich dein Wunsch. Kein Auftrag oder irgendeine eurer Übungen in Bescheidenheit."

„Wir haben nicht gesprochen. Und es war meine solidarische Pflicht." Ramesh schnaubte.

„Blödsinn. Du bist nicht mehr sein Fürsorgepartner. Du lebst jetzt hier. Mit mir. Und ich würde gerne wissen, was dich dazu treibt, mit einem Mann zu sprechen, mit dem du nicht zu sprechen hast."

„Wieso habe ich nicht mit ihm zu sprechen?"

„Weil ich es nicht will." Sie sahen sich an. Leo wartete, weil er nicht wusste, wie ernst die Aussage gemeint war. Ein Muh sollte in Konfrontationen hinnehmen. Dieses Wissen hallte in ihm. Vor einem Jahr hätte er das noch getan, nun zwang er sich, Ramesh in die Augen zu sehen. Der wich ihm schließlich aus. „Scheiße, was rede ich eigentlich? Mach nicht so ein Gesicht. Nein, es gefällt mir nicht. Und nein, ich will nicht, dass du mit ihm redest, wenn es absolut keinen Grund dafür gibt. Und nochmal nein, es gibt keinen Grund für dich. Und jetzt Schluss damit."

„Ich habe nur ..."

„Hörst du nicht gut? Ich habe gesagt, Schluss damit. Du läufst dem Kerl nicht länger hinterher."

„Ich laufe niemandem hinterher." Leo holte tief Luft, dabei merkte er, dass er wütend wurde. Das Gefühl war ungewohnt. Muh lernten früh, ihre Emotionen zu regulieren. Erst durch Ramesh hatte Leo gelernt, wie er auf einer Woge von Glück segeln konnte. Es gehörte vielleicht dazu, dass er durch ihn lernte, von Wut getragen unbedachte Worte zu sagen. „Du hast kein Recht, mir Vorschriften zu machen."

„Kein Recht der Welt. Selbst wenn wir verheiratet wären, würdest du nicht auf mich hören. In deiner Sekte – ja, ihr seid nichts anderes als eine Sekte – tut ihr das, was euer Kodexmeister befiehlt. Und eure Kodexwächter passen auf, dass keiner aus der Reihe tritt. Und wenn ich dir sage, was jeder verstehen könnte, der auch nur ein bisschen Verstand hat, ..." Ramesh brach ab. „Du kapierst es nicht, nicht wahr?"

„Was? Sag doch einfach, was du meinst."

„Okay, mach die Ohren auf: Ich verbiete dir, mit diesem Kerl zu reden. Und ich erwarte, dass du tust, was ich dir sage."

Trotz der Hitze zitterte Leo. Er biss die Zähne zusammen und zwang sich, weiter auf Ramesh zu sehen, der mit abgewandtem Gesicht dasaß und auf die bröckeligen Steine der Terrasse starrte. Langsam fuhr er sich mit einer Hand über das Gesicht.

„Können wir das alles streichen?"

„Können wir, wenn du mir sagst, warum du dich so aufregst, wenn ich mit Edu Muh spreche."

„Mann, bist du hartnäckig. Ich bin eifersüchtig. Reicht das als Antwort?"

Leo glaubte, sich verhört zu haben.

„Aber warum willst du mir Vorschriften machen?"

„Ich mache dir keine Vorschriften, verdammt noch mal. Ich stehe unter enormem Druck, weil ich in den nächsten Monaten kaum arbeite. Ich überlege Tag und Nacht, wie wir den Sommer überbrücken."

„Aber das war letzten Sommer doch auch so. Und dieses Jahr arbeite ich und ..."

„Letztes Jahr hatte ich die gleichen Sorgen. Die ich übrigens habe, seit ich wieder in diesem verdammten Land ohne ernstzunehmenden Sommer bin. Der Unterschied ist, dass ich letztes Jahr so froh war, dass ich dich gefunden hatte und weil ich glaubte, dass du mich liebst."

„Und das glaubst du jetzt nicht mehr?" Leo hörte ein Zittern in seiner Stimme und versuchte, durch ruhiges Atmen wieder ins Gleichgewicht zu kommen. Ramesh starrte immer noch auf die Steine.

„Ich weiß es nicht. Ich habe nur Angst , dass ich die gleiche Scheiße mache wie meine Mutter." Er stand auf. „Und jetzt muss ich arbeiten."

Leo blieb sitzen. Er hörte das Auto wegfahren, irgendwann später einen Donner. Der Himmel hatte sich fast schwarz zugezogen. Es roch nach Regen. Sein Unterkiefer zitterte immer noch, und er traute auch seinen Beinen nicht. Also saß er auf der Terrasse, starrte blicklos in den verwilderten Garten. Er sagte sich so lange, dass er gleichmütig sei, bis seine Zähne nicht mehr aufeinanderpressten. Trotzdem saß er weiter da, ohne auf den Donner oder die Blitze zu achten. Die Sträucher begannen im aufkommenden Wind zu schwanken, der warme Duft nach reifem Korn intensivierte sich. Der Donner wurde lauter, folgte den Blitzen immer schneller, doch noch immer fiel kein Regen. Geistesabwesend wischte er mit dem Handrücken einen einzelnen Tropfen von der Stirn. Im letzten Sommer hatte er geglaubt, ihm wäre ein Wunder geschehen. Nun sah es so aus, als wäre er auf eine Illusion der Welt hereingefallen.

Samstag, 3. Woche Juni

Christa in Idafehn

JUSTINS ANPASSUNGSFÄHIGKEIT VERSETZTE CHRISTA IMMER WIEDER IN ERSTAUNEN. „Und wir fahren tatsächlich mit dem Fahrrad nach Idafehn? Cool“, war seine Reaktion, als Christa ihm am Samstagmorgen auseinandersetzte, wie der Tag verlaufen würde. Das heftige Gewitter am Freitagabend hatte seine Ankunft beinahe um eine Stunde verzögert, entsprechend müde sah er aus, als er auf seinem Telefon suchte, bis Musik erklang.

„Ida Santer. Das ist die Frau, die das Festival organisiert.“

„Woher weißt du das?“

„Ich habe recherchiert. An meinen langen, einsamen Abenden.“ Er lächelte und nahm ihre Hand. „Wenn diese Frau dir Freikarten schenkt, muss ich doch wenigstens wissen, wem ich meinen Besuch auf dem Festival verdanke.“

Justin aß seine Pfannkuchen und lauschte Christas Erläuterungen über Ida Santer in der Vergangenheit und Gegenwart. Großzügig ließ sie die Gerüchte über Drogen, Alkohol und Männerkonsum aus, die Justin nur die Freude an dem Festival genommen hätten.

Eine Stunde später brachen sie auf und fuhren die von Okko Lüken empfohlene Strecke über Holterfehn nach Idafehn und stellten die Fahrräder nahe der B 72 an einem asphaltierten Weg ab. Von da gingen sie einen Kilometer, ehe sie in das Gedränge der anreisenden Besucher an der langen geraden Straße Idafehn-Nord gerieten.

An diesem Abend trat Ida auf, außerdem waren einige Bands da, bei deren Namen Christas Mutter begeistert gequietscht hatte, von denen Christa aber wenig wusste. Justin hatte gewissenhaft recherchiert und konnte Christa über die deutsche Rockmusik in den 1980er Jahren informieren.

„Du musst einmal meinen Kollegen Harry treffen. Der ist ein Fan dieser Musik.“

„Gerne. Ich weiß viel zu wenig über dein Leben in Rhauderfehn“, sagte Justin und legte einen Arm um sie. Die Geste wunderte Christa, doch sie fand keine Gelegenheit, darüber nachzudenken, weil auf der kleinen Bühne eine Band Cover-Versionen der großen Hits der 1980er Jahre spielte. Das unerwartet junge Publikum kreischte vor Begeisterung über diese Emdener Musiker. Den Dialekten nach kamen die Besucher aus allen Teilen der Republik. Eine Weile spielten Christa und Justin ein Spiel, bei dem Justin den Akzent der lautesten Personen in ihrer Nachbarschaft einer Region zuordnen musste. Justin war sich nicht zu schade, die Leute anzusprechen und zu fragen, woher sie angereist waren. So kamen sie immer wieder mit Leuten ins Gespräch, lachten mit Fremden, und zogen Hand in Hand weiter.

Es dauerte mehrere Stunden, bis auf der großen Bühne der erste Altstar auftrat. Grauhaarig und routiniert sang er einige Stücke, ehe sich nahtlos ein anderer Zeitgenosse anschloss. Bis Ida Santer auf der Bühne erschien, war es dunkel. Sie sang Lieder aus Blemish-Zeiten und ging zu Balladen über. Christa lief ein Schauer über den Rücken. Sie schmiegte sich an Justins Schulter, während um sie herum Wunderkerzen und Feuerzeuge geschwenkt wurden. Dann stoben Raketen in die Luft und explodierten in bunten Farben. Ein weiterer Altstar heizte heiser ein, gefolgt von einer stimmgewaltigen Frau, die in einem weniger zerfetzten Kleid noch eine gute Figur gemacht hätte. Christa verlor den Überblick, wer gerade sang und wer bereits aufgetreten war. Justins Arm lag um ihre Schultern, und mehr als einmal war ihr, als habe er ihre Haare geküsst. Sicher war sie in dem Gedränge und der Dunkelheit nicht.

Es dämmerte schon, als die letzte Zugabe verklang und die Besucher langsam das Gelände verließen. Christa schwamm an Justins Seite durch die Menge. Als nur noch sie beide Idafehn-Nord entlang gingen, stellte sie fest, dass er wieder den Arm um ihre Schulter gelegt hatte. Die Wärme seines Armes weckte Erinnerungen an den Abend von Heidis Hochzeit. Auch damals waren sie in der Morgendämmerung durch leere Straßen gegangen, auch damals hatte die Musik noch in ihren Ohren pulsiert, so dass seine Hand auf ihrer Haut wie ein Teil ihres Körpers vibrierte. An jenem Morgen war sie sicher gewesen, dass der Mann, den sie aus Mangel an anderen Bekannten zu der Hochzeit eingeladen hatte, ungemein attraktiv war, dass sie ihn begehrte und er sie. Um so mehr hatte sie sein Kuss auf ihre Stirn irritiert und sein Rückzug hinter die Wohnzimmertür brüskiert. Inzwischen wusste sie, das er damals eine bestehende Verlobung nicht hatte aufs Spiel setzen wollen. Um so mehr verwirrte sie seine Nähe nun. Er hatte immer Abstand bewahrt, sie nie mehr als bei kameradschaftlichen Aktivitäten notwendig berührt. Nun hielt er sie, als wollte er sie nicht mehr loslassen.

„Alles klar? Bist du gestolpert?"

„Ja."

„Du bist müde. Wir sind gleich bei den Fahrrädern." Er drückte sie an seine Seite. „Meinst du, dass du fahren kannst?"

„So müde bin ich nun doch nicht."

Er lächelte auf sie herab.

„Das ist gut. Ich hatte schon Sorge, wie ich dich nach Hause transportieren sollte." Er grinste, als er das sagte.

„Wir könnten uns bei den Fahrrädern in die Büsche legen."

Die Worte waren ihr herausgerutscht, doch er schien keine Anspielung darin zu bemerken.

„Zwischen Schnecken und Ameisen? Nein, danke."

Vorsichtshalber sagte sie nichts mehr. Der Damm der B 72 ragte über die Straße, davor ging ein kleiner Weg ab. Ihre Fahrräder standen aneinander gekettet und an einen Baum angeschlossen im milchigen Licht.

„Bevor wir fahren, muss ich noch mal eben", murmelte Christa. Routiniert nahm Justin ihr den Rucksack ab und warnte sie vor Mücken, die nur auf so ein leichtes Opfer gewartet hatten. Kichernd begab sie sich auf die Suche nach einer geeigneten Lücke zwischen den Büschen. Weil sie müder war, als sie zugeben wollte und sich in dem trüben Licht nicht orientieren konnte, trieb Christa weiter ab, als notwendig gewesen wäre. Als ihr dies bewusst wurde, blieb sie stehen und sah den Weg auf und ab. Justin sah sie nicht mehr, dafür die Schatten der Büsche beiderseits des Wegs. Sie fasste sich ein Herz und tauchte unter die ausladenden Zweige. Während sie dort hockte, raschelten in der Nähe Blätter.

„Mit dir habe ich nicht gerechnet", sagte eine Frau nahe bei ihrem Ohr. Christa war glücklicherweise in der Phase, in der sie ihre Unterhose wieder hochziehen wollte. Erschrocken hielt sie inne. „Er traut sich wohl nicht. Für so feige hätte ich ihn nicht gehalten." Wind kam auf und trug die körperlose Stimme von Christa fort. „Aber gut. Was hast du mir mitgebracht? Gib her."

Die Blätter rund um Christa raschelten im auffrischenden Wind, der das Aufgehen der Sonne ankündigte. Sie zerrte ihre Jeans hoch und trat auf den Weg, unsicher was oder wer sie erwartete. Ihr war noch, als hörte sie Schritte, sehen konnte sie niemand. Eilig lief sie zurück zu Justin. Als der sie kommen hörte, ging er auf sie zu und nahm sie bei den Schultern.

„Wo warst du so lange? Ich habe mir schon Sorgen gemacht, dir wäre übel geworden."

„Nein, nein. Mit mir ist alles in Ordnung." Christa erzählte kurz, was sie erlebt hatte. „Vielleicht bilde ich mir das nur ein", meinte sie dann und ging zu ihrem Rad. Justin blickte auf den Weg hinter ihr.

„Ich weiß nicht. Ehe der Wind aufkam, hatte ich auch den Eindruck, dass da jemand spricht. Eine Frau. Ich dachte, du wärst das. Ich habe deinen Namen gerufen. Hast du mich gehört?"

„Nein. Vielleicht war da schon der Wind und hat dich übertönt."

„Vielleicht. Komm, lass uns fahren." Beide sahen noch einmal auf den Weg, über dem die Zweige sanft wogten. Jenseits des Walls der Bundesstraße färbte sich der Himmel bereits rot. Sie schwangen sich auf ihre Räder und fuhren Richtung Holterfehn.

Einzelne Sterne verblassten am Himmel neben einem bleichen Mond. Kein einziges Haus störte ihre Sicht auf die weiten Wiesen. Dunst hing über dem Gras. Mit einem Mal fühlte sich Christa hellwach. Die kühle klare Luft, der sanfte Wind und das milchige Licht boten einen unverhofften Kontrast zur Nacht und dem Festival. Auf einmal wollte sie nicht mehr nach Hause. Dorthin würden sie früh genug kommen, doch so einen Morgen alleine in der Natur mit Justin würde sie nie wieder erleben.

„Lass uns noch ein Stück weiter fahren. Es ist so schön hier." Sie hatten an einer Brücke angehalten und sahen zu, wie die Tide langsam ins Binnenland drückte.

„Okay. Du sagst, wo es lang geht."

Sie fuhren weiter bis Holte und bogen auf den Rhauder Mühlenweg Richtung Rhaude ab.

„Hat der Ort etwas mit Rhauderfehn und Ostrhauderfehn zu tun?", fragte Justin, als sie zwischen Eichen und Feldern eine kaum wahrnehmbare Anhöhe hochfuhren. In den Bauernhäusern gingen einzelne Lichter an und Männer überquerten die Hofplätze zu den Ställen.

„Ja. Die beiden Fehnkolonien wurden im achtzehnten Jahrhundert von hier aus gegründet. Der Ort selbst existierte schon im Mittelalter."

Vor der Kirche hielt Justin an und sah sich staunend um.

„Hier ist es nicht flach. Guck mal, Christa, da ist ein Abhang." Sie stieg von ihrem Rad und schob es zurück zu ihm.

„Das ist ein kleiner Geesthügel, also Sand und Kies aus der Eiszeit. In Wardenburg haben wir die auch, nur stärker ausgeprägt."

Er nickte, nahm sie bei der Hand und ging mit ihr durch den Bogen des Glockenturms auf den Friedhof.

„Eine schöne alte Kirche ist das. Warst du schon einmal hier zum Gottesdienst?"

„Nein. Wir können ja einmal hierher kommen."

Ein wenig irritiert ließ sie sich von ihm an der Kirche vorbei führen. Sie gingen eine Runde über den Friedhof, bis sie wieder vor dem Portal der Kirche standen. Die Glocken schlugen sechs Uhr. Nachdem der letzte Schlag verklungen war, nahm Justin Christas Hände und küsste ihre Handrücken.

„Ich weiß, dass ich das viel früher hätte tun sollen. Aber ich hatte Angst."

„Angst? Wovor?" Leichte Panik stieg in ihr auf. Er war so feierlich, dass ihr sein verschwitzter Pullover und das verschattete Kinn albern erschienen. Justin betrachtete ihre Hände in seinen. Vorsichtig drehte er die Handflächen nach oben und küsste auch die.

„Christa, willst du meine Frau werden? Willst du mich heiraten und mit mir den Weg durchs Leben gehen?"

Sie schluckte. Kati Hemmen jubilierte in ihrem Hinterkopf, Heidi zog genervt die Brauen hoch, Bea Muh machte ein geduldiges Gesicht, Frau Kehl schlug triumphierend die Faust in die flache Hand, Frau Hahn griff zum Telefon. Wie Justins Familie reagierte, lag außerhalb ihrer Vorstellungskraft. Während er sie aus großen Augen ansah, musste Christa daran denken, wie sie das vergangene Jahr miteinander und aneinander vorbei gelebt hatten. Ihre ausbleibende Antwort ließ seine ernste Miene frühmorgendlicher Leidenschaft weichen.

„Ich liebe dich. Ich weiß, das hätte ich dir öfter sagen sollen. Ich hätte dich auch viel früher fragen sollen. Aber ich war nicht sicher, ob du dir vorstellen kannst, mit mir zu leben. Ich weiß nur, dass ich so viele Abende in Hamburg überlegt habe, wie ich diese Frage stellen kann. Nie war es richtig. Nie war es so, dass ich sicher sein konnte, dass du ja sagst. Aber jetzt frage ich einfach. Einfach so, ohne Vorbereitung, ohne Musik, ohne Rosen, ohne feines Essen. Nur vor dieser Kirche. Nur mit den Vögeln in den Bäumen und den Blumen auf den Gräbern. Heirate mich, Christa. Bitte."

Sie blinzelte, doch er stand weiter vor ihr und sah sie an.

„Das, das kommt jetzt unerwartet." Sie dachte bei diesen Worten an die Uhrzeit und den Ort. Er nickte und zerdrückte fast ihre Finger.

„Christa, ich habe dich viel zu lange im Ungewissen gelassen. Ich kann nicht wissen, wo ich in einem Jahr leben werde. Doch egal wo, wenn du an meiner

Seite bist, bin ich glücklich. Gott weiß, dass ich mich entschieden habe und zu meiner Entscheidung stehe."

Sie sah ihren Ausweg aus einer definitiven Antwort.

„So eine Ehe darf man nicht Hals über Kopf schließen. Ich liebe dich ja auch, Justin. Sehr sogar." Beschämt stellte sie fest, dass sie wie ein Mädchen in einem alten Roman redete, oder, mit Heidis feinsinnigen Worten, wie eine verklemmte Zicke. „Bitte, versteh mich richtig. Ich bin nicht spontan und muss mich erst an die Vorstellung gewöhnen."

Sie hatte Enttäuschung erwartet und sich auf Ärger oder Tränen eingestellt. Stattdessen umarmte er sie.

„Aber ja, du brauchst Zeit. Überlege es dir gut. Überlege gründlich. Die Ehe ist eine ernste Angelegenheit."

Es war der erste richtige Kuss in einem Jahr. Auf der Fahrt nach Rhauderfehn, Hand in Hand, als wäre er in Norddeutschland aufgewachsen und nicht in Kalifornien, musste Christa immer wieder daran denken, dass Justin sie ausgerechnet auf einem Friedhof vor einer Kirche geküsst hatte. Sie spürte noch das Kratzen seines Barts an ihren Lippen, also war es keine Einbildung gewesen.

Sonntag, 3. Woche Juni

Leo in Sandkrug

„Das ganze ist eine Show. Du brauchst nicht mitzukommen, wenn du nicht willst." Ramesh hatte den Satz mehrfach gesagt, wenn sie in den letzten Wochen über das Eröffnungsfest von Eden und Alarics Sommermusikschule gesprochen hatten. Was bisher Rücksichtnahme gewesen war, klang nun, als hätte Ramesh keinerlei Interesse daran, dass Leo ihn begleitete. Er mühte sich mit den Sandelholzknöpfen an den Ärmeln seiner weißen Baumwollkurta ab und würdigte Leo keines Blicks.

„Wenn es eine Show ist, kann ich genau so gut mitkommen. Sonst denken die Leute, wir hätten Streit."

„Sarkasmus hast du von mir gelernt. Darauf kann ich nun wirklich nicht stolz sein." Ramesh betrachtete sein Spiegelbild. „Authentischer geht es nicht. Gehen wir."

Die Sonne brannte auf die gepflasterte Straße, die Felder flimmerten. Leo spürte den Abstand zwischen Ramesh und ihm. Es waren nicht nur fünfzig Zentimeter heiße Luft, es war eine Barriere, die Ramesh zwischen ihnen errichtet hatte. Wortlos gingen sie Richtung Sandhatten. Ihre Schrittlängen waren nicht abgestimmt, so dass Leo zurückfiel. Auf den ersten hundert Metern bemühte er sich, auf gleicher Höhe mit Ramesh zu bleiben, dann nahm er den wachsenden Abstand hin und ging alleine. Kein Wind regte sich, Mais und Roggen standen still, nicht ein Vogel war zu hören. Dafür klangen über das Zirpen der Grashüpfer Musikinstrumente, die gestimmt wurden, und die Rufe exaltierter Menschen aus der Welt, die in Eden und Alarics Garten aufeinandertrafen.

Bis sie den Ort erreichten, nahm die Geräuschkulisse das Ausmaß der Innenstadt von Oldenburg an. Die Straße war zugeparkt mit Autos aus ganz Deutschland und den Niederlanden, und aus den umliegenden Häusern strömten Dorfbewohner in Sonntagsstaat. Leo holte auf, blieb aber instinktiv einen halben Schritt hinter Ramesh, während rechts und links Menschen einander Begrüßungen zuschrien.

„Ich habe dich gewarnt." Zum ersten Mal seit Freitagabend lächelte Ramesh. Er trat zur Seite, damit Leo neben ihm gehen konnte. „Das ist kein Ort für einen Muh."

Leo nickte nur. Sie betraten unter einem mit buntem Kreppband umwickelten Bogen den Garten und schoben sich zwischen den weißen Pavillons zur Bühne, wo Eden und Alaric Hände schüttelten. Es war einige Wochen her, dass Leo Eden aus der Nähe gesehen hatte. Sie lächelte strahlend und hatte für jeden ihrer Gäste ein paar Worte, doch das Lavendelblau ihres Kleides verstärkte die Schatten unter ihren Augen, während aufgestickte Perlen um ihr Dekolletee das Licht reflektierten und ihr Gesicht seltsam verschwommen aussehen ließen. Zu seiner Verwunderung trug sie weiße Handschuhe aus einem glänzenden Stoff, die ihr fast bis zur Armbeuge reichten.

„Leo, ganz reizend, dass du auch kommen konntest." Der englische Akzent war ihm bei Eden nie so stark aufgefallen, Alaric war derjenige, der immer einen gepflegten Akzent über seine Sätze legte.

Sie trieben im Strom der Gäste durch den Garten, bis vor einem Pavillon ein Stau entstand. Inzwischen hatte das Jaulen der Instrumente geendet, Leo hätte nicht sagen können, wie lange schon man nur aufgeregte Stimmen hörte. Eine Fanfare erklang. Alle Besucher drehten sich zur Bühne, wo Alaric ein Mikrofon ergriffen hatte und eine kurze Rede hielt. Einige Personen begrüßte er mit Namen. Wenn er in eine Richtung zeigte, schwenkten die Köpfe der Umstehenden in diese Richtung, aber Leo sah außer Schultern nichts. Einige Pressefotografen durften Bilder machen, dann verlas Eden ein Programm. Wieder blitzte es von den Fotografen, die Leute klatschten. Hinter Eden und Alaric nahmen einige Musiker ihre Instrumente auf.

Nun mit musikalischer Untermalung drängten sich die Menschen zwischen den Pavillons.

„Gleichmut, mein Muh. Die Leute wollen einen abgeklärten Inder und seinen meditativen Jünger sehen. Hast du dich deshalb rasiert?"

Leo fuhr mit einer Hand über seine Haarstoppeln. Seit er bei Ramesh in der Welt lebte, hielt er seine Haare zwei Fingerbreiten lang, aber am Samstagmorgen hatte er entschieden, dass er nach der Auseinandersetzung um Edu Muh eine Erinnerung an muhische Traditionen benötigte.

„Selbstverständlich nicht."

Er reckte den Kopf, erreichte aber kaum die Schultern der Umstehenden.

„Du wolltest ja unbedingt mit." Ramesh schob ihn mit einer Hand vor sich. „Wenn das Buffet geplündert ist, gehen die Dorfbewohner wieder. Dann kann man sich wieder frei bewegen."

Ein steter Strom Besucher zweigte in den Pavillon mit der Aufschrift *Teestube* ab. Nach kurzer Zeit war eine Bewegung Richtung Ausgang zu beobachten. Dunkel gekleidete Kellner schleppten abgeräumte Platten zum Haus. Ramesh steuerte Leo an der Schulter in den als Teestube gekennzeichneten Pavillon. Aus den drängenden Massen tauchte Eden neben ihm auf. Trotz der Hitze wirkte sie kühl, nur über den Ohren strähnten sich ihre glatt zurückgekämmten Haare.

„Kannst du nach meinem Auftritt kurz zu mir kommen, Ramesh?", fragte sie auf Englisch.

„Warum?" Er sah nicht begeistert aus, doch Eden war zu abgelenkt, um in ihre gewohnte Schmeichelei zu verfallen. Sie zog den rechten Handschuh herunter und hielt ihm ihren Unterarm hin. Auf der cremeweißen Haut malten sich violette Flecken ab. Mit gerunzelter Stirn nahm er ihren Arm.

„Was hast du gemacht?"

„Ach, du kannst dir denken, dass ich hier immer wieder anpacken musste. Gestern Abend dachte ich, die Schmerzen vergehen, aber heute Morgen hatte ich diese Flecken."

„Bist du sicher, dass du spielen willst?"

„Aber sicher." Die Überraschung in ihrem Gesicht war nicht gespielt. Ramesh zuckte mit den Schultern.

„Meinetwegen, ich sehe mir deinen Arm nachher an. Aber du solltest zum Arzt gehen. Das sage ich dir seit Wochen."

„Danke." Sie warf ihm eine Kusshand zu und schlüpfte aus dem Pavillon.

„Bleib hier an diesem Stehtisch. Ich hole uns etwas zu essen." Gehorsam blieb Leo stehen. Drinnen nahmen nur noch wenige Gäste einen Imbiss ein. Von draußen klang jetzt eine andere Musik. Leo identifizierte den Gesang als Französisch, wie Franzosen es sprachen oder in diesem Fall sangen. Am Buffet hatte eine korpulente Frau Ramesh auf Englisch angesprochen. Er versicherte, dass der Workshop am Montagvormittag im Haus, nicht in einem Pavillon stattfinden würde, nickte ihr zu und stellte einen Teller vor Leo. Nachdem sie ein paar Minuten schweigend gegessen hatten, raffte Ramesh sich auf, Leo anzusehen. „Was denkst du über Edens blaue Flecken?"

„Wie soll sie die bekommen haben, wenn sie schwer getragen hat?"

Ramesh nickte missmutig. Nach einer Weile streifte er Leos Ärmel hoch und umfasste seinen Unterarm.

„Vom Tragen bekommt sie solche Flecken nicht. Das würde sie auch niemals tun, weil sie seit langem Beschwerden an den Handgelenken hat. Aber wenn jemand sie festhält wie ich dich, dann verteilen sich die Flecken so, wie wir sie auf ihrem Arm gesehen haben."

Er ließ Leo los. Der betrachtete die Innenseite seines Unterarms, wo die weißen Druckstellen langsam wieder die normale Hautfarbe annahmen.

„Dieser Jemand muss ganz schön fest zugepackt haben." Ramesh zuckte mit den Schultern. „Wer sollte das getan haben?"

„Ich habe so etwas früher schon gesehen. In der Klinik in Kochi."

Auch jetzt hielt Leo sich an die ungeschriebene Regel und fragte nicht weiter. Der unerwartete Austausch hatte sowieso erneut die Wunde aufgerissen, die Rameshs Worte ihm am Freitag versetzt hatten. Draußen beendete die französische Sängerin ihren Auftritt. Ein Soloinstrument setzte ein.

„Das ist Eden."

Leo folgte Ramesh vor den Pavillon. Oben auf der Bühne saß Eden mit ihrer Harfe. Ihre Handschuhe trug sie nicht mehr, die Volants an ihren Ärmeln fielen an den Ellenbogen herab und zeigten weiße Arme mit eleganten Handgelenken. Muh schätzten gute Handwerker, aber sie betrachteten Kunst als unbescheidene Ablenkung. Eventuell aus diesem Grund traf die Wirkung der Harfenmusik Leo so unerwartet, dass er den Kopf wegdrehen und blinzeln musste. Ihm fiel ein, dass Ramesh ihn seit Freitagabend weitgehend ignorierte. Zweimal hatte Leo entgegen der muhischen Lehren versucht, mit ihm über den Grund für seinen Ärger zu sprechen, doch Ramesh hatte nur behauptet, es gebe nichts zu sagen, sie hätten beide klar geäußert, was sie dachten.

Eden verneigte sich vor ihrem Publikum, sagte den nächsten Künstler an und stieg die Treppe herunter.

„Ich sehe kurz nach ihr. Wenn ich zurückkomme, können wir abhauen."

Zu viele Menschen waren in diesem Garten, zu wenig Bescheidenheit, zu viel Unruhe umgab Leo. Über ihm sang eine Frau Lieder, deren Worte er kaum verstand, die ihn jedoch daran erinnerten, dass Muh kein Verständnis aus der Welt erwarten sollten. An nichts und niemand sollten sie sich binden, weder lieben noch hassen, dafür bescheiden hinnehmen und gleichmütig ertragen. Nach der Entbindung von seinem Fürsorgeversprechen zu Edu Muh hatte der Kodexmeister Leo gesagt, er habe einen schweren Weg gewählt. Damals hatte Leo nicht verstanden, was der alte Mann gemeint haben mochte. Es war so einfach gewesen, sich zu verlieben und in Rameshs Liebe völlig unbekannte Seiten seiner selbst zu entdecken. Nun fürchtete Leo, dass er mit einem waghalsigen Experiment gescheitert war. Scheitern war wie die Liebe ein Ding der Welt, von der er zu viel verinnerlicht hatte. Mochte er sich auch weiter als Muh verstehen, so trennte ihn doch von den anderen diese Weltgebundenheit. Verloren in diesen Überlegungen stand Leo inmitten der vergnügten Menschen. Wie viele Viertelstunden vergingen, wusste er nicht. Die Musik war nun eine andere. Alaric saß am Flügel, begleitet von Schlagzeug, Bass und Saxophon. Wie aus dem Nichts tauchte Ramesh an Leos Seite auf.

„Jemand hat Eden angerufen. Danach war sie noch komischer. Lass uns gehen. Den Lärm hier kann man nicht aushalten."

Sie hatten sich erst wenige Schritte entfernt, als Alaric und seine Kollegen ihr Lied beendeten. Leo drehte sich noch einmal um. Eden flüsterte mit Alaric. Er schüttelte mehrfach den Kopf und machte eine Bewegung, als wollte er sie zurückhalten, während sie ein Mikrofon aus der Halterung nahm.

„Meine lieben Freunde, ich bitte euch um eine Minute Aufmerksamkeit." Der Akzent war verschwunden, ihr Deutsch von beneidenswerter Klarheit. Alaric saß mit hängendem Kopf am Flügel, die Hände auf den Knien. „Soeben habe ich einen Anruf von unserem Freund, dem Saxophonisten Kurt Kramer erhalten. Er wollte morgen zu uns stoßen, weil er heute noch auf dem Idafehner Festival auftreten sollte. Kurt sagt, dass Ida Santer tot ist." Ein Raunen ging durch die Menge, einige hielten ihre Telefone umklammert und nickten. „Liebe Freunde, lasst uns Ida zu Ehren eine Minute schweigen."

Das Schweigen dauerte maximal fünfundvierzig Sekunden, dann begann Alaric ein langsames Lied zu spielen, in das nach und nach seine Kollegen einfielen. Ramesh wies mit dem Kinn zum Ausgang. Als sie das Gelände verlassen hatten, zog er sein Telefon aus der Tasche.

„Du hast auch keine Ahnung, von wem sie geredet hat?"

„Ich bin Muh. Was weiß ich über Musiker?"

„Stimmt auch wieder." Er wischte ein paar mal über das Display. „Da ist es. *Die Rocklegende und Jazzsängerin Ida Santer wurde heute Morgen nahe des Festivalgeländes in Idafehn tot aufgefunden. Die Polizei hält Fremdeinwirkung für möglich.*"

„Also Mord?"

„Offenbar."

Ebenso schweigend wie auf dem Hinweg gingen sie nach Hause.

Martina Sevecke-Pohlen

Christa in Rhauderfehn

ES WAR TAGHELL, ALS CHRISTA AUFWACHTE. SIE BETRACHTETE DEN LICHTSTREIFEN zwischen ihren Gardinen und überlegte, was sie bewogen hatte, zu dem Festival zu gehen, so lange dort zu bleiben und anschließend nicht auf dem kürzesten Weg nach Hause zu fahren. Justins Antrag fiel ihr ein. Eilig drehte sie sich zur Seite, doch sie lag allein in ihrem Bett. Sie streckte die Hand zu dem unbenutzten Kopfkissen neben ihrem aus und fragte sich, wem sie etwas vormachen wollte, wenn seit ihrem Einzug zwei Kissen in ihrem Bett lagen. Auch ein Heiratsantrag, den sie nicht einmal spontan angenommen hatte, war keine Heirat. Nur verheiratet und im Besitz aller Segnungen würde sich Justin in ihr Bett begeben. Wie so oft, wenn sie über ihn nachdachte, wusste sie nicht, ob sie lachen oder weinen sollte. Mit der flachen Hand schlug sie einige Male auf das Kissen, wie sie es nicht getan hätte, wäre Justin neben ihr gewesen. Nachdem sie sich abreagiert hatte, entschied sie, dass vierzehn Uhr eine gute Zeit zum Aufstehen war.

Von Justin war nichts zu sehen oder zu hören. Das Bad war unbenutzt, und niemand hatte Pfannkuchen gebacken. Dafür strömte warme Luft in die Küche, als sie die Terrassentür öffnete. Leise bereitete sie das Frühstück vor, damit Justin weiterschlafen konnte und, wie sie sich eingestand, sie ihm möglichst lange nicht in die Augen sehen musste. Früher oder später würde er kommen, beseelt von seinem Entschluss, sie zu heiraten. Eine Entscheidung verlangte er nicht an diesem Tag, doch zu viel Zeit konnte sie sich nicht lassen. Nach einem Jahr durfte er annehmen, dass sie wusste, was sie für ihn empfand. Sie wusste es nicht.

Als der Kaffee fertig war, betrat Justin frisch geduscht die Küche. Entgegen seiner Gewohnheit küsste er sie nur Millimeter von ihren Lippen entfernt.

„Ich danke dir für den wunderbaren Abend."

„Ich habe nicht auf der Bühne gestanden", erinnerte sie ihn, während sie sich sanft befreite. Ein wenig enttäuscht sah er ihr zu, wie sie die Aufbackbrötchen aus dem Ofen holte. „Aber es war eine wunderschöne Rückfahrt. Mit einem besonderen Bonus."

Nun lächelte er erleichtert und trug die Brötchen auf die Terrasse.

„Ich wollte spontan sein, und vor einer so alten Kirche kommen Werte und Traditionen und Jahrhunderte glücklicher Brautleute zusammen."

Manchmal sprach er in Rätseln.

„Es war ein guter Ort, Justin. Ein romantischer Ort." Nicht jeder hätte den Friedhof vor der Rhauder Kirche für geeignet gehalten, aber an diesem

Morgen, als das Rot der Sonne gerade golden zu werden begann und die Blumen auf den Gräbern dufteten, war es Christa gewesen, als gebe es keinen schöneren Flecken. Sie legte die Hand auf seine und stellte mit Genugtuung fest, dass er sie nicht nur gewähren ließ, sondern ihre Hand nahm und den Handrücken küsste.

„Ich verstehe, wenn du dich nicht sofort entscheiden möchtest, Christa. Du solltest dich mit deinen Eltern besprechen, oder mit deiner Schwester. Ich bin – das ist mir bewusst – für euch nur ein Ausländer. Ich will vermeiden, dass deine Familie glaubt, ich hätte dich wegen einer Aufenthaltserlaubnis geheiratet."

Ihre Mutter hätte ihm Christa schon im letzten Sommer überlassen, so begeistert war sie, dass endlich ein Mann Interesse an ihrer Tochter zeigte. Und Heidi hätte ihr zu jedem Bewerber geraten, um die Peinlichkeit einer unverheirateten älteren Schwester aus der Welt zu schaffen. Keine von beiden hätte ihm unterstellt, als Ehemann einer Deutschen eine Aufenthaltsgenehmigung ergattern zu wollen. Seine manchmal naiv anmutende Ehrlichkeit sprach ihn von jedem Vorwurf frei.

„Das denkt niemand, Justin." Er lachte verlegen.

„Das sagst du so. Wenn du wie ich alle paar Wochen bei der Ausländerbehörde vorsprechen müsstest, wärst du auch vorsichtiger. Ich habe das Gefühl, dass ich in keines ihrer Raster passe und sie mich verzweifelt für irgendeine ihrer Kategorien zurechtschneiden wollen. Wie Prokrustes, der Wanderer für sein Bett entweder kürzer geschnitten oder gedehnt hat."

„Meine Güte, Justin." Sie beugte sich in einem Anflug von Emotionen vor und küsste ihn auf die Wange. Er zog sie zu sich und hatte eine Hand an ihrem Rücken, als ihr Telefon klingelte. Es war Frau Kehls Nummer.

„Frau Hemmen, haben Sie schon gehört, dass Ida Santer tot ist?" Wie immer kam sie gleich zur Sache. Christa schaltete von beinahe romantischer Situation zu Krisenbewältigung.

„Nein, Frau Kehl. Was ist passiert? Hatte sie einen Unfall?" Justin sah sie bestürzt an.

„Die Polizei geht von einem Verbrechen aus." Da Frau Kehl nicht ihrer Neigung zum Dramatisieren nachgab, vermutete Christa, dass sie Zuhörer hatte. „Die Polizei nimmt an, dass Frau Santer heute früh das Festivalgelände verlassen hat, und zwar nicht über die Straße von Idafehn, sondern über die Felder. Nur eine Feldbreite weiter hinter dem Gelände verläuft ein Weg entlang der B72. Dahin ist sie gegangen, und dort hat jemand sie mit einem Messer angegriffen. Es gibt offenbar Blutspuren auf dem Weg. Sie hat sich zurück zum Festivalgelände geschleppt, ist aber kurz davor zusammengebrochen und gestorben."

Christa nutzte die Kunstpause, um eine Frage zu stellen.

„Und wo sind Sie jetzt?"

„Ich bin noch auf dem Anwesen. Der alten Frau Santer geht es gut. Äh, erst war sie um ihre Tochter besorgt, aber dann ist ihr eingefallen, dass die Polizei von der Frau spricht, von der sie glaubt, dass sie sie gefangen hält. Jetzt ist sie erleichtert und freut sich darauf, wieder in Freiheit zu kommen. Aber Frau Hilbig ist mit den Nerven am Ende."

Christa überlegte. Die alte Frau Santer hatte unterschrieben, dass sie von Crea. Heim und Pflege betreut werden wollte. Frau Kehl vertrat Crea. Heim und Pflege. Am Montag konnte Christa den beschleunigten Umzug in eine Einrichtung von Crea in die Wege leiten.

„Bleiben Sie wie abgesprochen da. Rufen Sie mich an, wenn es Probleme gibt."

Kopfschüttelnd sah Christa zu Justin.

„Ida Santer ist tot. Ermordet, sagt Frau Kehl." Auch er war erschüttert, nachdem er sie am Vorabend auf der Bühne gesehen hatte. Christa schilderte ihm, was sie von Frau Kehl gehört hatte. „Glaubst du, dass die Stimme, die ich gehört habe, doch keine Einbildung war?"

„Es ist wohl besser, du rufst die Polizei an."

Das tat Christa nur ungern. Sie schob den Anruf auf, bis Justin am späten Nachmittag nach Hamburg aufgebrochen war. Nachdem sie mehrmals tief durchgeatmet hatte, wählte sie Okko Lükens Nummer.

Amke in Rhauderfehn

Amke Kehl fand ihre Situation absurd. Sie war zur Betreuung einer älteren Dame engagiert, doch die war bester Laune und hatte sich in ihr Zimmer zurückgezogen, um ihren Umzug vorzubereiten. Das Zimmer lag in der ersten Etage, Fenster und Türen waren gesichert, eine Flucht von Frau Santer war ausgeschlossen. Frau Hilbig hingegen hatte nach dem Besuch der Polizei mehrere Gläser Cognac getrunken, bis Amke ihr die Flasche weggenommen hatte. Die Managerin schien mit den Nerven am Ende und hatte, nachdem sie noch eine Pressekonferenz für den Vormittag angesetzt hatte, die Telefone im Haus ausgeschaltet.

Amke hoffte, dass Joy Hilbig keine Dummheiten machte. Unauffällig zog sie den Schlüssel von der Hausbar im Wohnzimmer ab. Vermutlich gab es noch andere Orte, an denen Alkohol aufbewahrt wurde, doch sie wollte es Frau Hilbig so unbequem wie möglich machen, sich zu betrinken. Die Frau kauerte auf einem der ausladenden Ledersofas im Wohnzimmer. Im Hintergrund lief ohne Ton der größte Fernseher, den Amke je an einer privaten Wand gesehen hatte. Die Kombination aus flackernden Bildern und Cognac beruhigte Frau Hilbig offenbar. Amke ließ die Tür zum Wohnzimmer offen und ging in das Gästezimmer. Dort streifte sie ihre Schuhe ab und legte sich auf das Bett. Durch das offene Fenster wehte eine kühlere Brise, die keinerlei Auswirkung auf die Raumtemperatur hatte. Amke verschränkte die Arme hinter dem Kopf. Der Verkehr vom Rajen, sofern um diese Uhrzeit noch Autos unterwegs waren, wurde von Zikaden und Grashüpfern übertönt. Amke lauschte, überzeugt, dass ihr so viel Ruhe auf die Dauer lästig werden würde.

Sie musste eingenickt sein, denn plötzlich saß Frau Hilbig auf ihrer Bettkante.

„Wachen Sie doch auf. Jemand schleicht um das Haus. Wenn das Idas Mörder ist, der uns alle fertig machen möchte?" Amke rieb sich die Augen. Vom Flur fiel Licht in das Gästezimmer, draußen sah der Himmel dunkel aus. Sie schätzte die Zeit auf ein oder zwei Uhr. „Frau Kehl, bitte. Hören Sie das nicht?"

Amke setzte sich auf und lauschte. Sie hörte vor allem die Zikaden, die klangen, als wären sie in das Gästezimmer eingefallen. Gerade wollte sie den Kopf schütteln, als sie ein Geräusch identifizierte, das nicht von den Insekten kam. Sie machte Frau Hilbig ein Zeichen, leise zu sein, und rutschte langsam vom Bett. Barfuß tappte sie zum Fenster. Unten ging jemand über die gepflasterte Terrasse, ohne Taschenlampe und so unsicher, dass er gegen die Stühle stieß, die von dem Ruck über die Steine kratzten. Langsam wich sie zurück und winkte Frau Hilbig in den Flur.

„Ich rufe die Polizei."

Der Satz klang ihr zu dramatisch, kaum dass sie ihn ausgesprochen hatte. Nach kurzem Zögern wählte sie statt des Notrufs die private Nummer von Okko Lüken, die Frau Hemmen ihr vor einiger Zeit gegeben hatte. Er meldete sich verschlafen, erklärte sich aber bereit zu kommen und selbst die Kollegen zu verständigen.

„Aber wird dieser Einbrecher ihn nicht hören und abhauen?", wandte Frau Hilbig ein, nachdem Amke ihr versichert hatte, dass die Polizei gleich kommen würde.

„Das kann schon sein", gab sie zu. „Aber Sie wollen doch, dass er abhaut, oder?"

Frau Hilbig gestand, dass ihr ein geflohener Einbrecher lieber war als ein Einbrecher im Haus. Sie setzte sich auf die unterste Treppenstufe und wartete im Dunkeln auf Okko Lüken und seine Kollegen. Amke schlich unterdessen ins Wohnzimmer. Hinter geschlossenen Glastüren fühlte sie sich so sicher, dass sie es wagte, die Gardine einen spaltbreit zu öffnen. Auf einer der Liegen hatte sich ein Mann ausgestreckt. Diese Wendung ließ Amke bereits überlegen, ob sich ein Landstreicher auf Frau Santers Terrasse verirrt haben mochte, als sie Autos näherkommen hörte. Interessiert beobachtete sie, wie der Mann zuckte, aber keinerlei Anstalten machte aufzustehen. Beeindruckt von so viel Dreistigkeit oder auch so viel Dummheit lief sie in die Eingangshalle, wo Frau Hilbig bereits Okko und zwei uniformierte Kollegen eingelassen hatte.

„Wo ist der Mann?"

„Er liegt auf der Terrasse. Ich glaube fast, dass er eingeschlafen war, bis Sie gekommen sind."

Okko ging durch das Haus zur Terrassentür, die beiden Kollegen liefen um das Haus herum. Amke hörte wieder das Kratzen der Terrassenstühle und einen nicht sonderlich nüchternen Protestruf. Als sie mit Frau Hilbig im Schlepptau das Wohnzimmer betrat, saß der Mann auf einem der Ledersofas und sah sich geblendet von der Fülle der Deckenbeleuchtung um.

„Kennen Sie den Mann, Frau Hilbig?", fragte Amke, ehe die Polizisten reden konnten.

„Nie gesehen."

„Sind Sie sicher?", fragte einer der Polizisten, dem es nicht zu gefallen schien, dass Amke sich einmischte. Frau Hilbig nickte heftig. Der Mann betrachtete sie aus verquollenen Augen.

„Wer soll die Alte sein? Idas Managerin oder was?"

„Sagen Sie uns lieber, wer Sie sind." Der Mann drehte sich zu Okko. Offenbar deutete er sein Schlaf-T-Shirt als die legere Sommerkleidung eines Kriminalpolizisten, denn er reichte ihm ein abgestoßenes rotes Dokument. „Ein britischer Reisepass, ausgestellt auf Darren Welsh. Sie sehen Ihrem Passbild aber nicht sehr ähnlich." Er gab den Pass einem Kollegen.

„Und was machen Sie auf diesem Grundstück, Herr Welsh?", verlangte der eine Polizist zu wissen. Welsh rieb sich die Augen.

„Na, ich bin mit Ida verabredet."

Frau Hilbig schnappte nach Luft.

„Mit Ida Santer, sagen Sie?"

„Ja, sie hat mir eine SMS geschickt. Ich soll sie hier treffen. Heute Nacht um drei. Die Alte hat keine Ahnung, wie schwer es ist, überhaupt in dieses Kaff zu kommen, und dann noch um diese Uhrzeit."

„Wann haben Sie die SMS bekommen? Geben Sie mir Ihr Telefon."

„Dürfen Sie das überhaupt?" Trotzdem entsperrte Welsh sein Telefon und hielt es dem Polizisten hin. Der fasste das Telefon mit spitzen Fingern an, dann suchte er die SMS. Verdutzt zeigte er das Display Okko und dem zweiten Polizisten. „Zu dem Zeitpunkt war sie schon mehrere Stunden tot."

„Tot?" Welsh fuhr auf, aber Amke drückte ihn wieder gegen die Lehne. Okko sah sie tadelnd an. „Ida ist tot? Das kann nicht sein. Sie hat doch … " Er schlug eine Hand vor den Mund.

„Sie wollte doch was?"

Doch Welsh sagte nichts mehr, bis die uniformierten Polizisten ihn mitnahmen. Okko blieb bei Amke stehen.

„Warum sind Sie hier, Frau Kehl?"

„Ich sollte mich während des Festivals um die alte Frau Santer kümmern. Hat Frau Hemmen Ihnen das nicht erzählt?"

Er errötete, nickte aber.

„Weiß die alte Dame, dass Ida tot ist?"

„Ja. Sie glaubt, sie ist jetzt frei und kann gehen, wohin sie will."

Okko hob die Schultern.

„Ich komme morgen bei Crea vorbei, wenn ich mehr weiß. Bis dann."

Er winkte an ihr vorbei zu Frau Hilbig und ging zu seinem Wagen. Amke schloss gewissenhaft hinter ihm ab.

Montag, 4. Woche Juni

Christa in Rhauderfehn

Nach Christas Erfahrung genügten Kleinigkeiten, Frau Hahn zu erregen, so wie sie bei Katastrophen die Ruhe bewahrte. Am Montagmorgen sah sie die aufgeschlagene Zeitung auf dem Tresen und ahnte, was auf sie zukam.

„Diese Ida Santer wurde ermordet. Während des Festivals. Da müssen doch tausende Leute gewesen sein, die etwas gesehen haben."

„Ich fürchte, das ist der Grund, warum niemand etwas gesehen hat." Christa dachte an ihr Erlebnis auf dem Weg an der B72. Bisher hatte die Polizei sich noch nicht bei ihr gemeldet. Wenn es ihr nicht gelänge, die Information über Okko an die ermittelnden Beamten weiterzugeben, müsste sie selbst im Laufe des Tages im Leeraner Polizeipräsidium anrufen.

„Frau Kehl sagt, sie fährt von dem Santer-Haus erst einmal nach Hause, um zu duschen. Und, Frau Hemmen, heute Nacht musste sie die Polizei in die Kastanienallee rufen. Ein Mann war da, der behauptet hat, er wäre mit Ida Santer verabredet."

„Wie bitte? Ist Frau Kehl etwas passiert?"

„Der doch nicht. Da kommt Herr Meinert. Oh, er weiß es auch schon. Der arme Mann." Christa sah Frau Hahn verdutzt an. Auch ihr war aufgefallen, dass Harry wie ein Greis über die Hochglanzfliesen schlich. „Na, sein Idol aus der Jugend ist tot."

Harry würdigte den traurigen Anlass mit einem schwarzen Leinenhemd, über dem seine Haarmatte wie ein alter Fußabtreter wippte. Tragisch grüßte er Frau Hahn, ehe er Christa einen langen Blick schenkte.

„Auch du wirst eines Tages erleben, wie die Helden deiner Jugend diese Welt verlassen." Sie nickte, erschüttert von der Tiefe seiner Trauer. „Die Besten gehen früh, Frau Hahn", wandte Harry sich von ihr ab und legte eine Hand auf Frau Hahns. „Doch das Gute an Musikern ist, dass ihr Erbe lange und klangvoll unter uns bleiben wird." Völlig ungerührt tätschelte ihn Frau Hahn mit ihrer freien Hand.

„Da haben Sie recht, Herr Meinert. Und jetzt bringe ich Ihnen eine schöne Tasse Kaffee." Harry schleppte sich hinter Christa ins Büro.

„Ich fühle mich um Jahre gealtert", klagte er, nachdem er sich in seinen Schreibtischstuhl hatte fallen lassen. „Ida Santers Musik der letzten Jahre war mir zu glatt und zu kommerziell. Aber ich habe gestern einige Unplugged-Versionen ihrer alten Songs auf YouTube angesehen. Nur die Stimme und das Klavier. Sie hat so sehr an sich gearbeitet, sogar Klavier spielen gelernt. Nach dem Absturz war sie ein völlig neuer Mensch. Und dann endet sie so."

Beinahe hätte sie ihm über den Kopf gestrichen, so jämmerlich hing er vor ihr. Sein Alter und nicht zuletzt die filzige Matte hielten sie zurück.

„Wie alt war Ida Santer, Harry?"

„Hm, älter als ich. Sechsundfünfzig, glaube ich."

Christa dachte an ihre kurzen Begegnungen mit Ida Santer. Verglichen mit Harry, dem pädagogischen Urgestein Oldenburgs, hatte sie blendend ausgesehen. Aber auch Frauen wie Tina Turner hatten nach einem Zusammenbruch und Drogenmissbrauch wieder zu Gesundheit und Schönheit gefunden. Außerdem wusste man nie, wie viel von Ida Santers straffem Körper das Werk diskreter Chirurgen war.

Sie suchte die Akte Santer und ging mit Harry die notwendigen Schritte für die beschleunigte Unterbringung von Hinriette Santer in der Crea-Appartement-Wohngruppe durch, als Frau Kehl nach einem flüchtigen Klopfen eintrat. Die unruhige Nacht hatte der Macht ihres Auftritts nur wenig genommen. Die Wände schienen vor ihr auszuweichen, als Amke Kehl zu einem Stuhl schritt und eine Zusammenfassung ihres Wochenendes gab. Erst danach führten sie eine Dienstbesprechung durch, für die sie an diesem Montag nicht die richtige Motivation aufbringen konnten.

„Bestimmt fragen uns alle über Ida und Hinriette Santer aus, wenn sich herumspricht, dass Hinriette in eine unserer Wohnungen am Untenende zieht", bemerkte Frau Hahn später in der Teeküche. Frau Kehl, die gerade eine Schale Salat aus dem Verbrauchermarkt gegenüber sezierte und die ungeliebten Spargelstücke auf einer Untertasse sammelte, nickte. Christa zog die Papiertüte um ihre Laugenstange tiefer, damit sie sich nicht zwischen ihren Zähnen verfing.

„Wir sollten versuchen, mehr in Erfahrung zu bringen."

„Okko Lüken hat mir heute Nacht versprochen, hier vorbeizukommen und zu erzählen, was die Polizei herausbekommen hat."

„Wie will er das denn wissen, Amke?" Frau Hahn pickte die Spargelstücke von Frau Kehls Untertasse und schob sie unter das Salatblatt ihres belegten Brötchens.

„Ach, nützliche Frauen gibt es auch bei der Polizei."

Die beiden kicherten, und Christa fühlte einen vollkommen unangemessenen Stich Eifersucht.

„Das ist gut", warf sie ein. „Aber über diese Ida Santer gibt es schon genug Gerüchte. Nach dem Mord explodiert die Zahl ins Unermessliche. Allein schon wegen Hinriette Santer sollten wir uns um Fakten bemühen. Einmal über Okko Lüken ..."

„Da sind Sie genau die Richtige", kicherte Frau Hahn.

„... und einmal über zuverlässige Quellen aus der Vergangenheit."

„Sie meinen, wir sollten die Wahrheit über Ida Santer herausfinden?"

„Die gibt es nicht", meinte Frau Hahn. „Frau Hemmen hat Recht, es kursieren so viele Geschichten über Ida, da hilft es überhaupt nicht, dass ihre Mutter behauptet, die richtige Ida Santer wäre seit Jahren tot und die Frau, in deren Haus sie wohnte, sei eine Entführerin."

Die Türglocke lockte Frau Hahn wieder ins Kundenzentrum, wo Okko Lüken in voller Uniform stand. Er ließ sich zu einem Kaffee einladen und machte es sich in einem der Besuchersessel bequem.

„Ich habe gerade mit Frau Hinriette Santer gesprochen. Sie lässt übrigens Grüße ausrichten, und freut sich auf den Umzug zu euch. Wann geht es denn los?"

Christa erklärte umständlich, was einer sofortigen Übersiedlung im Wege stand und wie sie hoffte, die Probleme auszuräumen. Frau Kehl unterbrach sie.

„Hat sie irgendetwas beobachtet? Oder gehört?"

„Wenn ja, hat sie es mir nicht erzählt." Okko fuhr sich durch die verschwitzten Haare. „Sie bleibt dabei, dass sie gefangen gehalten wurde. Sie behauptet sogar, dass die Frau, die sie gefangen gehalten hat, ihre Tochter auf dem Gewissen hat."

„Ich denke, sie will immer zu ihrer Tochter?", warf Frau Hahn ein. Frau Kehl hob die Hände.

„Das ist das, was Frau Hemmen eben meinte. Es gibt zu viele Geschichten, die nicht zusammenpassen. Apropos, was hat denn mein Besucher von heute Nacht erzählt?" Frau Kehl sah Okko an. Der grinste verschwörerisch.

„Ich kann sagen, es war nicht einfach herauszufinden, was er den Kollegen von der Kriminalpolizei in Leer erzählt hat. Aber ich kenne die junge Kollegin, die während der Befragung mit im Raum saß." Frau Kehl zwinkerte Christa zu. Die war zu empört, um zu reagieren. Okko sprach weiter, als hätte er den Austausch nicht bemerkt. „Also, dieser Darren Welsh hatte tatsächlich eine SMS von Idas Handy auf seinem Telefon. Die wurde abgeschickt, als Idas Leiche schon in der Gerichtsmedizin lag. Angeblich hat er nicht gewusst, dass sie tot ist. Er hat Ida in den letzten Tagen mehrfach angerufen, immer nur kurz. Seine Begründung ist, dass er Roady in ihrer Band war. In den 1980ern hat er sich um den Aufbau der

Bühne gekümmert. Jetzt ist er krank und braucht Geld für eine Behandlung. Ida wollte ihm das Geld in bar geben. Deshalb das Treffen um drei Uhr nachts."

„Aber die SMS muss jemand anders geschickt haben", unterbrach ihn Christa. Er nickte.

„Ja, meine Kollegin sagt, es wird nach dem Handy gesucht. Mehr wusste sie nicht."

Amke Kehl hob wie in der Schule die Hand. Okko nahm sie grinsend dran.

„Okko, woher kommt dieser Welsh? Ich habe den Mann hier noch nie gesehen."

„Meine Kollegin hat das selbst überprüft. Zuletzt war er in Hamburg gemeldet. Aber das war eine Wohngemeinschaft, die es nicht so genau mit Formalitäten nimmt. Zurzeit arbeitet er als Gärtnergehilfe in einem Ort namens Sandhatten. Gemeinde Hatten bei Oldenburg. Für einen anderen Briten, einen Musiker. Tudor oder so."

„Ich habe Freunde in Sandhatten." Christa wollte nicht zurückstehen. Sie war die Vorgesetzte und verstand sich als Okkos Favoritin unter den anwesenden Frauen.

„Stimmt, du kommst ja aus der Gegend. Aber den Tudor kennst du nicht zufällig?" Sie überlegte kurz.

„Nein. Ich kann aber mal meine Freundin fragen, ob sie ihn kennt."

„Tu das." Okko sah auf die Uhr. „So, jetzt muss ich weiter, Mädels. Danke für den Kaffee."

Als er weg war, zog sich Christa mit Frau Kehl in deren Büro zurück.

„Nach dem, was Okko erzählt hat, werden die Gerüchte um Ida Santer aufblühen. Wir sollten so viel wie möglich herausfinden und unter die Leute bringen."

Frau Kehl nickte.

„Sie haben Recht. Fragen Sie doch mal Herrn Meinert, ob er ein Fan-Album hat. Bestimmt leiht er es uns."

Die Vorstellung, Harry habe aus bunten Zeitschriften Texte über Ida ausgeschnitten und in ein Album geklebt, erschien Christa widersinnig. Trotzdem fragte sie und erfuhr zu ihrem Schrecken, dass Harry mehrere Alben von Ida gepflegt hatte, die er am nächsten Tag mitbringen wollte. Sie stand schon wieder vor ihrer Haustür, als ihr einfiel, dass sie ihren Kollegen nichts von Justins Heiratsantrag erzählt hatte.

Martina Sevecke-Pohlen

Eden in Sandkrug

EDEN MACHTE LOCKERUNGSÜBUNGEN FÜR IHRE HANDGELENKE, WIE MCPHELPS ES ihr gezeigt hatte. Inzwischen beanspruchten viele alltägliche Arbeiten ihre Finger und Gelenke so sehr, dass sie nach kurzer Zeit eine Pause einlegen musste. Wenn sie Abrechnungen für die Kurse machte, brauchte sie eine halbe Stunde Vorbereitung, und eine Viertelstunde anschließende Entspannung. Sogar Autofahren war ein Problem geworden, wie sie am Wochenende hatte feststellen müssen. Stiche begleiteten jede Drehung des Handgelenks, Brennen folgte auf differenzierte Bewegungen der Finger. Nach ihrem kurzen Auftritt am Sonntag hatte sie nur mit Mühe die Tränen zurückgehalten. Wenn sie weinte, sprach McPhelps immer von einer Operation. Davon wollte sie nichts hören.

Sie legte die Unterarme auf die Lehnen ihres Schreibtischstuhls und lauschte. Im Haus war es ruhig, aber in einem der Pavillons probten Lautenspieler mittelalterliche Lieder und eine Gruppe Sänger machte Atemübungen. In dieser Woche waren alle Veranstaltungen ausgebucht, die wenigen freien Plätze in den kommenden Wochen wollte sie kurzfristig über Facebook verlosen. Geld floss in ihre Kassen. Wenn sie sich jetzt schonte, wäre sie in der Lage, im Herbst die französischen Renaissance-Stücke einzuspielen. In der Weihnachtszeit war sie für einige Konzerte gebucht, auch das würde sie schaffen. Was danach käme, ließ sich nicht voraussagen.

Hinter ihr wurde eine Tür geöffnet.

„Schnüffelst du mir jetzt nach?"

Sie hob den Kopf, damit er ihr exquisites Profil sehen konnte.

„Wie kommst du darauf?"

„Jemand war an meinem Schreibtisch. Du eifersüchtige Kuh."

„Hätte ich einen Grund?" Er schwieg. Vorsichtig, ohne die Handgelenke zu belasten, stand sie auf und drehte sich zu ihm um. „Alaric, welche Frau würde dich wollen? Okay, es gibt ein paar Gänse, die meinen, mit dir einen berühmten Pianisten an Land zu ziehen. Du hast seit Jahren nichts mehr neu eingespielt. Du tingelst durch die Clubs und nennst das Rückkehr zu den Wurzeln. Und du lügst, sobald du den Mund aufmachst."

Er lachte auf.

„Oh, das sagt die Richtige. Gib doch zu, dass du nach meinen Passwörtern gesucht hast."

„Deine Passwörter? Was sollte ich damit? Ein paar Tausender von deiner Tour durch Louisiana beiseite schaffen? Die Flüge haben beinahe mehr gekostet als deine Gage."

Er wurde blass.

„Für eine Frau, die sich kaum selbst die Zähne putzen kann, spuckst du ganz schön laute Töne. Was hast du genommen, um gestern spielen zu können?"

„Ich hab mir Pillen von Darren besorgt. Ha, das glaubst du? Wo ist der Idiot eigentlich?"

Alaric warf einen Blick aus dem Fenster, aber von ihrem Zimmer sah man nur den Garten, nicht die Auffahrt.

„Keine Ahnung. Ich habe ihn seit Samstag nicht mehr gesehen. Anrufen kann ich ihn auch nicht."

„Dafür hat heute Morgen die Polizei aus Leer hier angerufen und gefragt, ob er bei uns arbeitet."

Er starrte sie an.

„Die Polizei aus Leer? Was hat er denn da gemacht?"

Sie schnaubte, wie es ihr kein Musikkritiker zugetraut hätte.

„Das haben sie nicht gesagt. Sie wollten nur wissen, ob er hier arbeitet. Ich dachte, du wüsstest Bescheid."

Alaric machte ein Gesicht, als könnte er sich nicht vorstellen, was ein Mann wie Darren Welsh in Leer suchte.

„Ob er etwas mit Idas Tod zu tun hat?" Seine Stimme zitterte vor unterdrückter Emotion.

„Das würde dir nun gar nicht passen."

„Was heißt das?"

„Du weißt genau, was ich meine."

„Ich hatte nichts mit Ida. Nie."

„Wenn du es sagst."

Eden ging zur Tür. Es war ihr Zimmer, aber sie wollte nicht länger mit ihm darin sein. Als ihre Hand auf der Klinke lag, zog er an ihrem Arm. Die Tür sprang auf, sie schrie unwillkürlich bei der unerwarteten Bewegung. Alaric ließ sie los.

„Lissy, du weißt genau ..."

Eine Tür auf der anderen Seite des Flurs wurde geöffnet. McPhelps und zwei Geigerinnen in Jogginganzügen schauten in den Flur. Alaric winkte ihnen strahlend.

„Entschuldigung für die Störung. Eden hat sich vor einer Spinne erschreckt."

Die Geigerinnen kicherten und zogen sich zurück, McPhelps sah Eden an, ehe er die Tür schloss. Alaric zerrte sie an der Schulter zurück in den Raum.

„Gib es zu. Du hast meinen Schreibtisch durchwühlt."

„Ich gebe gar nichts zu. Und jetzt lass mich in Ruhe."

Die Tür stand noch halb offen. Eden stürmte an Alaric vorbei in den Flur, wo sie Atem schöpfte. Ihre Wahlmöglichkeiten waren beschränkt. Den Drehknauf der Haustür bekäme sie niemals geöffnet und ihre Schlafzimmertür hatte sie wegen der vielen Menschen im Haus abgeschlossen. Blieb nur noch der Flur zur Küche. Der ungnädigen Hafsa, die sich über die Mitarbeiter des Catering-Services ärgerte, wollte Eden ungern begegnen. Aber die Hintertür hatte eine normale Klinke, die sie mit dem Ellenbogen betätigen konnte. Eden nahm eine würdige Haltung an und schritt in den Küchenflur.

Dienstag, 4. Woche Juni

Christa in Rhauderfehn

HARRY KAM GEGEN ELF UHR AUS WARDENBURG VON DER GROSSEN DIENSTbesprechung bei Crea. Heim und Pflege. Seit Christa nicht mehr in Wardenburg wohnte, war er aufgrund seiner Nähe zur Hauptstelle der naheliegendste Teilnehmer. In seiner Abwesenheit besprachen Christa und Frau Kehl die Belange der hauswirtschaftlichen Dienste. Was anfangs nur wenige Klienten verlangten, war mittlerweile der am stärksten nachgefragte Service von Crea. Heim und Pflege. Frau von Geldern beglückwünschte sich für die Idee, den Dienst anzubieten, und Christa lebte in der Gewissheit, dass Frau von Geldern sie nicht nach Oldenburg zurückholen würde. Sie konnte allenfalls darauf hoffen, dass man sie am Stammsitz in Kamp-Lintfort für Höheres berufen hielt. Jeder Kilometer näher an das Ruhrgebiet vergrößerte jedoch die Distanz zu Justin in Hamburg.

Die Liste an alleinstehenden Damen und Herren, die eine Putzhilfe einstellen wollten, war an diesem Dienstag länger als sonst. Christa fragte sich, ob das Schicksal sie darin erinnern wollte, wie schnell man allein in einem viel zu großen Haus wohnte. Aus den Spalten ihrer Tabelle lächelte Justin und wiederholte seinen Heiratsantrag. Frau Kehl war zu sehr mit Details über die Antragsteller beschäftigt, um auf Christas Gesichtsausdruck zu achten. Als sie ihre Liste durchgearbeitet hatten, lehnte Frau Kehl sich im Besprechungsstuhl zurück.

„Nachher fahre ich Hinriette Santer in die neue Wohngruppe. Sie bekommt ein Einzimmerappartement nach hinten, das ist schön ruhig. Ich hoffe nur, dass sie nicht auch von dort zu ihrer echten Tochter laufen möchte."

„Aber sie hat verstanden, dass Ida Santer tot ist?"

„Ja, absolut. Ihre Genugtuung wirkte herzlos und hat den Mann von der Kriminalpolizei, glaube ich, schockiert. Sie macht ja ansonsten einen fitten Eindruck."

Wenn es der gleiche Beamte war, der mit Christa über ihr Erlebnis am Sonntagmorgen gesprochen hatte, wäre er von Hinriette Santers Äußerungen kaum beeindruckt gewesen, davon war Christa überzeugt.

Draußen fuhr Harrys Wagen vor. Sie sahen durch die Gardine, wie er seine Aktenmappe in den Kofferraum legte und eine Klappkiste mit der Mappe und einigen bunten Ordnern heraushob.

„Sieht aus, als hätte er an die Fan-Alben gedacht“, bemerkte Frau Kehl. Christa nickte. Sie fand es befremdlich, dass Harry so offen zu seinem Starkult stand. Zwei Minuten später öffnete Frau Hahn Harry die Bürotür und er stellte seine Kiste auf den Besprechungstisch.

„Ist das alles über Ida Santer?“ Frau Hahn strich mit den Fingern über drei DIN A 4-Ordner, die der junge Harry mit buntem Papier und Bildern beklebt hatte. Nur der vierte Ordner sah aus, als wäre er in dem dezenten Kaffeetassen-Design gekauft worden.

„Ja. Das sind sozusagen siebenunddreißig Jahre Ida Santer.“ Harry wischte sich mit dem Unterarm über die Stirn. Der kurze Weg vom klimatisierten Auto zum notorisch unterkühlten Büro von Crea. Heim und Pflege war bei den gegenwärtigen Temperaturen anstrengend gewesen.

Christa war noch lange nicht siebenunddreißig, Frau Hahn fehlte noch mehr als ein Jahr und Frau Kehl hatte noch fast ein halbes Jahrzehnt. Sie sah Ehrfurcht in den Gesichtern der anderen, als Harry den ersten muffig riechenden Ordner auf den Tisch legte und aufschlug. Die Zeitungsausschnitte waren wie Ausschnitte aus der Zeit. Es war eine Reise in Bruchstücken, berührender als ein Fotoalbum.

In der Mittagspause saßen sie am Besprechungstisch und blätterten in dem ersten Ordner, während Harry Kommentare abgab.

„Das ist aus einer alten BRAVO. Das war damals eine Zeitschrift ...“

„Kennen wir“, beruhigte Frau Kehl.

„Also, das ist eine der ersten Erwähnungen von 1980. Der Artikel ist über Flamingo und Kurt Einstein. Damals ist sie als Sängerin mit auf Tour gegangen. Der Einstein hat später erzählt, dass sie ... na ja, dass sie eben mit der ganzen Band zusammen gewesen ist. Aber das war Jahre später, als sie den Höhepunkt ihres Ruhms erreicht hatte und nach ihm kein Hahn mehr krähte.“ Harry warf einen irritierten Blick auf Frau Hahn, die wild kicherte.

1980 war Harry streng genommen zu alt für solche Jugendmagazine gewesen. Der nächste Ausschnitt stammte aus einer weniger bunten Publikation.

„Ah, der Klostein. Unsere alte Uni-Zeitschrift.“

Frau Hahn stopfte ungeachtet ihres Lippenstifts eine Faust in den Mund. Frau Kehl beugte sich tief über den gelb unterlegten Artikel der BRAVO und die grobe Fotokopie des Klosteins.

„Hat sie ihr Kinn operieren lassen?"

„Ich weiß nicht, was Sie meinen, Frau Kehl." Sie zeigte auf das Bild, das eine blutjunge Ida Santer in Jeans und zerfetztem Hemd neben einem fülligen Mann ohne Alter zeigte, wie sie beide voller Energie in ein Mikrofon brüllten.

„Ich habe Frau Santer letzte Woche ein paar Mal getroffen. Sie hatte ein kleines rundes Kinn. So wie unsere Frau Hahn." Die rieb unter ihrem Kinn, auf das nun alle starrten. „Und hier sieht das Kinn vorspringend aus. So richtig aggressiv."

„Aber guck mal hier, Amke", Frau Hahn schien es nicht zu behagen, dass ihr Kinn so viel Aufmerksamkeit erfuhr, „Auf diesem Bild hier sieht das nicht so aus. Vielleicht will sie aggressiv aussehen. Außerdem hatte sie doch diesen schweren Unfall. Vielleicht ist sie da auch am Kinn operiert worden."

Harry nickte und setzte seine Kurzinformation fort. Nach der Pause kehrte Frau Kehl in ihr Büro zurück, während Frau Hahn die Tür zum Kundenzentrum aufschloss. Auch Christa und Harry setzten sich wieder vor ihre Computer. Christa kam der Gedanke, dass sie jetzt Harry von dem Heiratsantrag erzählen könnte. Sie betrachtete ihn zwischen den Monitoren, wie er mit gerunzelter Stirn seine E-Mails durchging. Ein Mann, der für Ida Santer schwärmte, war sicherlich nicht der richtige Ratgeber. Sie beschloss, noch vor dem Wochenende nach Sandkrug zu fahren und Bea um Rat zu bitten.

Leo in Sandkrug

Am frühen Nachmittag entwich Leo aus dem überhitzten Zug und atmete die Luft auf dem Sandkruger Bahnsteig wie eine frische Brise. Bis er sein Fahrrad erreichte, hatte sich sein Temperaturempfinden normalisiert. Die dunklen Wolken über dem Barneführerholz verhießen ein Gewitter, doch noch stand die heiße Luft über dem Ort. Langsam fuhr Leo durch den Wald zum Tagungshaus. Muh verfügten über genug Gleichmut, Hitze hinzunehmen. Ihre Pflichten zu erledigen, fiel ihnen trotzdem schwer. Leo stellte das Rad vor dem Fahrradschuppen der Muh ab und ging durch die Hintertür ins Haus. Für das

Mittagessen kam er zu spät, aber er hatte der Küchen-Muh versprochen, nach ihrem Computer zu sehen. Sie stellte ihm selbstgemachte Limonade und Kekse hin, während er versuchte herauszufinden, was sie mit ihrem Rechner angestellt hatte, dass er versuchte, alles zu drucken, was sie speicherte.

Zwanzig ungewollt gedruckte Seiten später erklärte Leo das Problem für behoben und zog weiter zu Beas Büro. Die saß mit Ulf Muh am Besprechungstisch, einen unordentlichen Stapel Unterlagen zwischen sich.

„Guten Tag Bea Muh und Ulf Muh. Ich bin schon länger im Haus, nur unten am Computer der Küchen-Muh."

Ulf Muh lächelte zu Leos linker Schulter, Bea sah ihn aufmerksam an.

„Ich freue mich, dass du auch bei diesen Temperaturen zu uns kommst, Leo Muh. Soweit ich weiß, ist Inna Muh heute nicht im Haus."

„Ja, ich weiß. Sie zeigt Mathis Muh ihren Einsatzort in der Flüchtlingsberatung. Das hat sie mir gestern erzählt." Er wollte gehen, doch Bea sprach weiter.

„Leo Muh, ich dachte, ich hätte mich eindeutig ausgedrückt. Du sollst nicht zu Edu Muh auf die Krankenstation gehen. Wie er mir heute sagte, warst du am Freitag da."

Beide Muh sahen ihn nun an, Bea als Kodexwächterin direkt, Ulf Muh auf sein Kinn.

„Es tut mir leid. Aber ich teile deine Einschätzung nicht." Es passte zu Edu, der selten geruhte, eine Frage zu beantworten, dass er Leos Besuch erwähnt hatte. Inna, die während seines kurzen Besuchs Aufsicht hatte, war der Ansicht gewesen, dass Edu seine Anwesenheit nicht wahrnahm. Offenbar tat er es doch.

Ulf Muh räusperte sich, als sei es ihm unangenehm, zwischen Kodexwächterin und Schutzbefohlenem zu stehen.

„Bea Muh, ich habe darauf hingewiesen, dass es notwendig werden könnte, mit Edu Muh zu verhandeln. Wenn er keine Bereitschaft zeigt, einer Einweisung in die Klinik zuzustimmen, wird man ihn dort erst nach einer Verschlimmerung gegen seinen Willen aufnehmen. Ein Gespräch mit einem anderen Muh als dir könnte hilfreich sein."

Bea nickte resigniert.

„Ulf Muh, du hast selbst erlebt, dass er nur mit mir spricht. Ich bin überzeugt, dass er auch zu Leo kein Wort gesagt hat."

„Hat er nicht", gab Leo zu und ärgerte sich über die Diskussionen, in die ihn sein Pflichtgefühl zwang.

„Trotzdem solltest du erwägen, Leo Muh an der Betreuung Edu Muhs zu beteiligen. Falls er das möchte." Die funkelnde Maki-Brille richtete sich für Bruchteile von Sekunden auf Leos Gesicht.

„Leo Muh ist nicht mehr in das Zentrum Sandkrug eingebunden, Ulf Muh. Es erscheint mir unbescheiden und unklug, von ihm unter seinen derzeitigen Umständen zu erwarten, dass er sich um Edu Muh kümmert." Sie musterte Leo mit einem Blick, der ihn in seiner Offenheit durchbohrte. Eilig senkte er den Kopf noch mehr, damit sie nicht bemerkte, wie die Erwähnung seiner derzeitigen Umstände schmerzte. Es reichte schon, dass sie ihn als nicht mehr Teil des Zentrums bezeichnete.

„Nun, ich bin nicht über die Details eurer Organisation hier im Bilde, Bea. Entschuldige, falls ich Unangemessenes vorgeschlagen habe."

„Das hast du nicht, Ulf." Beide Muh erröteten. Leo fühlte sich überflüssig.

„Kann ich jetzt gehen, Bea? Ich habe noch Verpflichtungen im Serverraum."

„Ja, Leo."

Er entfernte sich eilig, damit sie nicht noch mehr sah, was er vor ihr und vor allem vor sich selbst verbergen wollte. Als er die Tür des Serverraums aufschloss, kam ihm kurz der Gedanke, dass Bea ihn hatte loswerden wollen. Er zögerte, stieß die schwere Tür auf und verwarf den Gedanken wieder. Bea hatte viel zu tun, und ihr Gespräch mit ihm war beendet gewesen. Es war lächerlich anzunehmen, dass sie einen Muh wegschickte, um mit einem anderen Muh alleine zu sein. Menschen in der Welt handelten so, aber nicht Muh, und erst recht nicht seine Kodexwächterin. Die Tür fiel hinter ihm zu, doch Leo war in Gedanken noch bei Bea und ignorierte den unbescheidenen Knall. Wäre sie allein gewesen, hätte er ihr anvertrauen können, dass er in das Zentrum zurückkehren wollte. Er ballte die Hände zu Fäusten, bis die Gelenke seiner Finger schmerzten und konzentrierte sich auf eine Zitterspinne, die unter der Decke an ihrem wirren Netz arbeitete. Ihr Fleiß war für ihn Mahnung, seine Arbeit zu beginnen. Es gelang ihm, sich in die gewohnten Abläufe zu versenken und die Welt mit ihren Anforderungen und Problemen auszublenden. Ehe er ging, nahm er die Spinne in die hohle Hand und setzte sie an der Hintertür in einen Tomatenbusch. Durch die offene Tür zur Küche konnte er die Muh bei der gemeinsamen Abendmahlzeit reden hören. Damit niemand merkte, dass er zu dieser Stunde noch im Haus war, zog er die Tür vorsichtig ins Schloss.

Seit er das Tagungshaus betreten hatte, war heftiger Wind aufgekommen. Leo fuhr zügig über den Wöschenweg nach Sandhatten. Die weißen Pavillons im Garten von Eden blähten sich. Eine letzte Gruppe harrte darin aus und spielte irgendeine folkloristische Musik, die der Wind zerfetzte. Als er auf die Straße zwischen den Feldern einbog, sprenkelten die ersten großen Tropfen das Pflaster. Vom Roggen wehte ein intensiver Duft, auf der anderen Seite wogte der Mais, dessen dunkelgrüne Blätter wie Papier raschelten. Im Haus war es kühl und stickig mit dem leicht muffigen Geruch nach altem Holz und Lehmsteinen. Regen schlug gegen die Scheiben und trommelte auf das Dach, Donner ließ den Boden zittern. Leo zündete ein Feuer im Ofen an und löschte die Lampe. Es ging auf zehn Uhr zu, Wolken verdunkelten den Himmel, durch die kleinen Fenster fiel fast gar kein Licht mehr in den Raum.

Beklommen sah Leo auf die Scheiben. Hinter den Wasserströmen auf dem Glas zuckten Blitze über die Felder, weit in das Land bis zur Hunte. Ramesh hatte gesagt, er werde später kommen. Was er darunter verstand, hatte er nicht gesagt, aber wenn es in der Praxis eine Abschiedsfeier geben sollte, hieße das frühestens zehn Uhr. Leo sah es als entgegenkommen, dass Ramesh überhaupt noch einmal erwähnt hatte, dass er später kommen wollte. Es war nicht so, dass sie in einem ständigen Austausch von Unfreundlichkeiten verharrten oder alternativ verstockt schwiegen. Sie sprachen, das bare Minimum an Konversation, wenn zwei Menschen unter einem Dach lebten. Sie teilten ein Bett, aber Ramesh meditierte im Garten bis nach Einbruch der Dunkelheit und stand kurz nach vier auf, um zu laufen.

Das Gewitter war weitergezogen, doch es regnete noch immer und der Sturm hatte sich auch nicht beruhigt. Leo nahm sein Telefon, kontrollierte erneut, ob nicht doch unbemerkt eine Nachricht eingegangen war, und suchte in der App der Nordwestzeitung nach Verkehrsmeldungen. Resigniert legte er das Telefon auf den Tisch und kehrte zurück zum Feuer. Gegen die zunehmende Kälte in seinem Inneren war es machtlos.

Eine lange Zeit später – wie er dann sah, nur zwanzig Minuten – rief Ramesh an.

„Die Polizei hat den Verkehr bei Ganderkesee von der Autobahn geleitet. Und ich habe keine Ahnung, wo ich jetzt bin. Laut GPS brauche ich zwanzig Minuten nach Hause, aber bei dem Wetter rechne ich mit mehr."

Leo schloss die Augen.

„Okay. Ein Baum ist auf die A 28 gestürzt."

„Kein Wunder, bei dem Sturm. Wo bist du?"

„Zuhause."

Ramesh redete nicht sofort weiter, vielleicht telefonierte er während der Fahrt. Als er wieder sprach, klang er heiser.

„Wenigstens das."

Zwanzig Minuten von wo auch immer. Leo wusste ungefähr, wo Ganderkesee lag. Wenn man von der Autobahn aus nach Süden fuhr, stieß man auf die B213. Die Bezeichnung Bundesstraße gab ihm Hoffnung, nicht stundenlang warten zu müssen, auch wenn er nicht sicher war, worauf er wartete. Er sah nach dem Feuer, merkte, dass seine Hände eiskalt geworden waren, und legte Holz nach. Wegen des Regens überhörte er das herannahende Motorengeräusch und schrak zusammen, als Ramesh die Tür aufschloss.

„Du bist noch auf?"

Leo sammelte Bescheidenheit um sich und ging ihm in einer Persiflage seiner üblichen Begrüßung entgegen.

„Ich konnte sowieso nicht schlafen." Das Wenn du nicht da bist, ließ er *ungesagt.* Ramesh zögerte, strich ihm über den Arm, hielt in der Bewegung inne und ließ die Hand zu Leos Nacken gleiten. Der schloss die Augen.

„Tut mir leid."

Leo ließ sich näher ziehen. Er vergrub sein Gesicht an Rameshs Schulter, atmete den speziellen Geruch des Ayurveda-Zentrums nach warmem Öl, Nelken und Zimt, spürte die Hand in seinem Nacken, hörte die Tasche zu Boden fallen und spürte die zweite Hand am Rücken. Als er sich aufraffte, den Kopf zu heben, sah er Rameshs immer noch angespannten Ausdruck.

„Ist etwas passiert?"

Ramesh ließ ihn los.

„Nein. Ich erzähle dir gleich alles. Ich möchte die Klamotten in die Waschmaschine bringen und noch einen Happen essen. Irgendwie brauche ich doch mehr als meine Kolleginnen."

Leo sah sich außerstande auf die Bemerkung einzugehen. Er wartete, bis die Arbeitskleidung in der Waschmaschine war und Ramesh sich die Hände gewaschen hatte.

„Soll ich Tee machen?"

„Nein, ich nehme mir nur Wasser. Du kannst auch schon schlafen gehen, du musst morgen früh raus."

„Du auch. Vier Uhr."

Ramesh verzog schuldbewusst den Mund, ehe er Leo ansah.

„Auch das tut mir leid. Ich musste mir nur über ein paar Sachen klar werden. Das hat nichts mit dir zu tun. Doch, hat es auch, aber nicht in der Hauptsache. Nun mach nicht so ein besorgtes Gesicht, Leo. Setz dich, und sieh mir beim Essen zu, wenn es dir Freude macht. Nein, stopp. Ich fange schon wieder an. Gib mir ein paar Sekunden. Ich muss überlegen, wo ich anfange."

Keineswegs beruhigt setzte Leo sich an den Tisch und sah zu, wie Ramesh zwei Gläser mit Wasser füllte und Brot aus dem Schrank holte.

„Trink auch etwas, sonst bekomme ich ein schlechtes Gewissen. Letzte Woche habe ich einen Brief aus Kochi bekommen. Erinnerst du dich?" Leo nickte. Ramesh trank sein Glas leer, füllte es erneut am Wasserhahn und setze sich ihm gegenüber. „Als meine Kollegin mir erzählt hat, dass sie am College des Ayurveda-Krankenhauses in Aluva die Ausbildung zur Therapeutin macht, habe ich das einem Freund in Kochi erzählt. Er arbeitet in dem Ausbildungskrankenhaus. Ich habe ihn gefragt, ob er und seine Frau sich um meine Kollegin kümmern können. Er hat gesagt, machen wir, aber warum kommst du nicht zurück? Danach hat er mir die notwendigen Unterlagen für eine Bewerbung geschickt. Das war der Brief."

Leo nickt wieder und versuchte, Spekulationen zurückzuhalten.

„Mach dir keine Sorgen. Ich will nicht zurück. Aber da lagen nun mal die Unterlagen, mit allen Informationen, auch über das Gehalt. Ein Witz für Deutsche, aber besser als mein altes Gehalt in Kochi. Und da bin ich ins Grübeln gekommen, weil ich mich hier von Job zu Job hangele und jeden Sommer Angst habe, dass das Geld nicht bis zum Herbst reicht. Dann musste ich mich daran erinnern, warum ich damals nach Deutschland wollte. Und dass du mit deiner Ausbildung wahrscheinlich schnell Arbeit in Kochi finden würdest. Aber dass du das Klima bestimmt nicht aushalten könntest. Und dass Bea Muh dir nicht erlauben würde, so weit fort zu gehen. Was ich übrigens verstehen könnte ..."

„Moment. Du hast überlegt, mit mir nach Indien zu gehen?" Leo war unsicher, ob er erschrocken oder erleichtert sein sollte. Ramesh hob abwehrend eine Hand.

„Ich will ja gar nicht nach Indien. Aber wenn ich entschlossen gewesen wäre, hätte ich dich doch wenigstens fragen müssen, ob du mitkommen willst. Über den ganzen Kram habe ich nachgedacht, als du mir letzten Freitag gesagt hast, dass du bei Edu Muh warst." Er machte eine Pause und sah an Leo vorbei zum Ofen. „Ich weiß ja, dass nichts zwischen euch war. Aber ich bin eifersüchtig. Ich beneide ihn um die Jahre, die er dich hatte. Aber am Freitag, da war mir dein Gerede von Solidarität zu viel."

Viele Worte irritierten Leo. Ihm genügte zu wissen, dass Ramesh ihn nicht abschieben wollte.

„Bea will auch nicht, dass ich mit Edu rede." Ramesh konnte Leos Äußerungen übersetzen.

„Du musst wissen, was du tust."

„Aber wenn dieser Darren Welsh hier auftaucht ..."

Ramesh atmete tief aus.

„Der will Geld. Darauf würdest du wetten, wenn Muh wetten würden. Wahrscheinlich kennt er auch noch irgendein dunkles Geheimnis von Alaric und hat sich deshalb drüben eingenistet. Am besten, du ignorierst ihn, und ich versuche, mich nicht provozieren zu lassen. Okay?"

„Okay."

Mittwoch, 4. Woche Juni

Amke in Rhauderfehn

Amke Kehl parkte ihren Dienstwagen hinter dem Neubau am Untenende. Kritisch sah sie an dem rot geklinkerten Gebäude hoch. Der Architekt hatte den Stil Leeraner Stadthäuser nachempfunden, was ihm aus Amkes Sicht, misslungen war. Die hellen und weiten Zimmer gefielen ihr hingegen. Das Gebäude war so angelegt, dass die Wohnräume in einen Garten blickten, den Gärtner so bepflanzt hatten, dass es aussah, als blühten die Rosen, Margeriten, Phlox und Stockrosen schon seit Jahren dort.

Frau Hinriette Santer hatte am Dienstagnachmittag ihr Appartement in der obersten Etage bezogen. Dort öffneten sich die Wohnungen zu einem großen Gemeinschaftsbereich, wo die Bewohner zu Veranstaltungen zusammenkommen und auch essen konnten. Die Räume auf den anderen Etagen waren weniger individuell und deshalb preiswerter, doch Ida Santer hatte für ihre Mutter nur das Beste verlangt. Amke fürchtete, dass Frau Santer sich auch im Wohnheim wie eine Gefangene fühlen würde, weil der Umzug Ida Santers Idee gewesen war. Daher nahm sie erleichtert zur Kenntnis, dass Hinriette Santer ihre privaten Möbel bereits fertig eingeräumt hatte. Bei Amkes Eintreten saß sie in einem bequemen Lehnstuhl am Fenster und beobachtete die Vögel auf dem Balkongeländer.

„Moin, Frau Santer! Wo geiht di dat?"

Mit einem strahlenden Lächeln reichte die alte Frau Amke die Hand.

„Slechte Lüü geiht `t alltied good, Frau Kehl." Sie zeigte auf das Fenster, an dem ihre weißen Gardinen hingen. „Wie kann es mir in so einem schönen Zimmer anders gehen als gut? Nun setzen Sie sich mal."

Amke zog einen Stuhl zu Frau Santers Sessel und nahm neben ihr Platz.

„Und gefällt es Ihnen hier? Es ist ja alles en betten kleiner als bei Ihnen zu Hause."

Frau Santer neigte sich verschwörerisch zu Amke.

„Dat was nich mien tohuus, Frau Kehl." Sie schüttelte den Kopf. „Mein Zuhause war in der Jägerstraße in Ostrhauderfehn. Diese Frau hat mich entführt." Frau Santer schwieg einen Moment. „Nu is se dood."Amke wunderte sich wieder, wie sich ihre Verwirrung äußerte. Selten sprachen die Betroffenen so klar und scheinbar sachlich. Frau Santer nahm ihre Hand. „Ja, diese Frau ist jetzt tot. Sie hat einfach mein Haus verkauft. Das weiß ich. Und meine arme Tochter ... Wissen Sie, die hat sie umgebracht. Das wollte sie bestimmt auch mit mir machen. Deshalb habe ich die Tabletten nicht genommen."

Im Hinterkopf machte Amke eine Notiz für die Pflegerinnen und Doktor Venema. Der gute Doktor wusste mit Sicherheit nicht, dass Frau Santer eigenmächtig ihre Medikation geändert hatte. Lächelnd drohte sie Frau Santer mit erhobenem Zeigefinger.

„Was muss ich da hören, Frau Santer? Sie haben Ihre Medizin nicht genommen? Das geht ja nun gar nicht."

Frau Santer zeigte keine Anzeichen der Reue.

„Aber wenn man niemand trauen kann? Diese Frau hat allen Leuten weisgemacht, sie wäre meine Tochter. Die hatte es auf mein Geld abgesehen." Durch den Tod von Ida Santer war ihre Mutter zu einer guten Partie geworden, umgekehrt hätte Ida Santer nur Geld gespart, wäre ihre Mutter vor ihr verstorben. „Am schlimmsten war diese furchtbare Frau, die mit im Haus gewohnt hat. Die habe ich ein paar Mal am Medikamentenschrank gesehen."

Amke lächelte noch immer, als sie sich zu Frau Santer neigte.

„Sie sprechen jetzt von Frau Hilbig? Der Managerin Ihrer Tochter?"

„Ah, Ida hatte immer schon so eine schöne Stimme. Aus dem Kirchenchor haben sie sie rausgeworfen. Tja, sie war wild. Ihr fehlte der Vater. Ich zeig Ihnen mal was, Frau Kehl." Frau Santer zeigte auf eine handgefertigte Kommode aus poliertem Holz. „Geben Sie mir doch mal die rote Dose da oben."

Amke hob die rote Keksdose von der Kommode. Sie kam leicht oben an, doch für Frau Santer und die meisten der Pflegerinnen stand die Dose außer Reichweite. Sie stellte die Dose auf die breite Fensterbank.

„Sind Sie etwa auf Stühlen rumgeklettert, Frau Santer? Das war aber gefährlich. Sie hätten fallen und sich ein Bein brechen können."

Mit einer lässigen Handbewegung über die Schulter deutete Frau Santer an, dass sie ein gebrochenes Bein in Kauf nehmen musste. Dann hob sie ein paar lose Fotos aus der Dose.

„Das hier ist meine Ida. Das ist eine ganz andere Frau als die, die mich entführt hat. Ich habe die Bilder dem Herrn Lüken von der Polizei drüben in der ersten Südwieke gezeigt. Vor einem Jahr oder so bin ich extra einmal zu ihm gegangen. Aber er hat mir nicht geglaubt." Frau Santer reichte Amke die Fotos. „Sehen Sie selbst. Das ist nicht die Frau, die mich gefangenhalten hat."

Amke nahm die Fotos. Die junge Ida Santer grinste dramatisch geschminkt in die Kamera. Hinter ihr hatten die Masten der Marinefunkstelle in der 1. Südwieke in Ostrhauderfehn erst ein Viertel ihrer späteren Höhe. Das Bild musste kurz nach 1977 aufgenommen worden sein, denn in dem Jahr hatte man mit dem Bau der Anlage begonnen. Das nächste Foto zeigte Ida in einem tief ausgeschnittenen Kleid. Der Junge neben ihr kam Amke bekannt vor. Sie musste in ihren Jugenderinnerungen kramen, bis sie dem damals schon verkniffenen Gesicht einen Namen zuordnen konnte. Es war niemand anders als Fokko Brumma, der jahrelang als Bassist der Fehn Teddyboys auf den Zeltpartys der Umgebung eingeheizt hatte. Nachdem zwei der Teddyboys verstorben waren, hatte sich die Band vor über zehn Jahren aufgelöst. Fokko besaß einen Hof in Idafehn, nahe dem Idasee und der B 72. Amke betrachtete die beiden jungen Leute nachdenklich. Frau Santer seufzte wieder.

„Damals war die Ida mit dem Fokko zusammen. Dem seinen Eltern war das gar nicht recht, weil die Leute so schlecht über meine Ida gesprochen haben. Er hat dann auch Schluss gemacht. Sie hat sich das zu Herzen genommen. Nur ein paar Wochen später war sie fort. In Berlin war sie."

Die Fehn Teddyboys hatten Amkes Leidenschaft für den Rock'n Roll geweckt, als andere junge Leute nur über die alten Knacker auf der Bühne gelacht hatten. Sie hatte das Ende der Band bedauert. Seitdem hatte sie nur selten von Fokko Brumma gehört, doch sie glaubte, vor kurzem seinen Namen gelesen zu haben. Vielleicht war er Klient oder Sohn einer Klientin von Crea. Heim und Pflege.

„In Berlin ist Ida gestorben. Diese Frau steckt dahinter. Sie hat meine Ida getötet."

Amke musterte die kleine Frau kritisch.

„Hatten Sie überhaupt Kontakt zu Ihrer Tochter, als die in Berlin lebte?"

„Nein, das nun nicht. Sie hat sich nie gemeldet. Wenn ich das Fernsehen nicht gehabt hätte, hätte ich gar nicht gewusst, was sie macht. Und dann ist diese Frau gekommen, hat behauptet, meine Ida zu sein, und hat mich entführt." Sie sah zu Amke. „Nu is se dood", fügte sie hinzu, als liege darin eine Bestätigung ihrer Behauptung.

Abgesang

Christa in Oldenburg und Sandkrug

CHRISTA STIEG MIT EINEM BEKLOMMENEN GEFÜHL AUS IHREM AUTO. AUS DEN BLANken Scheiben der umliegenden Häuser fühlte sie sich beobachtet, als sie an einer großen Pfütze vorbei zu Heidis Haustür ging. Heidi wohnte in einer Neubausiedlung voll junger Familien, wo die Frauen zu Hause geparkt waren und die Männer das Geld verdienten. In diesen Siedlungen lag die Scheidungsrate hoch, weil sich alle Beteiligten zwischen Familie und Beruf zerrieben fühlten und der Bau des Hauses nicht nur den letzten Euro, sondern auch den letzten Rest Geduld gekostet hatte. Ablesbar war die Situation an den Schildern, die leerstehende neue Häuser zum Verkauf anboten. Heidi und Andrej hatten so ein Haus günstig erworben.

Am Montagmorgen war Heidi aus dem Krankenhaus entlassen worden.

„Im Bett liegen kann ich auch zuhause“, maulte sie und drapierte sich und ihren rosa Satinkimono auf dem Sofa. Christa durfte den Tee einschenken.

„Bist du noch krank geschrieben?“, fragte sie. Heidi machte eine theatralische Geste, die zu ihrem Kimono passte.

„Ich habe mit meiner Ärztin und meinem Chef einen Deal gemacht. Ich kann von hier aus arbeiten. Jetzt habe ich Zugriff auf alle Dateien und vor allem Ruhe. Der Alte will im Büro ständig neuen Kaffee.“ Heidi war Sachbearbeiterin und Betreuerin des cholerischen Chefs eines Personaldienstleistungsunternehmens mit Sitz in Wardenburg. Wenn sie nicht damit beschäftigt war, in ihrem Wohnzimmer auszusehen wie ein Filmstar, kleidete sie sich wie einem Hochglanzmagazin für Büroausstatter entsprungen. Sie war die blondere und tailliertere Version von Christa, die aus ihrer Vorliebe für Nagellack kein Geheimnis machte.

„Dann kannst du doch zufrieden sein.“

„Kann ich“, gab Heidi zu. Sie bauschte ihre Frisur auf. „Und wie geht es Justin?“ Nach Christas Befinden hatte sie nicht gefragt.

„Gut.“ Und dann erzählte sich die Geschichte von Justins Heiratsantrag von selbst. Mit Interesse verfolgte Christa Heidis Miene, die von überrascht zu ungläubig wechselte, um bei besorgt einzurasten. Hätte sie erwähnt, dass ihre intimste Begegnung mit Justin ein Kuss gewesen war, hätte Heidi nicht mütterlicher aussehen können.

„Er hat sich Zeit gelassen“, stellte sie nur fest und musterte Christa abschätzend. Die fuhr automatisch mit der Hand über ihren Bauch.

„Ich bin nicht schwanger, wenn du das meinst.“

Heidi winkte ab.

„Ach, Frauen wie du werden nur in unpassenden Situationen schwanger." Darüber nachzudenken hätte Christa mehr Zeit benötigt. So wartete sie nur, weil Heidi ihren Denkprozess noch nicht abgeschlossen hatte. „Gehst du denn mit ihm in die USA?"

„Das steht nicht zur Debatte", erwiderte Christa verdattert. Heidi verdrehte ob so viel Naivität die Augen.

„Christa. Justin ist Amerikaner. Eines Tages will er bestimmt zurück zu Onkel Sam. Vor allem, wenn es um sein Erbe geht. Hat die Familie Geld?"

„Keine Ahnung. Seine Eltern sind beide Anwälte, aber Justin hat auch einen Bruder. So viel Geld ist bestimmt nicht vorhanden."

„Nein, wohl nicht." Heidi dachte nach. „Trotzdem wird ihn eines Tages das Heimweh nach Mutters Essen überkommen."

„Ich weiß nicht, ob seine Mutter selbst kocht. Außerdem ist Justin ein guter Koch."

„Ja? Ihr könnt Druschka und mich mal einladen und beweisen, wie gut er kocht. Mein Punkt ist aber: Du musst damit rechnen, dass dein Justin über kurz oder lang in seine Heimat möchte. Mit dir oder ohne dich. Wenn du ihn heiratest und ihn mit einem Kind beglückst, kannst du diesen Tag hinauszögern und vielleicht auch abwenden. Aber der Wunsch wird kommen, und du musst darauf vorbereitet sein."

Christa konnte nicht umhin zuzugeben, dass Heidi recht hatte. Eine Entscheidungshilfe war das nicht, zumal der heikle Punkt von Sex, oder der Enthaltung von Sex noch gar nicht berücksichtigt war. Sie hatte es noch nie vertragen können, längere Zeit bei Heidi zu sein, wenn diese im Recht war. Unter einem Vorwand brach Christa kurz nach sechs Uhr auf.

Auf dem Parkplatz des Tagungshauses standen die Autos dicht gepackt in großen Pfützen. Offenbar war das Wetter im Raum Oldenburg schlimmer gewesen als in Ostfriesland. Christa hatte am Morgen die Blumen vor der Haustür und auf der Terrasse gießen müssen. In Sandkrug war der Himmel zugezogen, scharfer Wind blies trockene Blätter und Zweige aus den Bäumen. Die Kursteilnehmer, die vor der Glastür zusammenstanden, hatten Jacken und Pullover übergezogen. Im Foyer begrüßte Inna Muh Christa mit einem Winken.

„Bea ist oben, Christa Hemmen. Geh einfach hoch zu ihr."

Bea verabschiedete gerade eine Frau aus der Welt. Hinter ihr stand ein Muh, den Christa noch nicht gesehen hatte.

„Inna Muh hat mich einfach hoch geschickt. Ich störe doch nicht?"

Bea wies mit der Hand auf den Muh, der einige Unterlagen vom Besprechungstisch sammelte.

„Nein, Christa. Ulf Muh und ich hatten eine Unterredung mit der Frau, die du eben gesehen hast. Aber das Gespräch ist beendet."

„Und ich verlasse euch", fügte der Muh in einem Akzent hinzu, der Anklänge an den der Bundeskanzlerin aufwies. Die Unterlagen vor der Brust verließ er gesenkten Hauptes das Büro.

„War das nicht eine Ärztin hier aus dem Ort?"

„Die Frau aus der Welt?" Christa drehte sich zu Bea um und sah sie vorwurfsvoll an. „Ja, sie ist eine Ärztin aus Sandkrug."

Christa hakte nicht nach, weshalb die Ärztin eine Unterredung mit Bea und dem unbekannten Muh gesucht hatte. Ärztinnen erinnerten sie an Heidi, und Heidi wiederum erinnerte sie an den Heiratsantrag.

„Justin will mich heiraten", teilte sie Bea mit, ehe die weitersprechen konnte. Bea war immer sehr genau mit den Fragen nach Christas Wohlergehen, dem Wohlergehen beinahe jeder Person in Christas Umfeld und anderen Erkundigungen, die in der Welt Floskeln waren und aus Christas Sicht wegfallen konnten. Nachdenklich musterte sie Christa.

„In der Welt ist es üblich, in solchen Fällen zu gratulieren", teilte sie Christa mit. Die nickte leicht amüsiert. „Trotzdem habe ich den Eindruck, dass dich dieser Antrag nicht so sehr mit Freude erfüllt, wie ich erwartet hätte."

„Wie, du hast erwartet, dass er mich fragt?"

Bea hatte Justin zwei oder drei Mal im Verlauf des letzten Jahres getroffen. Christa versuchte, sich an diese Begegnungen zu erinnern. Sie fürchtete, ihr sei entgangen, was andere bei ihm gesehen hatten.

„Ja, das habe ich sofort vermutet, als du ihn das erste Mal mitgebracht hast. Da war ein Ausdruck in seinem Gesicht, wenn er dich angesehen hat. Ich habe den bei anderen Menschen in der Welt beobachtet." Verlegen rückte Christa auf ihrem Stuhl hin und her, während Bea das Teegeschirr auf den Besprechungstisch stellte. „Andere sind deutlich schneller als er, wenn ich das so sagen darf. Aber meine Beobachtungen beziehen sich auf eine äußerst kleine Stichprobe."

Das klang für Christa so, als gebe es im Programm des Tagungshauses eine Flirtschule. Sie legte ihre Hände auf die Tischplatte, betrachtete ihre unlackierten kurzen Nägel und sammelte Mut.

„Bea, das klingt jetzt bestimmt seltsam. Wir hatten noch nie Sex, Justin und ich."

Als sie aufsah, machte Bea ein Gesicht, als suche sie nach dem entscheidenden Hinweis in Christas Bemerkung.

„Seltsam inwiefern?“

„Na, seltsam im Sinne von normalerweise anders.“

Bea nickte langsam.

„Ach so.“ Sie dachte nach, während Christa die Geduld verlor und eigenhändig Tee ausschenkte. Bea hob eine Hand. „Entschuldige, wie unaufmerksam von mir. Ich musste nur daran denken, dass Muh nicht davon ausgehen, dass eine sexuelle Begegnung in einer solidarischen Fürsorgepartnerschaft notwendig ist. In der Welt scheint Sexualität die Basis von Beziehungen und Ehen zu sein.“

„Äh, ja. Das siehst du richtig.“ Es kam nur noch selten vor, dass Christa diese besondere Form der Fassungslosigkeit erlebte, wenn sie mit Bea Muh sprach. Diesmal hatte sie Mühe, ihre Verlegenheit und Verwirrung zu verbergen. Bea sah unterdessen in ihre Tasse.

„Ist das dein Anliegen?“

„Ja“, sagte Christa vorsichtig, weil sie merkte, was sich hinter ihrer Bemerkung über den fehlenden Sex verbarg. „Das ist mir einfach unheimlich.“

„Ich nehme an, es gibt keine medizinischen Gründe?“

„Eher theologische.“

Nachdem sie einen Schluck Tee genommen hatte, sah Bea Christa voll an.

„Offen gesagt, sehe ich nicht, wo dein Problem liegt. Es steht euch doch frei, auch ohne Sex verheiratet zu sein.“

Christa stellte die Tasse, aus der sie eben hatte trinken wollen, wieder ab.

„In der Welt sieht man es eher umgekehrt“, informierte sie Bea. Die ließ sich nicht aus der Ruhe bringen. Sie nahm einen weiteren Schluck Tee und musterte Christa mit einem Blick, der wohl der Kodexwächterin in ihr zuzuschreiben war.

„Ihr seid Justin und Christa, ihr bringt eure Lebensgeschichten mit und eure Überzeugungen. Ihr denkt an Heirat. Wer außer euch bestimmt, wie ihr zusammenleben wollt?“

„Also, Justins Religion sieht Sex in der Ehe vor.“

„Verpflichtend?“

„Nein. Das heißt ...“ Christa sah Bea an. „Du meinst, dass wir selbst den Zeitpunkt bestimmen können.“ Bea nickte. „Aber“, Christa schob ihre Tasse von rechts nach links. „es ist mir wirklich unheimlich, dass er angeblich noch nie Sex hatte. Was stellt er sich vor?“

„Das", erwiderte Bea milde, „kann nur er dir beantworten. Du solltest mit Justin sprechen." Sie betrachtete den Boden ihrer Tasse. „Ich komme mehr und mehr zu der Ansicht, dass ein Austausch von Meinungen und Vorstellungen einer Gemeinschaft nur nutzen kann. Früher habe ich das nicht so gesehen. Ich glaubte, Lösungen ergeben sich aus dem Zusammenleben in bescheidener Hinnahme. Dem ist nicht so. Nicht, wenn die betroffenen Muh nicht bereit sind, Jahre für eine bescheidene Übereinkunft zu geben. Im richtigen Leben haben Menschen nicht so viel Zeit. Auch Muh nicht. Wozu ist uns die Sprache gegeben, wenn wir sie nicht zum Austausch einsetzen?"

Philosophische Anwandlungen machten Christa nervös. Sie schob ihre Tasse an ihren angestammten Platz bei der rechten Hand und sah Bea an.

„Ich hatte mir vorgenommen, mich bis zum Wochenende zu entscheiden, ob ich Justin heirate und nötigenfalls mit ihm in die USA gehe. Was soll ich tun?"

„Ich kann nicht für dich entscheiden. Das würde ich mir nie erlauben, auch nicht bei einem mir anvertrauten Muh."

„Bea!" Christa merkte, wie die mangelnde Kooperationsbereitschaft ihrer Freundin sie wütend machte. „Sag mir wenigstens, worauf ich achten soll, wenn ich mich entscheide."

Die Ratlosigkeit in Beas Gesicht heiterte Christa auf, bis sie merkte, dass sie die Ursache für Beas Zögern war.

„Na, du lebst in der Welt, also achtest du auf deine Befindlichkeit. Liebst du ihn? Liebt er dich? Gelingt es euch, Zeit miteinander zu verbringen, die euch beiden angenehm ist? Möchtest du mehr Zeit mit ihm in dieser Form verbringen? Ich glaube, das sind die Fragen, die du dir beantworten solltest. Mehr kann ich dazu nicht sagen."

Christa verzog den Mund.

„Ich verbringe gerne Zeit mit Justin, so wie wir bisher zusammen waren. Meine Erfahrungen mit Männern waren nicht so gut, wie du weißt. Aber so, wie wir zusammen sind, sind Leute zusammen, die seit zwanzig Jahren verheiratet sind."

„Ist das schlecht?"

„Aber wir sind noch gar nicht verheiratet. Sollte da nicht … Leidenschaft sein?"

Bea hob beide Hände.

„Christa, wer verlangt denn in den ersten zehn Monaten nach eurer Heirat Nachwuchs? Menschen in der Welt trennen sich nach zwanzig Jahren, weil sie außer Sex nichts hatten, was sie verband. Muh entscheiden sich manchmal nach fünf Jahren ohne Sex in ihrer solidarischen Fürsorgepartnerschaft für weitere fünf Jahre und bekommen zwei Kinder. Justin und du, ihr macht eure Regeln selbst."

Christa sah Bea vorwurfsvoll an, merkte aber noch rechtzeitig, dass sie sich lächerlich machte, in den Augen der Welt zumindest, wenn sie weiter auf eine Antwort bestand, die sie nur selbst geben konnte. Mit einem tiefen Seufzer ließ sie sich gegen die Rückenlehne fallen.

„Dann muss ich wohl mit Justin reden", murmelte sie. Bea sah auf die Uhr.

„Christa, du weißt, ich dränge dich ungern. Gleich ist die offene Sammlung, auf die ich mich vorbereiten muss. Möchtest du daran teilnehmen?"

Christa stand auf.

„Nein, Bea. Lieber nicht. Ich fahre noch eine gute Stunde, bis ich zuhause bin."

Nachdem sie sich von Bea verabschiedet hatte, lief Christa ins Foyer hinunter. Dort herrschte Trubel nach dem Ende mehrerer Kurse, während einzelne Besucher der offenen Sammlung durch die Glastür kamen. Inna war am Tresen mit einigen Kursteilnehmern beschäftigt. Leo lehnte an der Schmalseite des Tresens und sortierte die Flyer in der Auslage. Als er Christa bemerkte, hielt er inne. Sie sagte sich, dass sie nichts von ihm wollte, dass ein anderer Mann sie heiraten würde, falls sie ja sagte, und ging zu ihm.

„Hallo, Christa Hemmen. Du kommst jetzt an anderen Tagen als früher."

„Das ist richtig. Äh, ich war bei meiner Schwester und anschließend bei Bea. Aber jetzt fahre ich wieder. Ich kann nicht zur Sammlung bleiben. Ich ..." Sie merkte, dass sie plapperte und rief sich zur Ordnung. „Wie geht es dir?"

Er musterte sie, als habe sie etwas Ungewöhnliches gesagt, kam jedoch nicht zu einer Antwort, weil eine Dame in fortgeschrittenen mittleren Jahren das Foyer betrat.

„Nach all den Jahren ein bekanntes Gesicht!"

Das halbe Foyer drehte sich zur Tür, gleichzeitig erkannte Christa an dem Ruck quer über ihren Bauch, dass eine ehemalige Lehrerin eingetreten war. Frau Schuhmann-Schulz schob sich zu ihnen.

„Christa Hemmen, ausgerechnet du im Tagungshaus der Muh. Wie geht es dir?"

Christa bemerkte aus den Augenwinkeln Interesse bei Leo und auch bei Inna, die vom anderen Ende des Tresens zu ihnen sah.

„Frau Schuhmann-Schulz, wie schön, Sie zu treffen. Es geht mir gut. Und Ihnen?"

Ihre ehemalige Lehrerin für Französisch, Erdkunde und Geschichte strahlte wie vor fünfzehn Jahren ein klares Zuviel an Energie aus. Eine kecke rosa Strähne wippte aus einer Frisur, die an alte Video-Clips aus den 1980ern erinnerte. Frau Schuhmann-Schulz zupfte an ihrer üppig mit Rosen bestickten Strickjacke.

„Es geht mir exzellent. Ich erfinde mich gerade neu."

Ihre Lautstärke konnte sie nach wie vor nicht modulieren. Wieder verharrte das halbe Foyer in Schockstarre, ehe die jüngeren Leute vor dieser unverkennbaren Lehrerinnenstimme durch die Glastür entwichen. Inna kam zu ihnen. Christa legte ihr Geschäftslächeln auf.

„Sie erfinden sich neu, Frau Schuhmann-Schulz? Wie das?"

„Ach, ich bin ja jetzt an der Gesamtschule in Wardenburg. Neue Schule, aber alter Arbeitsort. Und das mit sechzig. Da habe ich mir vorgenommen, mein Leben neu zu gestalten. Mal was für mich tun. Meine Kreativität ausleben. Yoga, Malen, Eurhythmie. Ich fühle mich jetzt schon spürbar weniger verkrampft."

Christa war in ihrer Zeit an der Realschule unter Frau Schuhmann-Schulz zu sehr mit ihrer eigenen Verkrampfung beschäftigt gewesen, um darauf zu achten, ob der Auslöser ihrer Anspannung ebenfalls verkrampft war.

„Ich wusste nicht, dass Sie schon sechzig sind. Herzlichen Glückwunsch nachträglich."

„Danke. Du wohnst ja nicht mehr in Wardenburg, sonst hätte die Katja vom Salon Dreesen dir Bescheid gesagt. Ganz viele von meinen Ehemaligen waren an meinem Geburtstag an der Schule und haben mir ein Ständchen gebracht."

Christa dankte ihrem Schicksal, dass sie nicht mehr in Wardenburg lebte. Die Idee mit dem Ständchen musste Katjas kundenorientiertem Hirn entsprungen sein, denn der Salon Dreesen war seit der Übernahme durch Katja zu einem Eventzentrum Wardenburgs avanciert. Ehe sie reagieren konnte, hob Frau Schuhmann-Schulz über Inna die Hand, eine Geste, die Christa nur zu bekannt war, und rief:

„Und hier kommt mein Meister."

Der Mann, den sie mit diesen Worten begrüßte, hatte seine Züge fast perfekt unter Kontrolle, als er Frau Schuhmann-Schulzes Hand schüttelte.

„Was bringt denn dich hier her, Viola?"

Kein Schüler hatte in Christas Schulzeit herausfinden können, welcher Name sich hinter dem V vor Schuhmann-Schulz verbarg. Dass sie ihr neues Wissen ausgerechnet Leos Lebensgefährten verdanken sollte, erfüllte Christa mit, wie sie selbst fand, unangemessenem Ärger.

„Heute ist die offene Sammlung, von der du uns erzählt hast, Simon. Ich hatte nichts Besseres vor und dachte, warum nicht? Man muss alles einmal ausprobieren." Bei ihren letzten Worten sah Frau Schuhmann-Schulz Christa an, als sollte sie öffentlich begründen, weshalb sie nicht zur offenen Sammlung gehen wollte. Ein Gong rief die Teilnehmer zur Sammlung, so wie er früher die rettende Pause verkündet hatte. Christa ergriff ihre Chance, sich zu verabschieden.

„Fährst du direkt zur A28 oder über Wardenburg zur B401? Als ich eben aus Wardenburg kam, war an der Huntebrücke am Ortseingang von Sandkrug ein riesiges Polizeiaufgebot."

Christa versicherte, direkt zur Autobahn zu fahren. Aus Gewohnheit bog sie jedoch Richtung Wardenburg ab und überquerte die Brücke an der Huntloser Straße, als ein Zinksarg vom Flussufer in einen schwarzen Wagen mit silbernem Lorbeerkranz getragen wurde.

Donnerstag, 4. Woche Juni

Christa in Idafehn

Das Seniorenhotel am Hauptfehnkanal war fertiggestellt und würde demnächst den Probebetrieb eröffnen. Das Projekt hatte Christa fast zwei Jahre Planung und, wie sie ihrem Spiegel und Bea anvertraute, fünf Jahre Lebenszeit gekostet. Als sie jetzt mit Frau Kehl und der Architektin durch die Räume ging und den Dekorateuren bei der Arbeit zusah, musste sie sich eingestehen, dass sie gute Arbeit geleistet hatte. Zufrieden verabschiedete sie sich von der Architektin und schlenderte mit Frau Kehl über den großzügigen Vorplatz zum Kanal. Eine weiße Motoryacht aus dem kleinen Hafen von Rhauderfehn glitt fast geräuschlos über das teebraune Wasser der Küste entgegen. Auf der anderen Seite des Kanals endete die Besiedlung gegenüber dem Hotel. Von den Fenstern der ersten Etage sah man nach Westen über grüne Felder und nach Osten über Wiesen zu den Weidengebüschen entlang des Langholter Meers. Das Hotel würde für zahlungsfreudige Best-Ager Führungen zum Landschaftsschutzgebiet Langholter Meer anbieten, Paddeltouren auf dem Hauptfehnkanal und natürlich Radtouren auf hauseigenen E-Bikes. Die Boote auf dem Kanal waren Sportboote, daher schön anzusehen und leise. Wenn auch kaum ein Einheimischer so abgelegen und zugleich so nah an der Kläranlage wohnen wollte, für die Gäste wäre es perfekt.

Christa atmete tief durch. Frau Kehl sah sie von der Seite an.

„Den Gästen kann man bestimmt weismachen, dass das schon Seeluft ist."

„Bestimmt."

Sie grinsten. Christa kam sich vor wie eine schmierige Immobilienmaklerin, aber das tat ihrem Wohlbefinden keinen Abbruch. Aus der Ortsmitte klangen die Glocken der Hoffnungskirche.

„Zeit für die Mittagspause. Was haben Sie vor?"

„Ich?" Christa überlegte. „Nichts", gab sie zu.

„Fahren wir ins Fahrradcafé. Da können wir beim Essen über unser Projekt sprechen."

Christa stimmte zu, wenn sie auch keinen Sinn in einer weiteren Unterhaltung über das Seniorenhotel sah. Erst als sie vor einer Tomatensuppe mit frischgebackenem Käsebrötchen saß, erkannte sie ihren Irrtum. Mit Projekt meinte Frau Kehl das Schnüffeln in der Karriere von Ida Santer.

„Wussten Sie, dass der Landwirt, der Idas Leiche gefunden hat, früher einmal mit ihr zusammen war? Das behauptet jedenfalls ihre Mutter. Ich hatte den Namen von dem Kerl, der die Leiche gefunden hat, vergessen, aber Frau Hahn wusste ihn noch. Fokko Brumma." Frau Kehl nahm einen Löffel Gulaschsuppe und fächelte ihren Mund. „Meine Güte, wer rechnet damit, dass die so heiß ist? Suppe ist doch fast kalt, wenn man sie im Café bestellt."

„'schuldigung!" rief Mareike und brachte ihr ein Glas Wasser.

„Das wusste ich nicht", sagte Christa, die nach Frau Kehls Erfahrung ihre Suppe vorsichtiger in Angriff genommen hatte.

„Ich schon", mischte sich Mareike ein und stellte einen weiteren Teller mit dampfenden Brötchen auf den Tisch.

„Woher?" Mareike lehnte sich gegen den unbesetzten Nachbartisch.

„Von meiner Mutter. Die ist mit der Mutter von Fokko Brumma bei den Landfrauen. Jedes Jahr, seit es Idas Festival gibt, haben die Brummas sich beschwert, weil die Festivalbesucher deren Land hinter dem Festivalgelände als Toilette missbrauchen. Aber keiner fühlt sich zuständig. Nicht die Bundestagsabgeordnete, nicht der Bürgermeister, nicht die Organisatoren. Frau Brumma regt sich besonders darüber auf, dass Ida Santer sich weigert, mit Fokko zu sprechen. Dabei waren sie kurz vor ihrem Abgang in die große Welt ein Paar."

„Frau Santer hat mir gestern gesagt, die Frau Brumma hätte es gar nicht gern gesehen, dass ihr Sohn mit Ida zusammen war. Sie soll ihn dazu gebracht haben, mit ihr Schluss zu machen. Ida hat sich das so zu Herzen genommen, dass sie nach Berlin abgehauen ist."

„Das glaubt die doch selbst nicht", gab Mareike zurück und ging zu ihrer Kuchentheke, wo ein älteres Ehepaar mit rheinischem Akzent die Küchlein begutachtete. Christa beugte sich zu Frau Kehl.

„Schlau war das nicht, dass sie jedes Gespräch abgeblockt hat."

„Vielleicht wollte sie sich an ihm rächen."

„Kleinlich. Sie ist mit einem Haufen Geld zurückgekommen, während er all die Jahre mit seiner Mutter auf dem Hof festgesessen hat."

„Die Mutter hat bestimmt für die richtige Ehefrau gesorgt. Mareike?" Mareike hob den Kopf. „Is de Fokko Brumma traut?"

„Jo. Mit Okko Lüken sein Tant Teelke. Und he hett dree Kinner."

Christa hatte sich an das ewige Platt in ihrer Umgebung gewöhnt.

„Dieser Fokko ist mit einer Tante von Okko verheiratet? Und er hat drei Kinder? Da kann er doch froh sein, dass er Ida den Laufpass gegeben hat."

Frau Kehl grinste.

„Das ist ja ein Verwandtschaftsbesuch, wenn wir da mal vorbeischauen."

Christa hatte mehrere Einwände gegen diesen Vorschlag, doch ehe sie den ersten vorbrachte, erinnerte sie sich daran, dass die Mittagspause noch nicht vorbei war und sie wegen Ida Santer und ihrer Mutter in der letzten Woche einige Überstunden angesammelt hatte. Neugier verleitete sie, in Frau Kehls Dienstwagen zu steigen und in die entgegengesetzte Richtung von Crea. Heim und Pflege zu fahren.

Der Hof der Brummas lag abseits von der Wittensander Straße, unweit der Auffahrt zur B72. Christa hatte die Einfahrt viele hundert Male passiert, ohne ihr Beachtung zu schenken. Selbst im Frühjahr, wenn die üppigen Rhododendronbüsche beiderseits der Zufahrt blühten, unterschied sie sich kaum von den Einfahrten zu den anderen Häusern. Nach fünfzig schnurgeraden Metern endete sie an einem großen Haus und einem offenen Kuhstall. Eine Frau in mittleren Jahren pflückte Kirschen, die eine alte Frau abwog und an einem kleinen Verkaufsstand in Papiertüten anordnete. Beide unterbrachen ihre Arbeit, als das Fahrzeug von Crea. Heim und Pflege vor dem Haus hielt. Frau Kehl marschierte zu dem Verkaufsstand, Christa folgte mit einem mulmigen Gefühl.

„Moin." Der Ton der jüngeren der beiden Frauen verriet vor allem Verwunderung.

„Moin, Amke Kehl mein Name. Ich komme von Crea, Heim und Pflege in Rhauderfehn. Das ist meine Chefin, Frau Hemmen."

Die Frauen musterten Frau Kehls cremeweiße Pflegetracht, Christas grauen Anzug und das mit dem Schriftzug des Pflegedienstes dekorierte Auto.

„Kann ich Ihnen helfen?"

„Ja, haha, das ist sozusagen eine heikle Sache." Staunend verfolgte Christa, wie Frau Kehl eine weitere ihrer fast wahren Geschichten entwickelte. „Wie Sie sehen, sind wir von einem Pflegedienst. Eine unserer Patientinnen", der Einfachheit halber griff sie auf dieses Wort zurück, „ist die Mutter von der verstorbenen Ida Santer." Die Frauen tauschten Blicke. Christa glaubte beinahe, sie hätten Angst. „Und, na ja, Sie wissen, wie alte Leute sind, sie glaubt, dass ihre Tochter noch gelebt hat, als Ihr Mann?", die jüngere Frau nickte nervös, „sie am Sonntag gefunden hat."

Stumm standen die Frauen da.

„Wenn mein Sohn sagt, dass sie tot war, war sie tot", brachte die ältere Frau Brumma hervor. Christa stellte fest, dass sie zitterte. Ihre Schwiegertochter runzelte die Stirn.

„Natürlich war sie tot. Wie kommt diese Frau dazu zu behaupten, sie hätte noch gelebt?"

Frau Kehl machte dieses abgrundtief verständnisvolle Gesicht, dass sie so gut beherrschte.

„Ich glaube, sie hofft, dass Ihr Mann noch ihre letzten Worte gehört hat. Dann könnte er wissen, wer der Mörder ist."

Die jüngere Frau stemmte die Hände in die Hüften.

„Jetzt hören Sie mir mal gut zu. Was die Hinriette Santer über ihre Schlampe von Tochter denkt, ist mir egal. Die Ida hat uns mit dem Festival nur Ärger gemacht. Und sie hat immer so getan, als hätte sie uns noch nie gesehen. Wahrscheinlich wissen Sie genauso gut wie das ganze Dorf, dass mein Mann sich einmal in die Schlampe verguckt hatte. Und? Er war jung, und dieses Flittchen hatte es auf den Hof abgesehen. Aber er ist vernünftig geworden und hat sie abserviert. Und dafür hat sie sich gerächt. Sie hat dieses Festival nur aufgezogen, um Unfrieden in Idafehn zu stiften. Wir haben ihr das Ordnungsamt, den Bürgermeister, den Kreisrat und den Bundestagsabgeordnete auf den Hals gehetzt. Am Ende haben die immer ihr Recht gegeben, dieser Schlampe."

„Ah", Frau Kehl überlegte demonstrativ, doch keine der Frauen hatte noch etwas hinzuzufügen. „Dann fahren wir wohl wieder. Schön, Sie kennengelernt zu haben."

Als sie wieder Richtung Rhauderfehn fuhren, musste Christa lachen.

„Ida Santer hat sich hier wirklich wenig Freunde gemacht. Das grenzt ja schon fast an Verfolgungswahn, was diese Frau Brumma da von sich gegeben hat."

„Ein bisschen heftig, nicht? Aber warum war Ida auch so blöd und hat diesen Streit um die pinkelnden Festivalbesucher eskalieren lassen?"

„Klug war das nicht", gab Christa zu. „Vielleicht hat sie aber auch alles dieser Frau Hilbig überlassen."

„Bestimmt hat sie das. Aber in so einer lächerlich aufgeblähten Auseinandersetzung hätte sie doch um alter Zeiten Willen wenigstens mit Fokko Brumma reden können."

Abgesang

Eden in Sandkrug

EDEN ARBEITETE SICH SEIT DEM FRÜHEN MORGEN AN EINEM ROMANTISCHEN LIED VON Joseph Rheinberger ab. Für die ungestörte Probe hatte sie auf das Frühstück verzichtet. Nach dem Mittagessen übernahmen zwei Workshops ihren Probenraum, und McPhelps würde im Nachbarzimmer mit den Geigerinnen und einer Sängerin arbeiten. Er hatte sich strickt geweigert, einen Raum zu nehmen, in dem entweder ein Instrument stand oder Musik zu hören war. Instrumente lenkten Musiker ab, erklärte er mit einem vielsagenden Blick auf Eden, die bei der Besichtigung immer wieder zu ihrer Harfe gesehen hatte. Diese Ansprüche schränkten ihre Probenzeit ein, zumal sie nicht wollte, dass McPhelps merkte, wie viel sie entgegen seiner Empfehlungen spielte.

In Eden wallte Selbstmitleid auf, ehe sie ihre Befindlichkeiten in der Musik vergaß. Sie spielte bevorzugt mit nackten Armen. Im Anbau wurde es an regnerischen Sommertagen manchmal kalt wie im Winter. In den Pausen zog Eden eine Jacke über, so auch jetzt, als Hafsa ihr vorwurfsvoll ein Tablett auf den mit Noten bedeckten Tisch stellte und heißen Tee in einen Becher füllte. Die violetten Flecken waren seit dem Wochenende grünbraun geworden, zeichneten sich aber immer noch auf ihren Unterarmen ab. Hafsa verzog missbilligend den Mund, bevor die Flecken in den Jackenärmeln verschwanden.

„Wenn Sie so weitermachen, können Sie Ihre Hände bald gar nicht mehr benutzen“, knurrte sie und legte ihr zusätzlich eine Decke um die Schultern. Eden stimmte Hafsa insgeheim zu. Vor Schmerzen konnte sie die Tasse kaum halten. Hafsa ging wenig respektvoll im Raum auf und ab.

„Er ist nicht zurückgekommen.“

„Wer?“ Eden hatte keine Ahnung, wen sie meinen könnte. Am Vorabend hatte es eine Auseinandersetzung zwischen zwei Musikern gegeben, aber beim gemeinsamen Frühstück hatten sie wieder miteinander gescherzt.

„Dieser Engländer.“

„Welcher?“ Doch Hafsa presste ihr Gesicht an das mit wildem Wein fast zugewachsene Fenster.

„Da kommt ein Auto. Ich muss nachsehen, wer das ist. Essen Sie. Sonst fallen Sie noch um.“

Ohne Appetit knabberte Eden am Rand eines Brötchens, doch der Ruf ihrer Harfe war lauter. Sie warf die Decke ab und begann nachlässige Lockerungsübungen. Ohne zu klopfen öffnete Hafsa erneut die Tür. Unwillig ließ Eden ihre Arme fallen. Im Schatten des Flurs entdeckte sie hinter Hafsa eine Frau.

„Die Polizei“, verkündete Hafsa mit einem bösen Blick auf das angeknabberte Brötchen und zog die Tür zu. Eden zog die Ärmel ihrer Jacke glatt, ehe sie der fremden Frau die Hand reichte.

„Frau Eden Snowe?“ Die Frau hielt ihr einen Ausweis hin, den Eden ignorierte, weil sie keine Ahnung hatte, wie sie einen echten von einem falschen Ausweis unterscheiden sollte. „Kommissarin Riedrich.“ Eden lächelte ihr berühmtes Bühnenlächeln, das bei dieser Person keinerlei Wirkung zeigte. „Wohnt in diesem Haus ein Darren Welsh?“

„Ja.“ Die Kommissarin sah aus, als sollte sie sich ausruhen. Die Höhlen an ihren Wangen schienen jede Farbe aus ihrem Gesicht zu ziehen, und das blaue Kostüm von einer Marke, wie Agentinnen sie bevorzugten, sah aus, als lebte Frau Riedrich darin. Da es keinen weiteren Stuhl gab, den sie der Kommissarin hätte anbieten können, blieb Eden vor ihr stehen. Tee lehnte die Kommissarin ab, aber Eden sah keinen Grund, warum sie verzichten sollte.

„Wann haben Sie ihn zuletzt gesehen?“

Unter der Aufmerksamkeit der Kommissarin fühlte Eden sich unwohl. Ihr Publikum hielt normalerweise Abstand und ließ ihr Raum zur Entfaltung. Vorsichtig nahm sie einen Schluck Tee, stellte den Becher ab und zuckte mit den Schultern.

„Gestern Vormittag, glaube ich. Nein, Vorgestern. Da war er im Garten und hat den Müll eingesammelt. Für solche Tätigkeiten hat mein Mann ihn angestellt.“

„Danach nicht?“

„Nein. Aber das heißt nichts. Ich war im Büro und habe auch Workshops geleitet. Vielleicht kann Ihnen mein Mann weiterhelfen. Oder Hafsa.“

„Die Schwarze?“

Eden stutzte. Der Akzent der Frau war ihr nicht geläufig, ihre Formulierung provozierte. Instinktiv bereinigte sie ihre Sprache von Resten ihres eigenen Akzents.

„Hafsas Familie kommt aus Pakistan.“

Das konnte Eden nur vermuten, denn Hafsa sprach wie jemand aus Birmingham. Wenn sie weder ihr braves schwarzes Dienstmädchenkleid noch Jeans trug, lief sie in Shalwar Kamiz herum, die in Kartons eines amerikanischen Onlineshops geliefert wurden.

Frau Riedrich setzte zu einer Erwiderung an, kam aber nicht dazu, weil Alaric in den Raum schlenderte.

„Hafsa sagt, die Polizei ist hier?“

Eden deutete auf Frau Riedrich. Er nahm die Hände aus den Hosentaschen und drehte sich zu ihr um.

„Sehr erfreut, Sie kennenzulernen. Ich bin Alaric Tudor.“

„Mein Mann“, warf Eden ein. Frau Riedrich zeigte bei seinem Namen keine Anzeichen von Verzückung, obwohl sie zu den Jahrgängen zählte, denen die Mehrzahl seiner Fans angehörte. Offenbar hörte sie keinen Jazz.

„Sie sind beide britische Staatsbürger? Wie Herr Welsh.“

Eden zog die Jacke enger um ihre Schultern. Seit der Entscheidung für den Brexit, über den sie als Auslandsbritin nicht hatte abstimmen dürfen, machte man sie ständig auf ihre Staatsbürgerschaft aufmerksam.

„Was ist mit Darren?“, verlangte jetzt Alaric zu wissen. Er hatte die Hände wieder in die Hosentaschen gesteckt und lehnte mit jener Lässigkeit an der Wand, die seine Coverfotos zu Sammlerstücken machte. Eden betrachtete kurz die Schatten unter seinen Augen, konzentrierte sich dann wieder auf Frau Riedrich, die hartnäckig ihrer beider Charme widerstand.

„Wann haben Sie ihn zuletzt gesehen?“

„Vorgestern. Vor dem Abendessen. Wir haben zusammen die Stühle an den langen Tisch gestellt.“

„Haben Sie sich nicht gewundert, dass er gestern nicht hier war?“

Eden lachte ein kleines Lachen, das Großzügigkeit ausdrücken sollte.

„Ach, er ist nicht zuverlässig. Unberechenbar, wenn man so will.“

Frau Riedrich ging nicht auf das Lachen ein.

„Bei der Mahlzeit vorgestern war er nicht anwesend?“

„Nein.“ Eden konnte sich gerade noch zurückhalten, ein *Natürlich nicht* hinterher zu schieben.

„Darren ist eine Art Hilfsgärtner“, erläuterte Alaric mit dem Lächeln, für das Frauen über den Flügel zu ihm krochen. Frau Riedrich musterte ihn kühl.

„Als Hilfsgärtner hat er nicht an der Mahlzeit teilgenommen.“

„Die Mahlzeit war für Teilnehmer der Sommermusikschule, die im Haus übernachten. Warum ist das wichtig?“ Eden gab der Kommissarin ein bescheidenes Lächeln, wie sie es Journalisten schenkte, die versuchten, sie zu anderen Themen als Musik zu befragen.

„Er ist tot.“

„Was?“ Alaric löste sich von der Wand und trat auf Frau Riedrich zu. „Hast du das gehört, Eden?“

„Ich bin ja nicht taub." Sie räusperte sich. „Frau Riedrich, bitte, sind Sie sicher? Ich meine, das kann doch ein Irrtum sein. Er hat so ein Allerweltsgesicht."

„Es ist das Gesicht aus seinem biometrischen Reisepass. Aber einer von Ihnen müsste ihn noch identifizieren. Kann ich sein Zimmer sehen?"

„Aber ja. Kommen Sie, bitte, mit." Eden ging voraus, Alaric ließ Frau Riedrich den Vortritt. Aus dem Garten klangen Atemübungen. Frau Riedrich hielt an der Treppe inne.

„Müssen Sie sich das den ganzen Tag anhören?"

„Nein, nur vormittags und nur in dieser Woche." Eden lächelte. Sie erwartete keine Reaktion der Frau. Wichtiger war, was hinter dem herben Gesicht ablief. Jedes Wort konnte gegen sie ausgelegt werden. Die Bereitschaft dazu glühte in den verengten Pupillen der Kommissarin.

„Frau Riedrich, was ist mit Darren passiert? Hatte er einen Unfall? Oder hat er ... etwas genommen?"

Sie hätte Alaric die Stufen hinunterstoßen können. Stattdessen legte sie Emotion wie bei einem Requiem in ihre Augen, als sie sich langsam zu der Kommissarin umdrehte.

„Ja, bitte, sagen Sie uns, was passiert ist."

„Eine Gruppe Kanufahrer hat ihn gestern Nachmittag an der Hunte gefunden. Zuerst dachten wir, er wäre am Dienstag während des Gewitters auf dem Wasser gewesen und verunglückt. Wie es aussieht, wurde er jedoch niedergeschlagen und so in der Uferbepflanzung platziert, dass er ertrunken ist."

Alaric vollführte sein Haareraufen, das unbedarfte Journalisten als künstlerisch beschrieben. Seine Blässe war echt. Eden sah amüsiert zu, wie er der pikierten Frau Riedrich eine Hand auf den Arm legte.

„Der arme Mann. Das hat er nicht verdient."

„Waren Drogen im Spiel?", ging Eden dazwischen, ehe er sich vollends blamierte.

„Wie kommen Sie darauf?"

„Instinkt."

Frau Riedrich maß Eden von ihrer ungünstigen Position vier Stufen unter ihr auf der Treppe, als habe sich eine Vermutung über Künstler bestätigt.

„Wo waren Sie beide am Dienstagabend?"

„Ich habe nach dem Essen geprobt. Von neun bis Mitternacht. Und Alaric hat die Hausgäste unterhalten. Auch bis Mitternacht."

„Das ist so, ja."

Eden zog einen Schlüsselbund aus der Rocktasche und reichte ihn der Kommissarin, froh, dass sie ihr das Aufschließen überlassen durfte. Sie selbst hätte das schwergängige Schloss kaum öffnen können.

„Sie bleiben draußen."

Die Tür schlug vor Edens Nase zu. Alaric legte einen Arm um sie. Zu ihrer Überraschung sackte sie gegen ihn, als könnte sie nicht mehr alleine stehen.

„Alles in Ordnung, Lissy?"

Sie schaffte es nicht, sich aufzurichten.

„Nenn mich nicht Lissy."

„Bist du nervös?"

„Allerdings." Sie löste sich aus der halben Umarmung und schleppte sich zum Fensterbrett. Dort fand sie Halt und auch Licht, das ihr erlaubte, ihn genauer zu betrachten. „Hat Welsh Drogen auf seinem Zimmer?"

„Woher soll ich das wissen?"

„Instinkt."

Er lachte leise und beinahe überzeugend.

„Was du dir alles einbildest. Also schön, wenn er mir einen Joint angeboten hätte, hätte ich nicht abgelehnt. Hat er aber nicht. Woher auch?"

„Er war in Oldenburg."

„Ja, und?"

Die Zimmertür wurde aufgestoßen, als kennte die Kommissarin die Funktionsweise von Klinken nicht. Sie hielt eine kleine Tüte hoch.

„Wussten Sie davon?"

Sie sah zu Edens Freude Alaric an. Der schüttelte den Kopf. In der anderen Hand hielt sie ein Notizbuch, das seinem Umschlag nach noch aus den 1980ern stammte.

„In diesem Buch sind zahlreiche Adressen, die meisten alt. Ihre Adresse hier in Sandhatten ist neuer. Davor gibt es einige ältere Adressen von Ihnen, Herr Tudor."

„Oh, ich kenne Darren schon lange. Der Kontakt ist nie ganz abgebrochen."

„War Herr Welsh auch Musiker?"

„Er hat früher Schlagzeug gespielt, aber ich kenne ihn nur als Roady. Das sind die Leute, die auf der Bühne alles herrichten."

Frau Riedrich ignorierte ihn. Sie blätterte durch das Notizbuch.

„Hier ist eine andere Adresse aus Hatten. Preeta und Mary McPhelps? Und Ramesh. Der Name ist erst vor kurzem dazu geschrieben worden. Kennen Sie diese Leute?"

„Preeta hat bis vor ein paar Jahren in der Straße Hinter den Büschen gewohnt. Wann ist sie gestorben? Vor ungefähr drei Jahren. Mary McPhelps kenne ich nicht. Ramesh McPhelps ist Preetas Enkel. Der wohnt jetzt in dem Haus."

Alaric sah zu Eden, doch die wusste nichts beizusteuern. Sie hatte erst durch McPhelps den Namen der alten Frau erfahren, die sie manchmal in Sandkrug beim Einkaufen gesehen hatte. Die älteren Leute in Sandhatten hatten nur von der Hexe gesprochen, die Kräuter und Liebestränke an leicht zu beeindruckende Teenager verkaufte, aber das brauchte Frau Riedrich nicht zu wissen. Wahrscheinlich wäre sie enttäuscht, wenn sich herausstellte, dass McPhelps die restlichen Tränke in den Müll geworfen hatte.

„Was hat Herr Welsh in Ostfriesland gemacht?" Eden schluckte und sah zu Alaric, der versuchte vergeblich, Frau Riedrich ein Automaten-Ticket aus der Hand zu nehmen. „Das ist eine einfache Fahrt von Leer nach Oldenburg. Gelöst am Montagvormittag. Es lag im Papierkorb."

Eden zuckte mit den Schultern. Frau Riedrich steckte das Ticket ein.

„Na schön. Wenn wir sein Handy getrocknet haben, wissen wir vielleicht, was er in Leer wollte."

Leo in Sandkrug

ES KAM SELTEN GENUG VOR, DASS RAMESH MITTAGS VOR LEO ZUHAUSE WAR, UND NOCH seltener, dass er beim Essen las. Leo betrachtete das ungewohnte Bild, ehe er sich kommentarlos an den Tisch setzte. Ramesh schob das Buch beiseite.

„Mir war nicht klar, wie komplex das Zusammenspiel der Muskulatur beim Singen ist. Dieses Buch hätte ich vor diesem Workshop durcharbeiten sollen." Das sollte wohl eine Erklärung darstellen. „Ich kenne nur eine Sängerin als Patientin, und die hat Probleme mit dem Nacken. Sie sagt, von einem Unfall vor vielen Jahren." Leo sah über den Tisch auf die Abbildung einer Frau, die einen Fahrradhelm trug, auf dem sie einen Holzblock balancierte. „Die Idee hinter dem Holzblock ist, dass labile Gleichgewichtsbedingungen die Haltungskontrolle fordern. Durch erhöhte Stabilität werden Arme, Hände, Finger und auch der Hals besser gehalten."

„Erklär mir das später." Leo bediente sich aus einer Schüssel. „Wieso bist du schon hier?"

„Die letzten Patienten haben kurzfristig abgesagt. Zu viel Stress vor dem Urlaub."

Leo war nicht sicher, was Ramesh meinte. Laut Arbeitsvertrag stand ihm Urlaub zu, er hatte auch schon Urlaubstage genommen, aber das Konzept entzog sich seinem Verständnis. Auf der Straße näherte sich ein Auto und hielt vor dem Haus. Durch das Fenster sah er eine Frau in einem dunklen Kostüm auf das Haus zugehen. Sie zuckte zurück, als er die Tür öffnete, ehe sie klingeln konnte.

„Riedrich, Kriminalpolizei. Ich suche einen Ramesh McPhelps."

Offenbar hielt die Polizistin es für ausgeschlossen, dass er diesen Namen trug. Sie maß ihn, als wollte sie die Erinnerung katalogisieren. Leo atmete Bescheidenheit um sich. Er konnte sehen, wie er aus der Aufmerksamkeit der Kommissarin verschwand, nachdem sie Ramesh entdeckt hatte.

„Ist Ihnen ein Darren Welsh bekannt?"

Ramesh gab das zu. Nur Leo sah, wie sich seine Augen verdunkelten.

„Wann haben Sie ihn zuletzt gesehen?"

„Vor über einer Woche. Sonntag?"

Leo, der an der Wand entlang bis hinter Ramesh gegangen war, nickte.

„In welcher Beziehung stehen Sie zu ihm?"

„Warum wollen Sie das wissen? Ist etwas passiert?"

„Ich stelle hier die Fragen. Antworten Sie."

„Er war ein Bekannter meiner Mutter."

Frau Riedrich blätterte in einem schäbigen Notizbuch.

„Das wäre dann Mary McPhelps? Wohnt die auch hier?"

„Die ist tot."

Frau Riedrich sah aus, als hätte sie das erwartet.

„Kannten Sie ihn gut?"

„Fast gar nicht. Er war ein Bekannter meiner Mutter, nicht von mir."

„Warum war Herr Welsh dann bei Ihnen?"

„Er hatte gerade erst drüben in Sandhatten Arbeit gefunden. Da hat er gehört, dass ich hier wohne und wollte über alte Zeiten reden. Dabei hat er wohl vergessen, dass ich ein Kind war, als ich ihn zuletzt gesehen habe."

Frau Riedrich sah sich um. Die Einrichtung stammte noch aus der Zeit von Rameshs Großmutter, einige Teile hatte sie sogar mit dem Haus übernommen. Alles war schlicht und so schmucklos, dass ein Muh darin leben konnte. Sie schnupperte, warf einen misstrauischen Blick auf das Essen. Ramesh runzelte die Stirn.

„Also, was ist mit Welsh?"

„Er ist tot. Ertrunken in der Hunte. Wir gehen von Fremdeinwirkung aus."

Leo setzte sich neben Ramesh, war aber immer noch so bescheiden, dass Frau Riedrich ihm keine Beachtung schenkte.

„Und jetzt wollen Sie wissen, ob ich ihn umgebracht habe?"

Zu Leos Erleichterung ignorierte sie diese Frage.

„Sagen Sie mir einfach, wo Sie am Dienstagabend waren."

„In Bremen bei der Arbeit."

„Arbeiten Sie immer so spät?"

„Wenn es sich ergibt. Am Dienstag war der letzte Tag vor dem Sommerurlaub in der Praxis. Wir haben noch zusammen gesessen, nachdem die letzten Kunden weg waren. Hier", Ramesh blätterte einige Visitenkarten durch und zog eine aus dem Stapel. „Das ist die Adresse des Ayurveda-Zentrums in Bremen. Unter der Festnetznummer erreichen Sie jetzt nur den Anrufbeantworter, aber die Handy-Nummern sind von den Inhaberinnen. Da müssten Sie jemand erreichen."

„Und wie heißen die Damen?"

Ramesh zog die Brauen hoch.

„Die Damen heißen Anupama Felizitas Müller, Bavana Ingmarie Schimmelpfennig und Madhuchanda Jekaterina Fjodorowa", gab er süffisant zur Antwort. Nachdem er die Namen je dreimal buchstabiert und den Handy-Nummern zugeordnet hatte, musterte Frau Riedrich ihn streng.

„Sind das Künstlernamen?"

„Ich glaube, es sind offizielle Namen. Das müssen Sie mit den dreien klären. Ach ja, Bavana ist jetzt auf dem Weg nach Indien. Aber die anderen sind meines Wissens noch in Bremen."

Sie verdaute die Informationen mit einem weiteren Kopfschütteln, ehe sie Leo nach seinem Namen fragte.

„Sie kannten Herrn Welsh auch?"

„Flüchtig."

„Und wo waren Sie am Dienstagabend?"

„Im Tagungshaus der Gemeinschaft Muh in Sandkrug und ab halb zehn hier."

„Wo, bitte, waren Sie?"

Die Frage klang schrill. Wortlos stand Ramesh auf und holte einen Flyer seiner Yogakurse.

„Da ist die Adresse des Tagungshauses. Wenn Sie wissen möchten, was die Gemeinschaft der Minderen und Heimatlosen ist, finden Sie alles auf der Internetseite des Tagungshauses."

Nachdem das Auto mit Frau Riedrich fortgefahren war, saßen sie einen Moment schweigend am Tisch.

„Du warst am Dienstag in Bremen, oder?"

Ramesh starrte Leo an.

„Tickst du noch richtig? Natürlich. Wegen dieser Kanalratte mach ich mir doch nicht die Finger schmutzig. Du weißt außerdem, wie es am Dienstag gegossen hat. Ich war trocken, als ich nach Hause gekommen bin."

„Deine Arbeitskleidung habe ich nicht gesehen – Natürlich glaube ich nicht, dass du irgendetwas mit seinem Tod zu tun hast."

Ramesh musterte ihn misstrauisch, nickt dann aber. Nach weiteren Minuten Schweigen stand er auf.

„Ich muss jetzt rüber zu Eden. Workshop."

Leo stand ebenfalls auf.

„Ramesh."

Er trat zu ihm, war aber nicht sicher, ob er ihn berühren sollte. Ramesh sah ihn an.

„Ja?"

„Ist es schlimm für dich?"

Er biss sich auf die Lippen, sah Leo aber an.

„Nein. Aber ... Jetzt werde ich wohl nie erfahren, ob er mein Vater war. Als er damit anfing, dachte ich, alles, nur das nicht. Und so ist es immer noch. Nur dass ich ihn nicht zur Rede stellen kann."

Christa in Rhauderfehn

„Rhauderfehn wird jetzt so richtig berühmt", verkündete Frau Hahn, als Christa am Donnerstagmorgen ins Foyer kam.

„Was ist passiert?"

Frau Hahn winkte Christa hinter den Tresen und zeigte auf ihren Monitor. Allein bei Facebook hatte sie zehn Gedenkseiten für Ida Santer gefunden, sieben Ida-Santer-Gruppen und mehrere offizielle und inoffizielle Fanclubs. Die Gemeinde Rhauderfehn und diverse Vereinigungen in der Gemeinde gedachten der prominenten Verstorbenen, die Gemeinde Ostrhauderfehn ließ es sich ebenfalls nicht nehmen, darauf hinzuweisen, dass Ida Santer dort geboren und unglücklicherweise auch zu Tode gekommen war. Die Kreisrealschule erinnerte der berühmten Schulabbrecherin wie einer Meisterschülerin, und der Kirchenchor bedauerte, eine so starke Stimme früh verloren zu haben.

Christa klickte sich mit wachsender Anspannung durch die verschiedenen Registerkarten. Am Vorabend hatte Frau Hilbig bei ihr privat angerufen und sie über die Planungen zur Beisetzung Ida Santers informiert. Frau Hilbig sah die Rolle von Crea. Heim und Pflege vor allem darin, Hinriette Santer von der Presse abzuschirmen. Gegen elf Uhr hatte Christa das Gespräch beendet und den Klingelton ihres Festnetztelefons auf lautlos gestellt.

„Ich fürchte, Sie haben Recht, Frau Hahn. Wenn Frau Hilbig anruft, lassen Sie sich bitte genau sagen, warum Sie mit mir sprechen will. Ich habe gestern über eine Stunde mit ihr verhandelt. Ach, und rufen Sie Okko bei der Polizei an, oder besser seinen Vorgesetzten. Wir müssen die Paparazzi von Frau Hinriette Santer fernhalten. Ich habe keine Ahnung, ob eine Seniorenwohngruppe dafür ausgestattet ist. Versuchen Sie auch, die Hausleitung vom Untenende zu erreichen. Sie soll kommen, damit wir mit ihr alle Maßnahmen besprechen können, und vorab schon einmal alle Mitarbeiterinnen warnen."

Frau Hahn griff zum Telefon, im Gegensatz zu Christa begeistert von der neuen Lage. Christa war noch nicht in ihrem Büro angekommen, als der Apparat dort klingelte.

„Moin, Christa, Okko hier. Du, der Chef sagt, ich soll zu Crea fahren und mit euch über die Paparazzi sprechen. Eure Frau Hahn hat ihn auf dem linken Fuß erwischt. Wann passt es euch?"

„Am besten jetzt gleich."

„Bin schon unterwegs. Setz mal Kaffee auf."

Frau Hahn trug bereits ein Tablett Tassen herein und kündigte Kaffee in fünf Minuten an.

„Frau Busboom von der Wohngruppe kommt, sobald sie ihre Mitarbeiterinnen eingewiesen hat."

„Mailen Sie mir bitte alle Links, die Sie zu Ida Santer gefunden haben und die mit Rhauderfehn zu tun haben."

Frau Hahn salutierte und verschwand. Vor dem Fenster parkte Harry ein. Daneben hielt ein Polizeiauto. Christa richtete sich auf eine Menge Fragen ein. Harry war für einen Pädagogen seines Alters in Computerdingen bewandert, stand sozialen Medien jedoch verständnislos gegenüber. Es würde eine Weile Dauern, ihm zu erklären, was auf Rhauderfehn und Crea. Heim und Pflege zurollte. Frau Kehl betrat das Büro wie eine erregte Dampfwalze.

„Ich will Sie nicht beunruhigen, Frau Hemmen, aber auf dem Parkplatz lungert ein junger Mann mit Kamera."

Christa trat ans Fenster. Unter dem großen Baum auf der anderen Parkplatzseite lehnte ein Mann und hielt sein Teleobjektiv auf die Fenster von Crea. Heim und Pflege gerichtet. Frau Kehl hinter Christa winkte in seine Richtung.

„Ist das klug?"

„Ach, der soll wissen, dass wir ihn bemerkt haben. Hören Sie, Frau Hemmen, wenn wir diese Besprechung hinter uns haben, sollten wir uns zusammensetzten und die Informationen über Ida Santer ordnen. Wir müssen ihre Beziehungen zu Rhauderfehn und Ostrhauderfehn klären und Schwachstellen suchen."

„Was für Schwachstellen?"

„Stellen, an denen Informationen aus Crea. Heim und Pflege sickern könnten. Hier kennen sich verdammt viele Leute, und zu viele davon haben sich zu irgendeinem Zeitpunkt mit Ida angelegt. Wenn wir Hinriette Santer vor Typen wie unserem Freund mit dem Tele beschützen sollen, müssen wir wissen, wer in ihrem jetzigen Umfeld schlecht auf die Santers zu sprechen ist, ein Fan war oder dringend Geld braucht."

Christa zögerte, sah aber ein, dass sie diesen Überblick benötigten. Harry und Okko betraten gemeinsam das Büro, zehn Minuten später traf auch Frau Busboom ein. In der nächsten Stunde entwickelten sie einen Plan, der auf Christa löchrig wirkte, aber wenigstens festlegte, wer für welche Aufgaben zuständig war. Ehe er zurück zur Wache in der 1. Südwieke fuhr, unterhielt Okko sich noch mit dem Herrn mit Teleobjektiv, der zunächst das Feld räumte. Eine halbe Stunde später saß er auf dem Rasen vor dem Ärztehaus Medical Center gegenüber den Fenstern von Crea. Heim und Pflege und kaute eine Laugenstange, die Kamera im Schoß.

„Jetzt verstehe ich, warum manche Leute Reporter als Schmeißfliegen bezeichnen“, brummte Frau Hahn.

Christa schleppte Harrys Fan-Alben in Frau Kehls Reich auf der Rückseite des Gebäudes. Alle Pflegerinnen waren informiert worden, dass die Tür zum Parkplatz nur noch mit dem Schlüssel geöffnet werden konnte. Ob sie alle der Chance, ein Interview zu geben, widerstehen konnten, war fraglich, aber keine von ihnen hatte Zugang zu Hinriette Santer. Frau Kehl hatte zudem, wenn auch halb im Scherz, drastische Maßnahmen angekündigt, sollte sich eine Pflegerin als Doppelagentin herausstellen. Am Besprechungstisch der Pflegekräfte breitete sie nun die Erinnerungen an Ida aus. In der Mittagspause schloss Frau Hahn das Kundenzentrum ab und kam mit einer groben Zeitleiste über Ida Santer zu ihnen.

„Hier können Sie eintragen, wen sie in welchem Jahr kannte, wo das war und in welche Kategorie die Leute heute fallen: Freund, Feind, Geldnot.“

„Du kannst die Dinge immer so herrlich zuspitzen“, bemerkte Frau Kehl. Dann musterte sie Frau Hahn nachdenklich. „Du arbeitest doch bei einer Mitmachzeitung mit.“

„Bei den *Emsfriesen im Internet*. Ja.“

„Ich hoffe, du lässt da keine Informationen durchsickern.“

„Spinnst du? Natürlich nicht. Aber ich werde euch sagen, wenn einer der anderen mich auf die Santers anspricht.“

Bis zum Feierabend hatten sie eine umfangreiche Liste zusammengetragen und zwei Personen identifiziert, deren Loyalität sicherlich nicht Hinriette Santer galt.

„Elske Brumma, Schwester von Fokko Brumma und Pflegerin in der Wohngruppe von Hinriette Santer. War in der Schule als Feindin von Ida bekannt und hat sie ständig bei den Lehrern verpetzt.“ Frau Kehl notierte den Namen für Frau Busboom.

„Tjard Woldenga, Hausmeister am Untenende. Zahlt Unterhalt für drei Kinder. Der würde für ein paar Hunderter seine Großmutter an die Paparazzi verkaufen.“ Frau Hahn schob den Namen zu Frau Kehl, die ihn ebenfalls für Frau Busboom notierte.

„Na toll. Gleich zwei Wackelkandidaten bei den Mitarbeitern. Am besten, ich fahre jetzt zum Untenende und rede mit den beiden. Nur damit sie Bescheid wissen.“ Christa machte Anstalten aufzustehen, doch Harry, der den Tag über im Büro Stellung gehalten hatte, mischte sich ein.

„Lass mich mit den beiden reden, Christa. Leute wie die haben vor Männern mehr Angst." Er sah verwundert von einer kichernden Kollegin zur anderen. „Hab ich etwas Falsches gesagt?"

„Nein, Herr Meinert. Sie haben eine abschreckende Wirkung", versicherte Frau Hahn. Er nickte, immer noch verwundert.

„Bei den Bewohnern der Appartements ist mir niemand aufgefallen", murmelte Christa. Sie sah auf. „Frau Kehl, dieser Mann, der in der Nacht nach dem Mord an Ida Santer auf der Terrasse gewartet hat. Hat der nicht gesagt, er wäre mit ihr verabredet?"

Frau Kehl kratzte sich am Scheitel ihrer Zöpfe.

„Stimmt. Den hatte ich ganz vergessen. Der war aus England, glaube ich."

„Wissen Sie den Namen noch?"

„Welsh", warf Frau Hahn ein. „Darren Welsh. Warten Sie, ich habe mir aufgeschrieben, was Okko uns am Montag gesagt hat." Sie wischte auf dem Display ihres privaten Telefons. „Hier: Darren Welsh, zuletzt in Hamburg gemeldet. Wohnt jetzt in Sandkrug, Gemeinde Hatten, angestellt bei Eden Snowe und Alaric Tudor. Das sind übrigens beide Musiker, ich habe das im Internet überprüft. Sie spielt Harfe und gilt als eine der besten Interpretinnen von französischer Harfenmusik des Barock und der deutschen Romantik. Er ist Pianist und hat früher mit verschiedenen Rockbands gearbeitet, kommt aber vom Jazz. Einer seiner Kumpel war der Pianist, der an der Glasknochenkrankheit litt ..."

„Schön. Noch mehr über Welsh?" Christa schielte auf das Display, konnte aber nichts erkennen. Frau Hahn vertiefte sich in ihren Notizen.

„Welsh hat der Polizei gesagt, dass er Roady für Idas Band war, zuständig für den Aufbau auf der Bühne. Angeblich wollte sie ihm in der Nacht, in der er auf ihrem Grundstück erwischt wurde, Geld für eine medizinische Behandlung geben."

„Geld." Harry warf seine Schlüssel hoch und fing sie wieder auf. „Die Polizei hat ihn am Montag laufen lassen, oder?"

„Das hat Okko gesagt, Herr Meinert."

Er sah zu Christa.

„Deine Freundin in Sandkrug wohnt doch in der Nähe von diesen Musikern. Kann die nicht unauffällig herausfinden, was der Kerl jetzt macht? Es wäre doof, wenn er sich wieder nach Rhauderfehn absetzen und Hinriette Santer belästigen würde. Aus seiner Sicht steht ihm das Geld zu."

„Ich rufe Bea an."

„Und ich fahre zum Untenende und notfalls zu den beiden Wackelkandidaten nach Hause. Bis dann."

Die Außentür fiel hinter Harry zu. Christa suchte Bea in ihrer Kontakteliste. Nach wenigen Minuten war das Gespräch beendet.

„Darren Welsh ist tot."

Die anderen sahen sie an.

„An seiner Krankheit gestorben oder wie?" Frau Kehl machten solche Nachrichten am wenigsten aus. Christa erinnerte sich, dass sie sie lange für gefühlskalt gehalten hatte.

„Ermordet. Kanufahrer haben ihn gestern in der Hunte gefunden. Die Polizei war bei meiner Freundin weil ein … Mitarbeiter bei seiner Befragung angegeben hat, er wäre zum fraglichen Zeitpunkt bei ihr gewesen."

Bea war seltsam kurz angebunden gewesen für eine so gleichmütige Frau. Der Besuch der Polizei musste ihr nahegegangen sein, zumal einer ihrer Schutzbefohlenen vor ihr befragt worden war. An diesem Punkt stutzte Christa, und Frau Kehl und Frau Hahn sahen sie überrascht an. Wenn ein Muh nicht im Beisein von Bea befragt worden war, musste er sich außerhalb des Zentrums befunden haben. Dafür kam, soweit Christa wusste, nur Leo infrage. Beunruhigt fragte sie sich, was er mit einer so fragwürdigen Person, wie dieser Welsh es offenbar gewesen war, zu tun gehabt hatte. Das war eine dieser Situationen, in denen sie jeden anderen Bekannten einfach angerufen hätte. Leo zählte zwar zu ihren Bekannten, sie besaß aber seine Nummer nicht, und niemand, davon war Christa überzeugt, würde ihr die geben.

„Na dann. Um den Welsh müssen wir uns nicht mehr kümmern." Frau Kehl schob alle Unterlagen zusammen. „Das älteste Album nehme ich mit nach Hause. Bestimmt komme ich am Wochenende dazu, weitere Namen herauszusuchen. Haben alle den Link zu Frau Hahns Tabelle? Dann können wir alle an dem Dokument arbeiten und die Änderungen der anderen sehen."

Jede nahm ein Album mit. Christa wusste zwar nicht, wie sie die Recherche mit Justin in Einklang bringen sollte, aber bis zu seiner Ankunft war noch Zeit zum Lesen. Dann fiel ihr ein, dass er eine Antwort auf seinen Heiratsantrag erwarten würde. Mit ihrer Entscheidung war sie nicht weiter als am Sonntagmorgen.

Freitag, 4. Woche Juni

Leo in Sandkrug

Regenwolken zogen über Sandkrug, waren aber noch nicht bereit, ihre wässrige Last abzulassen. Auf dem Parkplatz vor dem Tagungshaus lag die falsche Dämmerung eines trüben Sommertages, verstärkt durch die Bäume, die das wenige Tageslicht nahmen und den Eindruck eines weit fortgeschritteneren Abends weckten. Leo wartete am Waldrand, bis die letzten Kursteilnehmer das Gebäude verließen. Erst als nur noch einige wenige Wagen unter den Bäumen standen, wagte er sich näher an das Tagungshaus und platzierte sich so, dass er die Glastür im Blick hatte. Inna hatte ihn am Morgen angerufen, weil Mathis und sie die Zuweisung annehmen wollten. In der Zwischenzeit sollte sie sich um Mirte Muh, deren Fürsorgepartner und Baby kümmern, weil Mirte ihre Halbschwester war. Leos Anwesenheit, das war ihm seit seinem Gespräch mit Bea Muh am Mittag klar, war ungeachtet der Verwandtschaft nicht notwendig.

Ein weiterer Windstoß veranlasste Leo, die hochgeschobenen Ärmel seines Pullovers bis zu den Handgelenken zu ziehen. Allmählich wurde ihm kalt, und er begann zu überlegen, ob er seinen Stolz überwinden und ins Foyer gehen sollte, als er Ramesh durch die Glastür kommen sah.

„Du hier? Inna meinte, du wärst zu Hause." Leo zog ihn zu sich herab und küsste ihn. „Das war aber ein wenig unbescheiden", stellte Ramesh fest, beide Arme immer noch um ihn.

„Bescheidenheit ist, glaube ich, nicht das Richtige für mich."

„Das glaube ich auch. Was ist passiert?" Ramesh hob mit zwei Fingern sein Kinn hoch. „Nun sag schon."

„Wir werden an diesem Wochenende nicht im Zentrum essen."

„Damit habe ich kein Problem." Er sah Leo weiter an, doch der legte so viel Gleichmut über seine Züge, dass Ramesh nicht erkennen konnte, was in ihm vorging. Mit gespielter Resignation ließ er ihn los und schloss das Auto auf. „Fährst du mit?"

Auf der kurzen Fahrt schwiegen sie, auch wenn Leo die Blicke auf sein Profil spürte. Es gab Tage, an denen er glaubte, dass seine muhische Haut allergisch auf so konzentrierte Beachtung reagierte. Wie um sich von der Aufmerksamkeit zu befreien, fuhr er sich mit der Hand über das Gesicht. Kaum ließ das Gefühl der Beobachtung nach, als sich die Erinnerung an sein kurzes Gespräch mit Bea meldete.

„Es ist ungewöhnlich, dass eine Kodexwächterin das Alibi eines Muh vor der Polizei bestätigen muss." Da Muh nur selten Filme oder Unterhaltungsliteratur konsumierten, gehörte das Wort nicht zu ihrem aktiven Wortschatz. Bea hatte gezögert, als wäre sie unsicher, ob es sich um die korrekte Vokabel handelte.

„Du solltest nur bestätigen, dass ich am Dienstagabend im Tagungshaus war."

„Ich bestätige, was ich bestätigen kann. Wenn du dich Verdächtigungen aussetzt, habe ich keine Handhabe einzuschreiten, weil ich nicht über dein Tun und Lassen im Bilde bin. Du hast dich für ein Leben in der Welt entschieden, wie du weißt."

Sie hatte noch mehr gesagt, alles in ihrer milden Stimme, doch die hatte ihren Worten nicht die Schärfe genommen. Leo war nach dem Gespräch nach Hause gefahren, hatte das leere Haus jedoch nicht ertragen können und war schließlich mit einem weiten Umweg um Sandhatten zum Tagungshaus zurückgekehrt, um Ramesh abzufangen. Wenn sie gemeinsam das Haus betraten, verließe ihn hoffentlich das Gefühl, ein Eindringling zu sein.

Auf den wenigen hundert Metern durch Sandhatten musste er unwillkürlich den Wöschenweg hinuntersehen. Bis zur Einmündung in die Huntloser Straße fuhren sie nicht, doch Leo wusste, dass die Huntloser Straße die Hunte an der Stelle überquerte, wo Rameshs Teilnehmerin Viola Schuhmann-Schulz am Mittwochabend den Polizeieinsatz beobachtet hatte. Es gab auf Huntloser Seite neben der Brücke eine Kanueinstiegstelle. Dort konnte man bis zum Wasser gehen und gegebenenfalls einen bewusstlosen Körper zwischen das Reet schieben. Von der Straße aus war der Einstieg nicht zu sehen, was erklärte, weshalb Kanufahrer Darren Welshs Leiche gefunden hatten.

Muh sollten keine Schuldzuweisungen aussprechen, und Leo verspürte beinahe körperlichen Widerstand gegen den Gedanken, doch er konnte nicht abstreiten, dass Welsh mit seinem Auftauchen die Spannungen zwischen ihm und Ramesh und mit seinem Tod die Spannungen zwischen ihm und Bea verursacht hatte. An den Mann zu denken, war, als striche er mit dem Finger über die Klinge einer Sense, um die Schärfe zu testen und eventuelle Scharten aufzuspüren. Das Kribbeln an der Fingerkuppe setzte sich in seinem Körper fort.

„Hattest du Ärger auf der Arbeit?" Die Frage sickerte langsam durch Leos Überlegungen.

„Nein. Warum?"

„So abwesend kenne ich dich nicht."

Er rief sich zur Ordnung und wandte den Kopf zu Ramesh. Dessen Skepsis gegenüber Bea Muh und sein Misstrauen gegen die Muh machte es nicht einfacher zu erklären, was ihn beschäftigte.

„Diese Kommissarin war gestern auch bei Bea."

„Und die hat sich heute beschwert?"

„Muh beschweren sich nicht."

Leo sah wieder nach vorne. Sie schwiegen, bis das Auto im Unterstand stand und er vor Blicken und Fragen Richtung Haustür entwich. Auf der Stufe hielt Ramesh ihn am Arm zurück.

„Was Bea Muh sagt, spielt keine Rolle."

Das zeugte von Unkenntnis der Muh im Allgemeinen und von Bea Muh im Besonderen. Trotzdem gelang es Leo, den gemeinten Trost zu erkennen.

Sie waren kaum im Haus, als es zu regnen anfing. Leo zündete das Feuer an, während Ramesh das Gericht kochte, welches er *Reis mit ein bisschen was drin* nannte. Das Bisschen umfasste vor allem Zwiebeln, Chilis, Knoblauch und Gewürze, deren Namen auf den Gläsern Leo nicht lesen und, was schwerer wog, nicht behalten konnte. Auch an diesem Abend vertrieb er sich die Zeit, mit einer Übersetzungs-App Malayalam-Englisch die Schriftzeichen zu scannen und die englische Übersetzung mit einer weiteren App ins Französische zu übersetzen.

„Wie oft willst du das noch machen?", fragte Ramesh, als er Leos Beschäftigung bemerkte.

„Bis ich mir merken kann, wie man die Buchstaben liest. Also noch fünfzig Jahre."

Ramesh betrachtete die Gewürzgläser und schob zwei zur Seite.

„Das ist Hindi. Andere Schrift, andere App."

Er drehte sich wieder zum Herd. Leo öffnete zwar die App für die Übersetzung Hindi-Französisch, die beiden separat stehenden Gläser erinnerten ihn jedoch an etwas Anderes.

„Du warst doch am Montag bei Eden. War Darren Welsh dann da? Ich meine", Rameshs Stirnrunzeln überging Leo, „am Sonntag habe ich ihn nicht gesehen. Wäre es nicht seine Arbeit gewesen, die Mülleimer auszuleeren? Das hat Hafsa gemacht, und sie sah wütend aus."

„Stimmt." Ramesh rührte eine Weile im Reis, ehe er, aus Leos Sicht wahllos, getrocknete Beeren in den Topf warf. „Am Montag ist Welsh mit dem Bus gekommen, als ich rüber zum Tagungshaus fahren wollte. Er hat die Gelegenheit genutzt, über die Polizei zu schimpfen." Er nahm den Topf von der Herdplatte und drehte sich zu Leo um. „Ich hatte das ganz vergessen, weil ich so sauer war, ihm überhaupt begegnet zu sein."

„Wieso hat er über die Polizei geschimpft?"

„Was weiß ich? Er hat gesagt, dass diese Ida Santer ihn zu ihrem Haus in Ostfriesland bestellt hat. Sie wollte ihm angeblich Geld geben. Und dann hat die Polizei ihn verhaftet und hat ihm erzählt, dass sie tot ist. Er konnte gar nicht verstehen, warum die Leute im Haus dieser Frau seinetwegen die Polizei gerufen haben."

„Warum sollte diese Sängerin ausgerechnet Darren Welsh Geld geben wollen?"

„So wie ich dieses Arschloch kenne – ja, Entschuldigung – hat sie das nicht freiwillig getan."

„Und du meinst nicht, dass die Kommissarin das wissen müsste?"

„Die ist von der Polizei. Da wird sie doch herausfinden können, was ihre Kollegen mit ihrem Mordopfer gemacht haben. Räum mal dein Spielzeug weg."

Sie hatten schon angefangen zu essen, und Leo hatte bereits ein halbes Glas Wasser zum Löschen getrunken, als Ramesh seinen Löffel ablegte.

„Weißt du was? Ich bin froh, dass ich am Wochenende keine Kurse bei Eden und Alaric gebe. Es ist nicht nur, dass ich sie nicht mag. Aber am Montag, als ich meine Sachen zusammengepackt habe, war mein Telefon in einem anderen Fach der Tasche."

„Du meinst, jemand wollte es stehlen?"

„Nein. Es war so, als hätte jemand damit telefonieren wollen. Weil es mit einem Code gesichert war, hat er das Ding wieder zurückgesteckt."

„Jemand kann die Taschen verwechselt haben."

„Auch möglich."

In der Nacht regnete es sich ein. Um fünf klingelte der Wecker. Ramesh zog die Vorhänge zurück, sah die nassen Scheiben und fiel wieder ins Bett.

„Schwimmen kann ich später noch", murmelte er. Leo rieb sich die Augen.

„Wieso schwimmen?"

„Das war Ironie, mein Muh. Das lernst du noch", murmelte Ramesh in sein Kissen und schlief schon wieder.

Auch Leo dämmerte wieder ein. Als er das nächste Mal aufwachte, schlugen die Tropfen stetig gegen die Scheibe. Es war fast sechs Uhr, und er wusste, dass er nicht wieder einschlafen konnte. Zweiunddreißig Jahre Aufstehen um sechs Uhr ließen sich nicht innerhalb eines Jahres löschen. Nachdem er dem

Regen eine Weile zugehört hatte, stand er auf und holte den Tablet zum Lesen. Ramesh ließ sich nicht stören.

Die Nordwest-Zeitung berichtete von einem Toten an der Hunte, nannte aber keinen Namen. Dafür erwähnten mehrere Artikel die ermordete Sängerin Ida Santer. Offenbar hatte sie in den letzten Jahren in Rhauderfehn gelebt, wo auch Christa Hemmen wohnte. Nach dem, was sie im vergangen Jahr mit dem Mörder einer alten Dame erlebt hatte, hoffte Leo, dass sie die Polizei ihre Arbeit tun ließe.

Nach dem Aufstehen hatte Ramesh eine kleine Runde im schwächeren Regen gewagt und kam nass und mit sandigem Schlamm bespritzt nach Hause.

„Als ich anfangs hier in Sandkrug war, fand ich es toll, dass es bei Regen so kühl ist und nicht alles in der Wohnung schimmelt. Wie während des Monsuns. Ich bin dabei, meine Meinung zu ändern."

„Also gehst du doch zurück nach Kochi?", fragte Leo leichthin, trotz des leichten Würgens in seinem Hals, und pflückte die nassen Kleidungsstücke von ihm.

„Nein. Aber wenn hier demnächst die Briten rausgeschmissen werden, musst du mich heiraten."

„Das überlege ich mir dann. Geh jetzt duschen, das Frühstück ist fertig."

Leo hatte schon eine Tasse Kaffee getrunken, als Ramesh erschien. Der schaumige Filterkaffee, den Ramesh mit zwei metallenen Gefäßen zubereitete, schmeckte ihm trotz seiner Stärke, doch er traute sich die Zubereitung, insbesondere das Abgießen, nicht zu. Wenn er den Kaffee kochte, verwendete er einen Porzellanfilter, den er weit hinten im Küchenschrank gefunden hatte. Preeta McPhelps war eine Vertreterin der Generation Teebeutel gewesen.

„Ich habe beim Laufen über Verschiedenes nachgedacht." Ramesh zog einen Pullover über. Er trank ein halbes Glas Wasser und ließ sich eine Tasse Kaffee einschenken. „Ich habe mich gefragt, warum ich so heftig auf Darren Welsh reagiere. Reagiert habe."

„Er hat dich als Kind verprügelt. Und du gibst ihm die Schuld am Selbstmord von diesem Freund deiner Mutter." Manchmal konnte man Bescheidenheit nur mit klaren Worten zeigen.

„Ich hatte mir eingeredet, dass ich mit allem, was mit meiner Mutter zu tun hatte, abgeschlossen habe." Ramesh betrachtete den Inhalt seiner Tasse, die er leicht hin und her schwenkte.

„Hast du das nicht?"

„Ich brauchte Darren Welsh nur anzusehen, und alle Erinnerungen waren wieder da. Und die Wut. Zum Glück komme ich nicht nach meiner Mutter." Sie sahen sich an, ein unausgesprochener Vergleich zwischen ihnen.

„Vielleicht nach deiner Großmutter", schlug Leo als Alternative vor. Ramesh zuckte mit den Schultern.

„Es klingt blöd, wenn man bedenkt, dass ich bei ihr gewohnt habe. Ich habe keine Ahnung, wie sie wirklich war. Sie hat mich wie ihren Gast behandelt. Nicht wie ihren Enkel. Als Kind hat es mich genervt, dass sie allen die Ehefrau des Offiziers vorgespielt hat. Als ob er jeden Tag zu Besuch kommen könnte. Natürlich kam er nie. Später habe ich mich gefragt, warum er sie in dieses Haus abgeschoben hat. Und warum sie irgendwann angefangen hat, diese Liebestränke zu verhökern."

„Kanntest du ... den Offizier?" Muh hatten keine Großeltern im Sinne der Welt. Der Simon McPhelps, dem Ramesh seinen Namen verdankte, hatte seine Rolle ebenfalls nicht wahrgenommen.

„Ich habe nicht einmal ein Bild von ihm gesehen." Ramesh winkte zu dem Schrank auf der anderen Seite des Zimmers. Es war ein breiter Bauernschrank, der zum ursprünglichen Mobiliar des Heuerhauses gehört hatte. Hinter der einen Schranktür standen Aktenordner, die andere hatte Leo noch nie geöffnet gesehen.

„In der Welt", sagte Leo vorsichtig, weil er nur wusste, was er im Laufe der Jahre aufgeschnappt hatte, „machen die Menschen Bilder von Verwandten und bewahren sie auf." Ramesh zog die Brauen hoch.

„Tun die Menschen in der Welt das?" Diesmal erkannte Leo die Ironie.

„Bestimmt hat deine Großmutter das auch gemacht." Er beobachtete Ramesh, der an seinem Kaffee nippte und abwesend auf die Tischplatte starrte.

„Das ist, was sie tatsächlich getan hat." Er stutzte. „Das war jetzt kein Deutsch, oder?"

„So etwas in der Art. Sie hatte also Fotoalben?"

„Ja."

„Gibt es die Alben noch?" Ramesh nickte, als sei ihm das unangenehm.

„Ich habe sie gefunden, als ich nach den ganzen Papieren gesucht habe, die man so braucht, wenn man einen Menschen beerdigen und den Besitz übernehmen möchte. Als ich hier eingezogen bin, habe ich alles, was sie anging, in die rechte Schrankhälfte gepackt. Außer den amtlichen Dokumenten habe ich mir aber nichts angesehen." Leo kam sich wagemutig vor, als er zu seiner Entgegnung ansetzte.

„Das solltest du nachholen. Ich meine, es könnte doch sein, dass du sogar etwas findest, was Aufschluss darüber gibt, wer dein Vater ist."

Ramesh stand auf und schloss die rechte Schranktür auf. Während Leo die Reste des Frühstücks wegräumte, packte er einen Ordner und ein Album auf den Tisch. Der Raum nahm ein intensives Aroma von Zedern- und Sandelholz an, das von mehreren großen Holzkästen auf den unteren Borden strömte.

„Du meinst, wir sollen uns das alles ansehen? Diesen Ordner habe ich angelegt, als ich ihren Nachlass geregelt habe. Bei den Unterlagen war nichts über mich oder ihre Tochter."

Leo zog einen Stuhl heran.

„Dann sehen wir uns nur die Fotos an."

Das Album begann in der Zeit, in der Preeta mit Nachnamen noch Sharma hieß und mit ihrer kleinen Tochter in London lebte. In den knielangen Kleidern der 1960er Jahre sah sie aus wie die Stars, deren Bildern Leo seit seiner Beschäftigung mit der Zeitung begegnete. Mary Sharma konnte laufen, als ihre Mutter den Namen McPhelps annehmen durfte. Mit dem Namen bekam sie die Verantwortung für die drei Kinder ihres Mannes, deren Mutter kurz zuvor gestorben war. Das Hochzeitsbild zeigte eine Braut in einem weißen Kleid neben einem Mann in khakibrauner Uniform. Es folgte die Versetzung des Offiziers nach Münster mit Bildern einer Preeta in durchgeknöpften Kleidern mit weitem Kragen. Von den älteren Kindern gab es nur noch wenige Bilder, dafür gab es umso mehr von Mary.

„Stell dich mal ans Fenster."

Wieder fragte sich Leo, was Menschen in der Welt antrieb, ihre Haare wachsen zu lassen. Er nahm ein Bild der etwa sechzehnjährigen Mary in Schuluniform und mit im Nacken zusammengebundenen Haaren aus dem Album und hielt es neben Rameshs Gesicht. An Stirn und Nase entdeckte er Ähnlichkeiten. Davon abgesehen, dass Ramesh mehr als doppelt so alt wie seine Mutter auf dem Bild war, schimmerte ihre Haut heller und ihre Haare waren wellig. Alle späteren Bilder stammten aus der Zeit, nachdem sie sich nach Hamburg abgesetzt hatte, und waren darauf angelegt, guten Willen zu wecken. Mary präsentierte sich mit Baby oder Kleinkind, und wirkte trotz der hautengen kurzen Röcke wie eine Madonna. Ein Mann war auf keinem der Hamburger Bilder zu sehen.

„Hier, das sind meine Mutter, Joe und ich in unserem ersten Haus in Kochi. Die Hauptmieter waren Amerikaner, und wir haben ein Zimmer mit zwei Australiern geteilt. In das Haus mit den Schweizern sind wir später gezogen, als Joe Arbeit in einer Bar für Touristen gefunden hatte. Da hatten wir dann ein Zimmer für uns."

Auch dieses Bild hatte ganz offensichtlich den Zweck, Geld loszueisen. Joe, ein für europäische Verhältnisse kleiner Mann, bevorzugte schrille Hemden, die jede Farbe aus seinem Gesicht saugten. Statt einer Hose trug er ein langes, nicht länger weißes Tuch um die Hüften. Er stand im Hof eines gelb angestrichenen Hauses, als wunderte er sich über seine Umgebung, die in ein besticktes Tuch gehüllte Frau neben ihm und über die Tatsache, dass man ihn fotografieren wollte. Seine Augen lagen tief in den Höhlen, die Wangen waren eingefallen, hellbraune Locken hingen verschwitzt in seinen viel zu weiten Kragen. Das Gewicht des Jungen auf seinen Schultern drückte seinen Oberkörper nach vorne.

„Das sind die Schweizer. Ich habe lange geglaubt, in der Schweiz tragen die Leute Mundu, dieses weiße Tuch, das meine Mutter und Joe auf dem Bild tragen. Später habe ich mal einen Film gesehen, da reisen die Hauptpersonen in die Schweiz. Die Schweizer sahen in Jeans und Pullover für mich ganz seltsam aus. Ich hatte vergessen, dass man in Europa Pullover braucht."

Zu diesem Zeitpunkt hatte Mary sich bereits Aditi genannt und sah nicht mehr so madonnenhaft aus. Ihre Kleidung war nicht so sauber, wie eine Mutter sich das bei ihrer Tochter gewünscht hätte, ihre Wangenknochen traten schärfer hervor, dass sie ihrem erwachsenen Sohn ähnlicher war. Auf den nächsten Seiten war plötzlich beinahe auf jedem Bild Darren Welsh zu sehen. Mit Besitzerstolz lag sein Arm um Aditis Hüfte, während Joe, einer Straßenratte zunehmend ähnlich, im Hintergrund lungerte. Es folgten offizielle Schulbilder von Ramesh aus Kerala und Sandkrug und wieder aus Kerala, eine kleine Klasse vor Motivation strotzender angehender Physiotherapeuten aus Bremen und eine Reihe Familienbilder aus Indien. Bei denen musste Leo genau hinsehen, um Ramesh in seiner Ersatzfamilie zu identifizieren. Sunita kannte er von Rameshs Skype-Gesprächen. Sie trug den weißen Sari einer Witwe, während ihre Töchter leuchtend bunte Shalwar zu engen Hosen bevorzugten. Die beiden jungen Männer, Ramesh und Sunitas Sohn, trugen identische Haarschnitte und sahen sich auch sonst sehr ähnlich.

„Ich weiß, warum du so genau hinsiehst." Ramesh sah Leo an. „Das sind die Bilder, die ich meiner Großmutter schicken sollte. Sunita wollte ihr zeigen, dass sie gut auf mich aufpasst. Ich habe kein einziges Bild von ihm mitgenommen. Und Kontakt habe ich nur noch mit Sunita."

„Das weiß ich doch."

Auch die übrigen Bilder waren Beweise, wie gut es dem Enkel im fernen Kerala ging. Sie zeigten Ramesh in weißer Arbeitskleidung oder im Anzug, immer mit kurzgeschnittenen Haaren, „In Indien musste ich mich nicht als Inder verkaufen", Ramesh mit Sunita vor einem Tempel, „Irgendjemand musste sie begleiten", Ramesh mit Kollegen in einem Park mit Palmen bei der Einweihung eines neuen Gebäudes des Krankenhauses.

„Ein Jahr danach tauchte meine Mutter bei mir auf. Ich habe ihr ein Zimmer bezahlt, ihre Schulden und ihre Arztrechnungen. Als sie tot war, habe ich die Rituale durchgeführt, die als notwendig galten. Außer Sunita wusste niemand, dass diese Frau meine Mutter war. Ihr Arzt fand mich großherzig." Ramesh lachte bitter. Dann sah er Leo an. „Ich weiß, dass es richtig war, nach Deutschland zu kommen. Allein schon, weil ich dich gefunden habe. Aber so viele Leute in meiner Vergangenheit sind einfach nur Abschaum. Und dann frage ich mich, ob ich nicht doch diesen ganzen Dreck weiter in mir trage. Und dass ich dich runterziehe. Du hast so viel für mich aufgegeben. Wofür? Dass die Polizei dich befragt, dass die Leute mit den Fingern auf dich zeigen. Und dann führe ich mich so auf, dass du ..."

An diesem Punkt endete Leos Geduld.

„Stopp. Halt den Mund und denk einmal nach."

Ramesh hielt den Mund, sah aber aus, als wäre er zu überrascht, um nachzudenken.

„Du solltest dir diese Bilder nicht ansehen, um in Selbstmitleid zu zerfließen. Hör weiter zu. Als Muh bin ich es gewöhnt, wenn die Leute auf mich zeigen. Ich bin auch nicht hier, weil ich geglaubt habe, dass das Leben mit dir einfach wird." Das stimmte, denn Leo war nicht in der Lage gewesen, auch nur bis zum Tag nach seinem Einzug in das Heuerhaus zu denken. „Nein, jetzt hörst du mir zu. Du bist das einzige, was ich je für mich gehabt habe, und du bist das einzige, was es wert ist, dass ich es für mich behalte. Und jetzt kannst du meinetwegen weiterreden."

Leo schöpfte Atem. Er war im Zweifel, ob er sich nicht zu viel Redezeit gegönnt hatte.

„Das habe ich nicht erwartet."

„Nein. Mein Gleichmut ..."

„Vergiss deinen Gleichmut." Ramesh musterte ihn beinahe besorgt, ehe er vorsichtig die Hand ausstreckte und ihm von der Schläfe zum Kinn strich. „Widersprechen bringt wohl nichts?"

„Gar nichts."

Ramesh nickte. Er schloss das Album und schob es von sich.

Martina Sevecke-Pohlen

Christa in Rhauderfehn

ALS CHRISTA AM FREITAGABEND IHREN EINKAUF INS HAUS TRUG, WAR SIE NOCH SO unentschlossen, was Justins Heiratsantrag anging, als hätte er sie gerade erst gefragt. Sie warf sich vor, nicht genügend über den Antrag nachgedacht zu haben, und ahnte, dass es nicht an fehlender Zeit gelegen hatte. Zwar hatten der Mord an Ida Santer und die Unterbringung der alten Frau Santer in einer Einrichtung von Crea. Heim und Pflege Arbeit verursacht, aber sie war an jedem Abend nach Hause gekommen und hätte notfalls unter der Dusche nachdenken können. Andere Frauen, gleichgültig was sie behaupteten, investierten Zeit und Energie in eine Hochzeit, Christa sah sich dagegen außerstande, auch nur zu überlegen, was sie empfand, nachdem Justin die vermeintliche Frage aller Fragen gestellt hatte.

Christa räumte die Ware in die Schränke, wusch sich die Hände und setzte Teewasser auf. Am Morgen hatte sie Nudeln gekocht und abgeschreckt in den Kühlschrank gestellt. Während das Wasser aufkochte, schnitt sie Gemüse klein, rührte eine Soße an und bereitete einen Nudelsalat zu. Eine kleine Portion füllt sie auf einen Teller ab, den Rest stellte sie in den Kühlschrank. Justin hatte immer Hunger, wenn er am späten Freitagabend eintraf. Ihr schlechtes Gewissen veranlasste sie nun, diesen Salat zuzubereiten, als sichtbaren Beweis, wie sehr sie an ihn dachte.

Mit der Teekanne und ihrer kleinen Salatportion setzte sich Christa auf die Terrasse. Sie benötigte einen Pullover, doch sie wollte frische Luft schnappen, nachdem sie den ganzen Tag im Büro verbracht hatte. Der Duft des feuchten Gartens machte es ihr schwer, klare Gedanken zu fassen und im Kopf zu halten. Sie blieb auf der Terrasse, bis es zu regnen anfing, dann flüchtete sie sich auf ihr Sofa und schrieb eine Tabelle mit Gründen für und gegen eine Heirat. Die Argumente sammelten sich auf beiden Seiten gleichmäßig an. Es war nach zehn Minuten nicht zu übersehen, dass sie sich um eine Entscheidung drückte. Genervt griff sie zum Telefon.

„Bea, ich kann mich nicht entscheiden. Möchte ich Justin heiraten?"

Bea antwortete nicht sofort.

„Ich glaube schon."

„Warum glaubst du, dass ich ihn heiraten möchte?"

„Du sprichst viel über ihn und lächelst dabei."

„Das reicht nicht."

„Oh. Ich dachte, das sei in der Welt ausreichend. Also gut. Liebst du ihn?"

„Ja. Schon." Christa hielt inne. „Das ist unfair, dass du mich das fragst."

„Warum?"

„Weil ich dir am Mittwoch erklärt habe, dass ein Beweis für Liebe aus religiösen Gründen fehlt."

„Religiöse Menschen heiraten doch auch."

Das traf zu, hatte aber nichts mit Christa zu tun. Sie dankte für Beas weise Worte, beendete das Gespräch und rollte sich auf dem Sofa zusammen. Justin machte das Frühstück. Das bewies, dass er in der Lage war, den Tisch zu decken, Pfannkuchen zuzubereiten und die Fettspritzer wegzuwischen. Er erinnerte sich, welche Marmeladen sie bevorzugte und brachte ihr regelmäßig Marmelade aus einem Hamburger Laden mit, den sie während ihres einzigen Besuchs bei ihm in der Hansestadt entdeckt hatten. Er machte ihr Geschenke, erzählte ihr in ihren Skype-Gesprächen von seinem Tag und fragte nach ihrem. Heidi machte weniger und vor allem weniger ätzende Bemerkungen über ihr Aussehen, seit Justin sie beim Kauf von Kleidungsstücken beriet. Heiratsgründe waren all das nicht.

Um ihrem Grübeln zu entkommen, kontrollierte Christa noch einmal Justins Zimmer. Sie beugte sich aus seinem Fenster, atmete die feuchte Luft und den irritierenden Duft, der von den Petunien in der Ampel neben der Haustür aufstieg. Ein Auto näherte sich, hielt aber zwei Häuser vor ihrem. Sie zog das Fenster wieder zu, kippte es und lief hinunter. Die Tabelle im Wohnzimmer sollte sie vor Justins Eintreffen wegräumen.

Gegen Viertel vor zehn, viel früher als sonst, fuhr ein Auto bis zu Christas Auffahrt und bog dort ein. Sie stopfte den Zettel mit ihren Argumenten endgültig in die Schublade, strich die Haare aus der Stirn und setzte ein Lächeln auf. Zwei Minuten später klingelte es.

„Ich wollte so viel früher kommen, und jetzt ist es doch nur eine halbe Stunde. Bei Bremen war ein Stau."

Justin lächelte zu ihr herab und küsste ihre Wange. Nachdem er die Haustür mit der Klinke geschlossen hatte, beugte er er sich zu ihr und nahm sie in den Arm. Christa erwartete einen braven Wangenkuss und war überrascht, dass er seine Lippen auf ihre setzte. Zwar war auch dies nur eine kurze Berührung, doch viel intimer als er es sich in den vergangenen zwölf Monaten erlaubt hatte. Überrascht von sich selbst hielt sie seinen Hinterkopf fest und küsste ihn langsam und warm. Als sie sich von ihm löste, schimmerte Erleichterung in seinen Augen. Sofort war sie wieder wachsam. Sie wollte keinesfalls Erwartungen wecken, die sie nicht halten konnte. Justin überreichte ihr das wöchentliche Päckchen.

„Es ist vielleicht nicht ganz das Richtige. Das musst du entscheiden."

Mit diesen Worten lief er die Treppe hinauf ins Bad. Wie so viele Frauen rüttelte Christa das auffallend kleine Päckchen, konnte die Geräusche jedoch nicht deuten. Im Wohnzimmer zerrte sie das rote Papier auseinander. Das Kästchen darin wies eine äußerst verdächtige Form auf. Mit angehaltenem Atem öffnete sie es und betrachtete beinahe erleichtert die Ohrringe. Bisher hatte Justin ihr nie Schmuck geschenkt. Erwartet, ja befürchtet hatte sie einen Ring. Doch Ohrringe waren akzeptabel. Sie atmete aus und nahm vorsichtig einen Ohrstecker aus der Dose, um ihn ins Licht ihrer Schreibtischlampe zu halten. Das zu einem Tropfen geformte Silber glänzte, der blaue Stein funkelte. Widerstehen konnte sie nicht. Sie nahm ihre Stecker aus den Ohrläppchen und setzte Justins Ohrringe ein. In dem Moment kam Justin in den Raum. Verlegen blieb er an der Tür stehen.

„Gefallen sie dir? Ich habe sie schlicht und elegant ausgewählt."

„Sie sind wunderschön Justin. Ich muss mich im Spiegel ansehen."

Der Badezimmerspiegel bestätigte ihre Erwartung. Die Ohrringe passten zu ihr, als wäre sie beim Kauf anwesend gewesen.

„Danke, Justin." Wieder küsste er sie ungewohnt lippennah.

Nach dem späten Essen saßen sie bei Kerzenlicht in der Küche. Justin hatte auch dem Alkohol abgeschworen, also tranken sie Wasser und lächelten sich nüchtern über den Rand ihrer Gläser an. Justin nahm ihre Hand.

„Christa, ich bitte dich, mir jetzt zuzuhören. Was ich zu sagen habe, ist kompliziert, und ich möchte es auf Deutsch so sagen, dass du mich verstehen kannst."

Besorgt musterte sie ihn. Da war eine Anspannung, die sie die gesamte Zeit gespürt hatte. Jetzt, da er sprechen musste, fiel ihm das Überspielen schwerer.

„Was ist denn? Hast du wieder Ärger mit der Ausländerbehörde?"

„Ja. Auch das." Er dachte nach, ehe er sie ansah. „Also, es sind mehrere Sachen, die ich dir sagen muss. Die Ausländerbehörde ist wieder einmal unzufrieden mit den Unterlagen, die ich vorgelegt habe, und auch mit meinem Einkommen im vergangenen Jahr. Sie meinen, dass ich zu wenig verdiene, um in diesem Land zu leben. Ich habe auf verschiedene Extrazahlungen hingewiesen, aber das ist trotzdem nicht so, wie sie das wünschen."

„Oh." Christa legte ihre freie Hand auf die Hand, die ihre hielt. Es war ihr unangenehm, dass in ihrem Land das Bleiberecht eines Menschen an der Höhe seines Einkommens festgemacht wurde, zumal Justin mehr verdiente als sie.

„Ähm, das kennen wir ja schon. Und bisher ist es mir immer gelungen, die Sachbearbeiter zu überzeugen. Warten wir ab. Dann hat mich heute Morgen mein Vater angerufen."

Justins Augen wurden dunkel, als er das sagte.

„Ist jemand in deiner Familie krank? Oder ..."

„Nein, nein. Zum Glück nicht so etwas." Er suchte nach Worten. „Normalerweise ruft mich meine Mutter an. Aber diesmal hatte mein Vater einen konkreten Grund."

Nach dem, was Christa aus Justins Erzählungen herausgehört hatte, bestand das Verhältnis des Vaters zu seinen Söhnen ausschließlich in Schulter klopfender Männlichkeit. Der Anruf so eines Vaters musste auch ein männliches Motiv haben.

„Mein Vater ist Mitglied einer nationalen Vereinigung von Geschäftsleuten. Ich bin nicht sicher, ob das alles die richtigen deutschen Bezeichnungen sind. Die Mitglieder der Ortsgruppe seiner Vereinigung treffen sich regelmäßig, reden informell über ihre Arbeit und tauschen sich aus. Auf so einem Treffen hat mein Vater von einem Freund erfahren, dass der dringend einen Direktor für die Finanzabteilung sucht. Der Freund hatte an mich gedacht." Justin machte eine Pause. „Ich muss mich bis nächste Woche Montag entscheiden."

„Kommenden Montag?" Die Bedeutung von Justins Bericht erschloss sich Christa tröpfchenweise und war noch nicht ganz bei ihr angekommen.

„Übernächster Montag, sagte mein Vater."

Zwischen Justins Augenbrauen stand eine Falte. Christa vermutete, dass der Vater noch anderes gesagt hatte, was wahrscheinlich sie betraf.

„Und hast du dich bereits entschieden?"

„Nein." Er räusperte sich. „Wie solche Entscheidungen es an sich haben, kommt sie in genau dem falschen Augenblick für mich." Verständnislos sah sie ihn an. „Ich habe dir doch gerade einen Heiratsantrag gemacht." Justin sagte das so geduldig, dass Bea Muh zufrieden gewesen wäre. Christa spürte, wie seine Hand ihre fester hielt. Sie sah auf ihre Hände zwischen den Gläsern und der Schale mit Kirschen.

„Jetzt hat sich die Ausgangslage geändert", sagte sie und überlegte, was sie damit ausgesagt hatte. Justin interpretierte anscheinend einen Vorwurf.

„Aber das braucht zwischen uns nichts zu ändern, Christa. Ich möchte dich heiraten. Die Frage ist nur, ob du dir vorstellen könntest, mit mir in die USA zu gehen. Falls ich das Angebot annehme."

„Warum solltest du das Angebot nicht annehmen?"

„Weil", er sah sich in der dunklen Küche um. Nur die Kerze spendete Licht und verbarg die großzügigen zwanzig Quadratmeter zwischen Schatten, „ich nicht sicher bin, ob diese Art Job das Richtige ist für mich. Ich habe ja extra bei der Bank gekündigt, weil ich meine christlichen Überzeugungen kompromittieren musste. Außerdem lebe ich gerne in Deutschland. Und solltest du dich entscheiden, mich zu heiraten, hätte ich ein unbefristetes Bleiberecht."

„Und was würde dein Vater sagen, wenn du das Angebot seines Freundes nicht annehmen würdest?"

Justin sah plötzlich aus wie ein kleiner Junge, der trotzig für sein Recht auf die Teilnahme an einer Geburtstagsparty kämpfte.

„Ich bin vierunddreißig. Wie alt soll ich werden, bis ich eigene Entscheidungen über mein Leben treffe?"

„Du glaubst also, dass er deine Entscheidung nicht akzeptieren würde."

„Er hat noch nie akzeptiert, was andere entschieden haben."

Obwohl sie mit so einer Einstellung gerechnet hatte, fühlte Christa ein Würgen um ihren Hals. Was das war, wusste sie nicht, vermutlich in gleichen Teilen ihre Angst, Justin zu verlieren, Angst, sich zu eng an ihn zu binden, und Wut über die Ablehnung seiner Familie.

„Was wirst du denn jetzt machen?"

Justin verzog den Mund zu einem gequälten Grinsen.

„Ja, das weiß ich eben nicht. Ich kann doch nicht einfach sagen, dass die Entscheidung bei dir liegt. Ich möchte das zusammen mit dir entscheiden, Christa."

Gleichgültig wie er es formulierte, Christa hatte das Gefühl, als fiele die Verantwortung auf ihre Schultern und bliebe dort in prekärer Balance liegen. Sie zwang sich zu einem Lächeln und streichelte Justins Handrücken.

„Das werden wir."

Die nächsten Minuten saßen sie schweigend am Tisch, jeder in seine eigenen Überlegungen vertieft. Zu Christas Ärger schoben sich andere Gedanken in ihr Grübeln über eine Ehe mit Justin. Justin und sie schienen wieder durch ein Gewaltverbrechen gezwungen, sich mit einander und mit ihrer Beziehung auseinanderzusetzen. Vor einem Jahr war es seine Großmutter gewesen, nun Ida Santer. Hilfreich waren diese Gedanken nicht, doch sie zeigten ihr, dass sie mehr verband als gemeinsame Radtouren und regelmäßige Kirchgänge. Die Frage war, wie tief diese Verbindung ging.

Justins Hand schloss sich fester um Christas. Sie hob den Kopf. Seine Augen schimmerten dunkler.

„Christa, kann es sein ... Ist es möglich, dass ..." Er brach ab. In dem gelben Kerzenlicht hätten seine Wangen gerötet sein können. „Ich frage mich, ob du in dem vergangenen Jahr vielleicht ... Schließlich bist du ... Hast du eventuell in unserer Beziehung etwas vermisst?"

„Vermisst? Nein." Es erschreckte sie selbst, dass sie Sex nur theoretisch vermisst hatte. Das konnte ein Zeichen sein, dass sie Justin nicht heiraten sollte. Seine Wangen waren nun definitiv gerötet.

„Das erleichtert mich. Wenn ich jetzt zurückblicke, frage ich mich, ob meine Entscheidung, rein in die Ehe zu gehen, für dich in gewisser Weise eine Zumutung darstellt. Aber wenn du sagst, dass es okay ist ..."

„Was ist dann?", fragte sie nun doch gereizt. Justin holte tief Luft.

„Also, ich hatte mir überlegt, und aus diesem Grund wollte ich ja heute früher kommen, ob unter den Umständen ..." Er brach ab, sah sich in den Schatten um, fand dort aber keine Unterstützung. „Wir sind ja erwachsene Leute und treffen rationale Entscheidungen."

Tun wir das?, wollte Christa fragen, hielt sich aber zurück.

„Wenn du dir nun vorstellen könntest, mich zu heiraten, dann wäre es akzeptabel, glaube ich, wenn wir ..."

„Hast du diese Frage mit deinem Pastor besprochen?"

Christa hatte nicht beabsichtigt, scharf zu sprechen. Die langen Online-Gespräche mit dem Pastor seiner früheren Studentengemeinde, in denen Justin Fragen erörterte, die er aus Christas Sicht mit ihr besprechen sollte, ärgerten sie, seit sie davon wusste. Justin saß wie ein kleiner Junge vor ihr und umklammerte ihre Hand.

„Ja. Aber wir sind zu keiner Einigung gekommen. Ich konnte seinen Argumenten nicht bis zum Ende folgen. Christa, du weißt doch, dass ich dich liebe? Ich habe dich gebeten, mich zu heiraten. Gänzlich ohne Hintergedanken. Ich heirate dich weder für eine Aufenthaltserlaubnis noch dafür, dass du mich begleitest. Wenn es für dich wichtig ist, werde ich auch mit dir schlafen."

Zu ihrer Überraschung wurde sie wütend.

„Du brauchst keine Tatsachen zu schaffen, nur damit ich dich heirate. Und du sollst deine Überzeugungen nicht einfach über Bord werfen. Und du sollst mich nicht testen."

„Ich teste dich nicht."

„Okay, du testest mich nicht. Und jetzt?"

Er zuckte mit den Schultern und sah sie erwartungsvoll an.

Einige Stunden später wachte Christa auf, weil es ihre normale Zeit zum Aufstehen war. Sie beobachtete eine Fliege, die langsam die Runde um ihre Deckenlampe lief, ehe sie sich zur Seite drehte und überprüfte, was sie die ganze Zeit beschäftigt hatte. Neben ihr schlief Justin in einem weißen T-Shirt, das ihn selbst mit zerrauften Haaren korrekt gekleidet erscheinen ließ. Sie brauchte die Decke nicht anzuheben, um seinen übrigen Bekleidungsstatus zu kontrollieren. Gegen ihr Schienbein rieb der weiche Stoff seiner Pyjamahose.

Christa stützte sich auf einen Ellenbogen und betrachtete eingehend sein Gesicht. So sah sein Kompromiss zwischen Sex und Enthaltsamkeit aus. Er hatte in ihrem Zimmer geschlafen, in ihrem Bett, strickt auf seiner Seite der Matratze. Wenn nicht die Antwort an den Freund seines Vaters ausstünde, könnte dieser Zustand ein weiteres Jahr anhalten. Sie musste zugeben, dass sie dieses gemeinsame Aufwachen angenehm fand. Nach dreißig Jahren Ehe fühlte es sich vermutlich so an.

Sonntag, 4. Woche Juni

Amke in Rhauderfehn

Amke liebte Sonntage. Sie bewohnte allein das Haus ihrer Patentante, die kinderlos verstorben war. Die Räume des alten Hauses rochen nicht so sauber wie eine Krankenstation, in dem altmodischen Garten wucherten duftende Blumen und Kletterrosen verbargen den einen oder anderen Riss an den Nebengebäuden. Als allein lebende Frau hatte sie nur sich, an die sie denken musste und die sie verwöhnen durfte. Es half, dass ihre Mutter gerne backte und ihr bei ihren Besuchen Kuchen mitgab. So hatte Amke an diesem Sonntag vier Stücke Ostfriesentorte ganz für sich allein. Nach einem ausgiebigen Frühstück drehte sie eine Runde auf dem Fahrrad bis nach Burlage und kehrte am frühen Nachmittag angenehm durchblutet, aber nicht überhitzt in ihr kleines Haus zurück.

An diesem letzten Sonntag im Juni zeigte sich das Wetter in Ostfriesland wieder angenehmer als in anderen Regionen. Amke war bei Regen aufgewacht, doch der war Richtung Oldenburg abgezogen, und eine entschlossene Sonne schien zwischen hellgrauen Wolken. Der feuchte Boden der Gärten in der Dosewieke dampfte ein Aroma von Rosen und Geranien. Während hinter ihr der Wasserkocher zu rauschen begann, packte Amke einen Weidenkorb mit Beschäftigungsmaterial. Herrn Meinerts Fan-Album legte sie oben auf. Den Korb stellte sie auf einen Gartenstuhl, das Tablett mit Stövchen, Tortenstücken, Teller und Tasse platzierte sie auf dem Tisch. So ausgerüstet konnte sie einen gemütlichen Nachmittag verbringen.

Das erste Stück Ostfriesentorte erhielt ihre volle Aufmerksamkeit. Tamma Kehl legte die Rosinen immer schon am Donnerstag in Branntwein ein, wenn sie freitags die Böden für die Torte backen wollte. Samstags belegte sie die drei Tortenböden mit Branntweinrosinen, verteilte darauf Schlagsahne und verzierte den obersten Boden mit Rosinen und Sahneschnörkeln. Amkes Sonntagsstücke hatten genau die scharfe Süße, die sie schätzte. Nachdem Amke die erste Tasse Tee getrunken hatte, schob sie Teller und Tasse beiseite und hob das Album auf den Tisch. In Herrn Meinerts Jugend hatte es bereits Farbdruck gegeben. Sie kicherte über diese Erkenntnis, eventuell auch wegen der Branntweinrosinen, und vertiefte sich in die Jugendsprache der frühen 1980er Jahre.

Eine halbe Stunde später beugte Amke sich über ihren Weidenkorb und wühlte nach Schreibzeug. Anschließend gönnte sie sich ein weiteres Stück Torte und eine Tasse Tee, ehe sie eine Tabelle anlegte. Sorgfältig arbeitete sie jeden einzelnen Zeitungsausschnitt durch und notierte Datum, Ort, Anlass, Personen und Instrumente. Bis Amke Lust auf ein drittes Stück Torte verspürte, war sie zur Mitte des Albums vorgedrungen. Während sie die Sahne auf der Zunge zergehen ließ, überflog sie ihre Tabelle. Es waren erschreckend viele Daten, ein Muster konnte sie darin nicht erkennen. Versonnen spießte sie eine einzelne Rosine auf und hielt sie ins Sonnenlicht. Ida Santers Plattenfirma erwähnte in der umfassenden Historie ihrer Karriere in einem Nebensatz, dass 1985 Darren Welsh den regulären Schlagzeuger Mark Breuer nach dessen Autounfall ersetzt hatte. Er nahm an der Einspielung des Albums *Parallelwelt* teil und war auf dem Pressefoto der Präsentation des Albums zu sehen. Der Name alleine hätte wenig ausgesagt, doch Amke erkannte den Mann von Ida Santers Terrasse. Gerne hätte sie Frau Hahn oder Frau Hemmen nach deren Meinung zu dieser Entdeckung gefragt. Beide waren jedoch amourös beschäftigt. Frau Hemmens amerikanischer Freund verbrachte jedes Wochenende bei ihr, und Frau Hahn bemutterte einen Oldenburger Chemiestudenten, der seit vielen Jahren an seiner Abschlussarbeit schrieb und, nach Amkes Ansicht, nie fertig werden würde, solange Frau Hahn am Wochenende seine Wäsche wusch und ihm Essen für die ganze Woche mitgab. Amke pries noch einmal ihren unabhängigen Status und saugte die Rosine von der Gabelspitze.

Es lag auch an der Jugendsprache, oder dem, was die Redakteure der Zeitschriften dafür hielten, dass Amke die Lust an der Lektüre weiterer Ausschnitte verlor. Sie verzehrte ihr viertes Tortenstück, trank eine weitere Tasse Tee und hob ihr Laptop aus dem Korb. Wenigstens einige der Personen in ihrer Tabelle sollten es geschafft haben, in digitalen Zeiten Erwähnung zu finden.

Die Suche begann mit einer Enttäuschung. Der Gitarrist Peter Terveen war laut einer grob programmierten Internetseite über deutsche Musikhelden 1994 an Herzversagen gestorben. Amke übersetzte sich Herzversagen als Überlastung des Herzkreislaufsystems durch die Wirkung verschiedener Drogen. Sie schrieb das Todesdatum und den Link in ihre Tabelle und forschte weiter.

Der Schlagzeuger Max Breuer hatte 1999 eine Kneipe in Alsdorf bei Aachen eröffnet. Die *Aachener Nachrichten* erwähnten, dass er früher in der Band von Ida Santer war und auch den Unfall 1990 erlebt hatte. Amke vergewisserte sich, dass die Kneipe in Alsdorf noch existierte und laut Impressum der dazugehörigen Internetseite weiterhin von Max Breuer geführt wurde.

Über seinen Stellvertreter 1985, Darren Welsh, fanden sich nur sporadische Hinweise, die keinen Aufschluss über seine Aktivitäten zuließen.

Auf einer Seite mit flackernden Kerzen erfuhr Amke, dass Alexander Kluse, Idas Bassist, und Rico Reider, ein weiterer Gitarrist, bereits 1987 mit dem Auto auf einer Landstraße von der Fahrbahn abgekommen und gegen einen Baum geprallt waren. Amke übersetzte den Unfall als Folge überhöhter Geschwindigkeit unter Alkoholeinfluss. Die gleiche Seite informierte sie, dass ein Jahr später die Keyboarderin Susi Pleisner im Frankreichurlaub aus dem Fenster ihres Hotelzimmers stürzte. Auch dafür fand Amke eine Übersetzung.

Sie gönnte sich noch eine Tasse Tee. Wenn Ida Santer nach all den Jahren wieder Kontakt zu Darren Welsh gehabt und ihm sogar Geld versprochen hatte, war das sicher nicht aus ihrem Antrieb geschehen. Die wohlhabende Frau und der abgewrackte Darren Welsh hatten sich bestimmt nicht über Lachsröllchen und Bruschetta geeinigt, dass sie ihm Geld für eine Behandlung seiner ominösen Krankheit geben wollte. Ein Erpressungsversuch war wahrscheinlicher. In Ida Santers bewegtem Leben hatte es sicher mehr als nur ein Erlebnis gegeben, von dem die Öffentlichkeit nichts erfahren sollte. Amke war bereit zu wetten, dass die Polizei in Leer in diese Richtung ermittelte, zumal Welsh inzwischen auch ermordet worden war. Okko Lüken konnte bestimmt herausfinden, was im Leeraner Polizeipräsidium über Welsh vorlag.

Mit einer frischen Kanne Tee und einem Liebesroman lümmelte Amke sich auf ihren Stuhl und vergaß die Realität.

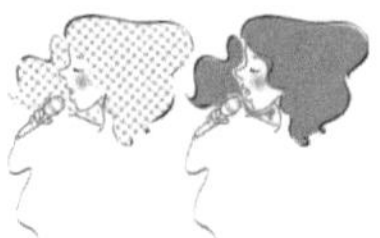

Montag, 1. Woche Juli

Eden in Sandkrug

EDEN HATTE SEIT FÜNF UHR IN DEM KÜHLEN RAUM GEPROBT. GERADE NAHM sie im Salon den ersten Tee des Tages zu sich, als Hafsa Kommissarin Riedrich in den Salon führte. Ungünstiger hätte die Frau nicht kommen können, auch wenn sie keine Polizistin gewesen wäre. Eden saß in der unattraktiven Aufmachung aus kurzärmeligen Jerseykleid und Strickjacke vor ihrem Frühstück und fröstelte immer noch. Sie zitterte so sehr, dass es ihr nur mit großer Konzentration gelang, den Becher Tee abzustellen. Frau Riedrich musterte sie kritisch.

„Geht es Ihnen nicht gut? Wir müssen das Zimmer von Darren Welsh genauer unter die Lupe nehmen."

Eden überflog den Durchsuchungsbeschluss. Die deutschen Wörter klangen streng.

„Brauchen Sie irgendetwas von mir?"

„Nein, aber Sie dürfen dabei sein."

Frau Riedrich schloss ihre Handtasche.

„Sie bekommen eine Durchschrift mit den beschlagnahmten Gegenständen. Ich würde Sie nachher gerne noch sprechen."

„Ich bin hier."

Eden wartete, bis die Frau den Raum verlassen hatte, dann schob sie ihren Frühstücksteller von sich, legte die Stirn auf die auf dem Tisch verschränkten Arme und dachte nach. Alaric war im Haus. Zumindest vermutete sie das, am Abend hatte sie ihn in sein Zimmer gehen hören. Es konnte kein gutes Zeichen sein, dass er nicht zu ihr kam. Erst nach Abzug der Polizei würde er wieder auftauchen, um Workshopleitern und Teilnehmern den charmanten Gastgeber vorzuspielen.

Sie richtete sich auf und sah durch die offene Tür in den Garten. Ein Mann in grüner Latzhose rechte Abfälle und Laub zusammen. Auf lange Sicht kostete der Gärtner weniger als Darren Welsh. Eden massierte beide Handgelenke und knabberte an ihrem kalten Toast, bis Frau Riedrich mit einem Durchschlag der beschlagnahmten Gegenstände zurückkehrte. Offenbar handelte es sich lediglich um Fotos und einige Dokumente.

„Kann ich Ihnen einen Tee anbieten?"

„Nein, danke. Ich muss Ihnen ein paar Fragen stellen."

Frau Riedrich ignorierte ihre Aufforderung, Platz zu nehmen. Langsam ging sie im Zimmer umher, dabei betrachtete sie Möbel, Bilder und Notenhefte, als hätte sie solche Gegenstände noch nie gesehen. Eden bemühte sich, ihre Ungeduld zu verbergen. Es wurde Zeit, ein angemessenes Kleid anzuziehen, ehe die ersten Reporter des Tages eintrafen.

„Eden Snowe ist nicht Ihr richtiger Name."

„Mein Künstlername, würde man in Deutschland sagen. Ich habe den Namen als Studentin angenommen, als ich anfing aufzutreten. Alle offiziellen Papiere sind auf diesen Namen ausgestellt."

„Ist das bei Ihnen im Land erlaubt?" Eden zuckte mit den Schultern. Sie lebte seit Jahrzehnten in Deutschland, wo die Menschen nicht einfach ihren Namen ändern konnten, aber Deutschland zählte offenbar nicht als ihr Land. „Wie ist Ihr Geburtsname?"

Sie zögerte, teils weil sie sich nicht spontan erinnerte, aber auch, weil ihr Zweifel an der Rechtmäßigkeit der Frage kamen.

„Melissa Moran. Ein rustikaler Name aus North Yorkshire, der nicht zu meiner Musik passt." Frau Riedrichs Augenbrauen deuteten Unverständnis an. „Französischer Barock ist meine Spezialität." Frau Riedrich starrte weiter, aber Eden hatte nichts mehr zu sagen.

„Wie lange kennen Sie Darren Welsh?"

„Seit er hier angefangen hat. Wie lange ist das her? Zwei, drei Wochen. Mein Mann kennt ihn von früher. Sie haben zusammen gearbeitet, als Welsh noch Musiker war."

„Was hat er Ihnen über sich erzählt?"

„Ich habe keine Zeit für Unterhaltungen mit Hilfsgärtnern. Mein Mann hat Welsh eingestellt. Er tat ihm leid. Alaric trifft oft emotionale oder irrationale Entscheidungen. Er ist ein Künstler."

Frau Riedrich entblößte ihre Schneidezähne, an denen blutroter Lippenstift klebte. An den Lippen selbst war der Lippenstift verwischt, als hätte sie erst nach dem Schminken gefrühstückt. Eden fragte sich, wessen Kehle die Kommissarin zerreißen wollte. Unwillkürlich legte sie eine Hand an ihren Hals.

„Wo ist Ihr Mann jetzt?"

„Er hatte gestern bis dreiundzwanzig Uhr einen Workshop. Wahrscheinlich schläft er noch. Ich sagte ja, er ist emotional. Da braucht er seine Ruhephasen."

„Wie kann Ihr Mann so arbeiten?"

„Er hat mich. Ich erledige die unangenehmen Aufgaben."

Frau Riedrich verzog das Gesicht und wechselte das Thema.

„Wussten Sie von Welshs Drogenproblemen?"

„Ich hatte den Eindruck."

„Wussten Sie, dass er krank war?"

„Nein. Schwer Krank?" Eden überlegte, was dieses Wissen geändert hätte.

„Hat er Sie um Geld gebeten?"

„Nein. Aber mein Mann hätte sich bestimmt überreden lassen."

Frau Riedrich machte eine Notiz.

„Wissen Sie, wer oder was Aditi ist?"

Eden beugte sich über einen schmuddeligen Brief in einer Plastiktüte. Das Datum war irgendwann im letzten Jahrhundert. Der dürre Zeigefinger der Kommissarin tippte auf eine Zeile. Eden entzifferte das krakelige Englisch. *„Du musst doch wissen, wo Aditi und das Geld sind.* Keine Ahnung." Während Frau Riedrich den Brief in ihre Handtasche packte, versuchte Eden sich zu erinnern, was Alaric ihr über Welsh erzählt hatte. „Im Zweifelsfall ist das eine Frau. Alaric sagt, dass Welsh überall Frauen hatte. Und wahrscheinlich auch Kinder. Er hat lange in Laos gelebt. Und in Indien."

Frau Riedrich hob den Kopf vom Verschluss ihrer Tasche.

„Indien? Hat er etwas mit diesem Inder, diesem McPhelps zu tun?"

Eden zögerte.

„Ich glaube nicht. Fragen Sie ihn selbst."

Mit einem Nicken verließ die Kommissarin den Raum. Eden seufzte tief und setzte ihre Schreibtischarbeit fort.

Amke in Rhauderfehn

„HABEN SIE AM FREITAG NOCH MIT ELSKE BRUMMA UND TJARD WOLDENGA GESPROCHEN?" Amke sah von ihren Unterlagen der Krisensitzung am Freitag auf. Herr Meinert hatte seine filzigen Haare im Nacken zusammengebunden. Wie bei einer Matte, um die man ein Gummiband gezogen hatte, sprang der Zopf unterhalb des Bandes zu einem Dreieck auseinander. Die Spitzen wippten an seinen Schultern, was in Amkes Augen obszön wirkte.

„Ja. Dieser Woldenga war schnell überzeugt, dass er eine Anzeige von Frau Santer nicht gebrauchen kann, gleichgültig, wie viel Geld ihm die Presseleute zustecken wollen. Aber diese Frau Brumma ist ein anderes Kaliber. Die meint, sie hätte mit den Santers noch ein Hühnchen zu rupfen."

„Frau Kehl, sagen Sie Frau Busboom, dass sie diese Frau Brumma auf einer anderen Etage einsetzen soll. Aber natürlich ist sie immer noch im Haus." Frau Hemmen kratzte ihre Augenbraue. „Wenn Sie nichts weiter zu Frau Santer und den Paparazzi haben, schlage ich vor, wir beginnen mit unserer Besprechung."

Amke fand Frau Hemmen an diesem Montagmorgen distanzierter als in den letzten Monaten. Vielleicht hatte sie Ärger mit ihrem Freund. Amke hatte ihn einmal gesehen und fand ihn ansehnlich, aber langweilig. So gesehen passte er zu Frau Hemmen, die alles andere als originell war. Andererseits konnte Frau Hemmen mit der gleichen Hartnäckigkeit, mit der sie Fakten verfolgte, auch abwegigen Ideen nachgehen und Zusammenhänge herstellen. Für einen langweiligen Mann war das möglicherweise zu anstrengend.

Durch den Mord an Ida Santer und den Ansturm der Reporter war in der vergangenen Woche viel Arbeit liegen geblieben. Verbissen arbeiteten sie sich durch endlose ungeklärte Fragen, bis gegen Mittag Frau Hahn meldete, dass Amke im Pflegedienst benötigt werde. Amke ging in ihr Büro, wo sie für eine Weile mit einer rechtlichen Frage beschäftigt war. Als sie diesen Punkt geklärt hatte, kam Frau Hemmen in ihr Büro.

„Störe ich? Ich dachte, wenn Sie jetzt Pause machen, können Sie erzählen, was es gebracht hat, dieses Fan-Album durchzusehen."

„Sie stören nicht. Kommt Frau Hahn auch?"

„Da ist sie schon."

Frau Hahn stellte ein Tablett mit frischem Kaffee und Salzkeksen auf Amkes Schreibtisch. Dankbar nahm sich Amke einen Becher.

„Also, es war verdammt langweilig, dieses Album durchzuarbeiten. Am Anfang war es noch interessant, aber nach einer Weile wiederholte sich alles. Ich habe da mal eine Tabelle angelegt. Die könnten wir zu Frau Hahns Tabelle hochladen, dass wir alle darauf zugreifen können."

„Mach ich nachher", versprach Frau Hahn. Sie und Frau Hemmen lasen Amkes handschriftliche Notizen durch. „Da ist ja dieser Welsh!"

„Ida Santer kannte ihn seit 1985."

„Er hat bestimmt nicht vergessen, dass er einmal mit ihr gearbeitet hat."

Amke reichte ein weiteres Blatt über den Tisch.

„Zweimal. Er hat mit Blemish Anfang 1985 das Album *Parallelwelt* eingespielt. Und er war im gleichen Jahr auf dem Life Aid Festival in Köln dabei. Ich habe aber nicht herausgefunden, ob er da in der Band war. Er ist auf den Fotos. Der richtige Schlagzeuger, Mark Breuer, hat gesagt, es sei eine der größten Enttäuschungen seines Lebens, dass er nicht an Life Aid teilnehmen konnte."

Frau Hemmen zeigte auf Darren Welsh, der 1985 genau so ausgesehen hatte, wie man sich gemeinhin einen Rockstar vorstellte.

„Wir wissen, dass er in Ida Santers Umfeld auftauchte, als sie auf dem Höhepunkt ihres Ruhms war. Aber das ist noch kein Grund, weshalb er sie jetzt erpressen sollte. Nur, aus Gutherzigkeit hat sie ihm bestimmt kein Geld geben wollen. Außerdem hatte er wenigstens bis letztes Jahr einen Job in Hamburg."

„Ach?" Interessiert sah Amke zu ihr.

„Ich habe ihn eben, nachdem die Besprechung zu Ende war, bei Facebook gesucht. Sein Name taucht bei einer Hamburger Firma auf, die Messestände baut. Auf der Facebook-Seite der Firma sind Bilder, wie die Stände einer Messe in Hamburg aufgebaut werden. Hier: *Fietje Hansen und Darren Welsh bauen Regale nach Spezifikationen des Kunden ein.* Das ist unser Darren Welsh letzten November."

Amke betrachtet das Bild auf dem Smartphone. Darren Welsh hielt Bauteile fest, die sein Kollege verschraubte. Seit den 1980er Jahren war ein Grauschleier über ihn gefallen. Selbst das Rot seiner Arbeitshose war davon betroffen.

„Warum hat er Hamburg verlassen? Bestimmt hat er erfahren, dass er krank ist. Und weil er eine teure Behandlung benötigt und bei Ida noch etwas gut hat, ist er hierher gekommen."

Frau Hemmen schüttelte den Kopf.

„Er hat sich in Sandkrug eingenistet. Da müssen wir nachhaken. Warum hat er nicht versucht, in Rhauderfehn bei Ida unterzuschlüpfen? Da hätte er mehr Druck aufbauen können."

„Außerdem wurde Darren Welsh mit einem Anruf nach Rhauderfehn zitiert, den Ida Santer nicht gemacht haben kann, weil sie da schon längst tot war. Also wusste er etwas über Ida, sie war bereit, ihm Geld zu geben, und eine dritte Person wusste von diesem Erpressungsversuch und hat ihn auf Idas Grundstück gelockt."

„Hat diese Person ihn auch getötet?" Frau Hahn sah in die Runde. „Immerhin ist er nicht hier ermordet worden, sondern da, wo er gewohnt hat. In Sandkrug. Das spricht zum Beispiel gegen diese Joy Hilbig."

„Man müsste wissen“, sinnierte Amke, „von wo er angerufen wurde. Das weiß aber nur die Polizei, und die wird uns das nicht einfach sagen.“

„Was sehen Sie mich so an?“ Frau Hemmen strich über den Kragen ihrer Hemdbluse. „Okko Lüken wird mir diese Information nicht geben, falls er sie hat.“

„Sie müssen ihn fragen.“ Frau Hahn nippte an ihrem Kaffee. „Wenn uns jemand verrät, wo sich der Anrufer aufgehalten hat, dann Okko. Gehen Sie mit ihm essen.“

Amke lehnte sich in ihrem Stuhl zurück. Okko sollte einmal beweisen, dass auch er nützlich sein konnte. Aus ihrer Sicht profitierte er am meisten von seinen Kontakten zu gut vernetzten Frauen.

„Wir müssen auch diese Fan-Alben weiter durchsehen. Darren Welsh hatte irgendetwas, mit dem er Ida erpressen konnte. Was das war, steht nicht in den Zeitungsausschnitten, sonst hätte er sie nicht erpressen können. Aber vielleicht fällt uns auf, was in den Ausschnitten fehlt: eine Unregelmäßigkeit, eine Unklarheit. Irgendetwas.“

„Na, da ist dieser Unfall.“ Frau Hemmen sah Amke an. „Leute sind dabei umgekommen.“

„Aber war Darren Welsh dabei?“

„Und wieso sollte Darren Welsh Ida mit dem Unfall erpressen?“ Frau Hahn stellte ihre Tasse wieder ab. „Wenn sie den Tourbus nicht eigenhändig gegen den Baum gefahren hat, weil sie vorher den Busfahrer mit Sex und Drogen ausgeschaltet hatte, gibt der Unfall doch wenig her. Bruch im Leben oder nicht.“ Sie stand auf und sammelte die benutzten Tassen ein. „Ich werde jetzt Amkes Tabelle abtippen und auf den Crea-Server hochladen.

„Ich hoffe nur, Herr Meinert fühlt sich nicht übergangen, wenn wir in seinen Fanalben nach der Lösung des Falles suchen“, bemerkte Amke und fühlte sich taktvoll.

Martina Sevecke-Pohlen

Hafsa in Sandkrug

Musik gehörte zu Hafsas Alltag, was nicht hiess, dass sie sich dafür begeisterte. Seit sie vor über einem Jahrzehnt in Eden und Alarics Haushalt gekommen war, begleiteten sie vom Aufstehen bis zum Schlafengehen unendliche Wiederholungen zerrissener Sequenzen. Sie selbst summte längst nicht mehr vor sich hin, wenn sie arbeitete. Stattdessen redete sie mit sich selbst und erinnerte sich kontinuierlich, dass ohne sie die beiden Spinner, wie sie ihre Arbeitgeber betitelte, in ihrem eigenen Müll untergehen würden.

Missmutig schleppte sie zwei volle Abfallsäcke zum Container hinter dem Haus. Der Gärtner kümmerte sich nur um den Garten. Er kam morgens für zwei Stunden, um Blumen zu schneiden und zu mähen. Abfälle auf dem Rasen sammelte er in großen Säcken, die er neben die Hintertür stellte. Die Säcke zu entsorgen, fiel Hafsa zu.

Die Klappe des Containers konnte sie nie in einem Gang öffnen. Sie stellte die Säcke ab und schob die Klappe ein Stück hoch. Eben wollte sie den Griff mit aller Kraft nach oben stemmen, als McPhelps mit dem Fahrrad ankam.

„Lass, ich mach das." Hafsa wartete, während er das Rad in den Unterstand stellte. Mit einem Handgriff öffnete er die Klappe und hob mühelos die schweren Säcke in den Container. „Warum musst du das machen?"

Sie sprachen immer Englisch miteinander. Hafsa beherrschte Deutsch, Eden hatte ihr sogar einen Sprachkurs bezahlt, doch Englisch war die Sprache dieses Haushalts und sie fühlte sich wohler darin. McPhelps Akzent erinnerte sie immer an ihre Eltern, auch wenn er sich bemühte, die Betonung der Silben dem britischen Muster anzupassen.

„Weil dieser Welsh tot ist, und der Gärtner sich für Müll zu schade ist." Aus dem Haus klangen die Beteuerungen einer Soul-Sängerin, dass keine Sonne schien, wenn der Geliebte fort war. Hätte sie nicht alle zwei Minuten die gleiche Zeile gesungen, hätte ihre Stimme geschmeichelt. „Diese Kuh heult schon den halben Vormittag ihren Liebeskummer heraus."

McPhelps lauschte.

„Wer ist das?"

„Eine kleine dicke Deutsche, die wahnsinnig viel redet. Und diese russische Lehrerin, die Alaric angeschleppt hat. Die mit der schiefen Schulter."

„Lydia?"

„Kann sein."

Er holte seine Tasche aus dem Unterstand. Hafsa nutzte die Gelegenheit, den Sitz ihres BHs zu korrigieren und das T-Shirt glatt zu ziehen. Ihr Aussehen interessierte ihn nicht, wie sie längst wusste, doch es war eine Frage des Prinzips.

„Und dann war heute wieder die Polizei da“, informierte sie ihn, als sie zum Haus gingen. „Oben im Zimmer von Welsh. Diese Kommissarin hat mit Eden und Alaric gesprochen, und anschließend war sie bei mir in der Küche. Als ob ich Zeit hätte, mit so einer Schickse zu reden. Die guckt mich jedes Mal an, als ob sie mich am liebsten ins nächste Flugzeug setzen würde, weil ich ihre kostbare deutsche Luft verpeste.“ An der Hintertür blieb Hafsa stehen und zwang ihn, ebenfalls stehenzubleiben. „War die auch bei euch?“

McPhelps konnte den Unmut in seinen Augen nicht verbergen.

„Diese Riedrich? Die war auch bei uns.“

Hafsa wertete es als verbindendes Element, dass sie sich beide über die deutsche Polizistin ärgerten. Hinter der Tür ging jemand über den Flur. Hafsa lauerte durch die Gardine, konnte aber nicht erkennen, wer es war. Vorsichtshalber wechselte sie zu Urdu, das sie als Kind mit ihren Eltern gesprochen hatte. Urdu verstand außer McPhelps und ihr niemand in Sandhatten.

„Eden hat der Polizistin erzählt, dass Alaric den Welsh von früher kannte. Ich habe es gehört.“

Er sah ebenfalls zum Fenster und wechselte zu Hindi. Gesprochen waren die beiden Sprachen so ähnlich, dass sie sich verständigen konnten. Hafsa fühlte sich immer in einen Bollywood-Film versetzt, wenn sie in ihrer Geheimsprache redeten.

„Hast du gelauscht?“

Sie hielt die Hände wie zum Salaam gefaltet unter ihr Kinn, als wäre sie eine altmodische Dienerin.

„Wenn meine Herrin nicht leise sprechen kann, ist es nicht meine Schuld.“ Die Hände wechselten zu ihren Hüften. Leicht zurückgelehnt, damit sie ihn ansehen konnte, grinste sie. „Natürlich. Ich muss wissen, was hier abläuft. Immerhin arbeite ich hier, und bis auf diese Sommermusikschule ist der Job ganz in Ordnung. Wenn Eden oder Alaric Scheiße bauen, will ich aber nichts damit zu tun haben.“

Er grinste ebenfalls, vermutlich wegen ihrer Ausdrucksweise.

„Und haben sie Scheiße gebaut?“

Sie schnaubte, wie sie es nicht von ihrer Mutter, und auch nicht von Eden, gelernt hatte.

„Wer weiß? Alaric lügt, wenn er den Mund aufmacht. Das habe ich schon ein paar Mal gemerkt. Er behauptet, er kümmert sich um die Schule, in Wirklichkeit fährt er nach Oldenburg oder Bremen und trifft da Leute."

„Leute?" Er hielt Leute treffen offenbar nicht für ein Zeichen von Lügen.

„Ja. Aber uns erzählt er etwas ganz anderes. Und Eden schnüffelt in seinen Schränken. Sie klaut seine Passwörter und sieht sich an, wem er Geld überweist und mit wem er chattet."

Nachdenklich blickte er über sie hinweg.

„Deswegen hatten sie letztens Streit."

„Ha! Du hast es auch gehört."

Er sah wieder zu ihr. Als sie ihm vor drei Jahren begegnet war, hatte sie diesen intensiven Blicken zu viel Bedeutung beigemessen. Inzwischen wusste sie, dass er in Gesprächen jeden so ansah. Die deutschen Frauen strömten in seine Kurse, weil sie sich so gut verstanden fühlten. Mit ihrem jetzigen Wissen konnte Hafsa darüber nur den Kopf schütteln.

„Praktisch alle haben es gehört. Die Frauen in meinem Workshop haben nur noch gekichert."

Hafsa wiegte sich leicht in den Hüften.

„Alaric war so wütend an dem Tag. Übrigens ist er an dem Abend, an dem Welsh ermordet wurde, noch einmal weggegangen."

Nun sah McPhelps sie direkt an. Wieder einmal bedauerte sie, dass er sich nicht für Frauen interessierte. Ihre Eltern hätten sich allerdings über einen Inder mit englischem Namen als Schwiegersohn aufgeregt, mehr noch als über einen Briten oder Deutschen.

„Weißt du wohin?"

„Zu der Frau, mit der er in der letzten Zeit immer telefoniert hat." Sie bemühte sich um ein unschuldiges Gesicht. „Oder zur Hunte."

„Red keinen Quatsch."

„Das ist kein Quatsch. Alaric hat in der letzten Zeit heimlich mit einer Frau telefoniert. Und am Dienstagabend ist er nach dem Essen weggegangen. Ich habe ihn nicht wiederkommen hören. Außerdem ist Welsh ihm immer hinterher gelaufen. *Du weißt, warum*, hat er gesagt. *Du bist mir das schuldig*. Das habe ich gehört, als er Montag wieder da war. Vorher war er in Ostfriesland. Die Fahrkarte lag im Mülleimer. Ich hab sie da gesehen, ehe die Polizei sie gefunden hat. Und jetzt ist Welsh tot."

„Dienstagabend war das heftige Gewitter. Wenn Alaric mit Welsh an der Hunte gewesen wäre, weshalb auch immer, wäre er klatschnass gewesen."

Details interessierten Hafsa nicht. Sie war nur froh, dass ihr jemand zuhörte, wenn sie sich den Frust von der Seele redete.

„Eden war auch nicht da. Der Polizistin hat sie gesagt, dass sie geprobt hat. Hat sie aber nicht. Sie hat das Auto genommen und ist weggefahren. Das macht sie öfters nachts."

„Mir sagt sie, dass sie vor Schmerzen kaum schalten kann ."

Hafsa verschränkte die Arme und hob ihr Kinn.

„Das sagt sie auch mir und Alaric"

Sie sahen sich an, und sie wusste, dass er das gleiche dachte wie sie.

„Such dir besser einen neuen Job in England." Er drückte die Tür auf, ging aber noch nicht ins Haus. „Und noch etwas, Hafsa: An deiner Stelle würde ich nicht so laut reden."

Im Flur sprach sie ihn noch einmal an.

„Du meinst, wegen Welsh?"

„Auch."

Er betrat seinen Übungsraum. Hafsa stand einen Moment im Flur, dann ging sie in die Küche, um die Erfrischungen für die Workshopteilnehmer vorzubereiten. Vor deren Pause musste sie sich auch noch als Dienstmädchen verkleiden

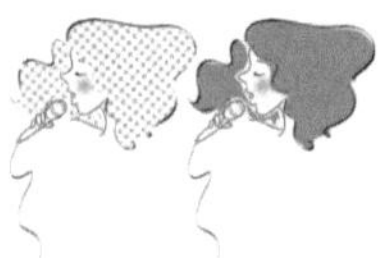

Dienstag, 1. Woche Juli

Leo in Sandkrug

DIE ANWÄLTIN DER GEMEINSCHAFT DER MINDEREN UND HEIMATLOSEN SASS an Beas Besprechungstisch, mehrere akkurat ausgerichtete Stapel Papier vor sich auf der Tischplatte. Bea Muh war an die Schmalseite des Tisches ausgewichen, eine Position, die Muh mieden, weil sie heraushob. Leo schätzte es gar nicht, dass er der Anwältin gegenüber sitzen musste. Sie hatte eine Art, ihn anzusehen, als verlangte er zu viel Aufmerksamkeit. Aus Gewohnheit schielte er zu Bea. Die lauschte konzentriert den Erklärungen der Anwältin. Er wünschte, es fiele ihm leichter, sich auf die gestelzten Sätze einzulassen. Immerhin ging es um ihn und seine Freiheit, den Schnitt durch das Band der Gesetze, das ihn noch an Edu Muh fesselte. In zwei Tagen würde er nach den Gesetzen der Welt ebenso entbunden sein wie nach dem Kodex der Muh. Er wäre wieder ein einfaches Mitglied der Gemeinschaft. Diese Aussicht sollte ihn anspornen zuzuhören. Es gelang ihm nur unvollkommen.

„Hast du noch Fragen?“, erkundigte sich die Anwältin. Sie setzte nie seinen Namen an das Satzende. Leo schüttelte den Kopf. Die Muh hob die Papiere des ersten Stapels hoch, klopfte die Schmalseiten gegen die Tischplatte und legte den exakten Quader in eine Mappe. „Kommen wir zum Ablauf am Donnerstag.“

Leo schielte wieder zu Bea, die gewissenhaft notierte, was die Anwältin vortrug. Von Inna wusste er, dass die Anwältin bereits am Vormittag mit Edu gesprochen hatte. Die Nachricht hatte Leo erleichtert. Es war ihm unangenehm, Edu zu sehen, wenn er sich auch einige Male gezwungen hatte, ihn auf der Krankenstation zu besuchen.

Die präzise Stimme der Anwältin beschrieb den Ablauf vor Gericht, nannte Namen und Paragraphen und kam zu einem unspektakulären Ende der Schilderung. Wieder sollte Leo Fragen stellen, wieder fiel ihm nichts ein, was er fragen wollte. Es war, als ginge es nicht um ihn, sondern um einen Muh, den er kaum kannte und dessen Schicksal ihm gleichgültig sein durfte. Bea sah ihn erstaunt über ihren Notizblock an. Vor ihr lag eine Liste Fragen, die die Anwältin geduldig beantwortete. Beide Frauen waren ein Muster an Gleichmut, bescheiden im Erscheinen, milde in der Sprache. Leo wünschte, er besäße ihre Fähigkeit, so vollkommen hinter seinen Aufgaben zurückzutreten und ansonsten mit dem Raum zu verschmelzen.

Nachdem auch der letzte Stapel in der Mappe der Anwältin verschwunden war, durfte sich Leo zurückziehen. Auf Innas Wunsch ging er in den Küchentrakt, wo die gemeinschaftlich genutzten Räume der Hausbewohner lagen. Inna saß mit Ann Muh und zwei jungen Muh an einem Tisch. Ann hielt ihr Baby auf dem Schoß und sah bis auf die rasierten Haare aus wie eine Werbung für junge Mütter. Seine Halbschwester Mirte trug ein hellbraunes Trägerkleid im Stil der Raerener Muh. In den Nachkriegsjahren hatte man dort Kleidung für die gesamte Gemeinschaft hergestellt, heutzutage produzierten die Muh in Liège Kleidungsstücke für besonders bescheidene Muh, während die meisten Kodexmeister in Geschäften der Welt einkaufen ließen.

Es war unhöflich, den Namen des Kindes zu erfragen, also ignorierte Leo das Baby in ihrem Arm und begrüßte Mirte. Das Raerener Hellbraun machte sie blass, und auch ihr Fürsorgepartner Albert sah müde aus. Sie unterhielten sich eine Weile, ohne recht zu wissen, worüber sie reden wollten, bis Leo verkündete, er müsse sich noch um die EDV-Anlage kümmern. Albert folgte ihm auf den Flur.

„Kann ich dich kurz sprechen, Leo Muh? Es wird nicht lange dauern."

Eher resigniert als gleichmütig nahm Leo ihn mit in den Serverraum. Während er die Zettel im SOS-Briefkasten, den er an der Tür angebracht hatte, durchging, saß Albert unauffällig in einer Ecke. Nachdem er einige Routineüberprüfungen durchgeführt hatte, wandte Leo sich an Albert. Der zog einen Umschlag aus seiner Jackentasche.

„Mein Bruder lebt mit Juli Muh in einer solidarischen Fürsorgegemeinschaft. Sie sind die Hufschmiede für Bastogne, seit Julis Eltern wieder im Zentrum leben. Die haben bis vor einem Jahr für zwei Zentren und die Bauern in der Welt die Pferde versorgt."

Leo schluckte gegen die Anspannung, die der Name des Zentrums ausgelöst hatte. Wortlos sah er zu, wie Albert den Umschlag anstarrte und schließlich auf den Tisch legte.

„Juli Muh ist eine Schwester von Edu Muh. Ich glaube, du hast sie nie getroffen."

Nichts was mit Edu Muh zu tun hatte, besaß Klarheit für Leo. Er wusste nur, dass Edu ursprünglich Bea Muh zugewiesen worden war, diese Zuweisung jedoch abgelehnt hatte. Der Kodexmeister war dann auf die Idee gekommen, ihm Leo zuzuweisen. Soweit Leo seine eigenen Motive damals nachvollziehen konnte, hatte er unbescheiden beweisen wollen, wie gleichmütig er hinnehmen konnte. Edus Beweggründe für die Annahme kannte er nicht. Sie hatten nie genügend Worte gewechselt, um Fragen von weit geringerer Bedeutung zu erörtern.

„Äh, Juli hat mir erzählt, dass du eine Entbindung erwirkt hast."

„Das war ...", Leo suchte vergeblich nach einem anderen Wort, „eine private Entscheidung."

Albert nickte automatisch, als habe er nur auf den Tonfall geachtet. Der war bescheiden genug gewesen.

„Juli versteht dich. Der Kodexwächter von Bastogne hat sie über Edu Muhs Zustand informiert. Sie möchte, dass er sich behandeln lässt. Darum hat sie mir einen Brief an ihn mitgegeben." Die Bescheidenheit des jungen Muh wich Verlegenheit. Er schob den Umschlag hin und her.

„Warum hast du ihm den Brief nicht gegeben? Du bist doch schon seit Freitag hier."

Die Hand an dem Umschlag schob langsamer, als benötigte Albert die Energie zum Denken.

„Bea Muh hat gesagt, dass Edu Muh keine Besucher sehen will. Und Inna Muh hat gesagt, dass ich den Brief einem Muh geben soll, der sich um ihn kümmert."

„Ich habe mit Edu Muh nichts mehr zu tun."

Alberts Hand bewegte den Umschlag nicht länger.

„Verzeih meine Worte, aber ich glaube, den Muh hier ist Edu Muh egal."

Leos Gewissen meldete sich.

„Ist es dir lieber, wenn ich dich begleite?"

Albert nickte erleichtert. Er trottete hinter Leo zur Krankenstation, wo Ruit Muh einen Schrank aufräumte. Erfreut überließ er ihnen den Raum. Albert überreichte seinen Brief, und Edu, nachdem er gehört hatte, dass seine Schwester ihm geschrieben hatte, öffnete langsam den Umschlag. Leo konnte sich nicht vorstellen, dass Juli Muhs Brief Edu beeinflussen würde. Solange er mit Edu verbunden gewesen war, hatte sie sich nicht gemeldet. Vor der Annahme der Fürsorgepartnerschaft, als Edu hin und wieder mit anderen Muh gesprochen hatte, hatte er erwähnt, dass sie mehr an Pferden als an ihm interessiert sei. Wahrscheinlich versuchte Juli nun, ihrem Bruder wie einem Pferd Befehle zu geben.

Edu Muh ließ sich mit der Lektüre Zeit, so wie er sich mit allem Zeit gelassen hatte. Um ihn nicht ansehen zu müssen, betrachtete Leo die Einrichtung der Krankenstation. Edu Muh war ihm so gleichgültig geblieben, dass er manchmal vergaß, wie er aussah. So vertieft war er, dass er zusammenzuckte, als Edu den Briefbogen auf den Tisch legte.

„Ich hoffe, Juli Muh hatte gute Nachrichten für dich, Edu Muh." Albert war anzusehen, wie gerne er gegangen wäre. Edu starrte weiter auf den Briefbogen.

„Juli Muh will, dass ich mich in eine Klinik begebe." Er überlegte. „Sie meint es gut."

„Nun, wer, wenn nicht deine Schwester ..." Albert hatte offenbar vergessen, was Schwestern zu klaren Worten berechtigte. Edu starrte auf den Brief, als überlegte er das ebenfalls. Nach fünf Minuten Schweigen stand Leo auf.

„Mirte wartet auf dich", sagte er zu Albert, der aufsprang und zur Tür lief. Leo folgte ihm langsamer. Er brauchte keine Ausrede mehr, um zu gehen. Aber er brauchte eine Begründung, damit Bea ihm eine Adresse überließ.

Christa in Leer

„ITALIENISCH, OSTFRIESISCH ODER GRIECHISCH?"

Okko gönnte ihr von seiner Höhe einen schmelzenden Blick. Es sei ein Glücksfall, dass er in dieser Woche Zeit für sie habe, hatte er Christa am Montag erzählt, und sie zum Essen in Leer eingeladen. Was seine Zeit so in Anspruch nahm, blieb offen.

„Man kann Ostfriesisch essen?" Das war die Frage einer Zugereisten. Okko grinste.

„Aber sicher. Vertraust du mir?"

„Total."

Er führte sie von ihrem Treffpunkt am Parkplatz an der Pferdemarktstraße zum Museumshafen, wo Holztische in der Sonne eingedeckt waren. Für ein Abendessen war es noch zu früh, die vom Sight-Seeing erschöpften Touristen an den Nachbartischen verzehrten Kuchen und Tee. Plastiktüten bekannter Ketten und exklusiver Leeraner Geschäfte standen um die Füße zahlreicher Gäste.

Christa bestellte ein Mineralwasser und einen Salat mit Putenfleisch, dem sie nichts ausgesprochen Ostfriesisches anmerken konnte. Okko fiel über gefüllte Garnelen her, als hätte er seit dem Vorabend nicht mehr gegessen.

„Ganz so dramatisch ist die Lage nicht“, beruhigte er sie, als sie ihn auf seinen Appetit ansprach. „Aber seit dem Frühstück hatte ich nur eine halbe Laugenstange. Die andere Hälfte liegt noch auf meinem Schreibtisch, falls Kollege Gerriet sie nicht geklaut hat.“

Sie bemitleidete ihn angemessen, und Okko, der seinen größten Hunger gestillt hatte, dankte. Sie plauderten über die Nachrichten des Tages, doch in diesen Tagen führte das immer zurück auf den Mord an Ida Santer und den Ärger mit den Journalisten rund um die Seniorenwohnanlage, in der Hinriette Santer untergebracht war. Christa beglückwünschte sich zu dem Gesprächsverlauf. Von Paparazzi, die von Bäumen in die Zimmer der Bewohner fotografieren wollten, zu Darren Welsh auf Idas Terrasse waren es zwei Sätze. Okko grunzte.

„Die kleine Schmeißfliege hat es ja inzwischen auch erwischt.“

„Stimmt es denn, dass er von Idas Telefon aus angerufen wurde?“

Er tupfte die Lippen mit einer Papierserviette ab und nahm einen Schluck alkoholfreies Weizenbier.

„Das stimmt. Als sie schon tot war.“

„Habt ihr herausgefunden, von wo aus?“

Nun musterte er sie nachdenklich. Christa ging davon aus, dass er wusste, dass ihr klar war, dass die Polizei in Rhauderfehn solche Untersuchungen nicht anstellte. Sie lächelte charmant und füllte ihr Glas auf.

„Die Kollegen in Leer wissen das bestimmt. So kompliziert ist das nicht“, informierte Okko sie.

„Aber du weißt es nicht?“

„Nein, Christa. Es gibt auch keinen Grund, weshalb ich das wissen sollte. Kleines Rädchen, das ich bin.“

„Aber ihr Polizisten in Rhauderfehn ...“

„Ich weiß es nicht, Christa.“

„Und wenn, dürftest du es mir nicht sagen.“

„Genau.“

Schweigend nahmen sie beide ein paar Happen zu sich, bis Okko der Kellnerin signalisierte, ein weiteres Weizenbier zu bringen.

„Es wäre natürlich einfacher, der Polizei zu helfen, wenn man genau wüsste, welche Informationen sie hat und welche sie benötigt“, murmelte Christa. Er sah sie über den Rand seines Glases an. „Ich meine jetzt die Öffentlichkeit. Nicht mich."

„Klar." Er dachte nach. „Für uns in Rhauderfehn wäre es auch gut zu wissen, von wo der Anruf kam. Falls wir vor Ort die Augen aufhalten sollten." Sie fuhr mit dem Zeigefinger über die Köstlichkeiten auf der Eiskarte. Okko nahm ihre Hand. Sie sagte sich, dass er ihre Hand ruhig halten durfte. Okko lächelte, das beruhigende Bild eines ostfriesischen Polizisten in nachtblauem Freizeithemd. „Es ist auch im Interesse von uns Kollegen vor Ort, dass ich morgen ein paar Telefonate führen werde. Versprechen kann ich nichts, vor allem nicht schnell."

Wenn er vorher noch die richtige Dame finden und zu einem Rendezvous überreden musste, konnten mehrere Tage vergehen. Christa war bereit zu warten.

„Du machst das schon, Okko."

Noch immer ließ er ihre Hand nicht los, im Gegenteil, er strich mit dem Zeigefinger über ihren Handrücken.

„Aber solltest du etwas herausfinden, was uns weiterhelfen könnte, sagst du mir Bescheid, Christa. Oder?" Da sie das im Prinzip vorhatte, fiel es ihr nicht schwer zu nicken. Er hob ihre Hand an die Lippen. „Wir beide können viel für die Öffentlichkeit erreichen, Christa. Hast du dir das schon überlegt?"

„Nein", musste sie gestehen. Okko seufzte unnötig tief.

„Ich könnte mir gut vorstellen, dass wir beide – du in deiner Position bei Crea. Heim und Pflege und ich bei der Polizei – einiges in Rhauderfehn bewegen könnten. Im Sinne der Gemeinde und ihrer Einwohner natürlich. Dienstlich wie privat." Sie konnte nicht so schnell denken, wie es der Situation angemessen gewesen wäre. Doch Okko war offenbar auch nicht daran interessiert, das Thema an diesem Spätnachmittag auszudiskutieren. „Denk darüber nach", säuselte er und empfahl einen Schwarzwaldbecher.

Martina Sevecke-Pohlen

Christa in Rhauderfehn

Die Laptop-Kamera verzerrte Justins Züge, doch Christa erkannte sofort, wie bestrebt er war, keine Frage zu stellen, die sie als Drängen hätte interpretieren können. Sein Arbeitstag war angenehm gewesen, die Kollegen nett, die Gespräche mit den Kunden lehrreich. Christa hatte den perfekten Tagen zu misstrauen gelernt. Es waren die Tage, an denen es Ärger gegeben hatte, Ärger, den er von sich aus nicht ansprechen würde und den sie, weil er nicht erwähnt wurde, ihrerseits nicht ansprechen konnte. Als sie ihre jeweiligen Arbeitstage im Detail durchgingen, hörte sie aus Justins Schilderungen jedoch nichts, was problematisch klang. Ihren Abstecher nach Leer brauchte sie nicht zu erwähnen. Die beiden Männer kannten sich flüchtig vom letzten Jahr, als Okko in, wie Christa manchmal befürchtete, letzter Sekunde in der Küche von Justins Großmutter aufgetaucht war, um den Mann mit dem Gewehr auszuschalten.

„Mein Vater hat heute Nachmittag angerufen", erfuhr sie nebenbei, nachdem Justin ihr den Besuch in der Ausstellung eines Kunden beschrieben hatte. Sie rechnete nach. Bei neun Stunden Zeitverschiebung zu Westkalifornien hatte Justins Vater sich vor der Arbeit Zeit für ein Telefonat mit seinem Sohn genommen. Christa legte ein Lächeln auf, obwohl die Sorge ihr den Hals zuschnürte.

„Wie nett. Hatte er einen bestimmten Grund?" Sie schalt sich eine dumme Kuh, dass sie dieses Versteckspiel mitspielte. Justin spielte mit seinem Kragenknopf. Die Krawatte zog er immer gleich aus, wenn er nach Hause kam, das weiße Hemd hielt ihn noch eine Weile mit seinem beruflichen Leben verbunden.

„Ja. Er wollte wissen, ob ich mich schon entschieden habe. Das Angebot seines Geschäftsfreunds steht noch bis nächsten Montag, aber morgen ist wieder ein Treffen der Ortsgruppe seiner Vereinigung. Ich habe gesagt, dass ich noch verschiedene Aspekte klären muss, ehe ich antworten kann." Justin biss sich auf die Unterlippe. „Das hat er nicht gut aufgenommen. Ich soll nichts provozieren und bis zum letzten Augenblick warten. Mein Vater fürchtet, dass ich mir zu viel Zeit lasse."

Christa suchte nach einem Vorwurf in seiner Stimme, doch er lächelte nur wie jemand, der einen langen Tag hinter sich hatte und jetzt ein kompliziertes Gespräch nach Feierabend führte.

„Justin, ich ..." Sie selbst hatte auch noch nicht entschieden, ob sie ihn heiraten wollte oder sich eine Umsiedlung in die USA vorstellen konnte. Okkos Gesäusel, so absurd sie sein Gerede über ihren gemeinsamen Nutzen für Rhauderfehn fand, machte ihr die Entscheidung nicht leichter. Abwehrend hob er die Hand.

„Christa, sag jetzt nichts. Du musst mir keine Antwort liefern, damit ich meinen Vater gut stimmen kann. Ich neige dazu, das Angebot seines Geschäftsfreundes abzulehnen."

„Aber nicht meinetwegen?" Diese Verantwortung wollte sie keinesfalls tragen. Doch Justin lachte nur leise.

„Nein. Doch. Auch. Aber ich habe mir die Firma dieses Mannes im Internet angesehen. Allerdings, von wegen *Zeit lassen*, gerade eben erst. Ich glaube nicht, dass ich mich dort wohlfühlen würde. Ich hatte Gründe, weshalb ich meinen Job in der Bank gekündigt habe. Ich möchte nicht wieder in so eine Situation kommen. Meine ethischen Grundsätze und mein Glauben sind mir wichtig. Und du bist mir wichtig."

Sie wusste nicht, ob sie erleichtert sein sollte oder ob sich der Druck gerade verstärkt hatte.

„Ach, Justin, wenn wir nur alles von Angesicht zu Angesicht besprechen könnten." Er kam nah an die Kamera.

„Freitag komme ich so früh ich kann. Das verspreche ich." In Großaufnahme sah sein gerötetes Gesicht besorgniserregend aus. „Wir sollten unsere Beziehung auf eine neue, höhere Ebene heben."

Dieses Vorhaben klang alles andere als beruhigend. Noch eine Stunde nach ihrem Skype-Gespräch grübelte Christa über diese neue Ebene.

Mit einer Kanne Tee machte Christa es sich auf dem Sofa bequem. Der Abend sollte Ida Santer gelten, vielmehr den Erinnerungen ihrer Fans und den Berichten ihrer Zeitgenossen. Sie loggte sich auf dem Server von Crea. Heim und Pflege ein, wo Frau Hahn einen *Ordner* Santer angelegt hatte. Darin fand sie die Tabelle, in der alle Musiker, mit denen Ida Santer zusammengearbeitet hatte, aufgeführt waren. Frau Kehl hatte darin die Mitglieder der letzten Band vor dem Unfall markiert. Christa klickte sich durch die Tabelle. Frau Hahn hatte eine Sammlung von Jugend- und Musikzeitschriften von 1980 bis 2000 angelegt, zum Teil mit Links. Christa probierte die Links aus, fand die Webseiten aber zu unübersichtlich. Die meisten hatten ihre alten Ausgaben nicht digitalisiert, auch nicht die hochklassigen Magazine, die online aussahen wie auf Fotopapier gedruckt. Die Zeitschriften ohne Links waren vermutlich längst eingestellt oder hatten ihre prädigitale Vergangenheit verdrängt. Suchmaschinen fanden die ersten drei dieser Zeitschriften nicht. Die vierte hatte sich zu Beginn des Jahrhunderts neu erfunden und befasste sich nur noch mit einer schmalen Nische extrem unabhängiger Musik. Die fünfte brachte Christa in ein düsteres Forum. Erschrocken stellte sie den Lautsprecher auf eine niedrige Stufe und suchte nach der Markierung für ihr Suchwort. Es tauchte mehrfach auf. Der Thread behandelte die Unterdrückung von ostdeutscher Jugendkultur, mit vielen Exkursen in die Biografien der Nutzer, auf die Christa gerne verzichtet hätte. Sie erfuhr aus der Diskussion, dass jene fünfte Zeitschrift ein Musterbeispiel der vom Kapitalismus erwürgten Zeitschriftenszene war, dass keine Zeitschrift jemals so radikal demokratisch gewesen sei, so vielfältig und gleichzeitig exklusiv berichtet habe und deshalb von den Schergen des Bürgertums so verfolgt worden sei. Sie hatte ihren Zeigefinger schon Richtung X bewegt, als ihr Blick auf den Namen Blemish fiel.

Blemish hatte Ende der 1980er Jahre einen neuen Weg eingeschlagen, las sie gefühlt zum hundertsten Mal. Aus eigenen Mitteln hatte die Band – hier fragte sich Christa, welche Mittel das gewesen sein sollten – eine Tour durch die noch bestehende DDR finanziert. Die Jugend feierte mit Blemish den Widerstand gegen Kapitalismus und Obrigkeitsdenken. Eine Verschwörung jener Kräfte habe den Unfall des Bandbusses herbeigeführt. Die Zeitschrift hatte über die Zusammenhänge berichtet, kurz bevor die Redaktionsräume einem Brand zum Opfer fielen, den die Versicherung auf alte elektrische Leitungen zurückführen wollte. Der Autor des Beitrags wusste jedoch aus sicherer Quelle, dass Skinheads aus Dresden die Verantwortung trugen.

Die Geschichte klang in Christas Ohren weit hergeholt, Harry würde sie jedoch gefallen. Sie kopierte die Internetadresse des Threads in Frau Hahns Tabelle. Dann las sie weiter und erfuhr, dass noch Exemplare der Zeitschrift antiquarisch erhältlich waren. Gleich beim ersten Link zu einem Marktplatz obskurer Zeitschriften entdeckte sie eine Ausgabe, deren Erscheinungsdatum drei Tage vor dem Unfall lag. Mit einem resignierten Seufzer investierte sie zwanzig Euro für ein zerfleddertes Exemplar. Harry wäre trotzdem glücklich, unabhängig von einem Bericht über Blemish. Dafür lohnte sich die Ausgabe.

Auch in einem weiteren Forum griffen die Nutzer die Thesen von Verschwörung und Anschlag auf Blemish auf. Es gab ein Foto des Artikels über Blemish in der DDR, offenbar der Artikel, über den sich die Nutzer des anderen Forums ausgetauscht hatten. Auch wenn die Beiträge bereits zehn Jahre online standen, berührte es Christa, dass die Träger fantasievoller wie vorhersagbarer Nicknames so intensiv Wunden leckten, die ihnen vor damals fast zwei Jahrzehnten gerissen worden waren.

Sie ließ sich das Bild von Blemish vergrößert anzeigen. Die meisten Gesichter waren verrauscht, doch es gelang ihr, Ida Santer zu identifizieren. Den Gitarrist

Peter Terveen konnte sie ebenfalls erkennen, den Schlagzeuger Mark Breuer auch und außerdem den zweiten Gitarristen Klaus Otto. Otto war laut Frau Hahns Tabelle bei dem Unfall umgekommen. Ein stämmiger Mann neben Ida war der Bassist Jimmy Hofer, der nach Frau Kehls Recherchen unter seinem bürgerlichen Namen Johann in München als Taxifahrer tätig war. Christa betrachtete den in verschwommenes schwarzes Leder gekleideten jungen Hofer, dessen Mähne bis an die Hüften hing. Auch für ihn war der Unfall ein Wendepunkt gewesen. Sie mochte nicht entscheiden, ob er jetzt besser lebte als vorher. Die übrigen Bandmitglieder ließen sich anhand des Fotos nicht erkennen. Sie zählte die Namen aus ihrer Liste und anschließend die Köpfe. Die Zahlen passten nicht zusammen.

Laut Liste waren siebzehn Personen in die dahinscheidende DDR aufgebrochen:

- Ida Santer, Sängerin (ermordet)
- Peter Terveen, Gitarre (1994 Herzversagen)
- Klaus Otto, Gitarre (1990)
- Bernd (Bingo) Lipinski, Gitarre (1990)
- Johann (Jimmy) Hofer, Bass (Taxifahrer)
- Mark Breuer, Schlagzeug (Kneipenwirt)
- Alaric Tudor, Keyboard/Piano (Jazzpianist)
- Rosanna Leary, Chor (1990)
- Lydia Fisch, Chor (unbekannt)
- Gianna di Ponte, Chor (italienische Schlagersängerin)
- Peter Dönhoff, Technik (unbekannt)
- Max Perlau, Technik (1990)
- Axel Elmer, Technik (1990)
- Martin Wersig, Roady (unbekannt)
- Hartmut Fiebigs, Roady (unbekannt)
- Thomas Kriesler, Fahrer (1990)
- Sabine (Biene) Mischke, Maske (Friseurin *Medusas Haupt* in Berlin)

Christa musste warten, bis ihre Zeitschrift geliefert wurde. Dabei wusste sie nicht einmal, was sie sich von den Gesichtern auf dem gedruckten Bild versprach. Da war nur dieses vage Gefühl, dass einer oder einige der Überlebenden etwas mit dem Tod Ida Santers zu tun haben könnten.

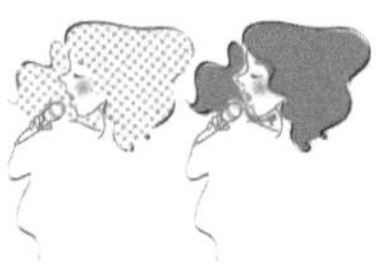

Donnerstag, 1. Woche Juli

Leo in Oldenburg

DAS FAMILIENGERICHT BEFAND SICH NUR HUNDERT METER VON DEM INGENIEURBÜRO im Bahnhofstraßenviertel, in dem Leo arbeitete. Angesichts des Termins am frühen Nachmittag hatte er erwogen, vormittags ins Büro zu fahren. Unabhängig voneinander hatten Bea Muh und Ramesh Versuche unternommen, ihn zu überzeugen, dass er an dem Tag Urlaub nehmen sollte. Das hatte er getan und war sogar mit Bea, der Anwältin und Edu nach Oldenburg gefahren. Es hatte Überzeugungskraft gekostet, aber Leo hatte seinerseits erreicht, dass Ramesh erst nach Beginn des Termins zum Gericht kam. Nun beobachtete Leo die Richterin, die Muh als Kuriosum ansah und deshalb mit besonderer Aufmerksamkeit studierte. Alles lief genau so ab, wie die Anwältin erklärt hatte, sogar der Grad der Verwunderung in den Augen der Richterin entsprach ihrer Vorhersage. Zwei Jahrhunderte der Abstimmung ihres Verhaltens auf die Launen und Gesetze der Welt hatten die Minderen und Heimatlosen zu stillen Experten gemacht.

Nach den schlichten Formalitäten der Entbindung erschien Leo die Aufhebung der Lebenspartnerschaft beinahe pompös. Den Menschen in der Welt hätte er eine musikalische Untermalung zugetraut, unterlegte man in der Welt doch beinahe jeden Schritt mit Musik. Die Richterin forderte jedoch keine Musik an, und in wahrhaft nüchterner Stimmung folgte Leo der Anwältin und Bea zur Tür. Im Flur konnte er bereits Ramesh sehen, als ihm einfiel, was er Bea hatte fragen wollen.

„Bea Muh, eine Bitte habe ich an dich."

Erstaunt drehte sie sich um.

„Ist das hier der richtige Ort, Leo Muh? Du weißt, dass du jederzeit zu mir ins Zentrum kommen kannst."

„Ich weiß." Sie standen einen Meter von der Tür entfernt, Ramesh wartete in dem gleichen Abstand im Flur. „Bea, es ist doch zutreffend, dass Edu Muh Briefe von seinem Freund aus der Welt erhalten, aber immer zurückgeschickt hat?"

Er konnte sehen, dass die Frage sie überraschte. Bea musterte ihn mit ihrer unübertroffenen Offenheit.

„Das ist zutreffend."

„Gib mir die Adresse des Mannes."

Bea überlegte. Sie maß sein Gesicht voll Geduld und Milde, und er spürte, wie alle anderen, Muh und Außenstehende zu ihnen sahen und sich fragten, was sie zu bereden hatten, das sie nicht im Flur besprechen konnten.

„Nichts bindet dich an Edu Muh."

„Die Tatsache, dass wir Muh sind, bindet mich. Ich möchte einen Akt der Solidarität tun, den ich nie leisten durfte."

Ihre Brauen bewegten sich minimal aufeinander zu, während ihre Augen in umfassender Geduld auf seinem Gesicht lagen.

„Bist du sicher, dass dein Vorhaben sowohl der Bescheidenheit unserer Gemeinschaft als auch den in der Welt akzeptablen Verhaltensweisen entspricht?"

Letzte Sicherheit fehlte ihm in beiden Fällen.

„Ja, das bin ich, Bea Muh."

Im Flur trat Ramesh bis zum Türrahmen vor.

„Und glaubst du, dass dein Vorhaben zu deinen neuen Lebensumständen passt?"

Auch davon war er nicht völlig überzeugt.

„Ja, das glaube ich."

Sie nickte langsam.

„Ich maile dir die Adresse, sobald ich im Büro bin."

Gesenkten Hauptes trat Bea auf den Flur, wo die Anwältin in unmuhischer Weise auf die Uhr blickte. Ramesh betrachtete die Muh aus dem Zentrum misstrauisch, ehe er Leo in Empfang nahm.

„Alles in Ordnung?"

„Ja."

Ramesh folgte ihm Richtung Treppenhaus. Er konnte nicht erwartet haben, dass Leo jubelnd aus dem Gericht kam, da er wusste, dass Muh, falls sie gehobener Stimmung waren, dies nicht in der Öffentlichkeit zeigten. Leo empfand vor allem Müdigkeit, als ob er ein Jahr lang nicht geschlafen hätte. Für ihn war ein weiterer Schritt getan, der ihn von Edu Muh befreite, aber es war noch nicht der letzte. An diesem Tag war er es Ramesh schuldig zu zeigen, dass er sich der Bedeutung der Aufhebung bewusst war. Auf der Treppe atmete er tief durch und sah zu ihm auf.

„Dafür habe ich einen Arbeitstag geopfert."

Ramesh ging zwei Stufen weiter, bis sie auf einer Höhe waren.

„Du hast einen Urlaubstag genommen. Das ist dein Recht."

Leo war gefühlsmäßig noch zu weit von dem entfernt, was er mitteilen wollte. Nun tastete er sich vor und fand es schwierig, sich auf die Worte zu konzentrieren.

„Ich weiß. Es ist nur so, dass ich mich frage, warum ich das alles überhaupt auf mich genommen habe. Warum es nötig war, neben den Traditionen der Gemeinschaft auch die der Welt zu achten. Warum ich mich von Gesetzen habe binden lassen, die die Freiheit meiner Gemeinschaft einschränken." Da Ramesh von den Freiheiten der Minderen und Heimatlosen nicht überzeugt war, schwieg er diplomatisch. Leo merkte, dass sein Mund lächeln wollte. Er ließ das Lächeln zu. „Immerhin bin ich jetzt nach diesen Gesetzen frei."

„Immerhin." Ramesh musterte ihn aufmerksam. „Und bist du zufrieden?"

„Ja."

Mit einem Seufzer, der vieles ausdrücken konnte, und einem halb amüsierten Kopfschütteln nahm er Leos Hand und ging die Treppe weiter hinunter. Erst im Auto fragte er nach dem Gespräch mit Bea im Verhandlungsraum. Leo dachte an Beas letzte Frage.

„Ich habe Bea um eine Adresse gebeten. Regst du dich jetzt auf oder soll ich erst zuhause sagen, worum es geht?"

„Sag einfach, was für eine Adresse es ist. Ich gehe davon aus, dass du dich nicht in ein anderes Zentrum absetzen möchtest."

„Nein. Auf keinen Fall." Ramesh sah aus, als hätte er sich das durchaus vorstellen können. „Es ist kompliziert."

„Leo. Sag es einfach."

„Es ist die Adresse von Edu Muhs Freund in der Welt."

Die kleinen Straßen des Bahnhofsviertels lagen hinter ihnen. Auf den breiten Innenstadtstraßen am Stau und am Staugraben floss der beginnende Feierabendverkehr zäh. An einer roten Ampel sah Ramesh zu ihm.

„Und gibt es einen Grund, warum du diese Adresse brauchst? Willst du ihm schreiben und sagen, *Hey, dein Ex ist wieder zu haben*?"

Leo betrachtete die Rückseite der Schlosshöfe. Er war nie in diesem Einkaufszentrum gewesen, und die Massen an Menschen aus der Welt, die um diese Stunde hinein- und herausquollen, gaben ihm das Gefühl, noch weiter entfernt von der Welt zu stehen, als er geglaubt hatte.

„Nein. So einfach ist das nicht."

„Schön, dass du das erkennst."

Die Ampel sprang auf Grün, und der Verkehr rollte bis zur nächsten roten Ampel. Leo suchte nach einer nachvollziehbaren Reihenfolge seiner Gedanken.

„Ich habe dir doch erzählt, dass Albert Muh einen Brief von Juli Muh dabei hatte."

„Albert, der Zugewiesene von Mirte, die deine Halbschwester ist. Und Juli wird französisch ausgesprochen. Warum muss ich jetzt an Viola Schuhmann-Schulz denken?"

„An wen?"

„An diese ehemalige Lehrerin von mir."

„Die, die jetzt immer zur offenen Sammlung kommt? Weil sie deine Französischlehrerin war."

Der geschwungene Zaun des Schlossgartens zog sich entlang der Straße. Wie durch ein Wunder gelang es Ramesh, nach links auf die Gartenstraße abzubiegen, ehe die Ampel wieder auf Rot sprang.

„Was hat Juli Muhs Brief jetzt mit dem Ex deines vormaligen solidarischen Fürsorgepartners zu tun?"

„Nichts, glaube ich." Die Häuser gegenüber dem Schlosspark beeindruckten Leo nach wie vor. Obwohl er seit vier Jahren in Sandkrug lebte, war er erst, nachdem er Ramesh kennengelernt hatte, in die eleganten Straßen am Schlossgarten gekommen. „Sie hat Edu gebeten, na ja, befohlen, sich behandeln zu lassen. Ich weiß ja nicht, was genau sie geschrieben hat, aber irgendwie sah es so aus, als würde er über ihren Brief nachdenken. Vielleicht würde er sich von diesem Freund aus der Welt überzeugen lassen."

„Vielleicht. Aber was, mein Muh, hast du damit zu tun? Wäre das nicht unbescheiden, dem Mann jetzt zu schreiben? Wie lange ist das alles her? Überlege mal, was sich in deinem Leben in der Zwischenzeit getan hat. Der hängt längst nicht mehr am Briefkasten, in der Hoffnung, dass Edu Muh sich herablässt, einen seiner Briefe zu beantworten."

Sie fuhren auf die Autobahn. Die Stadt lag unter ihnen, Tausende kleiner Häuser und düsterer Wohnblocks in engen Straßen. Auch Bea hatte gefragt, ob er nicht unbescheiden handelte, wenn er Kontakt zu Edus Ex-Freund aufnahm. Leo neigte zu der Ansicht, dass es unbescheiden war und zugleich notwendig. Seit er von Juli Muhs Brief wusste, überlegte er, ob er sich insgeheim vor dem Fremden rechtfertigen wollte. Ausschließen konnte er diesen Wunsch nicht.

„Manchmal muss man unbescheiden sein", erklärte er mit so viel Überzeugung, wie er aufbringen konnte. Ramesh sah ihn kurz von der Seite an.

„Von wem ist das?"

„Von mir. Warum lachst du? Das habe ich gelernt. Durch dich."

Ramesh hörte auf zu lachen.

„Mein schlechter Einfluss. Du bist wirklich nicht mehr so bescheiden wie früher. Allerdings glaube ich, dass ich an der Rezeption des Tagungshauses immer nur den offiziellen Muh erlebt habe. Und …

„Man kann aus Bescheidenheit Dinge tun, die einfach falsch sind. Das ist gegen das Wesen der Minderen und Heimatlosen, denn wir haben uns ja gegen den Gehorsam entschieden und für einen Verstoß gegen Gesetze, als wir uns dem Militärdienst im neunzehnten Jahrhundert verweigerten. Sonst hätten wir uns nicht in Neutral-Moresnet ansiedeln müssen. Wenn Edu Muh den Wunsch geäußert hätte, hätte ich es als Teil meiner Solidarität verstanden, mit ihm ein Bett zu teilen und … na ja, mit ihm Sex zu haben. Falsch wäre es trotzdem gewesen. Und wenn ich bescheiden gewesen wäre, hätte ich mich nicht verleiten lassen, dein Haus zu betreten und … ich weiß nicht … zu entdecken, dass es jenseits bescheidener Hinnahme Liebe gibt. Bis ich verstanden habe, dass ich dich brauchte, um wirklich ich zu sein."

Die Häuser fielen weg, zu beiden Seiten der Autobahn erstreckten sich Felder mit vereinzelten Bauernhöfen umgeben von Eichen. Das Land lag sanft moduliert unter der Nachmittagssonne, flach hätte Leo vor wenigen Jahren gesagt, bis seine an die Höhen der Eifel gewöhnten Augen die bescheidenen Steigungen der Wildeshauser Geest zu erkennen lernten. Nicht nur auf die Landschaft sah er inzwischen anders, auch auf sich. Das zu erklären, traute er sich jedoch nicht zu.

Ramesh stöhnte.

„Du hast ja angekündigt, dass es kompliziert wird. Aber …"

„Ich kann es kurz fassen, aber dann fehlen …"

„Am besten, du fasst dich kurz."

Die kurze Fassung bedurfte einiger Planung, unter der sie von der Autobahn abfuhren und einer Landstraße Richtung Sandkrug folgten.

„Damit ich dir voll und ganz, mit Haut und Haaren gehören kann, muss ich mit dieser Fürsorgegemeinschaft abschließen."

„Dazu passt noch mit Leib und Seele."

Leo ahnte, dass es Ramesh nicht nur um eine Sammlung von Klischees ging.

„Stimmt, das habe ich vergessen. Mit ganzer Seele kann ich dir nur gehören, wenn ich weiß, dass Edu Muh auch einen neuen Weg geht. Das ist in seinem Fall die Klinik. Auf Bea oder einen anderen Muh hört er nicht. Aber vielleicht auf seinen früheren Freund in der Welt."

Bäume und Häuser flogen vorbei, Mais und Kühe, Mähdrescher auf den Feldern. Durch das geöffnete Fenster kam ein Hauch von frisch geschnittenem Heu.

„Was ist, wenn Edu Muh auch nicht auf seinen Ex hört?"

An diese Möglichkeit hatte Leo schon gedacht. Er musste an eine Äußerung Ulf Muhs denken, die gewiss nicht für seine Ohren bestimmt gewesen war.

„Es gibt die Möglichkeit einer Zwangseinweisung."

„Wäre das denn für dich ein Abschluss oder hängst du dann weiter an diesem ... Muh?"

„Ich habe nie an Edu Muh gehangen. Und ich weiß nicht, ob das dann ein Abschluss für mich wäre", gab Leo zu. „Aber daran will ich jetzt nicht denken. Jetzt muss ich mich daran gewöhnen, dass ich auf dem Papier frei bin."

„Auf dem Papier bist du frei? Wer legt dir Fesseln an? Ich, weil ich dich heiraten will? Oder die Gemeinschaft? Du bist weder Bea Muh noch sonst jemand in der Gemeinschaft etwas schuldig. Vor allem musst du niemanden retten, ehe du dein eigenes Leben beginnen kannst."

„Ich will niemanden retten."

„Bist du sicher?"

Da Leo bei allem, was er seit er ins Auto gestiegen war, ausgeführt hatte, nur zu etwa achtzig Prozent sicher war, antwortete er nicht. Ramesh war offenbar froh, dass das Thema vorläufig abgeschlossen war. Er fragte nicht weiter, und so blieb bei Leo das Gefühl, dass dieser für ihn so wichtige Punkt weiter ungeklärt war. Er wollte keine Erlaubnis, doch wäre es ihm lieber gewesen, wenn Ramesh die besondere Verantwortung von Muh untereinander akzeptiert hätte. Es fühlte sich so an, als glaubte er nicht an Leos Liebe oder Loyalität, weil er den Minderen und Heimatlosen misstraute und damit einem zentralen Bestandteil von Leos Wesen.

Martina Sevecke-Pohlen

Christa in Rhauderfehn

CHRISTA VERMUTETE HINTER DEN ANRUFEN IHRER SCHWESTER LANGEWEILE. SEIT SIE nicht mehr bei ihren Eltern lebte, meldete Heidi sich nur, wenn sie Neuigkeiten mitzuteilen hatte. Nach ihrer Entlassung aus dem Krankenhaus rief sie jeden Nachmittag bei Christa an, wobei sie den Zeitpunkt immer so wählte, dass Christa gerade von der Arbeit gekommen war und sich noch nicht aufnahmebereit für die von Heidi bevorzugten Themen fühlte. Montag und Dienstag hatte Christa ihre Sticheleien ertragen, am Mittwoch hatte das Klingeln eines späten Paketboten als Ausrede dienen müssen, nicht über Justin und Heiratspläne zu sprechen. Am Donnerstag schien Heidi vom ersten schrillen *Hallo* darauf aus, Christa zu verunsichern.

„Hast du dich schon mit dem amerikanischen Gesundheitssystem auseinandergesetzt?"

Christa packte ihre Handtasche auf den Wohnzimmerboden und ließ sich auf das Sofa fallen. So schnell würde sie Heidi nicht abwürgen können.

„Nein", gab sie zu. „Wahrscheinlich erübrigt sich das auch." Sie hoffte, damit nicht zu viel gesagt zu haben. Bisher spielte Justin nur mit dem Gedanken, das Stellenangebot nicht anzunehmen. Am Morgen hatte seine Entscheidung noch ausgestanden, nachdem er sich mit ihrer Hilfe am Mittwochabend durch ein Formular der Ausländerbehörde gekämpft hatte. Justin fand es nicht ermutigend, dass Christa das Formular ebenso unverständlich fand wie er.

„Was soll das heißen?"

„Dass ich hierbleibe."

Heidi dachte kurz nach.

„Das heißt jetzt aber nicht, dass ihr euch gestritten habt?"

„Nein", antwortete Christa überrascht. „Wie kommst du darauf?"

„Bei dir weiß man nie", unkte Heidi. „Du schreckst alle gutaussehenden Kerle, die dich mögen, ab." Christa hielt es nicht für nötig, darauf einzugehen. „Aber gut, dann werdet ihr wohl demnächst heiraten?"

„Ich sagte doch, es ist nichts entschieden."

„Ja, ich versteh das. Denk aber bitte daran, dass wir alle eine rauschende Hochzeit erwarten. Druschka und ich haben uns für euch ganz schön in Unkosten gestürzt, da könnt ihr euch jetzt revanchieren."

„Was ..."

„Aber aufgeschoben ist nicht aufgehoben, wie Mutti immer sagt. Das gilt für Hochzeiten wie für das Umziehen in die USA. Deshalb musst du einfach darüber nachdenken, ob du da ins Krankenhaus gehen willst, um deine Kinder zu kriegen."

In diesem Augenblick empfand Christa eine unumstößliche Abneigung gegen Kinder und Schwestern. Von Justin konnte sie zwar nicht schwanger werden, Heidi jedoch auf humane Weise loswerden.

„Du, da kommt eine Nachbarin rüber. Ich muss Schluss machen und sehen, was sie möchte."

„Was kommt denn eine Nachbarin zu dir? Du ..."

„Tschüss, Heidi."

Erleichtert ließ Christa das ausgeschaltete Telefon in den Schoß sinken. Wenigstens hörte sie Heidis Stimme nicht mehr. Die Ideen, die sie ihr in den Kopf gesetzt hatte, blieben hingegen und führten ihr flüsterndes Eigenleben. Entschlossen stellte Christa das Telefon in die Ladestation. Sie brauchte ihr Abendessen, um wieder klar denken zu können. Während Nudeln und Soße vom Vortag als Auflauf im Ofen bräunten, fragte sie sich wieder, was Justin als höhere Ebene ihrer Beziehung sah. Er hatte sie schon gefragt, ob sie ihn heiraten wollte. Mehr als das konnte er nicht tun.

Okko Lüken sah offenbar kein Problem darin, Christa nach dreiundzwanzig Uhr anzurufen. Seine Entschuldigung für den späten Anruf klang plausibel.

„Heute Vormittag war ich in Ostrhauderfehn bei Idas Beisetzung, in offizieller Funktion. Alles im kleinsten Kreis, nicht einmal Frau Santer war dabei. Und die Journalisten, die davon Wind bekommen haben, konnten wir bändigen. Und heute Abend war ich im Auftrag einer gewissen Dame aus Rhauderfehn unterwegs. Jetzt komme ich direkt aus den Fängen einer frustrierten Kommissaranwärterin."

„Ach, du meine Güte. Bist du verletzt?" Er lachte tiefer und einschmeichelnder als sonst, als hätte er noch nicht umgeschaltet vom verführerischen Landpolizisten zum Dienstgeheimnisse ausplaudernden Ordnungshüter. Die Tonlage missfiel Christa. Zwar sollte er herausfinden, von wo aus Darren Welsh mit Ida Santers Telefon angerufen worden war, aber sie hatte nicht erwartet, dass er sich als ostfriesischer James Bond in die Boudoirs von Polizistinnen schmeichelte.

„Keine Sorge, Christa. Manchmal muss ein Mann tun, was ein Mann tun muss." Es half ihr wenig, dass sie keine Ahnung hatte, was ein Mann glaubte, tun zu müssen. Sicherheitshalber ignorierte sie seinen schalen Beruhigungsversuch.

„Und was hat dir die frustrierte Kommissaranwärterin erzählt?“ Wieder lachte er.

„Dass wir Ostfriesen so lustige Namen haben. Sie kommt aus Hessen, musst du wissen. Oder dass der Nebel hier so furchtbar ist.“

„Welcher Nebel?“ Die Frau aus Hessen verwechselte vermutlich Nebel mit dem Dunst, der morgens und abends über den Wiesen hing und manchmal über Landstraßen driftete. Nebel, das wusste Christa, seit sie in Rhauderfehn arbeitete, waren dichte Wolken, die sich über die Landschaft legten und alles Leben unter ihrem feuchten Schleier dämpften. Nebel hatte es seit mehreren Wochen nicht gegeben, und Christa hoffte, dass er erst wieder Ende August vom Rajen zu ihrem Haus wabern würde.

„Tja, das habe ich mich auch gefragt. Ich fürchte, ihr fehlt der Sinn für Ostfriesland.“

„So etwas soll es geben.“ Christa wartete, doch da er nicht weitersprach, musste sie fragen. „Wie war sie denn über die Handyortung informiert?“

„Erstaunlich gut.“ Okko zögerte die Erläuterung hinaus, doch als Christa den Mund öffnete, um nachzuhaken, sprach er weiter. „Darren Welsh wurde am Sonntag gegen elf Uhr von einer Autobahnraststätte an der A 29 nahe Wardenburg angerufen. Die Standortortung war aktiviert. Das Handy war vorher ausgeschaltet und wurde direkt nach dem Gespräch wieder ausgeschaltet.“

Christa rief sich die geografischen Gegebenheiten um Wardenburg in Erinnerung.

„Das kann nur die Raststätte Huntetal sein. Ost oder West?“

„Du meinst, welche Seite der Autobahn? Das weiß ich nicht.“

Christa hatte inzwischen auf ihrem Fußboden eine alte Papierkarte von Wardenburg und Umgebung aufgeschlagen.

„Okko, hattest du schon Gelegenheit, dir die Raststätte auf einer Karte anzusehen?“

„Nein. Warte, ich gebe Huntetal ein … Okay.“

„Darren Welsh hatte sich in Sandkrug bei Alaric Tudor eingenistet. Tudor ist ein früherer Bandkollege von Ida – und übrigens auch von Welsh.“

„Wieso weiß ich das nicht?“ Das konnte Christa nur vermuten. Die Ermittlungen passierten in Leer und Oldenburg, wo Rhauderfehner Interessen keine Rolle spielten. „Ah, da ist ja auch die Auffahrt Sandkrug.“

„Okko, guck auf die Karte. Die Auffahrt Sandkrug ist nordwestlich von Sandkrug. Weiter im Süden ist Sandhatten, ein Ortsteil von Sandkrug. Da hatte sich Welsh bei seinem ehemaligen Kollegen eingenistet. Aber von dort kommt man viel schneller zur Auffahrt Wardenburg. Und die Raststätte Huntetal liegt zwischen den beiden Auffahrten." Sie hörte sein Brummen.

„Hm. Man könnte einen Kreis fahren. Sandhatten, Auffahrt Wardenburg, Raststätte Huntetal, Abfahrt Sandkrug, Sandhatten. Oder umgekehrt."

„Genau. Und wenn man in Wardenburg auf die A 29 fährt, weil man auf die A 28 Richtung Ostfriesland möchte, kommt man an Huntetal vorbei und kann da in Ruhe ein Telefonat führen, ehe man weiterfährt."

„Du denkst an diesen Tudor? Wie war der Vorname noch mal?"

„Alaric. Ja, an den denke ich." Sie wog ab und entschied, einzelne Daten ihrer Sammlung weiterzugeben. „Wir, also Frau Kehl, Frau Hahn und ich, haben im Zuge des Schutzschirms von Hinriette Santer ..."

„Wovon?"

„Schutzschirm. Crea. Heim und Pflege muss die arme Frau doch vor der Presse beschützen."

„Aha?"

„Wir haben ein paar Daten und Namen aus Ida Santers Leben zusammengestellt. Das Material schicke ich dir gleich, okay?"

„Okay. Und, Christa? Denk bitte daran, wie es letztes Jahr gelaufen ist. Das möchte ich nicht noch einmal erleben. Und du bestimmt auch nicht."

Sie fragte sich, wieso er daran zweifelte.

Freitag, 1. Woche Juli

Eden in Sandkrug

Nur für McPhelps hätte sich die Mühe des Ankleidens nicht gelohnt, doch Eden brauchte eine Kompensation für ihren Ungehorsam. Nach der Probe am frühen Morgen hatte sie während des Vormittages nicht mehr gespielt, nur unterrichtet und dabei ihre Hände zum Zeigen, nicht die Finger zum Abspielen der Saiten verwendet. Trotzdem schmerzten ihre Handgelenke, und an der rechten Hand sah sie eine Schwellung.

Langsam drehte sie sich vor dem Spiegel, um den Sitz ihres Kleides zu begutachten. Der weite eckige Ausschnitt zeigte ihre Schlüsselbeine, die vor Jahren ein älterer Musikkritiker als göttlich bezeichnet hatte, die durchscheinenden Ärmel umspielten ihre Ellenbogen. Sie überlegte, ob sie Handschuhe überziehen sollte, entschied sich aber dagegen. Sie müsste sie in fünf Minuten wieder ausziehen, und dafür war die Prozedur zu aufwändig. Trotzdem nahm sie die Handschuhe mit nach unten. Die deutschen Gäste schätzten es, wenn sie zum Tee nicht nur ein elegantes Kleid trug, sondern ausgestattet mit Hut und Handschuhen erschien. Ihr Hut lag unten im Wohnzimmer. Wenn McPhelps fort war, konnte sie sich fertig anziehen und die Gäste der Nachmittagsworkshops zum Tee im Garten empfangen. Sie hoffte, dass er nicht darauf bestand, eine dieser stark riechenden Salben auf ihre Handgelenke aufzutragen. Tränen waren das einzige, das ihn im Zweifelsfall nachgeben ließ, aber Tränen ruinierten ihr Make-up, und die Teeparty begann gleich nach seinem Termin.

Auf ihrem Frisiertisch schlug die Uhr vier. Sie schloss mit zusammengebissenen Zähnen die Zimmertür ab und ging vorsichtig auf den absurd hohen Absätzen die Stufen hinunter. Über die Auswirkungen dieser Absätze auf ihre Rückenhaltung, ihre Schultern und auch ihre Handgelenke würde er hinweisen. Auf der Treppe stimmte sie ihm jedes Mal inbrünstig zu, vor ihm fühlte sie sich mit flacheren Absätzen wie ein kleines Mädchen. Im Flur begegnete ihr Hafsa, bereits in knielangem Schwarz mit weißer Schürze.

„Er ist da“, teilte sie lapidar mit und raffte sich zu der Höflichkeit auf, für Eden die Tür zum Salon zu öffnen.

Abgesang

Hinter ihr schlug die Tür zu. McPhelps hatte am Fenster gestanden und die Vorbereitungen für den Nachmittagstee beobachtet. Nun drehte er sich um und maß sie vom Haarknoten über den Spitzenbesatz zu den hohen Absätzen.

„Übertreibst du das koloniale Ambiente nicht?“ Damit meinte er nicht nur ihr Kleid. Eden seufzte tief, obwohl sie wusste, dass auch ihre Seufzer nicht mehr wirkten.

„Meinst du die Kellner? Ich wollte keine Indonesier, aber der Catering-Service hat sie einfach geschickt.“

In der Vorbesprechung hatte sie erklärt, dass sie hellblonde Kellner wünschte, die notfalls als englische Hausdiener wie in Fernsehserien durchgingen. Die schnippische Antwort der Dame vom Catering-Service hatte gelautet, sie könne keine Wunder vollbringen.

Ohne einen Kommentar setzte er sich an den Tisch. Mit klopfendem Herzen hielt sie ihm ihre Arme hin. Er sah die Schwellung genau an und bewegte ihre Finger. Das Knarren der Sehnen tat ihr mehr weh als die Bewegung.

„Du hältst mich wohl für blöd?“

Edens Kinn fuhr hoch.

„Wie meinst du das?“

„Ich weiß nicht, was du in den letzten Tagen gemacht hast, aber geschont hast du deine Hände nicht. Dir ist klar“, dabei sah er ihr direkt in die Augen, „dass die Entzündung so nur schlimmer wird. Ich kann dir nicht mehr helfen. Du musst zu einem Arzt.“

Wut, nicht zuletzt weil er recht hatte, nahm ihr den Atem. Ein indischer Bastard wagte es, ihr zu sagen, dass sie log und sich nicht an seine Anweisungen hielt. Er hatte ihr keine Anweisungen zu geben, schließlich war er nicht einmal Arzt. Wie auf Befehl sammelten sich Tränen in ihren Augen.

„Ich kann mir keine Pause wegen einer Operation leisten. Nächstes Frühjahr vielleicht. Solange musst du ...“

„Eden, ich muss gar nichts. Spätestens im Herbst sind die Knoten auf den Sehnen so dick und die Sehnenscheide ist so angeschwollen, dass du das Spielen vergessen kannst. Hör zu, es gibt in Oldenburg gute Handchirurgen. Und wenn du einen Spezialisten suchst, der die Probleme von Musikern versteht, kannst du in Berlin ...“

„Nein. Für so etwas habe ich keine Zeit. Du musst mir helfen.“

„Das kann ich nicht mehr.“

Er behauptete nicht einmal, dass es ihm leid tat. So viel Respekt sollte er ihr mindestens bezeugen. Sie lehnte sich zurück und musterte ihn, während er die rechte Hand massierte.

„Hast du Darren Welsh näher gekannt?"

Für Sekunden hielt er inne, den Blick weiter auf ihrer Hand.

„Nein."

Eden sah über seine Schulter in den Garten, wo die Teetafel inzwischen um Kuchen und Sandwichs ergänzt worden war. Das Geschirr des Catering-Services sah auf die Entfernung nicht so hässlich aus, wie sie befürchtet hatte. Ein stechender Schmerz ließ ihre Aufmerksamkeit zurückschnellen. Missmutig betrachtete sie den schwarzen Ansatz seiner zurückgebundenen Haare.

„Ich dachte, ihr kennt euch." Sie zwang unfreiwillige Tränen zurück und wartete, aber diesmal reagierte er nicht.

„Diese Kommissarin Riedrich hat in Welshs Zimmer ein Notizbuch gefunden. Da stand der Name deiner Großmutter drin. Und deiner."

„Ich weiß."

Wegen des Größenunterschieds musste er sich tief herunterbeugen. Außer der Stirn und den Haaren sah sie nichts von ihm. Die Stirn blieb glatt und wurde auch nicht dunkler. Bei Hafsa erkannte sie, wenn sie vor Wut glühte, andererseits war Hafsa ständig in diesem Zustand und nur eine Blinde konnte übersehen, wann sie wieder einmal kurz vor einer Explosion stand.

„Woher kannte deine Großmutter ihn denn?"

„Ich glaube nicht, dass sie ihn kannte." Das war die falsche Frage gewesen.

„Aber du hast ihn gekannt? Ich meine, ich habe euch einmal reden sehen."

„Daran erinnere ich mich nicht."

Sie war sicher, dass er sich erinnerte. Der Altersunterschied war groß, und McPhelps schien auf Männer in seinem Alter zu stehen. Aber eine Verbindung musste es geben, und Eden brauchte etwas, um ihn zu verletzen und dazu zu bringen, sie weiter zu behandeln.

„In dem Notizbuch stand auch der Name Mary McPhelps. Eine Verwandte deiner Großmutter, also angeheiratet?" Er ließ ihre rechte Hand los und nahm die linke. Ganz kurz sah sie sein Gesicht. Zufrieden überließ sie ihm ihre Hand. „Englische Verwandtschaft ist doch kein Makel."

Er legte ihre Hand auf den Tisch und sah Eden ins Gesicht.

„Ich habe andere Erfahrungen gemacht."

Seine Aufmerksamkeit war wieder bei ihrer Hand. Stiche schossen ihren Arm hoch. Auf ihr Zucken hin sah er sie kurz an, ohne seine Arbeit zu unterbrechen.

„Ich kannte Welsh ja kaum. Alaric hat früher mit ihm zu tun gehabt. Er sagt, Welsh war einmal Musiker. Schlagzeuger. Auf mich wirkte er unkoordiniert. Kommt das von Drogen?“

„Kann sein.“

„Er hat auch von einem Unfall gefaselt. So richtig zugehört habe ich nicht. Hat er erwähnt, wo er herkommt?“

„Ich habe nicht mit ihm gesprochen, Eden.“

„Ach, ich vergaß.“ Sie kalkulierte ihr Risiko und entschied, dass es sich lohnte. „Ich frage mich nur, warum dieses dumme alte Notizbuch so wichtig für Kommissarin Riedrich ist. Es ist ja schön, einen echten Gegenstand in der Hand zu haben, nicht nur eine Datei auf einem Telefon. Aber ich glaube, sie meint, wenn der Name deiner Großmutter da drin steht, und diese Mary und du – eine Schwester hast du nicht, oder? – dann ist Welsh wegen euch, also dir gekommen. Er hat etwas gesucht ...“ Sie überlegte, ob es wichtig war, dass der Brief, den die Kommissarin ihr gezeigt hatte, an Welsh und nicht von ihm war, „und vielleicht dachte er, du weißt etwas darüber.“

Sie betrachtete ihre Finger in McPhelps Händen. Sie ging ein hohes Risiko ein, wenn sie ihn während der Behandlung reizte. Vielleicht war er sich seiner Machtposition nicht bewusst. Aber diese arroganten Wogs glaubten immer, alles und jeden manipulieren zu können.

„Diese Riedrich hat auch einen Brief gefunden. Ein Wort darin konnte sie nicht lesen. Die Stelle hat sie mir gezeigt. Englisch war es nicht, jedenfalls kannte ich das Wort nicht. Aditi. Welsh suchte Aditi und Geld.“

Sie hatte weitersprechen wollen, aber der festere Druck seiner Hand zeigte ihr, dass er eine Vorstellung hatte, worum es in dem Brief gegangen war, gleichgültig wer ihn an Welsh geschrieben hatte.

„Polizisten sind überall gleich gestrickt. Geld ist für sie ein Motiv. Ha, da haben sie bestimmt recht. Vergisst man, wenn man bestohlen wurde? Oder wenn man betrogen wurde? Nein, das tut man nicht. Und nach ach so vielen Jahren, fällt einem ein, wer das Geld haben oder wo es versteckt liegen könnte. Ja, diese Macht hat Geld. Und Liebe ...“

Aufmerksam verfolgte sie, wie seine Augenbrauen kurz zuckten. Vielleicht bezog er ihre Bemerkung auf sich und seinen kleinen Freund, den er den komischen Leuten im Wald ausgespannt hatte. Aber dessen Sekte konnte nichts mit Welsh zu tun gehabt haben.

„Liebe", wiederholte sie ohne eine Vorstellung, wie sie weiterreden wollte. „Man kann Geld lieben. Wie eine Frau. Oder einen Mann", fügte sie großzügig hinzu, obwohl sie Männer immer als ungleich weniger faszinierend als Musik empfunden hatte.

„Die Riedrich könnte sich das mit dem Notizbuch und dem Brief so zurechtbiegen: Welsh war etwas weggekommen, Geld und Aditi, was immer das ist. Er wollte Preeta fragen. Aber die war schon tot. Da blieben ihm nur Mary und Ramesh. Die wollte er fragen. Und dann hat ihn jemand niedergeschlagen und ins Wasser geworfen. Das sieht doch so aus, als wolltest du oder diese Mary ihn loswerden."

Vorsichtig legte er ihre Hand auf den Tisch.

„Eden, du solltest aufpassen, was du sagst." Er stand auf und nahm seine Tasche vom Boden. „Ich werde diese Behandlung nicht fortsetzen. Die Gründe kennst du. Und was dein Gefasel angeht: Sei froh, wenn ich deine Workshops in dieser lächerlichen Sommermusikschule wie abgesprochen halte."

Sie war ebenfalls aufgestanden und starrte bockig zu ihm hoch. Die hohen Absätze halfen nicht, sie in eine autoritative Position zu hieven.

„Ich könnte dich feuern. Aber du brauchst das Geld."

„Feuer mich."

Sie zögerte und entschied sich, die Aufforderung zu ignorieren. Ihr helles Lachen klang in ihren Ohren nicht rein, aber ihm fiele das nicht auf.

„Ich liebe deine Scherze. Der trockene Humor muss vom englischen Teil deiner Verwandten kommen."

Er zuckte mit den Schultern und drehte sich zur Tür. Eden warf einen hastigen Blick aus dem Fenster. Die meisten Gäste waren bereits vor dem Pavillon versammelt und begutachteten aus höflichem Abstand die Kuchen, während die dunkelhäutigen Kellner Teetassen auf silberfarbenen Tabletts herumreichten. Schnell griff sie nach seinem Arm.

„Du nimmst doch meine Worte nicht ernst?"

„Genau das tue ich, Eden. Mach dir keine Sorgen, morgen früh komme ich zu den Entspannungsübungen im Garten. Und deine Rechnung bringe ich dir mit."

McPhelps öffnete die Tür und fand sich Hafsa gegenüber, deren harmloser Gesichtsausdruck unnatürlich auf ihrem geröteten Gesicht saß. Sie murmelte ein paar Worte, die Eden nicht verstand, er gab eine kurze Erwiderung und ging Richtung Hintertür. Sie hatte erwartet, dass er demonstrativ die Vordertür benutzen würde, doch wahrscheinlich stand ganz einfach sein Fahrrad hinter dem Haus. Hafsa war unterdessen eingetreten und zupfte die Tüllschleife an Edens glockenförmigen Strohhut zurecht.

„Was hast du zu McPhelps gesagt?“ Eden ließ sich den Hut auf ihre Frisur setzen. Hafsa zupfte weiter an der Schleife.

„Ich habe ihn begrüßt.“

„Das hast du vorher schon getan.“ Der Handspiegel lag auf dem Schreibtisch. Eden streckte die Hand aus, und Hafsa reichte ihn ihr. „Dir ist klar, dass McPhelps durchaus etwas mit Darren Welshs Tod zu tun haben könnte?“ Im Spiegelbild sah sie Überraschung in Hafsas Gesicht. „Er behauptet, er hätte Welsh nicht gekannt. Aber ich habe sie reden sehen.“

„Ich auch.“

Eden frohlockte.

„Du hast nicht zufällig auch dabei gelauscht?“

„Ich lausche nie.“

„Wie auch immer.“ Sie legte den Spiegel auf den Tisch und drehte sich zu Hafsa um. „Er lügt, wenn er den Mund aufmacht.“

„Tun wir das nicht alle?“

Eden zögerte. Hafsa stand mit gefalteten Händen vor ihr, als wartete sie auf eine Anweisung. In ihren Augen lag so viel Unschuld, dass Eden beinahe gelacht hätte, wenn sie nur sicher hätte sein können, wie Hafsas Bemerkung zu verstehen war.

„Bestimmt hat er auch der Kommissarin die Unwahrheit gesagt. Das dürfte die interessieren.“

Hafsa begann, Edens im Raum verstreute Strickjacke, Seidenschal und andere Kleinigkeiten einzusammeln und zusammenzulegen.

„Es dürfte sie auch interessieren, wer an dem Dienstagabend das Auto benutzt hat.“ Sie legte den kleinen Stapel Kleidungsstücke auf den Schreibtisch und zeigte in den Garten. „Ich glaube, Ihre Gäste warten.“

„Wir beide sprechen uns noch.“

Hoch erhobenen Hauptes segelte Eden aus dem Raum. Sie war sicher, in ihrem Rücken ein Kichern zu hören.

Martina Sevecke-Pohlen

Christa in Rhauderfehn

CHRISTA SCHOB IHREN EINKAUFSWAGEN VON DER KASSE WEG, ALS ES IN IHRER HANDTA-sche klingelte. Genervt kramte sie das Telefon zwischen Portemonnaie und Papiertaschentüchern heraus.

„Ich bin bei dir zu Hause. Wo bist du?"

„Einkaufen. Aber bezahlt habe ich schon. Bleib wo du bist, ich bin in zehn Minuten da."

Justin hatte zwar angekündigt, dass er an diesem Freitag früh kommen wollte, doch berufliche Verpflichtungen und der Freitagverkehr verhinderten regelmäßig ein frühes Eintreffen. Nun war er vor achtzehn Uhr da. Unsicher ob das auf gute oder schlechte Nachrichten hinwies, schob Christa den Einkaufswagen zum Auto. Sie hatte keine Pläne für den Abend gemacht und nicht einmal überlegt, was sie kochen sollte. Zum Glück war Justin pflegeleicht. In ähnlichen Notfällen hatte er auch schon die nächste Pizzeria angerufen.

Als sie zehn Minuten später vor dem Haus hielt, stand sein ordentlich geparktes Auto auf einer Seite des Carports. Er musste auf sie gewartet haben, denn als sie aus dem Auto stieg, kam er auf die Auffahrt, um die Einkaufskiste für sie ins Haus zu tragen. Wieder gaben sie ein schönes Bild für die Nachbarn ab. Christa folgte ihm in die Küche, wo der Tee schon auf dem Stövchen stand. Sogar an Rosinenstuten hatte er gedacht.

„Ich habe in einem der Orte hinter der Autobahn bei einem Bäcker gehalten. Irgendwie hatte ich im Gefühl, dass du noch nicht zu Hause sein würdest." Er lächelte verlegen, als sie sich reckte, um seine Wange zu küssen, nahm er sie in den Arm und küsste sie auf eine Weise, die, gemessen an ihren bisherigen Erfahrungen mit seinen Küssen, als leidenschaftlich bezeichnet werden konnte. „Lass uns deinen Einkauf einräumen und Tee trinken. Ich habe seit heute Morgen nichts mehr gegessen."

Justin schenkte Tee ein und reichte ihr die Butter für den Stuten. Schweigend trank sie ihre erste Tasse. Er verputzte in der Zeit mehrere Scheiben Stuten. Christa wartete angespannt.

„Ich habe heute morgen mit meinem Vater telefoniert", sagte er, nachdem er an seiner Tasse genippt hatte. Christas Anspannung wuchs. „Es war nicht erfreulich. Ich wollte ihm erklären, warum ich das Angebot seines Geschäftsfreunds nicht annehmen werde, aber er hat mich nicht angehört."

„Warum nicht?" Christa kam sich naiv vor. Die ganze Auseinandersetzung ging nur am Rande um Gründe.

„Weil er geredet hat." Justin machte eine ausholende Handbewegung. „Er meinte, er sei vor seinem Geschäftsfreund blamiert, weil er immer gesagt habe, ich wollte zurück in die USA. Ich sei undankbar, während er sich solche Mühe gibt. Ich hätte keinen Familiensinn. Was war da noch? Ach ja, ich hätte mir europäischen Schlendrian angewöhnt. Ich bin nicht sicher, was er damit meint, aber er glaubt wohl, dass ich hier nicht richtig arbeite." Mit einem Lachen wischte er seine Worte beiseite. „Ich hatte mich auf ganz andere Vorwürfe eingestellt. So gesehen habe ich Glück gehabt."

Christa betrachtete ihn zweifelnd.

„Was bedeutet das jetzt? Gut, dein Vater ist enttäuscht. Das war zu erwarten. Aber wenn du in Deutschland bleibst ..."

Justin zuckte mit den Schultern.

„... muss ich mich mit der Ausländerbehörde arrangieren. Das habe ich in der Vergangenheit auch getan."

Christa dachte an die Formulare, die nicht einmal sie verstand, an die Forderungen nach Kopien, Beglaubigungen, Stempeln und Unterschriften. Hinter all dem Papierkram stand die Drohung eines Entzugs der Aufenthaltserlaubnis, was eine Trennung zur Folge haben würde, und wenn sie ihm in die USA folgte, käme der ganze Papierkram erneut auf sie zu.

„Dann heiraten wir eben." Sie hatte es ausgesprochen. Justin machte ein überraschtes Gesicht. Sie fragte sich, ob er die Hoffnung bereits aufgegeben hatte. „Du hast mich vor zwei Wochen gefragt, ich bin dir die Antwort schuldig geblieben. Ich will dich heiraten, Justin."

Je öfter sie das sagte, desto mehr Gefallen fand Christa an einer Heirat. Justin konnte in Bremen, Oldenburg oder in Leer arbeiten, und es war gleichgültig, wie viel er verdiente, weil sie mit zwei Gehältern immer genug zum Leben hätten.

„Ich will dich nicht zwingen ..."

„Das tust du nicht. Ich will es. Heirate mich."

„Okay."

Das war nicht der Dialog, den sie sich vorgestellt hatte, wenn sie als Teenager überlegte, wie so ein Heiratsantrag ablaufen würde. Aus dem Hintergrund erklang keine Geigenmusik, nur die stampfenden Bässe aus dem Auto des Nachbarsohnes, der auf die Auffahrt seiner Eltern einbog.

Ohne Vorwarnung fiel die Spannung von ihnen ab. Justin bot an zu kochen, und kündigte nach einem Blick auf die Vorräte ein Menü an, das eine längere Vorbereitung verlangte. Während er sich in der Küche zu schaffen machte, drehte Christa eine hausfrauliche Runde, kontrollierte das Schlafzimmer, wischte durch das Bad und startete eine Maschine Wäsche. Erst als sie am Waschbecken im Hauswirtschaftsraum ihre Hände abtrocknete, erinnerte sie sich an die geplante Heirat. Sie lehnte sich gegen die Wand und sah der Waschmaschine zu, die eine Runde nach der anderen drehte. Ganz schwach nahm sie über dem Waschmitteldunst den Duft des Essens wahr. So könnte es von nun an immer sein, immer öfter, wenn Justin nicht sofort zu ihr zöge. Sie wusste nicht, ob die Behörden das von ihm verlangen konnten, wenn der Umzug gleichbedeutend mit der Aufgabe seiner Arbeitsstelle war. Andere Behörden, andere Schritte, andere Mitteilungen kamen ihr in den Sinn. Justin blieb nach wie vor Bürger eines anderen Staates. Bis er sie heiraten durfte, musste er weitere Dokumente vorlegen. Und auch sie müsste spätestens nach der Hochzeit zugeben, dass sie ihn geheiratet hatte. Erschrocken stellte Christa fest, dass sie das nicht wollte.

Ihre Mutter wäre entzückt. Sie mochte Justin, wenn er ihr wegen seines Berufs auch unheimlich war, aber er war so zuvorkommend, sah so gut aus und war so allein in Deutschland, dass Christa ihrer Mutter zugetraut hätte, ihn zu adoptieren. Ihr Vater hatte festgestellt, dass Justin wusste, wie man einen Grill anzündete, ohne dass die Nachbarschaft im Qualm erstickte. Solche Fähigkeiten beeindruckten ihn. Er hätte niemals zugegeben, dass ein Mann gut genug für seine Töchter war, aber Justin war akzeptabel. Heidi erhoffte sich von Christas Heirat Vorteile, die sie zu gegebener Zeit benennen würde. Bea würde gleichmütig abwarten, wie sich ihre Beziehung zu Christa ändern würde. Okko wäre verstimmt.

Der Duft aus der Küche hatte verführerische Ausmaße angenommen. Christa schlüpfte in die Küche und sah Justin zu, wie er in T-Shirt und Jeans am Herd stand und eifrig rührte. Seit sie ihn kannte, hatte er abgenommen. Er fand nicht genug Zeit zum Essen, und legte zu viel Wert auf gesunde Ernährung, um seinen Hunger mit Fast Food zu stillen. Zuwendung, nicht nur in Form von Nahrung, würde ihm gut tun.

Die Temperaturen waren seit der Wochenmitte wieder angestiegen. Lange saßen sie nach der Mahlzeit auf der Terrasse und sahen zu, wie über den Feldern der Himmel zu einem tieferen Blau wurde, auf dem nach und nach Sterne erschienen.

„Christa?“

Sie nahm über den Tisch seine Hand und versuchte, in der Dunkelheit sein Gesicht zu erkennen.

„Ja?“

Er räusperte sich. Als er sprach, hatte sich sein Akzent wieder eingeschlichen.

„Wenn wir sowieso heiraten, und jetzt schon in einem Bett schlafen ..." Sie wartete geduldig und hoffte, so viel positiven Gleichmut auszustrahlen wie Bea. „Also, ich bin der Ansicht, dass der Herr wohlwollend auf uns blicken würde, wenn wir uns entschließen sollten, uns auch vor der Hochzeit körperlich zu lieben."

Christa drückte seine Hand. Es war nicht der Zeitpunkt für lange theologische Erörterungen.

„Das würde er gewiss."

Hafsa in Sandkrug

HAFSA STARTETE DIE SPÜLMASCHINE. DIE KELLNER DES CATERING-SERVICES HATTEN das benutzte Geschirr mitgenommen, sie musste sich nur um die Gläser kümmern. Nachdem sie die Hintertür abgeschlossen hatte, wusch sie ihre Hände und zog eine Strickjacke über ihr schwarzes Dienstmädchenkleid. In diesem Haus kühlte es auch in den Sommermonaten ab, sobald die Sonne hinter den Bäumen verschwunden war. Sie zog kurz die Schultern hoch, ehe sie in den Gang trat und lauschte. Eden probte, Alaric unterhielt sich im Esszimmer mit der Dozentin für das Seminar am Samstagmorgen. Sie war der einzige Hausgast an diesem Abend. Hafsa hielt ihr Ohr an die Tür. Die Unterhaltung klang lebhaft, die Dozentin leicht angetrunken. Es war in Alarics Interesse, dafür zu sorgen, dass sie bald zu Bett ging.

Hafsa schlich in den Anbau. Die Musik interessierte sie nicht, aber sie nahm wahr, dass Eden ein Stück für die Weihnachtskonzerte ausgesucht hatte. Sie schaltete die Sprachaufzeichnung ein und platzierte das Telefon in einer Tasche ihrer Strickjacke. Dann öffnete sie leise die Tür zum Probenraum. Drinnen war es dunkel bis auf eine Lampe neben der Harfe. Die zugezogenen Vorhänge hielten das Mondlicht draußen. Eden trug das tief ausgeschnittene Kleid, das sie zum Abendessen getragen hatte. Hafsa blieb an der Tür stehen. Ehe das Stück beendet war, würde Eden sie nicht bemerken, und vorher durfte sie nicht gestört werden, wenn sie offen für ein Gespräch bleiben sollte. Nach, wie es Hafsa erschien, einer Ewigkeit nahm Eden die Hände von den Saiten. Hafsa gab ihr Zeit, ins Jetzt zurückzufinden, dann trat sie in den Lichtkegel der Lampe.

„Wir müssen uns unterhalten", teilte sie Eden mit. Die erhob sich und starrte sie an. Hafsa half ihr, die Strickjacke anzuziehen, dann füllte sie heißen Tee aus der Thermoskanne in den Becher und reichte ihn ihr. Eden nippte daran und stellte den Becher auf den Tisch.

„Worüber?" Also hatte sie sie wahrgenommen. Hafsa räusperte sich.

„Sie haben die Kommissarin angelogen." Edens sah zu ihrer Harfe, die Finger bewegten sich, Schmerz zuckte über ihr Gesicht. Nur der Tisch mit den Noten und der Thermoskanne war zwischen ihr und Hafsa.

„Habe ich das?" Ihre Stimme klang uninteressiert, doch ihre Hände rieben über ihre Unterarme.

„Das haben Sie. Am Abend vor Darrens Tod waren Sie nicht im Probenraum. Sie haben das Auto genommen und sind weggefahren."

„Du weißt, dass ich wegen meiner Handgelenke nicht Auto fahre."

„Sie fahren immer noch mit dem Auto. Erst heute Morgen. Ganz früh, als Alaric und ich noch oben waren." Eden stand nur da und rieb über ihre Unterarme. Hafsa hielt das Schweigen nicht aus. „Sie haben auch an dem Abend das Auto genommen und sind erst kurz vor Mitternacht zurückgekommen. Dann haben Sie die Waschmaschine laufen lassen."

„Das ist mein Haus. Und meine Waschmaschine."

„Ich weiß."

Eden zog die Ärmel über ihre Hände und begann, zwischen Tisch und Tür auf und ab zu gehen.

„Ich war an dem Abend in Oldenburg. In einer Apotheke mit Notdienst. Meine Schmerzen waren so stark, dass ich eine Salbe brauchte." Hafsa überlegte.

„Sie sind nicht bis Oldenburg gefahren. Es waren nur wenige Kilometer mehr auf dem Tacho als bei mir am Mittag. Erst habe ich gar nicht darauf geachtet. Aber ich hatte getankt und den Kilometerstand auf der Quittung notiert. Und das war ein anderer als der, als ich am nächsten Tag einkaufen wollte." Unter der dicken Wolle fiel das Zucken von Edens Schultern fast nicht auf, doch Hafsa beobachtete sie genau.

„Wenn du es sagst." Hafsa wartete, doch Eden war ausdauernd in ihrem Schweigen wie im Auf- und Abgehen. Ihre Geduld ließ nach.

„Sie hätten runter an die Hunte fahren, Darren Welsh niederschlagen und ins Wasser legen können." Eden brach in melodisches Gelächter aus.

„Der Idiot war mehr als einen Kopf größer als ich. Wie hätte ich ihn niederschlagen sollen?" Hafsa sah ein, dass ihr das nicht leicht gefallen wäre. „Sie standen höher als er. Am Ufer."

„Meinst du nicht, dass es der Polizei aufgefallen wäre, wenn ihn jemand wie ich niedergeschlagen hätte? Alaric ist etwa so groß wie Darren. McPhelps ist größer. Für den wäre es auch kein Problem gewesen, ihn zum Wasser zu schleppen." Darüber hatte sich Hafsa schon Gedanken gemacht.

„Wer sagt, dass es kein Problem war, ihn zum Wasser zu schleppen?"

"Du spinnst." Hafsa wartete. Nach einer Weile blieb Eden stehen.

„Warum erzählst du mir diesen Unsinn von dem höheren Kilometerstand?"

„Ich könnte ihn vergessen." Abschätzend musterte Eden sie, ehe ein charmantes Lächeln in ihre blassen Lippen zog. Vor zehn Jahren hatte Hafsa sich glücklich geschätzt, eine so schöne und großzügige Arbeitgeberin gefunden zu haben.

„Würden achttausend Euro ausreichen?" Die Summe war viel höher, als Hafsa gewagt hätte zu verlangen. „Gut. Du bekommst achttausend Euro. Nächsten Freitag. Das Geld ist festgelegt, ich kann es dir nicht sofort geben."

Sie war schon im Flur, als Hafsa auffiel, wie bereitwillig Eden ihr das Geld angeboten hatte. Doch ihr blieb keine Zeit zum Grübeln. Die Dozentin verließ gerade laut lachend das Esszimmer und stakte die Treppe hinauf. Hafsa ergriff die Gelegenheit, sobald die Zimmertür der Frau zugefallen war. Sie startete eine zweite Sprachaufnahme. Dieses Mal klopfte sie an, öffnete aber sofort die Tür. Alaric hatte sie nicht gehört. Den Kopf in eine Hand gestützt saß er mit dem Rücken zur Tür und drehte sein halbleeres Glas auf der Tischdecke. Hafsa räusperte sich.

„Oh, Hafsa." Er machte Anstalten aufzustehen, besann sich aber. Bei ihr war Höflichkeit unnötig. „Was kann ich für dich tun?" Sie ging um den Tisch, bis sie ihm gegenüber stand.

„Sie haben die Kommissarin angelogen." Er fuhr sich mit der Rechten durch die Haare.

„Habe ich? Weshalb sollte ich das tun?"

„Vielleicht, weil Sie an dem Abend, an dem Darren Welsh ermordet wurde, das Auto genommen haben und weggefahren sind?" Er schüttelte den Kopf, aber eher ungläubig als abstreitend.

„Ich hatte viel zu viel getrunken, um zu fahren. Du weißt doch noch, die beiden russischen Tenöre haben im Haus gewohnt. Ich habe keine Ahnung, wie viel wir getrunken haben."

„Vielleicht haben Sie deshalb vergessen, dass Sie das Auto genommen haben." Er wirkte nicht überzeugt.

„Vielleicht Eden ..."

„Die kann mit ihren Handgelenken nicht Auto fahren. Das wissen Sie genau. Und jemand hat das Auto benutzt. Ich hatte nach dem Tanken den Tachostand notiert. Am nächsten Tag war er höher."

„Darren selbst ..."

„Der hatte keinen Führerschein." Hafsa war sicher, dass Welsh mindestens einmal während seines kurzen Aufenthalts in Sandhatten das Auto benutzt hatte, Führerschein oder nicht. Alaric nahm ihren Widerspruch hin. Er kratzte sein Kinn.

„Du meinst, ich hätte ihn getötet?"

„Ich sage nur, dass Sie ihn hätten töten können. Sie waren an dem Abend nicht in Ihrem Zimmer und nicht bei den Hausgästen. Die waren schon um neun so voll, dass sie sich unter den Tisch gelegt haben. Der eine ist irgendwann in der Nacht hoch, den anderen habe ich geweckt, als ich das Esszimmer für das Frühstück vorbereiten wollte. Ich habe mich noch gefragt, ob vielleicht etwas im Wein gewesen ist, dass die so früh so fertig waren."

„Was meinst du damit?" Hafsa fand ihren spontanen Einfall zu gut, um ihn durch eine Diskussion abzuwerten.

„Sie haben Geld von Ida Santer bekommen. Einen Teil davon haben Sie Darren gegeben." Auch Hafsa wusste, wie man Passwörter in einem Buch mit der passenden Aufschrift fand. Jetzt erst merkte er, worauf sie hinauswollte.

„Spinnst du? Und überhaupt, du warst an meinem Schreibtisch. Du hast meine Passwörter geklaut, nicht Eden." Er starrte sie an. „Du willst mich erpressen", folgerte er. Sie zuckte mit den Schultern. „Das ist so gut wie ein *Ja*, du Paki-Schlampe." Hafsa biss die Zähne zusammen. Alaric war derjenige, der immer höflich blieb, wenn sie auch annahm, dass er nicht fluchte, weil er vieles in seiner Umgebung nicht wahrnahm. Er stützte die Hände auf die Tischplatte, als wollte er aufstehen, sackte dann aber gegen die Lehne und sah zu ihr auf. „Lass uns vernünftig darüber reden, Hafsa."

„Ich bin vernünftig."

„Ich weiß. Glaub mir, ich weiß das." Er sah ihr in die Augen. „Du möchtest bestimmt Urlaub machen. Oder deine Familie besuchen." Vor allem letzteres stand weit hinten auf ihrer Wunschliste, doch sie widersprach nicht. „Ich könnte dir … sechstausend Euro geben. Du nimmst dir Urlaub, und dann suchst du dir eine neue Stelle. Was meinst du?“

„Wann?“ Sie bezweifelte, dass er so viel Geld besaß. Alaric kratzte sich am Kopf.

„Ende der Woche. Ich muss das Geld von einem geheimen Konto nehmen. Einem, dessen Zugangsdaten du noch nicht ausgeschnüffelt hast. Und denk daran: Wenn du das Geld hast, verschwindest du.“

„Okay.“ Hafsa schloss leise die Esszimmertür und zog sich in ihr Zimmer zurück, wo sie die beiden Aufzeichnungen abhörte und in ihr Cloud-Konto hochlud. Wenn sie das Geld hatte, würde sie seinem Vorschlag folgen.

Samstag, 1. Woche Juli

Christa in Rhauderfehn

CHRISTA WAR NICHT SICHER, WAS SIE ERWARTET HATTE, ALS SIE AM SAMSTAG-morgen zum Duft von frischen Waffeln aus dem Bad trat. Sie drehte ihre frisch gewaschenen Haare zusammen und klammerte sie im Nacken fest. Nichts Frivoles an ihr sollte Justin das Gefühl geben, er habe einen Fehler begangen, als er gegen den Schwur verstieß, den er als Jugendlicher vor seiner Kirchengemeinde geleistet hatte. Er hatte rein in die Ehe gehen wollen, und weitgehend unerfahren war er zu seiner künftigen Ehefrau gekommen. Aus Christas Sicht hatte er sich an seinen Schwur gehalten.

In der Küche bekam sie einen Kuss. Christa stellte zu ihrer Beruhigung fest, dass Justin nicht nur perfekte Waffeln gezaubert hatte, sondern aussah wie jeden Samstagmorgen. Vielleicht war er entspannter, doch den Gedanken blendete sie aus und widmete sich der Post, die Justin in Empfang genommen hatte. Die Postbotin hatte an diesem Vormittag offenbar alles, was sich unter Christas Namen in der vergangenen Woche angesammelt hatte, ohne je in ein Postauto verladen zu werden, abgeliefert. Der Stoß verknickter und angerissener Umschläge sah beachtlich aus und veranlasste Justin zu der Frage, ob sie immer so viel Post bekam.

„Nö“, murmelte sie, während sie geistesabwesend die Absender überflog. „Wir bekommen hier Post nach dem Zufallsprinzip.“

Er sah aus, als hätte er weitergefragt, wenn nicht das Waffeleisen um seine Aufmerksamkeit gepiept hätte. Christa schob ihre Post zusammen, als ihr ein großer abgestoßener Umschlag auffiel.

„Ha, das ist diese Jugendzeitschrift!“

„Bist du dafür nicht zu alt?“ fragte er, als sie den Umschlag aufriss und eine zerfledderte Illustrierte herauszog. „Was ist das denn? Ein antikes Heft?“

„Antik ist gut. Das ist eine legendäre Jugendzeitschrift aus der DDR von 1990. Diese Ausgabe erschien drei Tage vor dem Unfall, bei dem mehrere Bandmitglieder von Ida Santer umgekommen sind.“ Christa wusch ihre Hände am Spülbecken und griff gierig nach dem Becher Kaffee, den er ihr eingegossen hatte.

„Warum ist diese Zeitschrift so wichtig? Sie sieht offen gesagt nicht gesund aus. Kannst du sie nicht von deinem Teller wegschieben?“

Gehorsam legte Christa die Zeitschrift auf die Mikrowelle.

„Ich habe den Verdacht, dass in Ida Santers letzter Tourband vor dem Unfall andere Musiker waren als sonst."

„Wozu musst du das wissen?"

„Irgendjemand hat Ida Santer umgebracht. Das könnte mit ihrer Vergangenheit zu tun haben. Ich habe da so ein Gefühl. Du weißt doch, dass in der Nacht nach ihrem Tod ein komischer Typ auf ihrem Grundstück herumgelaufen ist. Dieser Typ ist ermordet worden. Und ..." Sie brach ab, weil er sie besorgt musterte.

„Du hast letztes Jahr erlebt, wie gefährlich Menschen werden können, wenn sie sich in die Enge gedrängt fühlen."

„Ja", gab sie zu. Sie dachte nur ungern an die Szene in der Küche seiner Großmutter. „Aber das war etwas Anderes."

„So?" Justin musterte sie, wie er die Monatszahlen eines Kunden ansehen mochte. Anders als Zahlenkolonnen konnte sie eine unergründliche Miene machen, wie sie es sich von Bea abgeguckt hatte. Nach einigen Sekunden gab Justin auf. „Und was hat diese Zeitschrift damit zu tun? Da sind wahrscheinlich nur verschwommene Bilder auf schlechtem Papier drin. Wie willst du auf solchen Fotos eine Person erkennen?"

„Ich glaube, die Bilder sind gar nicht so schlecht", widersprach Christa, weil sie die horrende Summe, die sie für die Zeitschrift ausgegeben hatte, vor sich rechtfertigen musste. Insgeheim befürchtete sie, dass er Recht behalten würde. „Wir sehen sie uns nachher an."

„Ich mähe nachher den Rasen, wie es sich für einen guten Ehemann gehört. In Deutschland wie in den USA."

„Dann setze ich mich auf die Terrasse und sehe mir die Zeitschrift alleine an."

„Das tust du, Chrissie." Die Anrede verblüffte sie so sehr, dass Justin lachen musste. „Wie soll ich meine zukünftige Frau denn nennen?"

„Äh, Christa. Andere Namen passen nicht zu mir." Justin hielt ihr den Waffelteller hin. „Danke. Justin, das mit der Heirat – Wie schnell kannst du alle Papiere zusammenkriegen?" Er faltete die Hände um seinen Kaffeebecher.

„Ich habe bei der Botschaft angerufen und gefragt. Die haben mir eine Internetseite genannt, auf der alle notwendigen Papiere stehen und auch, wie man sie beantragt und in welcher Form sie von deutschen Standesämtern anerkannt werden."

„Wann hast du das gemacht?" Justin versteckte sich hinter seinem Kaffeebecher.

„Gleich nachdem ich dich gefragt habe, ob du mich heiraten möchtest. Ich habe auch schon das Ehefähigkeitszeugnis in der Botschaft in Bremen bekommen."

Christa betrachtete ihn nachdenklich.

„Du warst dir sicher, dass ich dich heiraten würde." Sie wusste nicht, ob sie sich ärgern oder sein geplantes Vorgehen bewundern sollte.

„Ich wollte vorbereitet sein. Auf Internetseiten für Auslandsamerikaner habe ich so viele Horrorgeschichten über deutsche Standesämter gelesen, dass ich das Risiko einer Verzögerung klein halten wollte. Das war doch richtig, oder?"

„Ja ... Ja, das war richtig." Christa überlegte kurz. „Ich nehme an, wir sollten so bald wie möglich heiraten. Wie stellst du dir denn die Feier vor? So wie letztes Jahr bei Heidi und Druschka?"

„So eine Hochzeit ist wunderschön. Ihr Deutschen versteht es, Hochzeiten zu feiern. Und wenn du in einem weißen Kleid heiraten möchtest, können wir das machen. Aber das alles zu organisieren dauert so lange und ..."

„Ich möchte am liebsten ohne große Feier heiraten." Sie sah Justin an, dass er so eine Heirat als reinen Verwaltungsakt wertete. „Aber wir können ja Pastor Uhlig..."

„Nein. Wir wollen nur heiraten. Das ist eine Sache zwischen uns und dem Staat. Gott sieht in unsere Herzen und weiß, wie wichtig es uns ist, dass wir zusammenbleiben können. Kirchlich heiraten können wir später. Und jetzt mähe ich den Rasen."

Justin verließ die Küche und war wenige Minuten später mit dem Rasenmäher im Garten zu sehen. Während Christa die Küche aufräumte, überlegte sie, ob ihre Familie ihr je verzeihen würde, wenn sie Justin heimlich heiratete.

Um sich von ihrer revolutionären Entscheidung abzulenken, nahm Christa das zerfledderte Magazin mit auf die Terrasse. Zu ihrer Erleichterung war das Gruppenbild von Blemish klar und zeigte die Gesichter der Bandmitglieder in guter Qualität. Christa fotografierte das Bild ab und markierte die Gesichter. In einem nächsten Schritt identifizierte sie die Personen, die sie bereits kannte. Nachdem sie damit fertig war, hatte sie zwei Dritteln der Abgebildeten Namen zugewiesen. Identifiziert waren: Ida Santer (†), Peter Terveen († 1994), Klaus Otto († 1990), Bernd (Bingo) Lipinski († 1990), Johann (Jimmy) Hofer, Mark Breuer, Alaric Tudor, Lydia Fish, Gianna di Ponte, Peter Dönhoff, Max Perlau († 1990), Axel Elmer († 1990), Martin Wersig, Hartmut Fiebigs, Thomas Kriesler († 1990), Sabine (Biene) Mischke.

Johann Hofer fuhr in München Taxi, Mark Breuer führte eine Kneipe in der Nähe von Aachen. Alaric Tudor hatte das Genre gewechselt und wohnte in

Sandkrug unweit der Autobahnraststätte, von der Darren Welsh angerufen worden war. Gianna di Ponte sang im italienischen Staatsfernsehen von Liebesschmerz, Sabine Mischke hatte einen Friseursalon für Berliner Luxusdamen. Was aus Lydia Fisch (Chor), Peter Dönhoff (Technik), Martin Wersig (Roady), Hartmut Fiebigs (Roady) geworden war, musste sie noch herausfinden. Christa betrachtete die nicht identifizierten Gesichter vergrößert. Einer der Männer war definitiv Darren Welsh. 1990 war er nicht mehr so spektakulär rockig wie auf den Bildern zu Life Aid, aber längst nicht so farblos wie auf dem Facebook-Bild seines Hamburger Arbeitgebers. Auch stand er nicht bei den Musikern, sondern zwischen den Roadys. Wenn Mark Breuer Schlagzeug spielte, war Darren Welsh auf der Bühne überflüssig. Rosanna Leary, die mit ihren roten Locken unverwechselbar war, befand sich nicht in der Gruppe, war aber bei dem Unfall umgekommen. Neben Gianna di Ponte und Lydia Fish standen zwei Frauen, beide dunkelhaarig. Alle Sängerinnen ahmten Idas dramatisch toupierte Frisur nach.

„Was machst du?" Justin war mit einem Glas Wasser auf die Terrasse gekommen und setzte sich zu ihr an den Tisch. Christa zeigte ihm das Foto mit den Markierungen.

„Meinst du, man kann mit diesen Bildern nach den Leuten suchen?" Er beugte sich tief über das Bild.

„Wir könnten es versuchen." Überzeugt sah er nicht aus. „Soll ich …?"

Während er die Bilder hochlud, um sie online zu vergleichen, gab sie die Namen der Bandmitglieder ein, über deren Leben nach 1990 sie nichts wusste. Sie entdeckte bei Facebook auf einer der Ida-Gedenkseiten ein von einem Martin Wersig aus Oldenburg hochgeladenes Bild einer brennenden Kerze. Laut seinem Profil besaß er ein kleines Messebauunternehmen. Er war korpulenter als der Martin Wersig von Blemish, dafür war er der einzige Martin Wersig, der sich zu Ida Santers Tod äußerte. Die Webseite des Unternehmens war schnell gefunden. Wenn Christa auf ihrem Telefon und im Heft Haare und Körper der Martins abdeckte, sah sie die Ähnlichkeit. Auch er wohnte nicht allzu weit von der Raststätte Huntetal entfernt. Sie notierte Wersigs Kontaktdaten und beschloss, seine Firma in der kommenden Woche unter einem Vorwand anzurufen.

Lydias gab es viele, auch in der Welt der Musik. Die einzige Lydia Fish, über die Christa konkrete Informationen finden konnte, war eine Anthropologin in den USA. Sie fand weit unten in der Liste auf Google Bilder ein altes Konzertplakat der freien Musikschule Bremen, auf dem eine Lydia Fish unter den Mitwirkenden aufgeführt wurde. Der Name einer der anderen Mitwirkenden kam Christa bekannt vor. Sie glich den Namen auf Facebook ab und stellte fest, dass sie mit der damals als Geigenlehrerin aufgeführten Annaliesa Thode über Facebook befreundet war. Annaliesa Thode war heute Lehrkraft an der Universität Oldenburg und spezialisierte sich auf musiktherapeutisches Arbeiten mit alten Leuten und Demenzkranken. Damit lag ein Vorwand für eine Kontaktaufnahme nahe. Christa schickte ihr eine persönliche Nachricht über Facebook, Annaliesa reagierte sofort. Sie tauschten sich kurz über Annaliesas Arbeit aus und vereinbarten ein Treffen, um zu klären, ob Annaliesa eine interne Weiterbildung für das Pflegepersonal bei Crea. Heim und Pflege durchführen konnte. Zum Abschluss fragte Christa, ob sie noch Kontakt zu Lydia Fish habe. Annaliesa Thode schrieb, sie sehe keinen Grund, weshalb sie einer Facebook-Freundin ihre spärlichen Informationen vorenthalten sollte. Lydia Fish hieß jetzt Meißner und arbeitete an der Oldenburger Musikschule. Auf der Internetseite der Musikschule fand Christa das Bild von Lydia Meißner, die Gesang und Klavier unterrichtete. Ein Facebook-Konto hatte sie nicht, dafür war sie unter ihrem neuen Namen leicht im Internet zu finden. Christa surfte einige Treffer ab und stieß auf das Programm der Sommermusikschule von Eden Snowe und Alaric Tudor in Sandkrug. Dort bot Lydia Soul- und Backgroundgesang an.

Christa ging ihre Namensliste von Blemish durch. Martin Wersig war Idas Roady gewesen und wohnte in Oldenburg. Alaric Tudor war ihr Keyboarder gewesen und lebte jetzt in Sandkrug. Ihre ehemalige Chorsängerin Lydia Meißner lebte ebenfalls in Oldenburg und gab bei Alaric Tudor Kurse, und Darren Welsh hatte bei ihm gewohnt. Auch Justin musste zugeben, dass auffallend viele Bandmitglieder in der Nähe von Tudor zusammengekommen waren.

„Und hast du auch etwas gefunden?"

„Ja." Er verzog das Gesicht. „Hier, diese Frau aus dem Chor nannte sich Conny May, hieß aber Katja Steiner. Zwei Jahre nach dem Unfall hat sie Selbstmord begangen. Die andere Frau hieß Melanie Krevis. Es gibt einen Artikel der Schweriner Zeitung einige Jahre nach dem Unfall. Die Eltern haben versucht, eine Entschädigung von der Plattenfirma einzuklagen. Ohne Erfolg. Melanie hatte gerade ihre Ausbildung beendet, als sie bei dem Unfall starb."

„Was für eine Ausbildung?"

„Das steht hier nicht. Aber das Bild ist besser."

Abgesang

Die junge Frau sah überhaupt nicht wie eine Rocksängerin aus, fand Christa, als sie Melanies glatt zurückgekämmte Haare und weiße Bluse betrachtete. Vielleicht war es den Eltern gelungen, die kompromittierenden Bilder aus der Zeitung zu halten. Sie starrten erregt, verstärkt durch den Rotstich des Bildes, in die Kamera. Mit Sicherheit empfanden sie wenig Sympathie für Ida Santer, die den Unfall überlebt hatte. Es war vorstellbar, dass sie Ida umbringen wollten, hingegen hatten sie für einen Mord an Darren Welsh keinen Anlass.

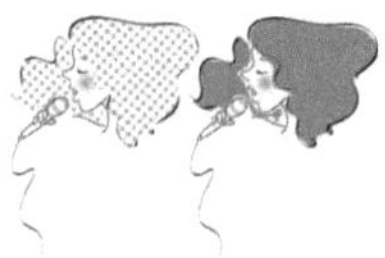

Dienstag, 2. Woche Juli

Leo in Oldenburg

Nachdem Leo den Brief an Wolfram Frings wie geplant am Oldenburger Bahnhof in den Briefkasten geworfen hatte, ging er erleichtert zur Arbeit. Im Büro gab es nur einen großen Raum, in dem alle fünf Mitarbeiter an einem großen Holztisch arbeiteten. Gespräche, die nicht jeder mitanhören musste, führte man in einem kleinen fensterlosen Raum, der bei anderen Firmen im Gebäude als Abstellraum diente. Dorthin winkte ihn einer der Chefs.

„Wir haben den Auftrag für die Hofanlage in Hude. Nachher kommen die Besitzer für den Vertrag. Das war dein Entwurf." Leo nahm an, dass er sich gelobt fühlen sollte. Sein Chef hatte sich an seine verzögerten Reaktionen gewöhnt und überging sie. „Mit dem Auftrag sind wir mehr als ausgelastet. Du könntest jetzt deine Stunden aufstocken. Wie wäre es mit einer vollen Stelle?"

Es gab Tage, und dieser gehörte dazu, da fühlte Leo sich in der Welt wie jemand, der nach langer Krankheit langsam wieder an die Realität herangeführt wurde. Im vergangen Herbst hatte er es als Leistung angesehen, ohne Hilfe eine Stelle zu finden. Es hatte ihn erleichtert, dass er nur zwanzig Stunden arbeiten sollte. Jetzt fühlte er sich der Welt angepasster, aber noch lange nicht bereit, in einer vollen Stelle zu funktionieren.

„Bis wann muss ich mich entscheiden?" Falls ein Chef entgegen jeder Erfahrung mehr Enthusiasmus erwartet haben sollte, ließ er sich seine Enttäuschung nicht anmerken.

„Möglichst bald. Wir müssen sehen, wie wir unsere Stunden, und vor allem deine, aufteilen, damit wir alle Projekte abdecken können. Und du hast am meisten Spielraum."

Leo versprach, über das Angebot nachzudenken. Als er sich an den Tisch zu den Kollegen setzte, sah er, wie der zweite Chef erwartungsvoll zu ihm und zum ersten Chef sah. Der erste Chef bewegte die Lippen zu einem *Nein*, und der zweite Chef sah enttäuscht aus. Leo fühlte wieder die alte Panik vor der Welt in sich aufsteigen. Sein erster Impuls war, Ramesh anzurufen. Gleichzeitig fiel ihm auf, dass er nicht mit Bea sprechen wollte. Er durfte nicht der Versuchung erliegen, Ramesh in die gleiche Position wie Bea zu schieben. Also widerstand er seinem Impuls und öffnete seine Dateien. Es gelang ihm sogar, konzentriert bis zum Mittag zu arbeiten, als sein Telefon einen Anruf signalisierte. Zu dem Zeitpunkt befand Leo sich alleine im Raum, weshalb er das Gespräch sofort annahm.

„Ich hatte eben einen seltsamen Anruf von einem Mann, der Darren Welsh kannte. Er will mit mir reden. Wir treffen uns um zwei in Oldenburg. Hast du dann Zeit?"

Die Frage war reine Höflichkeit, da Ramesh wusste, dass Leo um diese Uhrzeit nicht mehr arbeitete. Erstaunlicher war, dass er ihn bei diesem Gespräch dabeihaben wollte.

Bisher war Leo nie vom direkten Weg vom Bahnhof zu der etwa zweihundert Meter entfernten Tür des Gebäudes, in dem das Ingenieurbüro lag, abgewichen. Wenn er in der Stadtbibliothek gedruckte Bücher ausleihen wollte, fuhr Ramesh ihn hin und wartete vor der Tür. Mit dem Auto hatte er Aufträge von Bea erledigt, meist begleitet von der Küchen-Muh, und in letzter Zeit war er mit Kollegen zu Auftraggebern gefahren. Außerhalb eines Autos hatte er sich jedoch noch nie frei durch die Stadt bewegt. Nachdem er das Gespräch mit Ramesh beendet hatte, suchte Leo den Treffpunkt auf seinem Telefon, stellte fest, dass er nur wenige hundert Meter von seinem jetzigen Standort entfernt lag, und hoffte, dass er den Weg dorthin bewältigen konnte. Als Muh hatte er diese Unsicherheit nicht gekannt. Unauffällig und unbeachtet war er in dem viel größeren Aachen seiner Wege gegangen. Nun fühlte er sich beobachtet. Er hastete nahe an den Hauswänden über den Bürgersteig, das Telefon mit der Wegbeschreibung umklammert, und kam außer Atem am Treffpunkt an.

„Bist du gelaufen?", fragte Ramesh, der vor der Tür eines geschäftigen Cafés in der Heiliggeiststraße auf ihn wartete. Auf dem Pflaster waren Bänke und Tische aufgestellt, wo unzählige Menschen in der Sonne saßen und gegen Geld Getränke, Eis und Salate verzehrten. Leo schüttelte den Kopf, gleichzeitig erkannte er, dass er zum ersten Mal seit über einem Jahrzehnt gezwungen wäre, ein zubereitetes Getränk zu erwerben. Ramesh legte eine Hand an seinen Arm. „Ich habe Wersig gesagt, dass wir uns drinnen treffen. Komm, suchen wir uns eine ruhige Ecke."

Im Inneren des Cafés fühlte Leo sich weniger bedrängt. Ramesh wählte einen Tisch im hinteren Teil. Leo setzte sich erst mit dem Rücken zum Raum, wechselte aber auf ein Kopfschütteln von Ramesh hin auf einen Stuhl neben ihm. Fasziniert sah er zu, wie Ramesh Kaffee bestellte und schaffte es, der Kellnerin ins Gesicht zu sehen, als sie die Becher brachte.

„Wir sollten das Ausgehen üben", bemerkte Ramesh. „Es sieht so aus, als hätte ich dir im letzten Jahr nicht genug Welt zugemutet."

„Das werde ich demnächst auch so üben."

„Wie das?" Leo berichtete von dem Angebot, seine Stunden aufzustocken. „Gleich eine volle Stelle?"

„Traust du mir das nicht zu?"

„Doch, mein Muh. Ich traue dir alles zu. Ich bin nur nicht sicher, ob eine volle Stelle nicht deiner Spiritualität schadet. Deine muhische Distanz zu weltlichen Dingen lässt dich alles ein klein wenig anders sehen, und diese Sicht ist lehrreich für mich. Mehr Welterfahrung sollte nicht zur Weltanpassung führen."

Leo wollte gerade um eine Erläuterung dieser Worte bitten, als ein Mann Anfang Sechzig an ihren Tisch trat.

„McPhelps?", bellte er. Ramesh hob den Kopf. „Ja, nicht zu übersehen, wer du bist. Ich sag mal *du*, in Ordnung? Martin Wersig." Ramesh erhob sich halb, um seine Hand zu schütteln. Leo nahm es hin, dass er vorgestellt wurde, obwohl Muh keiner Vorstellung bedurften. Wersig winkte die Kellnerin heran und ließ sich einen Kamillentee bringen. Er nahm beinahe seine Seite des Tisches ein und wirkte in den großen blauen Karos seines Flanellhemds noch breiter. Nach dem ersten Schluck Kamillentee verzog er das Gesicht.

„Sind Sie erkältet?", fragte Leo, das angebotene *Du* ignorierend.

„Nur die Stimme ist weg", versicherte Wersig glaubhaft, dabei sah er erwartungsvoll auf Ramesh. „Mary hätte jetzt sofort gesagt, was ich tun soll. Mit dem Rauchen aufhören, diesen ekelhaften Tee trinken und dann noch etwas, was man sowieso nicht legal bekommt." Leo spürte Rameshs Unwillen.

„Sie ... du kanntest auch meine Mutter?" Wersig stieß Laute aus, die wohl Lachen sein sollten.

„Mary? Da kannst du Gift drauf nehmen. Die kannte jeder." Er hustete und nahm einen weiteren Schluck Kamillentee. „Rest in Peace. Über Mary wollte ich nicht reden. Es geht um Darren. Das hatte ich schon am Telefon gesagt, was?" Ramesh bestätigte das. Wersig begann eine längere Geschichte über Darren Welsh, der nie Glück gehabt hatte, auch nicht mit Mary, und dessen Gesundheit so angeschlagen gewesen war. Als er sein Glas geleert hatte, stellte er es mit einem erleichterten Grunzen ab. „Aber ich nehme an, das weißt du alles."

„Allerdings“, gab Ramesh zu. Wersig grinste. Er beugte sich vor, was wegen seiner Leibesfülle nicht sehr weit war.

„Ich komme jetzt zur Sache. Da ist eine Menge drin für dich. Offen gesagt hatte ich seit Ewigkeiten nichts mehr von Darren gehört. Ich hab schon geglaubt, er wäre tot oder ganz in Indien versackt. Da kam sein Anruf. Ob er bei mir übernachten könnte. Er hätte was Geschäftliches hier in Oldenburg zu erledigen. Für einen alten Kumpel hab ich immer Platz zum Pennen. Also ist er gekommen. Das war vor einem knappen Monat.“ Wersig sah von Ramesh zu Leo. „Darren hat die letzten Jahre in Hamburg gearbeitet. In meiner Branche, komisch nicht? So hat er überhaupt mitgekriegt, dass ich immer noch in Oldenburg bin. Er wollte zu einem Kumpel von uns. Alaric Tudor. Kennt ihr den?“ Wersig verzog den Mund zu einem breiten Grinsen. „Darren hat zu mir gesagt: *Stell dir vor, Alaric wohnt bei meinem Jungen um die Ecke*. Mit Alaric hatte er noch ein Hühnchen zu rupfen.“

„Was für ein Hühnchen?“ Ramesh wusste vermutlich, was diese Redensart bedeutete. Wersig hob eine Hand.

„Genau weiß ich das nicht. Ich glaube aber, es hatte mit Melli zu tun. Weißt du, die Ärzte hatten Darren gesagt, dass er nur mit einem speziellen Medikament eine Chance hat. Die Kasse hätte es nicht übernommen. Also brauchte er Geld. Und da ist ihm eingefallen, dass er mit Alaric ja noch eine stille Bank hat. Übrigens hat er immer so komische Andeutungen gemacht, wenn es um Melli ging. Darum glaube ich, er wollte reinen Tisch machen und sich von Alaric Schweigegeld abholen. Ihr wisst wohl nicht, wer Melli ist?“

„Nein“, sagte Leo, der nicht sicher war, wie viel von dem, was er verstanden hatte, Wersig so gemeint hatte. Der produzierte wieder ein Geräusch, bei dem der Hund neben dem Nachbartisch nervös die Ohren aufrichtete.

„Melli war bei Blemish. Blemish, die Band von Ida Santer. Ich war damals Roady. 1990 sollte ich mit auf Comeback-Tour durch die Zone gehen. Darren war auch dabei. Er kam gerade aus Indien und brauchte Geld. Kurz bevor es losging, ist mein Vater gestorben, und ich musste hier nach dem Geschäft sehen. Das hat mein Leben gerettet. Der Tourbus hatte einen Unfall. So viele von der Band sind gestorben. Melli auch. Darren hatte sich so ein bisschen in sie verguckt. Lief ihr nach wie ein kranker Dackel. Aber die war keine, die mit jedem in die Kiste gesprungen wäre. Jedenfalls hat Darren den Unfall schwer verletzt überlebt. Ich habe ihn damals im Krankenhaus besucht. Da hat er behauptet, Alaric hätte irgendwas mit Melli angestellt. Vielleicht ist sie deshalb gestorben? Ach, und Ida hätte auch etwas damit zu tun. Ich hab das alles nicht so ganz verstanden. Wenn ich später gefragt habe, wollte er nicht darüber reden. *Das ist meine Versicherung*, hat er gesagt. *Die nimmt mir keiner weg.*“ Leo schielte zu Ramesh, doch der sah Wersig nur misstrauisch an.

„Und was hat das mit mir zu tun?“

„Darren hat die ganzen Jahre über Geld von Alaric bekommen. Wegen Melli. Das hat er mir gesagt. Er war ein guter Kumpel, aber ohne Alarics Geld wäre er nie über die Runden gekommen. Lange hat er es nie in einem Job ausgehalten. Und nach dem Unfall konnte er auch nicht mehr viel arbeiten. Melanie hieß das Mädel richtig, glaub ich. Vielleicht hat er gedacht, mit dir zusammen könnte er noch mehr Geld rausholen.“

„Wieso mit mir?“ Wersig gab wieder diesen Laut von sich, der ein Lachen sein sollte.

„Na, guck dich an. Ein großer starker Kerl wie du hat doch Möglichkeiten, einen Alaric Tudor zu überzeugen, dass er besser zahlen soll. Von wegen Künstler-Hände. Und du bist Darrens Junge ... Stimmt das nicht?“

„Nein.“

„Oh.“ Wersig sah ehrlich betroffen aus. „Aber trotzdem, du wärst bestimmt froh, wenn du Darrens Einnahmequelle übernehmen könntest. Für mich ist das nichts, außerdem habe ich genug aus anderen Quellen.“ Er grinste und steckte der Kellnerin, die hinter ihm aufgetaucht war, einen Schein zu. „Stimmt so, Schatzelein.“ Kopfschüttelnd verließ er das Café. Leo wagte einen Blick auf Ramesh, der Wersig mit einem seltsamen Gesichtsausdruck nachsah.

„Hast du so etwas schon einmal erlebt? Was rede ich – natürlich nicht. Und jetzt, mein Muh?“

„Hat dieser Wersig gesagt, dass Darren Welsh Alaric erpresst hat?“

„Ja.“ Ramesh musterte ihn wieder so aufmerksam, als suchte er etwas in seinem Gesicht.

„Und warum?“

„Warum was?“ Leo fand die Intensität seines Blicks unangenehm.

„Warum hat Welsh Alaric erpresst?“

„Leo“, Ramesh seufzte. „Angeblich hat sich Alaric nach einem Unfall an einer Frau vergangen. Dieser Melli. Die ist dann gestorben. Und Welsh hat erkannt, dass es einträglicher ist, Alaric zu erpressen, als mit der Polizei zu reden. Und Wersig dachte, dass ich das einträgliche Geschäft übernehmen wollte." Leo ging die Worte durch. Er brauchte noch einige Sekunden, bis er verstand.

„Glaubst du das von Alaric?" Ramesh zuckte mit den Achseln.

„Nein, der ist so ... Aber man kann sich täuschen. Und es wäre ein guter Grund, Welsh aus dem Weg zu räumen. Möchtest du noch einen Kaffee? Sonst fahren wir. Oh, falsche Frage. Aber gut, wir fahren."

Mittwoch, 2. Woche Juli

Christa in Sandkrug

Nach ihrem Gespräch mit Annaliesa Thode in der Cafeteria der Oldenburger Carl von Ossietzky-Universität fuhr Christa nach Sandkrug. Es war ihr gelungen, Annaliesa zu überreden, eine musikpädagogische Weiterbildung für das Pflegepersonal von Crea. Heim und Pflege durchzuführen. Auf diese Weise hatte das Gespräch eine dienstliche Note erhalten und diente nicht allein der Befriedigung ihrer privaten Neugier. Nebenbei hatte sie herausgefunden, dass Lydia Meißner seit einem Unfall Probleme mit der Halswirbelsäule hatte und auf einen indischstämmigen Physiotherapeuten schwor. Lydia Meißners McPhelps musste Leos Ramesh sein. Christa schauderte bei dem Gedanken, diesen Mann um Informationen zu bitten. Sie fürchtete, dass er viel mehr über sie wusste als sie über ihn.

Am unverfänglichsten war es, vor der offenen Sammlung im Tagungshaus der Muh auf Leo zu warten und, wenn McPhelps nach seinem Yoga-Kurs ins Foyer kam, eine Unterhaltung mit ihm zu beginnen. Da Christa Annaliesa nach ihrer Arbeit getroffen hatte, kam sie eine halbe Stunde vor der Sammlung im Tagungshaus an. Bea zeigte sich milde überrascht, als Christa an ihren Türrahmen klopfte.

„Ich hatte heute Nachmittag einen Termin in Oldenburg. Da dachte ich, ich schaue mal bei dir vorbei." Das war keine hundertprozentige Lüge.

„Willst du denn gleich wieder fahren oder nimmst du an der Sammlung teil?"

„Besinnung auf das Wesentliche kann mir nicht schaden, Bea. Außerdem ..." Sie dachte an den Besuch des Standesamtes, den Justin und sie am folgenden Nachmittag planten. Bea sah sie an.

„Außerdem?"

„Außerdem bin ich so kribbelig, dass mir die Sammlung guttun wird." Nach einem kurzen Austausch lief Christa nach unten, damit Bea sich auf die Sammlung vorbereiten konnte. Teilnehmer strömten aus den Kursen, drängten um den Tresen oder verabschiedeten sich mitten im Foyer. Abseits des Gedränges stand Leo allein neben dem Tresen. Sie holte tief Luft und trat mit einem strahlenden Lächeln zu ihm.

„Guten Abend, Leo Muh." Er wandte sich zu ihr, sommersprossiger denn je und auf undefinierbare Weise größer, als sie ihn in Erinnerung hatte.

„Guten Abend, Christa Hemmen. Wie geht es dir?" Beinahe klang er, wie sie ihn jahrelang erlebt hatte. Doch seine Zurückhaltung fühlte sich anders an. Sie musterte ihn und stellte fest, dass er Beas Fähigkeit gemeistert hatte, sie anzusehen, ohne sich anmerken zu lassen, was in ihm vorging.

„Gut. Ich nehme heute an der Sammlung teil." Da er von sich aus nicht weitersprach, suchte Christa nach einem Anknüpfungspunkt. Sie wollte ihn fragen, ob er Lydia Meißner kannte und so das Gespräch auf seinen Partner lenken, doch wieder meldete sich die Erinnerung an ihre letzte Begegnung im vergangenen Jahr und machte Small Talk, den sie sowieso nur unzulänglich beherrschte, unmöglich. Ein lautes, ihr nur zu bekanntes Lachen veranlasste sie, in Richtung der Kursräume zu sehen. Frau Schuhmann-Schulz in safrangelben Haremshosen schritt in das Foyer, als wollte sie den ihr am nächsten Stehenden an die Tafel rufen. Einige andere Damen vergleichbaren Kalibers folgten ihr, dahinter kam McPhelps mit einem unergründlichen Ausdruck, der sich aufhellte, als er Leo ausmachte, und wieder verdunkelte, als er Christa neben ihm erkannte. Leo musste das Minenspiel auch bemerkt haben. In vorbildlicher Bescheidenheit begrüßte er ihn und erntete ein amüsierte Grinsen.

„Christa Hemmen nimmt an der Sammlung teil", erklärte Leo in exakt dem Ton, den er am Tresen verwendet hätte. McPhelps gönnte Christa ein Nicken. Sie lächelte zurück, obwohl sich ihre Fingerspitzen anfühlten, als wollten Krallen herausschießen. Zweck des Abends war es, mehr über Lydia Meißner zu erfahren, und nur er konnte ihr weiterhelfen.

„Ich war lange nicht mehr in der Sammlung", sagte sie und unterdrückte ein verlegenes Lachen, das sich aus Gewohnheit meldete. Vor McPhelps wollte sie die kühle Christa geben, um ihn von Gerüchten, dass sie Leo nachgelaufen war, abzulenken.

„Das solltest du ändern", sagte eine laute Stimme hinter ihr. Frau Schuhmann-Schulz war zu ihnen gekommen und nahm wie selbstverständlich Platz neben Christa ein. „Diese Sammlung gibt so eine Ruhe. Ganz besonders wohltuend nach dem Yoga, findest du nicht, Simon?" Verdutzt sah Christa zu ihm auf.

„Das erlebe ich auch so." Zufrieden wandte sich Frau Schuhmann-Schulz zu Christa.

„Du warst schon immer so angespannt. Christa war auch einmal eine meiner Schülerinnen, Simon." Bisher hatte sie sich keine Gedanken über das Leben dieses Mannes gemacht. Bei seinem Aussehen hätte sie nie vermutet, dass neben Leo andere Verbindungen zwischen ihnen existierten. Als sie jetzt zu McPhelps aufsah, lag Mitgefühl in seinen Augen.

„Du warst auch ein Schüler von ... Viola?" Zum Glück hatte sie sich diesen unpassendsten aller Vornamen gemerkt.

„Ja. Aber nur kurz, ehe ich zurück nach Indien gegangen bin." Christa redete weiter, damit Frau Schuhmann-Schulz sich nicht einmischte.

„Ich habe heute mit einer Freundin gesprochen, deren Kollegin eine deiner Patientinnen ist." Sie kam sich vor wie Heidi, als sie sich eine Strähne hinters Ohr schob und großäugig zu ihm aufsah. „Lydia Meißner." Ehe McPhelps Zeit hatte zu überlegen, ob er auf ihre Bemerkung eingehen wollte, fasste Frau Schuhmann-Schulz sie am Arm.

„Lydia? Von der Musikschule in Oldenburg? Bei der habe ich Unterricht in Soul-Gesang. Seit drei Jahren. In Oldenburg und drüben in Sandhatten in der Sommermusikschule dieser reizenden Frau. Wie heißt sie noch gleich?"

Soul passte zu Frau Schuhmann-Schulzes Körperformen. Seit Christa ihr mit zwölf Jahren erstmals begegnet war, hatte sich Frau Schuhmann-Schulz jedes Jahr neu erfunden. Dieses Jahr suchte sie ihr Heil in Yoga und Meditation, vor drei Jahren war es Gesang gewesen.

„Ja, diese Lydia meine ich." Christa blickte wieder zu McPhelps, der aussah, als wollte er sich äußern. Dazu kam er nicht, weil Frau Schuhmann-Schulz schneller Luft holen konnte.

„Eine begnadete Soul-Sängerin. Dabei ist sie Russlanddeutsche. Ganz früher hat sie im Chor von einigen berühmten Leuten gesungen. Die hat Power in der Stimme. Dabei ist sie so eine zierliche Person." Wie um zu zeigen, was sie bei der zierlichen Lydia gelernt hatte, schmetterte Frau Schuhmann-Schulz, dass sie jeden Morgen noch vor dem Schminken ein kleines Gebet sagte. Sämtliche Umstehenden drehten die Köpfe zu ihr. Glücklicherweise verstummte Frau Schuhmann-Schulz nach der ersten Zeile. Das Gerede im Foyer brach erneut aus, unterdessen sah Inna Muh vorwurfsvoll zu Leo, als hätte er Frau Schuhmann-Schulz ermutigt.

„Das war ... beeindruckend." Christa gab die Suche nach weiterem Lob auf. „Diese Lydia muss gut sein."

„Das ist sie. Es ist ja so", Frau Schuhmann-Schulz beugte sich verschwörerisch vor, ohne ihre Stimme zu senken, „dass man von einer Russin nicht dieses ...", mit den Händen formte sie ein Herz in der Luft, „Gefühl für den Soul erwartet. Aber sie hat es, sie hat es. Als junge Frau hatte sie einen schlimmen Unfall. Danach konnte sie nicht mehr stundenlang auf der Bühne stehen. Sie hat dann angefangen zu unterrichten. Und ihr Mann ..."

„Viola, das ist Lydias private Angelegenheit", begann McPhelps, doch Frau Schuhmann-Schulz ließ sich nicht stoppen.

„Das ist ein ganz Netter. Aber, na ja, ihm fehlt irgendwie das Feuer." Christa überlegte, woher Frau Schuhmann-Schulz so etwas wissen konnte. „Da ist es doch kein Wunder, wenn sie was mit dem schicken Tudor hier aus Sandhatten anfängt." McPhelps, der wieder hatte eingreifen wollen, sah jetzt nur mit vielsagendem Blick zu Leo. „Ihr könnt mir glauben, es war eine Freude, die beiden miteinander zu sehen."

„Wo hast du sie gesehen?", fragte Christa schnell, ehe McPhelps dazwischenfahren konnte. Frau Schuhmann-Schulz machte eine ihrer großzügigen Gesten.

„Wo? Im Barneführer Holz, auch im Schlossgarten in Oldenburg. Aber als ich Lydia letztens im Botanischen Garten getroffen habe, hat sie geweint und gesagt, es wäre Schluss. Und ganz ehrlich", wieder beugte sie sich vor, „glaube ich, dass sie erpresst wurden."

„Erpresst?" In ihrer Schulzeit hatte Christa die Antennen dieser Frau für Geheimnisse gefürchtet, jetzt war sie dankbar dafür.

„Ja, stellt euch vor. Vor einem Jahr, als ich mir in der Musikschule nach meinem Unterricht noch Plakate angesehen habe, hat sie im Kursraum zu diesem Tudor gesagt, dass sie wieder einen Anruf bekommen hätte und nicht schon wieder bezahlen könnte. Und er hat gesagt, er würde für sie beide bezahlen, aber er müsste versuchen, den Preis zu drücken, damit seine Frau nichts merkt. Kennt ihr die Frau? Das ist so ein zartes Persönchen, obwohl sie nicht mehr so jung ist. Ich sage immer, wie eine Rosenknospe im Frost." Tadelnd sah sie zu McPhelps, der Mühe hatte, sein Lachen zu unterdrücken. Christa, die diese Ehefrau nie gesehen hatte, fand die Beschreibung aus dem Mund von Viola Schuhmann-Schulz sonderbar.

„Woher kannte Lydia Meißner denn diesen Herrn Tudor?" Frau Schuhmann-Schulz machte das Gesicht, dass sie aufzulegen pflegte, ehe sie die Ergebnisse einer Klassenarbeit verkündete.

„Sie haben vor vielen Jahren zusammen gearbeitet. Ach, wie hieß die Band noch mal? In meiner Studentenzeit waren alle scharf auf die Platten. Blemish. Die Sängerin ist vor ein paar Wochen ermordet worden." Endlich war der Punkt erreicht, der Christa interessierte. Zwar bekam sie die Informationen von Frau Schuhmann-Schulz, doch es war ihr lieber, deren Klatsch anzuhören, als McPhelps Informationen abzuringen. Die ganze Zeit hatte er versucht, den Redefluss von Frau Schuhmann-Schulz einzudämmen. Nun wechselte er wieder einen dieser Blicke mit Leo, die Christa so ablenkend fand. Nicht nur drückte dieser Austausch eine Nähe aus, die ihr nicht vergönnt gewesen war, die sie auch nicht mehr wollte, wie sie sich standhaft erinnerte, er bewies ihr, dass es mehr über die Bandmitglieder zu erfahren gab, als sie angenommen hatte.

Der Gong ertönte, und die im Foyer verbliebenen Teilnehmer und Muh begaben sich in den Sammlungsraum in der ersten Etage. Dort gelang es Christa, einen Platz zwischen Inna und Ann Muh zu ergattern. Frau Schuhmann-Schulz hätte ihr keinen Raum zum Atmen gelassen, und neben Leo zu knien, wagte sie nicht. Trotz der aufregenden Mitteilungen von Frau Schuhmann-Schulz gelang es ihr, abzuschalten und sogar Abstand zu sich und ihren Erlebnissen zu gewinnen.

„Du willst wahrscheinlich nicht bleiben." Bea strahlte so kurz nach der Sammlung nur Ruhe und Geduld aus. Christa war nahe daran zu verraten, was sie am Donnerstag vorhatte, brachte es dann aber nicht über sich.

„Nein. Ich rufe dich morgen Abend an, okay?"

Sie musste sehen, dass sie noch einige Worte mit McPhelps wechselte, ehe Leo und er das Gelände des Tagungshauses verließen. Zu ihrer Freude hatte sich Frau Schuhmann-Schulz wieder an ihn geheftet. Nach dem langen Knien waren ihre Beine steif, entsprechend langsam gingen sie zusammen die Treppe hinunter, wobei er eine Hand an ihrem Oberarm hielt. Leo ging einige Stufen hinter ihnen. Christa schloss sich ihm an.

„Viola Schuhmann-Schulz, lässt sich nicht abschütteln." Darauf sah er sie mit einem Zug um den Mund an, der nahe an einem Grinsen war.

„Christa Hemmen, das ist nicht nett."

„Stimmt. Ihre machtvolle Persönlichkeit hat mich früher schon eingeschüchtert. Aber damals war ich jünger." Da das unbestreitbar zutraf, nickte er.

„Ich könnte mir vorstellen, dass sie den Yoga-Kurs dominiert."

„Sie ist jetzt in zwei Kursen. Ramesh fühlt sich von ihr verfolgt." Vor ihnen hatte Frau Schuhmann-Schulz den sicheren Boden des Foyers erreicht. Nach einem Blick auf die Uhr stieß sie einen Schrei aus.

„So spät. Mein armer Mann verhungert, wenn ich mich nicht beeile." Mit wehender Hose eilte sie aus dem Foyer.

„Sie ist verheiratet?"

„Ja, mit einem Geschichtslehrer." Als Schülerin hatte Christa Mitleid mit dem unbekannten Herrn Schulz gehabt. Sie nahm allen Mut zusammen. „Kennst du diese Lydia Meißner?" Er schüttelte den Kopf. „Aber einen Alaric Tudor?"

„Ja." Leo sah kurz zu ihr auf, dann zu McPhelps, der im Foyer wartete, wo Frau Schuhmann-Schulz ihn hatte stehenlassen.

„Was ist mit Lydia?" Er musterte Christa abschätzend. Hier half nur die Wahrheit.

„Wie Viola eben schon sagte, war Lydia Meißner mit Blemish auf Tour, als der Bus verunglückte. Viele Menschen starben, einige überlebten. Darunter waren Lydia, Ida Santer, Alaric Tudor und Darren Welsh. Dieser Darren Welsh wurde ermordet, und kurz vorher Ida Santer. Deren Mutter wohnt in einem von uns, also von der Firma, bei der ich arbeite, betreuten Wohnheim. Und ..."

„Christa." Leo sah sie direkt an. „Fang nicht schon wieder an."

„Womit?" Sie ging Richtung Ausgang, als könnte sie der drohenden Ermahnung so ausweichen. Leo und McPhelps folgten ihr.

„Du hast jetzt oft genug erlebt, dass Menschen, die bereit sind, einmal zu töten, auch bereit sind, es öfter zu tun." Leos Bemerkung brachte ihr einen weiteren, diesmal verwunderten, Blick von McPhelps ein.

„Ich schnüffele nicht. Ich stelle nur Fragen."

„Eben." Der Muh an der Glastür schloss hinter ihnen ab.

„Ich habe nur so ein Gefühl, dass diese beiden Morde mit dem Unfall damals in Verbindung stehen."

„Das ist die Arbeit der Polizei, Christa Hemmen." Sie schluckte ihren Widerspruch.

„Leo Muh hat Recht." McPhelps grinste entschuldigend, als ihm der muhische Klang dieses Satzes auffiel. „Es ist eine Menge Geld erpresst worden. Darren Welsh hat sich damit finanziert. Doch, das kann ich ihr sagen, Leo. Du willst doch, dass sie die Finger von der Sache lässt." Er sah Christa an. „Und er wurde ermordet. Ich habe gestern erst Andeutungen gehört, dass Alaric nach dem Unfall ... also, dass er die hilflose Situation einer der Frauen ausgenutzt hat. Und diese Frau ist gestorben. Welsh hat ihn deswegen erpresst – er wurde ermordet. Wenn Lydia auch davon weiß, ist sie in Gefahr. Deine Fragen könnten sie noch mehr gefährden. Und dich auch. Denk darüber nach." Sie waren auf dem Parkplatz angekommen, wo nur noch zwei Autos standen. Aus der Ferne klang Musik, aber zu schwach, als dass Christa die Melodie erkannt hätte.

„Kommt das von der Musikschule?" McPhelps sah Leo an.

„Ist sie immer so stur?"

„Ja."

„Hör zu, Christa. Eden und Alaric manipulieren jeden. Mit Schmeichelei, mit Druck oder Erpressung. Ich versuche, möglichst wenig mit denen zu tun zu haben. Und du solltest da gar nicht erst hingehen." Wenn er in diesem Ton sprach, verstärkte sich sein Akzent. Er musterte sie noch einmal, dann ging er zu seinem Auto. Leo folgte ihm wortlos. Als der Wagen an ihr vorbei Richtung Straße fuhr, hatte Christa den Eindruck, dass sie über das Gespräch diskutierten. Die Musik war in der Zwischenzeit verstummt. Christa stieg in ihr Auto, zögerte nur kurz und fuhr Richtung Sandhatten.

Sie kannte den Ort von zahlreichen Radtouren. Mehrere Autos rollten von der Auffahrt eines Reetdachhauses. Sie parkte am Straßenrand, ließ die Autos passieren und ging zu dem geschmückten Torbogen. Auf einer großen Wiese dahinter waren mehrere Pavillons errichtet worden. Männer in der Uniform eines Catering-Service trugen Kisten mit Geschirr in einen Kleintransporter. Eine dunkelhaarige Frau in knielangem schwarzen Kleid ging mit einem von ihnen eine Liste durch, während eine goldblonde Frau Kursteilnehmer verabschiedete. Christa trat zur Seite, damit das Auto auf die Straße fahren konnte. Als sie sich wieder umdrehte, stand die Frau neben ihr. Sie war so klein und zart, dass Christa Frau Schuhmann-Schulzes Vergleich mit der Rosenknospe nachvollziehen konnte.

„Interessieren Sie sich für unsere Sommermusikschule? Wenn Sie möchten, gebe ich Ihnen einen Prospekt. Einige Plätze sind noch frei." Locken wie rotes Gold waren tief im Nacken zu einem Knoten gebunden und gaben den Blick auf ein Gesicht frei, das bei der einsetzenden Dämmerung wie aus Elfenbein geschnitzt aussah. In dieser Beleuchtung sah die Frau fast wie ein junges Mädchen aus, obwohl sie viel älter sein musste.

„Nein, danke. Ich wollte mir nur das Haus ansehen. Es sieht so romantisch aus." Die Frau dreht sich halb zum Haus um.

„Ja, diese norddeutschen Bauernhäuser haben Charme. Wir haben uns in diesen Ort verliebt, als wir vor Jahren nach einem festen Standort gesucht haben. Wenn man im Beruf viel reist, ist es wichtig, dass man ein Zuhause hat. Ich bin übrigens Eden Snowe und ich organisiere diese Sommermusikschule." Christa überlegte fieberhaft, ob die Frau von ihr erwarten konnte, dass sie sie kannte. Schmerz zuckte über Frau Snowes Gesicht, als sie ihre Hand schüttelte.

Es war ihr gelungen, Christa Schritt für Schritt vom Tor bis zum Haus zu locken. An der offenen Tür lagen auf einem Bistrotisch Programme aus. Ehe

Christa sich versah, hielt sie eins in der Hand. „Wofür interessieren Sie sich denn mehr? *Folkmusik* ist ein Workshop am Samstag, in dem ein reflektierter Umgang mit volkstümlicher deutscher Musik erprobt wird. Wir haben zwei wunderbare Dozentinnen gewinnen können, und eine amerikanische Folksängerin, die über ihre Arbeit spricht und natürlich singt. Das klassische *Singen mit Kindern* haben wir erweitert und bieten am Sonntag *Singen mit Demenzkranken* an. Es gibt einen kurzen Vortrag und ganz viele musikalische Spiele."

„Schwer zu sagen. Ich muss mich erst einmal einlesen." Christas Wissen über Musik passte auf eine Briefmarke und hätte in seiner Beschränktheit Frau Snowe schockiert, doch tendenziell passte das zweite Thema zu der Fortbildung, für die sie Lydia Meißners frühere Kollegin gewonnen hatte.

„Ich zeige Ihnen einmal unseren Raum für *Singen mit Demenzkranken*." Auf dem Rasen verlor Frau Snowe ihre elfenhafte Leichtigkeit. Ihre Schuhe waren für befestigte Wege gemacht, nicht für das weiche Gras. Christa folgte ihr widerwillig, bis sie erkannte, wie glücklich sich ihre Begegnung mit der Frau gestaltete. Mit neuer Offenheit trat sie durch ein rustikales Tor in eine umgebaute Scheune.

„Wow." Eden Snowe strahlte sie an. Trotz der Absätze reichte sie Christa kaum an die Schulter. Im Dämmerlicht der Scheune war sie so zart, als wäre die Spitze ihres Oberkleides ihre zusammengefalteten Flügel, mit denen sie im nächsten Windstoß davonfliegen wollte.

„Nicht wahr? Bis vor einem Jahr war das nur ein Haufen morscher Balken, die von Spinnweben zusammengehalten wurden." Die kleinen weißen Hände zeigten in Ecken und auf Balken, die melodische Stimme erzählte von den Möglichkeiten des neuen Kursraums. Christa musste sich daran erinnern, dass sie die Frau aushorchen wollte, so verführerisch perlten die Worte an ihr vorbei.

„Acht Uhr dreißig an einem Sonntag ist aber früh. Ich habe eine weite Anfahrt."

„Woher kommen Sie denn?"

„Rhauderfehn." Es war nicht hell in der umgebauten Scheune, doch Christa war überzeugt, dass die türkisfarbenen Augen sich verengten, als sie ihren Wohnort nannte. Als Frau Snowe weitersprach, klang ihre Stimme weniger schmeichelnd. Sie traten wieder in den Garten, und Frau Snowe begleitete Christa zur Straße.

Donnerstag, 2. Woche Juli

Christa in Rhauderfehn

Vor dem Rathaus atmete Christa tief durch. Die Luft hier draußen war an diesem Spätnachmittag kaum besser als in dem Gebäude. Der Berufsverkehr schob sich um den Kreisel und kreierte eine Geräuschkulisse wie in einem Großstadtdrama. In diesem stickigen Augenblick auf dem rot gepflasterten Platz war ihr, als sei sie um Jahre gealtert oder wenigstens gereift. Als Justin ihre Hand nahm, fand sie die Geste frivol und dem Ernst der Lage völlig unangemessen. Wer seine Eheschließung anmeldete, war längst über das Stadium des Händchenhaltens hinaus. Inzwischen, erinnerte sie sich, waren sogar Justin und sie das.

Justin war weniger beeindruckt von dem Verwaltungsakt, den sie in Gang gesetzt hatten. Gelassen ging er neben ihr, die Haare an der Stirn zerzaust, nachdem er mehrfach mit der Hand hindurchgefahren war. Christa schielte zu ihm auf. Sein Blick war nach vorne gerichtet und strahlte beinahe noch mehr als die ostfriesische Sonne.

„Ich könnte jetzt einen Kaffee vertragen."

„Im Fahrradcafé ist noch geöffnet."

Christa führte ihn um den Kreisverkehr zum Untenende, dem Kanal im früheren Geschäftsviertel von Rhauderfehn. Bisher hatte es sich nie ergeben, dass sie in Rhauderfehn gemeinsam ein Café besuchen wollten. Wenn Christa ihn dorthin mitnahm, war das ein Eingeständnis, dass er zu ihrem Leben hier gehörte. Es war der erste Effekt ihrer bevorstehenden Heirat.

Wie erwartet weckte das Fahrradcafé Justins Begeisterung über deutsche Kultur. Vor der Eingangstür bestaunte er die kunstvollen Ziegelbögen über den Fenstern und der altmodischen Glastür, und mit noch mehr Enthusiasmus begrüßte er Mareike, die gerade hinter der Glastheke frische Törtchen anordnete. Über Mareikes sommersprossiges Gesicht breitete sich ein Lächeln aus.

„Moin, Christa. Wen hast du mir da mitgebracht?"

Unaufgefordert streckte Justin ihr die Hand entgegen.

„Sie müssen Mareike sein. Christa hat mir schon viel von Ihnen und dem wunderbaren Tee in Ihrem Café erzählt. Ich bin Justin Brown." Verblüfft ließ Mareike ihre Hand schütteln.

„Soll ich euch Tee bringen?", fragte sie, als verlangte sonst niemand in ihrem Etablissement nach diesem Getränk. Christa konnte sehen, wie es in ihr arbeitete, als sie versuchte, Justins Verhältnis zu Christa zu bestimmen.

„Christa trinkt Tee. Und ich wäre glücklich, wenn Sie auch Kaffee hätten."

„Habe ich", versicherte Mareike. „Sucht euch einen Platz. Besser nicht so nah am Fenster, da ist es so heiß wie im Treibhaus."

Im hinteren Teil des Cafés gab es ein Fenster, das Mareike hinter einer Spitzengardine versteckte, weil der Ausblick auf rostige Fahrradrahmen und verschmierte Mechaniker wenig appetitanregend war. Die Mitarbeiter der Reha-Maßnahme, die in der früheren Werkstatt von Mareikes Großvater Fahrräder reparierten, standen in ihren Pausen im Hof und rauchten. An diesem Tag hatte Mareike die Gardine beiseite gezogen und das Fenster weit geöffnet. Minimal kühlere Luft mit einem leichten Tabakaroma drang herein, doch der Schokoladendunst im Café überlagerte fünfzig Zentimeter in den Raum alle störenden Gerüche. Bei diesem Fenster nahmen Christa und Justin Platz. Außer ihnen saß niemand im Café. Mareike räumte schnell benutztes Geschirr von ihrem und den Nachbartischen, als ein älteres Paar eintrat. Der Erscheinung nach waren es Fahrradtouristen. Der erste Eindruck bestätigte sich, als sie sich über ein Smartphone beugten und über die weitere Tour zum Holter Hammrich, einem vor einigen Jahren angelegten Hochwasserschutzpolder, diskutierten. Während Justin die Kuchenkarte studierte, beobachtete Christa das Paar. Beide trugen identische Hosen und T-Shirts, nur die Weste des Mannes wies mehr Taschen auf als die seiner Frau, war aber in der gleichen, die Augen belastenden Neonfarbe. Eines Tages säßen Justin und sie vielleicht in einem amerikanischen Provinzcafé und überlegten, wie sie ihre Reise fortsetzen sollten. Sie warf einen Blick auf ihn, wie er beim Lesen fasziniert Mareikes plattdeutsche Namen für die Küchlein murmelte. Der Anblick berührte sie so sehr, dass ihr Tränen in die Augen stiegen. Eilig sah sie aus dem Fenster, damit er ihre Gefühlswallung nicht bemerkte.

„Weißt du, was du nehmen möchtest, Chrissie?" Sie rief sich zur Ordnung und wandte sich ihm wieder zu.

„Ja. Hast du auch etwas gefunden?" Mareike segelte zu ihnen und maß Justin vom zerzausten Scheitel bis zu den blank geputzten Schuhen, ehe sie eine

Kanne Tee vor Christa stellte. Christa bestellte eine Etagére gemischte Küchlein und Törtchen, Justin erkundigte sich umständlich nach den verschiedenen Kaffeekreationen. Er hatte sein Jackett über den Rücken des Stuhls gehängt und sah in Hemdärmeln aus, als wäre er direkt einem amerikanischen Film über ehrenwerte Geschäftsleute entstiegen.

„Hast du deiner Familie schon mitgeteilt, dass wir heiraten werden?“ Erschrocken sah Christa von ihrem Himbeertörtchen auf.

„Nein.“ Justin zog die Brauen hoch. Energisch spießte sie ein Stück Törtchen auf ihre Gabel. „Es erschien mir voreilig.“ Er legte den Kopf schief. „Und ehrlich gesagt hatte ich keine Lust dazu.“ Jetzt lachte er. Die Leute vom Nachbartisch lächelten wohlwollend. Christa hoffte, sie hätten seine Frage nicht gehört.

„Ich habe meiner Familie auch noch nichts gesagt. Dabei habe ich heute morgen mit meiner Mutter geskypt.“ Er musterte Christa, ehe er vorsichtig seine Hand auf ihre legte. Die Leute am Nachbartisch protestierten nicht. Ermutigt schloss er die Finger um ihr Handgelenk. „Sie hätte sich nur aufgeregt, weil sie keinen Einfluss auf die Gestaltung unserer Hochzeit nehmen kann.“

„Und auf die Frau.“

„Das auch.“ Er lächelte entschuldigend, ließ ihre Hand los und nahm einen Schluck Kaffee. „Warum sind die Kuchen hier alle so klein?“

„Weil Mareike meint, dass das im Trend liegt. Außerdem arbeiten in ihrer Küche Leute aus einer Reha-Maßnahme, und die kommen besser mit kleinen Backformen zurecht.“

„Verstehe.“ Wenn Christa Justin beim Verzehr der Törtchen zusah, musste sie zugeben, dass für einen Mann seiner Größe ein Törtchen nicht viel mehr als drei Bissen war. Bei Okko war ihr das in der Vergangenheit nicht aufgefallen. Vielleicht hatte sie ihn nicht in die Kategorie *Mann* gepackt, sondern als Polizist abgestempelt. Unbegleitete Männer waren selten im Fahrradcafé anzutreffen. Mareike konzentrierte sich auf die Wünsche weiblicher Gäste. Gerade beendete sie ihren Schwatz mit einer Frau, die sich trotz ihrer Warnung an das Fenster zur Straße gesetzt hatte, kassierte bei den Radtouristen und schwebte an Christas Tisch.

„Kann ich euch noch mehr bringen?“ Dabei sah sie Justin unverwandt an, was der ignorierte oder, was Christa nicht ausschließen wollte, nicht bemerkte. Mareike erkannte, dass sie von ihm nichts erfahren würde und drehte sich zu Christa um. „Alles klar bei dir? Letzte Woche habe ich dich gar nicht gesehen.“

„Alles klar. Und bei dir?“ Mareike zuckte mit den Schultern.

„Urlaubssaison und gutes Wetter. Ich kann nicht klagen. Hast du Besuch?“ Christa sah zu Justin, der ihnen aufmerksam zugehört hatte, aber die Untertöne nicht hatte deuten können. „Ja und nein. Demnächst wird Justin wohl öfter hier sein.“ Mareikes Brauen hoben sich. „Wir waren eben beim Standesamt, um die Eheschließung anzumelden.“ Die Brauen verschwanden unter dem roten Pony, der Mund öffnete sich. Eilig sprach Christa weiter. „Wir halten das erst einmal ganz klein, Mareike.“ Der Mund schloss sich wieder. Mareike beugte sich verschwörerisch vor und senkte sogar die Stimme.

„Das ist ja eine Überraschung.“ Christa zog es vor, die Bemerkung positiv zu deuten. „Dann mal herzlichen Glückwunsch, euch beiden.“

„Du bist die erste, die es weiß. Behalt es bitte für dich, okay?“ Wenn Christa an Okko dachte, bekam sie ein schlechtes Gewissen. Nicht dass sie ihm Hoffnung gemacht hatte, im Gegenteil hatte sie seine romantischen Anwandlungen stets ignoriert. Andererseits war sie sich nicht zu schade gewesen, ihn dazu zu verleiten, Dienstgeheimnisse auszuplaudern. Dazu hätte er sich nicht verleiten lassen, wäre sie ihm gleichgültig gewesen. Mareikes Gedanken gingen wohl in die gleiche Richtung. Sie schwor Verschwiegenheit und spendierte ihnen einen Eisbecher.

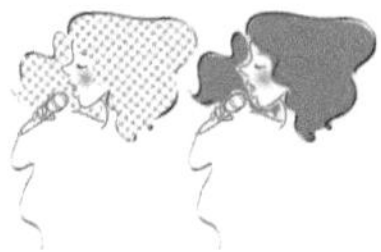

Freitag, 2. Woche Juli

Christa in Oldenburg

Nachdem sie sich zu einer Heirat durchgerungen hatten, und für Christa war es ein Durchringen gewesen, wollte Justin bis Sonntag bleiben. Am Freitagmorgen stand er deshalb nicht unter Zeitdruck. Während Christa duschte, bereitete er ein Frühstück vor, das den Standard des Wochenendfrühstücks erreichte. Waffeln fehlten, dafür gab es Rührei mit Schinken, weil, wie er erklärte, Proteine eine gute Basis für einen erfolgreichen Arbeitstag lieferten. Christa wusste, dass er sich diese Mühe für sie machte, aber die Mühe war ihr unangenehm.

„Du verwöhnst mich jetzt schon zu sehr, Justin. Ich weiß nicht, wann ich heute Abend wiederkomme. Ich fahre nach Mittag nach Wardenburg zu unserer Geschäftsführerin."

„Und wenn du schon in Wardenburg bist, besuchst du bestimmt deine Mutter." Er mochte Kati, deshalb fürchtete Christa, er würde anbieten mitzukommen. Sie war entschlossen, in der nächsten Zeit nicht zu ihren Eltern zu fahren, denn die Gefahr, unter dem Beschuss wohlmeinender Fragen ihrer Mutter die geplante Hochzeit zu verraten, war groß. Sie entschied sich für eine Variante der Wahrheit.

„Nein, ich wollte zu Bea. Du weißt doch: Bea Muh." Justin nickte mit dem leicht irritierten Gesichtsausdruck, den er immer bekam, wenn es um die Muh ging. Er hatte gesagt, und es gab keinen Grund, ihm nicht zu glauben, dass er Bea nett fand. Auch das Tagungshaus gefiel ihm. Die Lebensweise der Muh hatte er mit der von Quäkern verglichen, aber Christa wusste nichts über Quäker und konnte sich auch nicht vorstellen, dass noch andere Gruppen den Muh ähnliche Ausprägungen an Seltsamkeit erreichten. Für sie zählte, dass Justin Bea als Freundin von Christa abgespeichert hatte und von einem Frauentreffen mit offenem Ende ausging. In dem Glauben ließ sie ihn und unterschlug nur einen Termin bei Messebau Wersig, den sie zwischen ihren Termin in der Geschäftsstelle und den Besuch bei Bea geschoben hatte.

Wie geplant brach Christa gegen ein Uhr aus Rhauderfehn auf und fuhr nach ihrem Termin in Wardenburg zu Wersig Messebau im Oldenburger Stadtteil Wechloy. Martin Wersig bezeichnete sich als erfreut, die Vertreterin eines Pflegedienstleisters zu empfangen. An seinem Tonfall hätte sie die Freude nicht erkannt.

„Für den Pflegebereich haben wir ein eigenes Designkonzept", knurrte er und überreichte einen Prospekt. Während er über die Firmenphilosophie referierte, blätterte Christa durch die bunten Seiten. Ihr Hals schmerzte vom bloßen Zuhören, zugleich hoffte sie, ihr schlechtes Gewissen zeichnete sich nicht auf ihrem Gesicht ab.

„Ich werde Ihr Angebot mit der Geschäftsleitung besprechen", flunkerte sie und hatte Mühe, ihm in die Augen zu sehen. Erst jetzt bemerkte sie das Poster hinter der Zimmerpalme. „Ist das Blemish?" Die Frage amüsierte ihn so, dass er husten musste.

„Inzwischen kennen die Leute die Band wieder. Ja, das ist Blemish."

Sie trat vor das Poster.

„Da sind ja Sie, Herr Wersig!" Christas Überraschung war weitgehend echt, weil Roadys selten auf den Postern berühmter Bands zu finden waren. Wersig knurrte geschmeichelt. „Und Darren Welsh ist Schlagzeuger." Obwohl sie wusste, dass er fast ein Jahr den Schlagzeuger ersetzt hatte, war ihr bisher nicht bewusst gewesen, dass er auf allen Bildern dieser Zeit zu sehen war. Wersig trat zu ihr und betrachtete das Poster.

„Ja, das ist Darren. Die meisten Leute auf dem Poster sind tot."

„Sie waren Roady bei Blemish, nicht wahr?" Wersig nickte.

„Damals dachte ich, so ein Leben wäre spannender, als Messestände zu bauen. Das waren schon wilde Zeiten." Er schnipste in Richtung von Ida Santer. „Sie war damals so fertig, dass die Medien und auch ihre Plattenfirma sie abgeschrieben hatten. Auch als sie sich wieder berappelt hatte, war sie eine eingebildete Zicke. Vor ein paar Jahren habe ich sie auf einer Messe wiedergetroffen. Sie hat so getan, als ob sie mich nicht kennt."

„Sie wurde ermordet, nicht wahr? Ich habe das im Fernsehen gesehen."

„Nicht nur sie. Darren auch." Er seufzte wieder. „Irgendwie kommt es mir wie Fügung vor. Sie mochten sich nie. Er war einer der wenigen Kerle, die nie bei ihr landen konnten. Das hat ihn nur noch heißer gemacht. Er hat sie ständig beobachtet. Dabei muss er ein paar Sachen mitbekommen haben, die ihr nicht passten."

„Wie meinen Sie das?" Wersig zögerte nur kurz, als ob es ihm gleichgültig wäre, dass er Christa gerade fünfzehn Minuten kannte.

„Ida und dieser Schönling", er schnipste gegen die Nase eines Mannes, den Christa als Alaric Tudor identifizierte, „haben krumme Dinger gedreht. Darren hat mir nicht gesagt, was. Aber Andeutungen hat er gemacht. Nur weil er die Polizei nicht mochte, sind die beiden ungeschoren davon gekommen. Klar, dass sich Darren bei den beiden bedient hat. Zuletzt hat er es wohl übertrieben."

„Er hat sie erpresst?" Wersig zuckte mit den Schultern.

„Keine Frage. Tudor hat ein Mädel auf dem Gewissen. Und Ida hat das die ganzen Jahre gedeckt." Christa starrte ihn an. Wersig machte eine Handbewegung, als ziehe er einen Reißverschluss an seinem Mund zu. „Ich weiß von nichts, wenn man mich fragt. Sicher ist sicher, nicht wahr? Ich will nicht so enden wie Darren."

„Klar. Wer will das schon? Ich melde mich, wenn meine Geschäftsführerin Interesse an Ihrem Angebot hat."

Christa in Sandkrug

CHRISTA FUHR IN WECHLOY AUF DIE A 28 UND WECHSELTE AUF DIE A 29 RICHTUNG Süden. Bei Wardenburg verließ sie die Autobahn und fuhr durch Felder und Wald Richtung Sandkrug. Erst auf der Landstraße fand sie Zeit, über ihr Gespräch mit Wersig nachzudenken. Der hatte mehr als nur angedeutet, dass Alaric Tudor Darren Welsh umgebracht haben musste. Ob er ihn auch für Ida Santers Mörder hielt, war nicht klar. Christa dachte an die zierliche Eden Snowe in ihrem romantischen Reetdachhaus. Es war schwer zu ertragen, dass so eine Frau mit einem Mörder zusammenlebte. Doch realistisch betrachtet war Eden Snowe bestimmt nicht so zart und idealistisch, wie sie sich gab.

Als Christa in die Straße zum Tagungshaus einbog, versuchte sie, diese Gedanken zurückzudrängen. Sie wollte keinen Unfrieden zu den Muh tragen. Beim Eintreten in das Foyer sah sie Leo, der bei Inna am Tresen stand. Beide wandten sich ihr zu.

„Hallo, Inna. Leo. Ist Bea oben?" Inna bestätigte das. Leo warf sich den Rucksack über die Schulter.

„Dann fahr ich jetzt, Inna. Sollte sich noch etwas ändern, rufe ich dich auf dem Handy an, okay?" Sie sah nicht begeistert aus.

„Du kannst auch die Nummer des Zentrums wählen."

„Das kann ich, aber das will ich nicht." Nach einem Moment, in dem sie ihn unschlüssig betrachtete, nickte sie.

„Achte auf deinen Gleichmut, Leo Muh." Dazu lachte er ohne eine Spur von Heiterkeit und ging Richtung Tür. Inna wandte sich abrupt an Christa. „Geh doch schon mal zu Bea, Christa Hemmen."

„Gibt es Probleme mit Leo?" Sie wusste nicht, was sie hören wollte. Selbst wenn Leo sich entschließen sollte, in das Zentrum zurückzukehren, hieße das nicht, dass er zu ihr wollte. Ein Teil von ihr wollte ihn immer noch um Gnade bettelnd vor sich sehen. Inna schüttelte den Kopf. Schuldbewusst lief Christa die Treppe hoch.

Sie fand Bea im Gespräch mit einem Muh, dessen Augen hinter den Brillengläsern wie große Murmeln standen. Gesehen hatte sie ihn schon einmal, sein Gesicht war auf muh-untypische Weise einprägsam, doch sie konnte ihm keinen Namen zuordnen. Bei ihrem Eintreten erhob er sich, lächelte Christas linkes Ohrläppchen an und verließ den Raum. Bea stand langsamer auf.

„Christa Hemmen, dein Besuch ist eine Überraschung." Sie reckte sich zu einer Umarmung. Über ihre Schulter sah Christa die Unterlagen auf dem Besprechungstisch, die Bea mit dem Muh durchgesehen hatte. Das Logo der Karl-Jaspers-Klinik prangte auf dem obersten Blatt.

„Dieser Muh ist Arzt, nicht wahr? Arbeitet er jetzt im ehemaligen Landeskrankenhaus?" Eine Antwort auf diese Frage dehnte die Grenzen der Bescheidenheit.

„Nein. Er bleibt vorerst in Magdeburg. Es wäre selbstsüchtig, ihn dauerhaft in das Tagungshaus zu beordern. Aber er stellt dem Zentrum seine freien Tage zur Verfügung, um mich in einer heiklen Angelegenheit zu beraten."

„So heikel, dass du darüber nicht sprechen möchtest?" Die Antwort war Bea anzusehen. Christa erinnerte sich, dass auch sie über viele Dinge schweigen musste, die sie gern diskutiert hätte. Sie zog eine Tüte Kekse aus der Handtasche. „Hast du Verwendung hierfür?" Diesmal lachte Bea. Es klang etwas lauter als ihr gewöhnliches Lachen, und Christa fragte sich, ob Bea hoffte, sie von der heiklen Angelegenheit abgelenkt zu haben.

„Ich glaube schon. Du kannst den Tisch decken."

„Gern. Aber, Bea? Justin und ich werden heiraten." Bea bemühte sich zu gratulieren, wo in der Welt Glückwünsche erwartet werden konnten. Das tat sie auch jetzt.

„Ihr werdet harmonieren", teilte sie Christa mit und widmete sich der Teekanne. Während Christa Tassen auf dem Besprechungstisch verteilte, überlegte sie, ob jemand wie sie, eine in Heidis Worten verklemmte Zicke, mit Justin harmonieren konnte. Ehe sie zu einem Schluss kam, blieb ihr Blick an der handschriftlichen Notiz *Erläuterung zum Verfahren der Aufnahme* am Rande eines Schreibens der Klinik hängen. Bestürzt fragte sie sich, ob sie Bea darauf ansprechen sollte, entschied sich aber dagegen. Das war eine interne Angelegenheit, unbestreitbar heikel, und deshalb nichts für ein Gespräch bei Tee und Keksen.

„Ich habe unten im Foyer Leo getroffen", sagte sie stattdessen, als Bea den Tee brachte. Beas Gleichmut ließ nicht durchscheinen, ob dies nach wie vor ein problematischer Punkt war.

„Er kommt meistens am Freitagnachmittag."

„Arbeitet er in der Welt?" Es war schändlich, dass sie das bisher nicht in Erfahrung gebracht hatte. Beinahe bezweifelte sie selbst, vor einem Jahr geglaubt zu haben, sie sei in ihn verliebt.

„Ja." Bea sah nicht so aus, als wollte sie über ihn reden. Christa hielt ihr ihre Tasse hin. „Er hat eine Stelle in Oldenburg. Soweit ich weiß, arbeitet er in dem Bereich, in dem er die Gemeinschaft bereits unterstützt hat. Aber mehr zu fragen, steht mir nicht zu." Christa kannte Leo nur am Tresen im Foyer. Was er hinter den Kulissen getan hatte, weshalb der Kodexmeister ihn nach Sandkrug geschickt hatte, hatte er ihr gegenüber nie erwähnt. Allerdings wusste sie kaum mehr über Justins Arbeit.

„Und ist er ..." Was genau Leo sein sollte, wagte sie nicht auszusprechen.

„Ich habe den Eindruck, dass es ihm gut geht. So wie dir." Ohne hinzusehen, schob Bea die Unterlagen an das andere Tischende. Wie zufällig verschwand dabei ein Zettel mit Notizen in einer Christa unbekannten Handschrift und der Brief der Klinik. Christa ertappte sich bei der Frage, ob es Ulf Muhs Schrift sein konnte.

Samstag, 2. Woche Juli

Hafsa in Sandkrug

Hafsa lauerte hinter der Küchentür, bis sie McPhelps auf dem Weg zum Parkplatz sah. Eilig stöckelte sie hinter ihm her.

„Fährst du nach Oldenburg?“ Er blieb stehen und musterte sie verwundert. Sie hatte ihre Kleidung mit Bedacht ausgewählt, daher ärgerte sie sich, dass sie ihm kein Kompliment wert war.

„Nein.“

„Kannst du mich nach Sandkrug zum Bahnhof fahren?“ Er schloss für sie die Beifahrertür auf. Nach einem Seitenblick auf ihre enge Hose und die hohen Absätze stellte er den Sitz zurück. Trotzdem war es umständlich einzusteigen.

„Ihr habt das Haus voll. Braucht Eden dich nicht?“

„Nein.“ Hafsa versuchte, den knielangen Shalwar unter den Beinen glatt zu streichen und die Enden der langen Dupatta so zu arrangieren, dass sie sich weder strangulierte noch die Nadeln an den Schultern löste.

„Diese Absätze sind tödlich. Was willst du in dem Aufzug in Oldenburg?“ Hafsa sah an sich hinunter, während der Wagen von der Auffahrt rollte. Er konnte nicht bemerkt haben, was sie unter dem Shalwar trug. Die Dupatta fiel locker über verdächtige Wölbungen.

„Warum nicht? Amerikanische Designer-Mode.“

„Ich an deiner Stelle wäre vorsichtig. Deutsche machen keinen Unterschied zwischen einer Dupatta vor der Brust und einer Vollverschleierung.“ Sie betrachtete ihre Knie in den engen blauen Hosen unter dem schmal geschnittenen blau und rot gestreiften Shalwar. Sie hatte ihren unauffälligsten Shalwar gewählt, aber die Farben leuchteten kompromisslos in der blassen norddeutschen Sonne.

„Quatsch.“

„Ich habe gesehen, wie in Bremen einer Frau der Hijab abgerissen wurde. Und die Leute haben ihr nicht geholfen.“

„Das ist kein Hijab.“

„Ich weiß das. Aber die da?“

Er deutete auf ein Trio junger Männer, die sich auf Hollandrädern Richtung Sandkrug mühten. In ihrer geräumigen Handtasche steckte ein schwarzes

Kleid aus gecrashter Seide, in das sie sobald wie möglich wechseln wollte. Zuerst musste sie nach Oldenburg.

„Spinner gibt es immer."

Der Verkehr auf dem Wöschenweg war dicht, als ob das gute Wetter den gesamten Landkreis Richtung Stadt lockte. In der Menge würde sie nicht auffallen, sobald sie das Seidenkleid trug. Sie entspannte sich und wandte sich ihm zu.

„Was machst du in Sandkrug?"

„Ich fahre zum Biohof einkaufen."

„Alleine?"

„Du kannst ja mitkommen."

„Ich muss zum Zug."

„Natürlich."

Schweigend erreichten sie Sandkrug. Hafsa betrachtete nachdenklich sein Profil. An diesem Tag war sie froh, dass er statt in ihre Augen auf die Straße sah.

„Du hast schon mal in Hamburg gewohnt, nicht wahr?"

„Ein paar Monate, nachdem ich aus Indien zurückgekommen bin."

„Die Stadt ist groß, oder?" Er zuckte mit den Schultern.

„Kann man sagen. Willst du dahin?"

„Vielleicht."

„Und Eden?"

„Die kann mich mal." Diesmal lachte er.

„Habt ihr euch gestritten? Ich kann dich nach Oldenburg fahren, damit du schneller in Hamburg ankommst." Hafsa zog sein Angebot in Betracht, verwarf es aber. Es wäre zu auffällig, wenn sie in Shalwar Kamiz aus dem Auto eines indisch aussehenden Mannes stiege. Jede Frau konnte dagegen aus einem Zug steigen, die Treppe hinuntergehen und die Toilette aufsuchen. Wenn dann die Frau in einem anderen Kleid die Toilette verließ, war sie für die Leute im Tunnel zu den Bahnsteigen eine andere Frau. Als Ersatz für einen Spiegel zog sie ihr Telefon aus der Handtasche und wischte mit den Fingern unter den Augen. Ein Blitz auf der Straße hinter ihr veranlasste sie, sich umzudrehen. Zufrieden steckte sie das Telefon ein.

„Nicht nötig. Du kannst bei der Sparkasse halten."

„Es ist noch über einen Kilometer zum Bahnhof."

„Ich muss sowieso warten. Danke fürs Mitnehmen."

Abgesang

Sie stand auf dem Parkplatz der Sparkasse und wartete, bis er seinen Wagen gewendet hatte und im Strom der Autos verschwunden war. Dann überprüfte sie den Sitz der Dupatta und trat an den Straßenrand.

Leo in Sandkrug

Wolfram Frings wusste wenig über die Muh, davon war Leo überzeugt. Edu Muh war in der Welt gewiss nicht redseliger gewesen als in der Gemeinschaft. Er hatte Frings seine Herkunft verschwiegen und sich doch mit den Gewohnheiten der Welt schwer getan. Was man jungen Muh in den Zentren predigte, wusste Leo inzwischen aus eigener Erfahrung. Nur in Gemeinschaft mit Muh konnte sich ein Muh gefahrlos als Muh geben. Der Verdacht, Frings eine Lebensweise vorzutäuschen, die er nicht praktizierte, plagte ihn, bis er ärgerlich auf sich selbst war.

„Wer so lange nach einem bescheidenen Hemd sucht, kann auch in den Spiegel sehen“, hatte Ramesh am Vormittag gesagt. Leo hatte die Bemerkung abgewehrt, aber nachdem Ramesh zu seinem Kurs in der Sommermusikschule gefahren war, hatte er mit geschlossenen Augen nach einem Hemd gegriffen. Der Spiegel hing sowieso zu hoch für ihn, weil er sich nach seinem Einzug dagegen verwehrt hatte, dass Ramesh den Spiegel auf Kompromisshöhe hängte.

Zur verabredeten Zeit traf Wolfram Frings ein. Alles an ihm entsprach Leos Erwartungen. Sein Auto war groß, seine Kleidung kostspielig und im Gegensatz zum Auto auf eine Weise nachlässig, die vermuten ließ, dass er auf Nachfrage nicht hätte sagen können, was er am Leibe trug. Drei von Leos vier Kollegen sahen so aus.

„Ich war nur einmal im Winter hier. Aber im Sommer sieht man auch nicht mehr Leute“, teilte er Leo mit und wies mit der Hand auf das gerade abgeerntete Roggenfeld. Die Beobachtung deckte sich mit Leos Erfahrung. Er servierte Kaffee nach Art der belgischen Muh und fragte sich erneut, ob es eine gute Idee gewesen war, Kontakt zu diesem Mann aufzunehmen. „Kann es sein, dass ich dich damals im Tagungshaus gesehen habe?“

„Das ist möglich." Leo wusste genau, dass er an Beas Bürotür gestanden hatte, als Frings ihr vorwarf, sie hielte Edu gegen seinen Willen fest. Rückblickend sprach die Szene von einer erstaunlichen Fehleinschätzung. Edu hatte sich Entscheidungen gefügt oder war ihnen ausgewichen. Vielleicht hatte es Zeiten gegeben, in denen er so etwas wie einen Willen bekundet hatte, doch lange vor jenem Tag hatte er den aufgegeben.

„Und du hast diese Verrückten verlassen, oder warum wohnst du hier und nicht dahinten im Wald?"

„Ich lebe in der Welt. Das hat sich so ergeben." Leo überlegte, ob das stimmte. „Verlassen habe ich Edu." Das klang in seinen Ohren dramatisch. „Also, ich habe um eine Entbindung von meinem Fürsorgeversprechen gebeten."

„Das war vernünftig. In diesem Haufen Wahnsinniger wärst du auch noch durchgeknallt. Wie Edu."

Frings sah sich um. Es gab kaum Anzeichen, dass Leo nicht allein wohnte, doch er bemerkte sie offenbar. „Das Haus gehört meinem Freund." Er sprach selten mit Leuten, die nichts über ihn wussten, und den wenigsten neuen Bekannten hatte er mehr als seinen Namen offenbaren müssen. Es schien kein Wort in der deutschen Sprache zu geben, das Ramesh für ihn beschrieb. Frings entspannte sich.

„Ist diese Entbindung der Grund, warum du mir geschrieben hast?"

„Ja. Ich weiß, es war unbescheiden, einfach Kontakt zu dir aufzunehmen. Nach so langer Zeit und unter den Umständen eurer Trennung hatte ich kein Recht anzunehmen, dass du noch Interesse hast, ihm zu helfen. Aber nachdem jetzt alle meine Bindungen an ihn aufgelöst sind, wollte ich reinen Tisch machen. Auch zwischen uns."

„Warum zwischen uns? Wir kennen uns doch gar nicht." Das war ein Punkt, auf den Ramesh hingewiesen hatte. Leo versuchte, die lange Erklärung, die er ihm gegeben hatte, für Frings zusammenzufassen.

„In der Welt", immer wenn er eine Erklärung so anfing, grinste Ramesh, „könnte es so aufgefasst werden, als wäre ich der Grund gewesen, weshalb Edu dich verlassen hat. Ich habe eine Zuweisung erhalten und sie angenommen. So wie er auch. Ich habe Solidarität versprochen. Und in meiner Wahrnehmung war ich nicht solidarisch. Besonders als ich um eine Entbindung gebeten habe, obwohl ich hätte sehen sollen, dass es ihm nicht gut ging. Jetzt ist mit der Aufhebung der Lebenspartnerschaft nichts mehr da, was uns verbindet, bis auf die Tatsache, dass ich mein Versprechen nicht gehalten habe. Ich war nicht solidarisch und ich habe Edu nicht geholfen, als er Hilfe benötigt hätte. Damit ich hier in der Welt frei sein kann, muss ich abschließen. Der Wunsch ist unbescheiden, denn ich habe kein Anrecht auf einen Abschluss. Aber ich bin überzeugt, wenn es einen Menschen gibt, der Edu dazu bewegen kann, sich helfen zu lassen, dann bist du das. Sonst vergeht noch mehr Zeit, bis die Einweisung in die Klinik gegen seinen Willen geschieht. Und vielleicht ist das auch für dich die Möglichkeit, zu einem Abschluss zu kommen." Frings hatte mit gerunzelter Stirn zugehört.

„Glaubst du, dass er mit mir reden würde?"

„Das kann ich nicht sagen. Aber er hat einen Brief seiner Schwester gelesen und sich dazu geäußert. Damit hat kein Muh gerechnet."

Da Frings keine Einwände hatte, fuhren sie zum Tagungshaus. Leo führte seinen Gast durch den Nebeneingang ins Haus und brachte ihn zu Bea. Der hatte er zwar Frings Adresse abgerungen, sie aber nicht weiter über seine Schritte informiert. Angesichts der Möglichkeit, dass Frings noch vor der Haustür von einer Begegnung mit Edu Abstand nehmen konnte, hatte er entschieden, sie nicht durch eine Ankündigung des Besuchs zu beunruhigen. Nun stand er mit Frings an ihrer Bürotür, wo er vor dreieinhalb Jahren gestanden hatte, als Frings Zugang zu Edu verlangte. In seinem Namen würde er das erneut fordern.

Bea und Ulf Muh saßen nebeneinander über eine Akte gebeugt, doch Bea bemerkte Leo, ehe er anklopfte. Gleichmut hüllte sie ein und verdichtete sich, als sie Frings hinter ihm ausmachte. Wäre kein Außenstehender bei ihm gewesen, hätte Leo geglaubt, sie verheimliche etwas.

„Leo Muh, trete ein. Heute habe ich dich nicht erwartet." Er machte einen Schritt in den Raum.

„Entschuldige die Störung, Bea Muh. Und Ulf Muh." Der musterte ihn durch seine dicken Brillengläser. „Ich habe Wolfram Frings ins Zentrum gebracht. Er möchte mit Edu Muh reden und versuchen, ihn zu überzeugen, in eine Klinik zu gehen." Leo registrierte eine Bewegung von Ulf Muh. Der hatte sich aufgerichtet und lauschte nun mit gesenktem Blick, aber voll Aufmerksamkeit. Bea schien unschlüssig. Von Ulf Muh kam ein kaum wahrnehmbares Nicken.

„Ich begrüße Sie im Zentrum der Muh, Herr Frings. Leo Muh, Inna Muh hat Dienst in der Krankenstation. Geht am besten gleich dorthin." Sie verlangte nicht, dass er sich anschließend wieder bei ihr meldete. Leo unterdrückte den Impuls, um eine weitere Anweisung zu bitten. Mit gesenktem Kopf verließ er das Büro und wies Frings an, ihm zu folgen.

„Ob sie mich erkannt hat?"

„Bea Muh? Das hat sie."

Auf Leos Klopfen öffnete Inna die Tür zur Krankenstation mit dem gleichmütigsten aller ihr zur Verfügung stehenden Blicke. Sie schenkte Frings ihr offenes Lächeln, gegen das nur Außenstehende vom Schlag der Viola Schuhmann-Schulz immun waren, und trat für ihn zur Seite.

„Wir warten hier auf dem Gang", versicherte Leo, ehe sie die Tür schloss und sich dagegen lehnte, als wollte sie verhindern, dass Frings es sich anders überlegte und die Krankenstation wieder verließ.

„Du hast es getan."

„Ja. Das musste ich." Sie zuckte mit den Schultern, wie um zu zeigen, dass ihr seine Beweggründe gleichgültig waren.

„Weiß Bea, dass er hier ist?" Er nickte. „Sie macht sich große Sorgen wegen Edu. Erst heute Morgen war die Ärztin da. Wenn es nach Ulf Muh gegangen wäre, hätte sie die Einweisung unterschrieben. Aber Bea möchte, dass Edu sich aus freien Stücken entschließt."

Kodexwächterinnen mussten unpopuläre Entscheidungen fällen und diese vertreten. Leo wagte sich nicht vorzustellen, wie er an ihrer Stelle entschieden hätte. Er lehnte sich gegen die Wand und versuchte, nicht nachzudenken, schon gar nicht darüber, was sich hinter der Tür abspielte. Inna gab sich keine Mühe, ihn zu beruhigen. Sie ging vor der Tür auf und ab, die Arme vor der Brust verschränkt.

„Montag lege ich mein Fürsorgeversprechen ab", teilte sie ihm nach einer Weile mit. Am liebsten hätte er ihr abgeraten, um sie vor einem Fehler wie seinem zu bewahren. Doch Inna war viel besser auf die Fürsorgepartnerschaft vorbereitet als er es gewesen war. Sie warf ihm einen mitleidigen Blick zu. „Bea und ich fahren morgen nach Astenet. Ich freue mich darauf, Mathis Muh wiederzusehen. Dienstag sind wir wieder hier. Ich habe schon das gemeinsame Zimmer vorbereitet, alles geputzt, und das Bett bezogen."

„Inna Muh, das sind keine gleichmütigen Worte. Ich ..."

„Du was?" Sie blieb vor ihm stehen und sah ihn an. „Du bist der Richtige, mir von Gleichmut zu reden. Du hast einen Partner, der dir Fürsorge und Solidarität zukommen lässt. Jeden Tag. Und jede Nacht, wenn ich darüber spekulieren darf. Ich habe lange Verzicht geübt. Und jetzt möchte ich, dass Mathis Muh auch jeden Tag da ist." Er musterte sie skeptisch und entschied, nicht weiter zu fragen. Inna nahm ihre Wanderung wieder auf. „Vielleicht besuche ich euch bald."

„Hättest du das nicht längst tun können? Ein Haus, in dem ein Muh lebt, ist kein fremdes Haus." Sie hielt im Schritt inne, ehe sie im alten Tempo weiterging.

„Du weißt, ich vermeide es, unter einem fremden Dach zu essen oder zu trinken. Aber wenn es dir so wichtig ist, kann ich vorbeikommen. Das meinte ich aber nicht."

„Was dann?"

„Das wirst du dann sehen."

„Kannst du es nicht einfach sagen?" Wieder blieb sie vor ihm stehen.

„Es ist nicht zu überhören, dass du Kontakt zur Welt pflegst. Soll ich meine Gefühle und Gedanken auf der Zunge tragen? Hast du vergessen, welche Worte wir verwenden und welche wir nicht aussprechen?"

„Nun, es klingt für mich unbescheiden, wenn du sagst, du hast das Bett bezogen, das ihr teilen werdet." Sie grinste.

„Oh, das werden wir. Verlass dich drauf. Und dann komme ich dich besuchen." Die Tür der Krankenstation wurde geöffnet und Frings trat auf den Flur. Inna schlüpfte in so viel Bescheidenheit, wie Leo ihr nach ihren letzten Worten nicht zugetraut hätte, wieder hinein. Er sah kurz auf die geschlossene Tür, dann auf Frings. Der machte ein ernstes Gesicht.

„Er sagt, er wird sich einweisen lassen. Er will mit Inna Muh reden, dass sie sich darum kümmert. Ist das die Frau von eben?" Leo musste sich daran erinnern, dass für Außenstehende Inna einfach eine Frau war. Er stemmte sich von der Wand weg.

„Ja. Inna wird das regeln."

Frings wollte nicht zulassen, dass Leo die drei Kilometer zu Fuß nach Hause ging. Auf der kurzen Fahrt schwiegen sie. Es gab, wie Leo sich sagte, nichts mehr zu besprechen. In der Welt redeten die Menschen, um die Stille zu übertönen, doch jedes weitere Wort hätte nur an einer Vergangenheit gerührt, die er – und mit Sicherheit auch Frings – vergessen wollte. Schon von Weitem sah Leo Rameshs Auto im Unterstand. Er kam aus dem Haus und ging langsam auf sie zu. Leo war selten so erleichtert gewesen, ihn zu sehen.

„Ramesh McPhelps, mein zukünftiger Mann."

Während sie Frings Auto nachsahen, legte Ramesh einen Arm um ihn.

„Seit wann bin ich dein zukünftiger Mann?" Mit Mühe schob Leo die Ereignisse des Nachmittags von sich. Er atmete tief durch und sah zu ihm auf.

„Schon immer. Aber jetzt kann ich es aussprechen."

Montag, 3. Woche Juli

Ramesh in Sandkrug

Es war schwer zu sagen, was ihn störte. Ramesh mochte Edens Haus auch an anderen Tagen nicht. Für ihn hatte es eine belastende Atmosphäre, und er war überzeugt, dass die Teilnehmerinnen der Workshops dies auch spürten. In Edens Haus waren sie unruhiger als er es von anderen Veranstaltungsorten kannte, ließen sich weniger gern auf Entspannungsübungen ein und tendierten zu nervösen Unterbrechungen. So unruhig wie an diesem Montag hatte er bisher keine Gruppe erlebt. Während der kurzen Pausen zwischen den Übungen sah er sich um, ob es objektive Gründe für dieses Verhalten gab. Der Raum war nicht so aufgeräumt wie an anderen Tagen. Seit Beginn der Sommermusikschule benutzte er ihn, und bisher waren morgens die Papierkörbe geleert und der Boden gewischt gewesen. An diesem Morgen war der Papierkorb an der Tür ausgeleert, enthielt aber keinen Müllsack. Der zweite Papierkorb war randvoll.

Als er nach dem Workshop hinter den Teilnehmerinnen den Flur betrat, spürte er eine Zunahme an Unruhe unter ihnen. Alaric kam die Treppe herunter. Sein Gruß war charmant, doch die negative Energie, die von ihm ausstrahlte, ließ die Frauen schrill lachend das Haus verlassen. Ramesh hatte dieses Verhalten bei Pferden beobachtet. Wenn westliche Menschen so auf Alaric reagierten, musste er stärker belastet sein, als Ramesh es in den letzten Wochen vermutet hatte.

„Wir sind etwas unter Druck." Alaric strich durch seine angegrauten Haare. An diesem Tag schien ihre Unordnung Folge echter Fahrigkeit zu sein „Ich weiß nicht, ob es dir aufgefallen ist."

„Ist Hafsa krank?" Ein Zucken ging durch Alaric. Er sah in Richtung von Edens Tür.

„Die beiden hatten Streit. Hafsa ist abgehauen, die kleine Paki-Schlampe. Sie hätte zu keinem schlechteren Zeitpunkt gehen können. Es bringt nichts, Wogs zu vertrauen." Von Alaric kannte Ramesh derartige Verunglimpfungen nicht. Der schien nicht zu merken, wie weit er sich von seiner Rolle als weltoffener Künstler entfernt hatte.

„Seit wann ist sie weg?" Am Samstag hatte sie nur eine Handtasche bei sich gehabt, zwar eine geräumige Handtasche, aber nicht einmal groß genug, um eine Wochenendausstattung zu transportieren.

„Samstag. Irgendwann am Nachmittag. Nach dem Mittagsbüfett haben Eden und sie sich in der Küche angeschrien. So peinlich. Viele Teilnehmer haben die beiden gehört. Am Abend war sie weg."

„Wie hat sie denn ihre ganzen Sachen aus dem Haus schmuggeln können?"

„Meinst du ihre Kleider? Ich habe keine Ahnung, ob die auch weg sind." Alaric rang die Hände eine Spur zu theatralisch und raufte noch einmal seine zerzausten Haare. „Der Catering-Service schickt uns heute zwei Reinigungskräfte. Aber das ist nicht das gleiche." Das war es sicher nicht. Hafsa wohnte im Haus und war zu allen Zeiten greifbar wie ein Dienstmädchen in den Filmen, die sie in ihrer Freizeit konsumierte. Am Samstag hatte sie sich herausgeputzt wie so ein Dienstmädchen an einem freien Tag. Etwas daran hatte Ramesh verwundert, aber er war wegen Leos Besucher zu abgelenkt gewesen, darüber nachzudenken.

„Wenn sie seit Samstagnachmittag weg ist und ihre Sachen nicht mitgenommen hat, solltest du die Polizei rufen."

„Was? Die ist doch erwachsen." Ramesh war nicht sicher , ob er Hafsa objektiv sehen konnte. Sie war jung, unverheiratet, soweit er wusste unverbunden, Unterschicht und weiblich. Wenn so jemand mehrere Tage ohne Nachricht fortblieb, sollte man sich Sorgen machen. „Nein, nein. Die kommt schon klar ..." Der Satz klang aus, als hätte Alaric weitersprechen wollen. Ramesh sah keinen Grund, darauf einzugehen. Alaric warf ihm einen beunruhigten Blick zu. „Du kommst morgen wieder? Dein Workshop ist ausgebucht."

„Gibt es einen Grund, warum ich nicht kommen sollte?"

„Natürlich nicht."

„Dann bis morgen."

Vor der Tür atmete Ramesh tief durch. Er schalt sich albern, als ihm Erinnerungen an Geschichten von bösen Geistern und Dämonen kamen, die Patienten von den Dörfern im Krankenhaus von Kochi erzählt hatten. Solche Wesen gediehen nicht im deutschen Klima. Er fuhr bereits Richtung Oldenburg, als ihm einfiel, dass Hafsa, wenn sie den Ethnic-Look ihrer Lieblingsstars nachahmte, ihre Dupatta wie einen Schal lose um den Hals schlang. Am Samstag hatte sie den Stoff an den Schultern befestigt, so dass die Enden nach hinten fielen, während vor der Brust großzügige Falten bis zur Taille hingen. Vermutlich kleidetet sich jetzt eine populäre Schauspielerin so, und Hafsa hatte in Deutschland wie die jungen Frauen in Indien oder Pakistan den Stil nachgeahmt. Es war ohne Bedeutung.

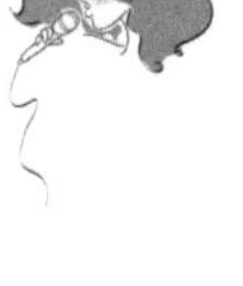

Martina Sevecke-Pohlen

Christa in Rhauderfehn

Christa war nach der Dienstbesprechung zum entstehenden Seniorenhotel am Hauptfehnkanal gefahren. Zu Beginn der Mittagspause kam sie zurück, gerade rechtzeitig für den frischen Kaffee, den Frau Hahn zubereitet hatte. Die heiße Luft lag drückend auf den Häusern, und aus jedem Grasstreifen hob sich Feuchtigkeit. Der Himmel hatte seit dem Vormittag ein unschönes Gelbweiß angenommen, beinahe wie die Haut unter der Schale einer Zitrone, aber ohne deren Frische. Zur Rhauderwieke hin staute sich die Hitze vor den Glasscheiben von Crea. Heim und Pflege und auf dem Parkplatz hinter dem Haus kräuselte sich die Luft über den Autodächern. Es war zu stickig, um in der fensterlosen Teeküche zu sitzen, deshalb versammelten sie sich, nachdem Harry zu Snack und Plausch Richtung Döner-Imbiss abgezogen war, in Frau Kehls Büro. Dort konnten sie das Fenster zum Parkplatz öffnen, auch wenn dies eher Optik als effektive Belüftung war. Es fühlte sich sommerlicher an und gab dem Raum mehr Weite.

„In Oldenburg scheinen sich ja auffallend viele ehemalige Bandmitglieder von Ida aufzuhalten. Dabei kam außer Wersig niemand von dort", bemerkte Frau Hahn beim Überfliegen von Christas Notizen. Sie drehte vorsichtig den Deckel einer Mineralwasserflasche auf. Zischend entwich die Kohlensäure. Frau Kehl hielt ihr ein Glas hin, und sie goss das gekühlte Wasser hinein.

„Ist das Zufall?" Frau Kehl stellte ihr Glas ab, deutete auf Christas Notizen und biss in ein belegtes Brötchen. Die anderen sahen ihr beim Kauen zu.

„Ich glaube nicht", meinte Christa. Sie bedauerte, dass sie vergessen hatte, sich auf dem Rückweg ein Brötchen zu kaufen. Hunger empfand sie nicht, aber Essbares auf dem Teller wirkte gut organisiert. „Der Grund war aus meiner Sicht aber nicht Ida. Die wohnte sechzig Kilometer entfernt in Rhauderfehn. Sondern Alaric Tudor." Sie zeigte ein vermutlich nicht mehr aktuelles Bild von ihm von der Internetseite der Musikschule herum. Frau Hahn schüttelte den Kopf, aber Frau Kehl nickte, als sei der Mann mit John Lennon-Brille und einer Frisur nach Art von Ludwig van Beethoven passabel.

„Was für ein Name. Warum glauben Sie, die Bandmitglieder haben sich seinetwegen im Raum Oldenburg angesiedelt?" Frau Hahn schob Christa eine aufgerissene Kekspackung zu. Sie wählte einen und knabberte an seinem gewellten Rand. Kondenswasser perlte von Frau Kehls Glas auf den Pappordner, wo sich ein feuchter Ring ausbreitete.

„Wersig ist dort aufgewachsen. Jedenfalls hat er die Firma seines Vaters übernommen, und die gibt es schon seit den sechziger Jahren. Ich glaube, Wersig, ist einfach da geblieben, wo er war. Und damit war er eine Anlaufstelle für Darren Welsh. Aber zuerst kam vor zehn Jahren Tudor. Ob er wusste, dass Wersig in Oldenburg wohnte, weiß ich nicht. Was Tudor in Idas Nähe getrieben hat, wissen wir auch nicht. Aber da sie zum Jazz umgeschwenkt ist, und er vom Jazz kam, ist anzunehmen, dass sie nach dem Ende von Blemish weiter in Kontakt standen. Ich habe da so meine Ideen, aber dazu später."

Christa schob den rund geknabberten Keks ganz in den Mund. Frau Kehl klopfte auf die Notizen.

„Damit waren vor zehn Jahren schon einmal zwei ehemalige Bandmitglieder nur knapp sechzig Kilometer von Ida versammelt."

„Ich würde nicht sagen *versammelt*", wandte Frau Kehl ein. „Wersig mochte Tudor doch nicht. Haben Sie das nicht letzte Woche in Ihre Notiz zu dem Besuch bei Wersig geschrieben? Und Kontakt hatten sie, soweit wir wissen, auch nicht."

„Soweit wir wissen, nicht", gab Christa zu. Sie warf noch einen Blick auf ihre Notizen, ehe sie die letzten Keksreste hinunterschluckte und mit Kaffee nachspülte. „Aber nach und nach kamen die anderen zwei nach Oldenburg. Und so entstand ein indirekter Kontakt. Zuerst kam Lydia Meißner, die frühere Backgroundsängerin Lydia Fish. Sie war bei dem Busunfall 1990 schwer verletzt worden und nicht mehr kräftig genug, die harte Tanz- und Gesangsarbeit der Chorsängerinnen zu machen. Sie war aber eine ausgebildete Sängerin und machte sich als Lehrerin selbstständig. So ist sie von Bremen nach Oldenburg gekommen, übrigens schon vor ihrer Heirat. Laut meiner Bekannten ist Lydia seit 1997 in Bremen und seit 2008 in Oldenburg. Und laut meiner früheren Lehrerin, die bei Lydia Unterricht hat, war sie kurz mit Tudor liiert. Meine Lehrerin hat übrigens ein Gespräch mitangehört, in dem es darum ging, dass die beiden erpresst wurden und Mühe hatten, das Geld zusammenzukratzen."

„Damit", konstatierte Frau Kehl mit den letzten Resten Brötchen im Mund, „sind drei Bandmitglieder beisammen, zwei davon richtig. Und die zwei werden erpresst. Von wem?"

„Nicht Wersig, oder?" Frau Hahn hob die Mineralwasserflasche zu Christa und schwenkte sie einladend.

Christa stibitzte einen weiteren Keks.

„Das glaube ich nicht. Und auch nicht Ida. Ich vermute, es war Darren Welsh. Wersig hat ganz offen gesagt, dass Welsh sich mit Erpressung über Wasser gehalten hat. Er fand das legitim. Wie Welsh von der Beziehung erfahren hat, kann ich mir allerdings nicht erklären. Aber Tudor ist in seinen Kreisen ein bekannter Mann, und Welsh kannte bestimmt nicht nur Wersig in Oldenburg oder Bremen. Außerdem hat Welsh Tudor zu diesem Zeitpunkt bereits erpresst. Die Affäre mit Lydia kam ihm da zupass. Schließlich kann Tudor nicht daran gelegen gewesen sein, dass seine Frau von der Affäre erfuhr. Sie hätte dann auch herausgefunden, dass er schon wegen einer anderen Sache von Welsh erpresst wurde."

„Und diese andere Sache hängt Ihrer Meinung nach mit dem Mord an Ida zusammen?" Frau Kehl klappte ihre Brotdose zu und faltete die Papierserviette darauf. Frau Hahn schenkte eine neue Runde Kaffee aus.

„Ja. Wersig sagt, dass Welsh nach dem Unfall beobachtet hat, wie Tudor eine der Frauen getötet hat."

„Wieso das denn?" Frau Hahn hielt ihre bedrohlich schwappende Tasse vor sich ausgestreckt. „Nach einem Unfall hilft man sich doch."

„Im Schock?" Christa sah zu Frau Kehl, die mit zweifelnder Mine nickte. „Wieso auch immer: Dieses Wissen hat Welsh zu Geld gemacht. Ich glaube, dass er damit spätestens angefangen hat, als Tudors eigene Karriere 1994 in Schwung kam. Ihm muss die Erpressung rechtmäßig erschienen sein, schließlich gehörte Tudor zu den wenigen Bandmitgliedern, die nach kurzer Zeit wieder arbeiten konnten. Und laut Wersig wusste Ida von Tudors Manövern nach dem Unfall und hat ihn gedeckt. Auch sie wurde erpresst."

Frau Kehl hatte den Ring Kondenswasser um ihr Glas entdeckt. Mit einem unwirschen Laut stellte sie das Glas auf die Fensterbank und rieb über den Pappordner.

„Es wäre gut, die Kontobewegungen zu kennen. Kann Okko Lüken das herausfinden? Die Leeraner Polizei muss diese Informationen doch längst haben." Sie sah erst Frau Hahn an und dann zu Christa. Die räusperte sich.

„Ich werde ihn fragen. Aber ob er das erfahren kann und dann auch noch weitergeben wird ..." Das wäre eine weitere Bitte um den Verrat von Dienstgeheimnissen, die sie sich erkaufen musste. Okkos Entgegenkommen war groß, aber nicht frei von der Erwartung einer Gegenleistung. Gemeinsam mit ihr wollte er der Gemeinde Rhauderfehn nützen, hatte er gesagt. Das klang großspurig, war aber nur seine Art zu sagen, dass er mit ihr ins Bett wollte. „Na ja, jedenfalls weiß ich von ihm, dass der Anruf an Welsh am Sonntag von Idas Tod um dreizehn Uhr von der Autobahnraststätte Huntetal getätigt wurde. Sehen Sie sich die Karte an. Jemand konnte von dort anrufen und Welsh auf den Weg bringen. Welsh musste öffentliche Verkehrsmittel nutzen, aber nach Rhauderfehn fahren sonntags keine Busse. Damit war klar, dass er abends oder in der Nacht bei Idas Haus eintreffen würde. Nach dem Mord würden die Leute im Haus nervös sein und nicht zögern, die Polizei zu rufen. Vielleicht hat man auch darauf gesetzt, dass Welsh versucht, einzubrechen. Dann wäre er erst einmal aus dem Verkehr gezogen worden."

„Wer ist *man*?"

Christa schluckte.

„Tudor. Der Freund eines Freundes kennt ihn und sagt, Tudor versucht, Leute zu manipulieren. Welsh faselte von dem Mord nach dem Unfall und erpresste Tudor deswegen. Tudor hatte gute Gründe, Welsh loswerden zu wollen."

Sie nahm einen weiteren Keks. Frau Kehl nippte an ihrem Glas.

„Und halten Sie ihn auch für Idas Mörder?" Frau Hahn, die sich von Tudors Porträt nicht hatte beeindrucken lassen, stellte die Frage in nüchternem Ton. Christa überlegte nur kurz.

„Ja. Sie hat ihn viele Jahre gedeckt. Vielleicht wollte sie das nicht mehr."

Draußen kam Harry über den Parkplatz geschlendert. Auf der rechten Hand balancierte er ein in rosa Papier gewickeltes Paket. Er sah forschend zu den Zäunen, hinter denen auch in dieser Woche hin und wieder Fotografen in Deckung gingen, und wandte sich mit einem Stirnrunzeln zu dem geöffnete Fenster von Crea. Frau Kehl winkte, um zu signalisieren, dass das Fenster nicht unbeobachtet war. Er winkte zurück und beschleunigte den Schritt. Frau Kehl wandte sich an Christa.

„Aber können wir das beweisen?"

Christa hatte keine Vorstellung, wie das vonstatten gehen sollte.

„Solange diese Sommermusikschule stattfindet, sollte ich ihn besuchen", war alles, was ihr dazu einfiel. Harry klopfte an die Tür und hielt, ohne auf Frau Kehls Antwort zu warten, das rosa Paket in den Raum.

„Haben die Damen Lust auf Eis?"

Dienstag, 3. Woche Juli

Leo in Hude

Die Hofgemeinschaft, die autark von den Stromversorgern existieren wollte, hatte nahe des Hasbruchs bei Hude fast ein kleines Dorf errichtet. In drei Häusern lebten ungefähr vierzig Personen, dazu kamen die Stallungen und die übrigen Wirtschaftsgebäude. Leo fuhr gern dort hinaus. Die Anlage erinnerte ihn an die Zentren der Muh in Ostbelgien.

Nachdem er von der A 28 abgefahren war, folgte er einer kurvigen Straße zwischen Feldern und kleinen Eichenhainen, bis hinter dem Staatsforst Hasbruch die Auffahrt zum Hof abging. Kurz vor der Hofeinfahrt war ein Teil der Fahrbahn abgesperrt. Polizeiautos parkten auf dem Grasstreifen. Weiter hinten, wo die Bahntrasse Richtung Oldenburg verlief, konnte man weißgekleidete Personen sehen.

„Wohl wieder ein Selbstmörder", meinte Leos Kollege, als sie die Absperrung passierten. „Was hält man bei euch von Selbstmördern?"

„Wir bedauern, dass ein Mensch in seiner Verzweiflung allein gelassen wurde." Leo wusste nicht, ob der Kodex Suizid erwähnte, empfand jedoch dieses Bedauern. Der Kollege war zufrieden mit seiner konventionellen Antwort. Er war mehrere Jahre jünger als Leo und ihm gegenüber bemüht, weltgewandt zu erscheinen. Sie überquerten die Gleise, bogen in die lange Hofeinfahrt ein und fuhren fast einen halben Kilometer zwischen als Windschutz gepflanzten Eichen zum Hof. Dort standen einige Leute bei einem Postfahrzeug.

„Was ist denn da los?" Der Kollege wies auf die Gruppe. Leo parkte abseits der Gebäude, und sie stiegen aus. Mit seinem Kollegen ging er zu der Gruppe, in der sie ihren Ansprechpartner für die Bauarbeiten erkannt hatten. Der Postbote fuhr gerade Richtung Auffahrt und ließ auffallend schweigsame Arbeiter zurück. Der Hofsprecher kam ihnen entgegen.

„Schlimme Sache das. Ihr habt bestimmt auch den Polizeieinsatz an den Schienen gesehen. Eine Frau wurde tot aufgefunden. Die Polizei fragt auf den Höfen, ob jemand etwas gehört oder gesehen hat."

„Kein Selbstmord?" Der Kollege klang enttäuscht. Der Sprecher der Hofgemeinschaft schüttelte den Kopf.

„Wohl nicht. Soll'n Gewaltverbrechen gewesen sein. Ne junge Inderin, der Kleidung nach, heißt es. Vielleicht ist es eine von drüben in der Klostermark. Wenn die da so auf einem Haufen zusammenhocken müssen, gibt es garantiert ständig Streit um die Frauen."

Leo sah zu seinem Kollegen.

„Ach, bei Oldenburg an der Holler Landstraße ist eine Flüchtlingsunterkunft in einem ehemaligen Kloster untergebracht. Ist eigentlich kein guter Ort dafür. War mal ne psychiatrische Klinik, und unter den Nazis haben sie dort Euthanasie betrieben."

Leo fragte sich, weshalb er das nicht selbst erkannt hatte. Inna erwähnte die Unterkunft öfter, wenn sie über ihre Arbeit in der Beratungsstelle sprach. Dort warteten zwar Menschen aus vielen Ländern auf eine Entscheidung über ihr weiteres Schicksal, aber keine Inder. Als er dies erwähnte, zuckte der Hofsprecher mit den Schultern.

„Was weiß ich, wer da haust? Der Postbote hat das Kleid gesehen. So bunt sehen die Kleider von Indern aus. Kennt man doch vom Film."

Sie waren während des Wortwechsels zu dem Wirtschaftsgebäude gegangen, an dem die erste Anlage installiert werden sollte. Die nächste halbe Stunde drehte sich das Gespräch um die anstehenden Arbeiten. Als sie dann in das Haupthaus gingen, wo die Gemeinschaftsküche untergebracht war, erinnerte Leo sich an Rameshs Bemerkung über Hafsas Leichtsinn, in pakistanischer Mode, amerikanisches Label hin oder her, nach Oldenburg zu fahren.

„Ich komme gleich nach. Ich muss kurz telefonieren", sagte er zu seinem Kollegen und wartete, bis der mit dem Hofsprecher im Gebäude verschwunden war. Es gab eine kleine Chance, dass Ramesh gerade nicht beschäftigt war. Tatsächlich meldete er sich sofort. Leo berichtete das wenige, was er über die Frau an den Gleisen gehört hatte.

„Könntest du nicht bei der Polizei anrufen?" Ehe Ramesh eine seiner Standardbemerkungen machte, fügte er hinzu: „Das ist immerhin Deutschland."

„Gewiss, mein Muh. Aber ich bin immerhin Inder. Wenn ich eine Frau vermisst melde, sitze ich zwei Wochen in Untersuchungshaft."

„Du hast einen britischen Pass."

„Oh, und der Konsul kommt persönlich vorbei? Ja, ich weiß, was du sagen willst. Ich rufe da an. Vielleicht darf ich dich noch einmal sehen, ehe sie mich deportieren."

Kopfschüttelnd ging Leo Richtung Küche. Er war fast sicher, dass Ramesh Sarkasmus bemüht hatte.

Martina Sevecke-Pohlen

Christa in Rhauderfehn

Es war Christa unangenehm, sich mit Okko unter Mareikes scharfen Augen im Fahrradcafé zu treffen. Okko wäre nicht Okko, versuchte er nicht, mit ihr anzubandeln, und Mareike wäre nicht Mareike, erinnerte sie sich nicht an die geheim geplante Hochzeit mit Justin. Okko an einen anderen Ort zu locken, wagte sie aber auch nicht. Das Fahrradcafé war ihr bevorzugter Treffpunkt, weil es für sie beide günstig lag. Okko ginge sicherlich gern mit ihr in Leer oder Papenburg essen, nach einem langen Arbeitstag bevorzugte er jedoch das Café in Rhauderfehn, und er wusste, dass sie Mareikes Snacks ebenso mochte wie ihre Küchlein. So verabredete sie sich mit ihm im Café und legte sich sorgfältig ihre Fragen nach Ida Santers finanziellen Angelegenheiten und außerdem eine Strategie gegen amouröse Anwandlungen zurecht.

Angesichts der Hitze wählte Christa eine Joghurtspeise. Okko ließ sich zu den Küchlein ein Eis bringen.

„Im Einsatzwagen ist es so heiß, da schwitze ich die Kalorien wieder ab", versicherte er Mareike, die ihn skeptisch musterte. Sie hob die Schultern.

„Ik segg nix, Okko, min Sööt." Mit einem langen Blick auf Christa kehrte sie zurück zur Theke.

„Was ist denn mit der?", murmelte Okko und lehnte sich zurück. Mareike hatte die Glastür offen gelassen, doch der Wind war zu schwach, um Durchzug zum schattigen Hof entstehen zu lassen. Dafür drangen die Geräusche der Straße ins Innere des Fahrradcafés. Christa hoffte, Mareike störte sich erst an den ebenfalls eindringenden Abgasen, wenn sie den korrumpierenden Teil ihres Gespräch abgeschlossen hätte. Ohne lange zu überlegen beugte sie sich zu Okko vor.

„Okko, ich habe jemanden kennen gelernt." Bestürzt sah er sie an. Eilig sprach sie weiter. Seine entgleiste Miene ließ sie Schlimmes ahnen, käme es dazu, dass sie ihm von Justin erzählen müsste. „Jemand, der auch dich interessieren dürfte. Als Polizisten."

„Meine Güte. Wo hast du dich herumgetrieben?"

„In Oldenburg. Da hat ein Kumpel von Darren Welsh eine Firma. Ich hatte beruflich mit ihm zu tun." Ihre Ausrede für Wersig konnte auch für Okko herhalten. „In seinem Büro hängt ein Poster von Blemish."

„Idas Band?"

„Ja. Ich habe ihn danach gefragt. Und wir kamen ins Reden ... Und nebenbei hat er mir von Welsh erzählt und, dass der Alaric Tudor in Sandhatten erpresst hat. Weil Tudor und Ida direkt nach dem Unfall zum Tod einer Frau beigetragen haben."

„Was?" Okko rückte so heftig nach vorne, dass die Blumenvase mit einer einzelnen tiefvioletten Ranunkel wackelte. Christa streckte eine Hand zu der Vase aus, die er ergriff und zusammen mit der Vase festhielt. „Warum erzählt der Mann dir nebenbei solche Sachen?"

„Weil ich nett gefragt habe? Nein, ich nehme an, er wollte es einfach loswerden. *Er hat sich bei den beiden bedient*, sagte er. Ich hatte den Eindruck, dass er viel darüber nachgedacht hat." Sie sah ihm an, dass er ihr glaubte. Seine nächste Frage bestätigte ihre Vermutung.

„Wie heißt der Mann?"

„Martin Wersig. Ein Messebauer." Okko überlegte. Schließlich ließ er ihre Hand und die Vase los und stand auf.

„Ich muss telefonieren. Bin gleich wieder da." Christa begann, den Joghurt zu löffeln. Wenn Okko wiederkäme, würde sie ihrerseits Informationen fordern.

Okko blieb beinahe eine Viertelstunde fort. Da er im Durchgang zu den Toiletten verschwunden war, nahm sie an, dass er dort telefonierte. Alle anderen Orte waren entweder zu laut oder enthielten zu viele neugierige Ohren, gekoppelt an nicht minder neugierige Hirne. Als er wiederkam, lag um seinen Mund ein Zug, den Christa nur als selbstzufrieden deuten konnte.

„Mareike hat dein Eis evakuiert. Soll sie es wieder bringen?" Sie winkte Mareike, die mit unverhohlener Neugier den Glaskelch aus dem Kühlschrank holte und vor Okko stellte.

„All in't Riege, mien Lev?" Er winkte ab, als hätte er nur ihre Worte gehört, nicht den Tonfall.

„Alles in bester Ordnung, Mareike. Danke, dass du auf mein Eis aufgepasst hast."

„Mit Pläseer, mien Lev." Sie zog sich zurück, sah noch einmal neugierig zu ihnen und schloss demonstrativ die Glastür. Innerlich fluchte Christa, äußerlich blieb sie entspannt und kratzte mit dem Löffel den letzten Joghurt aus dem Glas. Okko nahm seinen Löffel ebenfalls wieder auf.

„Ich habe weitergegeben, was du mir gesagt hast, Christa."

„Deshalb habe ich es dir gesagt“, entgegnete sie pflichtbewusst. Er brach ein Stück Mini-Gugelhupf ab und tauchte es in das weiche Eis.

„So wie ich dich kenne, willst du jetzt eine Gegenleistung.“ Er steckte das Stück Gugelhupf in den Mund. „Was kann ich für dich tun?“ Sie räusperte sich und neigte sich ihm zu.

„Ich glaube, es gibt auch eine Verbindung zwischen Ida und Tudor. Sieh es mal so: Wenn die beiden nach dem Unfall etwas getan haben, wofür sie lieber an Welsh gezahlt haben als es öffentlich werden zu lassen, dann bestand zwischen ihnen allein schon durch diese Tat eine besondere Beziehung. Gesteigert durch die Erpressung. Könnte es dann nicht sein, dass es einen weiteren Geldstrom gab? Ida hat Tudor gedeckt, und dafür hat er gezahlt.“ Okko dachte kurz nach.

„Nein, das hat sie nicht.“

„Woher …?“ Er lachte leise und äußerst schmeichelnd.

„Meine Leeraner Kommissaranwärterin hat es mir erzählt. Idas Konten wurden überprüft. Vermutlich hat sie Welsh Bargeld geschickt. Damit konnte jemand wie er am meisten anfangen. Aber sie hat diesem Alaric Tudor regelmäßig Geld überwiesen. Ich weiß nicht, wie viel oder wie oft. Die Leeraner Kollegen haben ihn nach dem Grund gefragt. Er behauptet, dass er Ida nach dem Unfall viel geholfen hat, als Mensch wie als Musiker. Zum Dank bekam er regelmäßig Geld von ihr, weil seine Karriere weniger glorreich verlief als ihre. Das kann man glauben oder nicht – und die Leeraner Kollegen glauben es nicht“

Christa war nicht sicher, ob diese Neuigkeiten ihre Überlegungen bestätigten oder widerlegten. Wenn Ida Tudor bezahlt hatte, war es nicht in seinem Interesse, dass sie starb. Sollte sie aber entschieden haben, nicht mehr zu zahlen, hatte möglicherweise eine übertriebene Strafaktion zu ihrem Tod geführt. Deshalb hatte Tudor Welsh als Sündenbock zu Idas Haus geschickt.

„Hat Tudor ein Alibi für die Morde?“ Okko seufzte tief und stattete seine ostfriesischen Züge mit pseudo-russischer Melancholie aus.

„Du fragst und fragst, Christa. Die Suche nach Antworten auf deine Fragen treibt mich immer tiefer in das Netz dieser Kommissaranwärterin. Dabei gehört mein Herz dir allein.“

„Und allen anderen Frauen in Rhauderfehn unter fünfundvierzig.“

„Hör nicht auf Mareike. Oder Frau Hahn. Oder Frau Kehl. Oder irgendeine andere, die versucht, einen Keil zwischen uns zu treiben. Wir beide wissen doch, dass wir gemeinsam Großes erreichen können.“

„Okko", begann Christa, nicht sicher, wie ernst sie meinte, was sie sagen wollte. „Dir ist klar, dass das jetzt gerade nach Psychopath klang?" Er stutzte, grinste und brach in befreites Lachen aus.

„Oh Mann, du hast recht. Okay, Spaß beiseite. Tudor hat kein Alibi. Ida wurde gegen fünf Uhr morgens ermordet. Er behauptet, er habe geschlafen. Seine Frau hat ein eigenes Zimmer. Darren Welsh wurde gegen zweiundzwanzig Uhr ermordet. Tudor hat an diesem Abend zwei Gäste unterhalten, während seine Frau geprobt hat. Beide Gäste geben an, so betrunken gewesen zu sein, dass sie sich nicht an den Abend erinnern können. Die Haushaltshilfe hat die drei zusammen gesehen, als sie das Geschirr rausgetragen hat. Danach war sie in der Küche und ist anschließend schlafen gegangen."

Sie sahen sich an.

„Dürftig", stellte sie fest.

„Ja, dürftig. Wie bist du hier? Ich könnte dich nach Hause begleiten." Ihr Herz sank, aber nicht sehr tief.

„Mit dem Auto, aber das steht bei Crea. Bis da kannst du mich begleiten, Okko."

Leo in Sandkrug

ALS LEO VOM FAHRRAD STIEG, HATTE ER EINE EMPFINDUNG ALS EMPFINGE IHN DER Garten mit den verwilderten Büschen und die versteckt überlebenden Blumen mit offenen Armen. Er schloss die Augen und ließ die Ruhe aus den Pflanzen auf sich wirken. Langsam schob er das Fahrrad in den Schuppen und wandte sich dem Haus zu. Im Vorbeigehen streifte seine Hand an Blättern und Zweigen entlang. Er spürte, wie sie über seine Haut kratzten, und er hörte ihr Rascheln, wenn sie zurück in ihre ursprüngliche Position schwangen. Dieses Bewusstsein kam mit der Erziehung zur Muße, die er hier erfuhr. Er hoffte, mit Hilfe dieser Eindrücke wenigstens vorübergehend vergessen zu können, was er heute von dem Hofsprecher erfahren hatte.

Das Haus war leer mit der speziellen Atmosphäre aufgeräumter Räume. Muh legten Wert auf Ordnung, auf die Herstellung eines Zustands, der das sofortige, beinahe blinde Wiederfinden von Geräten erlaubte. Ramesh behauptete, Ordnung und Klarheit in der Umgebung helfe das Bewusstsein zu erhellen. In dieser Ordnung fand Leo etwas von der Ruhe, die er gesucht hatte. Er füllte ein Glas mit Leitungswasser und trank es langsam. Die Kühle des Wassers, die Kühle des Steinbodens, die Stille des leeren Hauses beruhigten ihn.

Hafsa hatte er kaum gekannt, sie war ein farbenfroher Eindruck am Rande seiner Wahrnehmung gewesen, ein Bestandteil von Rameshs Welt, in der sie geblieben war. Wenn sie die Frau von den Gleisen sein sollte, wäre dieser Eindruck für immer verloren.

Das leere Glas ließ er auf dem Tisch, ehe er die Fenster öffnete und wieder in den Garten ging, um dort auf Ramesh zu warten. Der kam eine halbe Stunde später, als Leo in der drückenden Hitze eingenickt war. Wortlos setzte er sich zu ihm ins Gras. Leo richtete sich auf einem Ellenbogen auf. Er wollte nicht drängen oder darauf hinweisen, dass man ihn nicht in Untersuchungshaft genommen hatte. Schließlich drehte Ramesh sich zu Leo.

„Hast du etwas gehört?"

„Nein."

Ramesh legte sich nun neben ihn, so dass ihre Gesichter beinahe auf gleicher Höhe waren. Leo ließ sich in seinen Blick fallen. So nah atmete er durch den Duft des Grases, spürte den trockenen Boden unter sich und Rameshs Bein gegen sein Knie. Die Minuten vergingen, bis Leo eine Hand an Rameshs Hinterkopf legte, bis ihre Lippen sich berührten. Als er wieder zu Atem kam, streichelte Ramesh die Sommersprossen auf seinen Wangenknochen.

„Wenn wir jetzt nicht aufhören, kommen wir niemals zum Tagungshaus, deine Inna zu begrüßen."

„Sie ist nicht meine Inna", flüsterte Leo, dem sie in diesem Moment nicht gleichgültiger hätte sein können.

„Und du bist sicher, dass sie nichts erwartet? Keine Geschenke, keine Blumen?"

„Wozu?" Leo hatte Fotos der Hochzeiten von Sunitas Kindern gesehen. Inna, davon war er überzeugt, wäre schockiert von einem Tausendstel der Pracht, die Sunitas Familie für notwendig erachtet hatte. Wer solch farbenfrohe Feste gewohnt war, musste das Fürsorgeversprechen der Muh als lieblosen Akt empfinden. Ramesh ging auch gar nicht auf seine Frage ein.

„Du kannst gern so schlicht heiraten, wie es dir richtig erscheint. Aber ein bisschen Farbe sollte schon dabei sein."

Leo hätte beinahe wieder *Wozu* gefragt. Stattdessen kehrte er zu Rameshs ursprünglicher Frage zurück.

„Muh schenken nichts, weil die Fürsorgepartner in der Gemeinschaft eines Zentrums leben und dort für die Bedürfnisse aller gesorgt wird."

„Okay, keine Geschenke für Inna, und keine Blumen, weil sie in fünf Jahren den nächsten Muh nimmt. Ich werde dich aber für immer zu mir nehmen ..."

„Du wirst was?"

„... und deshalb ist unsere Hochzeit etwas Besonderes und verlangt Farbe. Rot oder Gelb."

„Warum ausgerechnet so auffallende Farben?"

„Weil Weiß eine ernste Farbe ist, hellbraune Blumen verwelkt aussehen und graue nicht existieren, mein Muh."

Leo betrachtete den Himmel, über den ein Schwarm Krähen zog. Ramesh glaubte, dass Inna Mathis nur für die standardmäßigen fünf Jahre als Fürsorgepartner akzeptieren wollte. Er wäre der letzte, ihr zu sagen, unter dieser Voraussetzung den Schritt nicht zu wagen. Davon abgesehen, dass es für Warnungen jetzt zu spät war, hatte sie gesagt, dass sie diese Fürsorgepartnerschaft wollte. Vielleicht gab es nichts mit Blumen zu schmücken, wenn die Partner so nüchtern in eine Verbindung gingen. Dieser Logik folgend sollte er eine einzelne Blume in einem möglichst unauffälligen Farbton akzeptieren. Neben ihm suchte Ramesh in der Tasche, die er achtlos abgestellt hatte, nach seinem Telefon.

„Zeit zum Aufstehen, mein Muh. Grasflecken werden Inna noch weniger gefallen als Geschenke."

Grasflecken hätte Inna vermutlich hinnehmen können.

Eine Stunde später trafen sie gerade rechtzeitig am Tagungshaus ein, ehe Ann Muh die Tür abschloss. Ann erlaubte ihnen, auf der Treppe zu warten, bis sie das Foyer gefegt und gewischt hatte. Als sie fertig war, kam sie mit in den Rücken gestützter Hand zu ihnen und senkte sich mühsam auf eine der Stufen.

„Es ist viel zu warm", murrte sie.

„Solltest du noch so anstrengende Arbeit machen?"

Ann lachte.

„Wieso anstrengend? Das Hinsetzen ist das Problem. Und das Aufstehen", fügte sie nach kurzem Nachdenken hinzu, als der Gong ertönte, der die Muh zur Abendmahlzeit rief. Grinsend ließ sie sich von Ramesh auf die Füße helfen. „Ein großer Mann hat seine Vorteile. Muh sind einfach zu leicht als Gegengewicht."

„Wenn es nur um das Aufstehen geht, stehe ich dir gern zur Verfügung, Ann Muh."

„Ich könnte dich beim Wort nehmen, Ramesh McPhelps", warnte sie und ging voran in das Refektorium.

Die offizielle Begrüßung von Mathis Muh im Zentrum Sandkrug hatte am Vorabend stattgefunden. Er saß bereits auf einer der Bänke neben Inna. Leo sah sich eilig um. Edu Muh fehlte, aber ansonsten waren außer Anns Fürsorgepartner, der sich um das Kind unterhalb des Gemeinschaftsalters kümmerte, alle Muh des Zentrums versammelt. Leo schielte zu Ramesh, der wieder den wachsamen Ausdruck angenommen hatte. Er deutete ihm an, in einer der Bänke aufzurücken, damit Ann am Ende sitzen konnte.

Nach der Mahlzeit kam Inna zu ihnen.

„Von mir akzeptierst du hoffentlich einen Glückwunsch, Inna Muh", sagte Ramesh. Inna zog die Brauen hoch, ließ aber ihre Hand schütteln.

„Für dich mache ich eine Ausnahme, Ramesh McPhelps. Für dich nicht", wandte sie sich an Leo. Der hatte das auch nicht erwartet. „Gehen wir in den Garten. Im Gemeinschaftsraum ist es zu warm. Und du würdest dich da bestimmt nicht wohlfühlen, Ramesh. Mathis Muh hat Dienst im Refektorium. Die Küchen-Muh möchte ihn gleich in die Dienste einweisen."

„Schöne Flitterwochen."

Zu Leos Verwunderung kicherte Inna nur. Er musterte sie aufmerksam. Sie war verändert, kaum wahrnehmbar, so dass Ramesh es höchstwahrscheinlich gar nicht bemerkte. Zu dritt überquerten sie den Rasen bis zu der niedrigen Mauer, die nun den neuen Schlaftrakt vom Garten trennte. Inna setze sich auf die Mauer. Statt einer Jeans trug sie eines der Kleider im Raerener Stil. Das Graubraun des grobgewebten Stoffes minderte ihre Individualität, die sie trotz Rasur stets ausgezeichnet hatte. Außerdem ähnelte sie ihrer Mutter, so dass Leo sich fragte, ob auch er Züge dieser aggressiv bescheidenen Muh aufwies.

„Ich weiß, dass du von mir keine Glückwünsche hören möchtest, Inna. Aber ich möchte dir sagen, dass ich hoffe, dass es dir mit Mathis gut gehen wird."

Sie lachte leise.

„Oh, das wird es, Leo Muh." In ihren Augen lag ein Funkeln, das er kaum mit dem Kleid und der Haltung ihrer schultern in Einklang bringen konnte. „In den nächsten Wochen kommen noch acht weitere Muh. Dann müssen wir es hinnehmen, dass einige von uns spezialisierte Aufgaben übernehmen. Bea hat sogar erwogen, Ulf Muh nach Sandkrug zu beordern. Ich weiß gar nicht, ab welcher Größe ein Arzt im Zentrum lebt. Bei den vielen Tagungsgästen hier ist es aber sinnvoll, wenn im Notfall ein Arzt vor Ort ist. Bea wäre bestimmt erleichtert."

„Warum?"

„Unter anderem, weil sie dann nicht immer einen Arzt aus der Welt rufen muss." Auf diesen Hinweis wagte Leo nicht einzugehen, weil er an Edus Erkrankung denken musste. Eine Weile saßen sie schweigend nebeneinander auf der Mauer. „Wie läuft es mit deiner Arbeit in der Welt?", fragte Inna dann, als wäre er ein Kind, das im Gemüsebeet Flaschen eingrub, um eine Heizung für die Ameisen zu bauen. Zögernd gab er zu, ab August dreißig Stunden zu arbeiten.

„Du näherst dich der Welt immer mehr an. Bald unterwirfst du dich ganz ihrem Wahn und vergisst unsere Art zu leben. Ich verstehe dich nicht. Das geht nicht gegen dich", sagte sie mit einem Seitenblick auf Ramesh, der widersprechen wollte. „Leo Muh ist alt genug zu wissen, dass die Welt kein Ort ist, an dem Bescheidenheit und Gleichmut Achtung finden. Es gibt Verlockungen, die über das hinaus gehen, was euch verbindet. Wer ihnen nachgibt, verliert, was unsere Gemeinschaft auszeichnet: Offenheit, stille Achtung, beharrliches Streben nach Freiheit und Gemeinsamkeit. Es steht mir nicht zu, dich darauf hinzuweisen, Leo."

„Warum tust du es dann?"

„Weil mir dein Bericht über deine Arbeit in der Welt zeigt, wie willig du dich den Normen der Welt unterwirfst. Das erschreckt mich als Muh und als Schwester. Ich wünsche dir einen guten Abend."

Mit diesen Worten rutschte sie von der Mauer und marschierte Richtung Tagungshaus. Ramesh wollte ihr nachgehen, doch Leo hielt ihn am Arm fest.

„Lass sie."

„Das meint sie doch nicht ernst."

„Doch." Leo seufzte. „Das tut sie. Ich frage mich, ob sie recht hat."

„Natürlich nicht."

„Aber kannst du das beurteilen? Du gehörst zur Welt."

Ramesh besaß den Takt, keinen weiteren Kommentar abzugeben. Leo rutschte von der Mauer.

„Ohne Muh aus dem Tagungshaus können wir hier nicht bleiben."

Er ging voran zum Parkplatz. Ramesh sollte sein Gesicht nicht sehen, wenn er versuchte, Innas Worte einzuordnen. Gleichgültig, was Inna zu Ramesh gesagt hatte, jedes ihrer Worte war auch ein Vorwurf an ihn gewesen. Er war der Grund, weshalb Leo den Schutz der Gemeinschaft aufgegeben hatte und in die Welt gegangen war. Einmal dort, hatte er Arbeit gesucht und sich mit dem Aufnehmen dieser Arbeit den Erwartungen der Welt untergeordnet. Auch wenn der Kodexmeister selbst ihm geraten hatte, eine Arbeit in der Welt aufzunehmen, lag es an ihm, wie er mit den Erwartungen der Welt an ihn umging. In der Lehre war er nie besonders gefestigt gewesen. Den Kodex zu studieren und zu lernen, ihn auf seine Situation anzuwenden, hatte ihn nie interessiert, zu sicher hatte er sich unter der Führung seiner Kodexwächter gefühlt. Diese unbescheidene Laxheit, die sich schon in seiner Motivation, die Zuweisung zu Edu Muh anzunehmen, gezeigt hatte, rächte sich nun.

Auf der Rückfahrt sah Leo schweigend aus dem Seitenfenster. Dankbar nahm er es hin, dass Ramesh keine Fragen stellte. Zuhause angekommen blieb er auf der Treppe sitzen und hoffte, dass die Dämmerung ihn verschlucken würde. Als es dunkel war, und die Dämmerung ihn doch nicht verschluckt hatte, setzte Ramesh sich zu ihm und legte einen Arm um ihn.

„Es passt jetzt nicht so gut, wenn ich sage, dass es spät ist und du morgen früh rausmusst, was?"

„Nicht so gut, nein."

„Was ist los mit Inna? So habe ich sie noch nie erlebt."

Leo hatte Inna schon vorwurfsvoller erlebt, aber nie als Verfechterin der reinen Lehre.

„Das liegt an der Zuweisung."

„Für mich klingt das so, als hätte sie etwas angestellt. Irgendein Verstoß gegen eine eurer Regeln. Und jetzt versucht sie wie ein Kind, alles wieder gutzumachen, in dem sie dich angreift."

„Sie greift mich nicht an. Sie sagt nur, was auch du erkannt hast."

„Was?" Ramesh nahm den Arm von Leos Schulter und drehte ihn zu sich. „Wann habe ich etwas gesagt, das so durchgeknallt war?"

„Letzte Woche, als ich erzählt habe, dass meine Chefs wollten, dass ich eine volle Stelle annehme. Du hast gesagt, mehr Welterfahrung sollte nicht zu Weltanpassung führen."

Leo ließ sich wieder näher ziehen. Ramesh hielt ihn in beiden Armen, das Kinn auf seinem Kopf. Wenn er sich schon selbst aus der Gemeinschaft katapultiert hatte, wollte er wenigstens für den Rest seiner Tage so gehalten werden.

„Wenn du sagst, dass es von mir sein soll ... Trotzdem. Inna lässt an dir aus, was sie an sich selbst ärgert. Sprich morgen mit ihr. Bestimmt ist sie dann wieder normal. So normal, wie ihr Muh sein könnt."

Die Stirn an Rameshs Hals musste Leo grinsen. Er saß in seiner Umarmung und wartete auf das Signal, dass sie endgültig hineingehen sollten.

Mittwoch, 3. Woche Juli

Eden in Sandkrug

„Ich verstehe offen gesagt nicht, warum Sie Ihre Bedienstete einfach haben gehen lassen. Streit ist Streit, aber Sie hatten am Samstag ein volles Haus. Sie brauchten die Frau. Und Sie haben nichts unternommen, als sie ihre Sachen gepackt hat und gegangen ist?"

Eden tupfte mit einem durchfeuchteten Stofftaschentuch unter ihren Augen. Sie staunte, wie sehr Hafsas Tod sie berührte. Kommissarin Riedrich sah von ihr zu Alaric, der am Frühstückstisch saß und die Stirn in eine Hand gestützt hatte. „Sie haben sie einfach aus dem Haus gehen lassen, verstehe ich das richtig?"

Eden nickte kleinlaut. Alaric legte die andere Hand auf den Tisch. Seine Hände waren groß und breit. Wenn er sie nicht sorgfältig pflegen würde, sähen sie aus wie Arbeiterhände. Vor langer Zeit hatte sie diese Hände geliebt.

„Also, fassen wir zusammen: Ihr Verhältnis zu dieser Hafsa Ghazali war schon länger angespannt. Am Samstag Mittag sind Sie, Frau Snowe, mit ihr in Streit geraten. Wegen der Kuchen für das Teebuffet. Frau Ghazali hat gesagt, dass sie sofort kündigen und gehen wird. Sie hat die Küche verlassen. Sie haben geglaubt, dass sie es sich anders überlegen wird und sind ihr auch nicht gefolgt. Am Abend war sie fort, und als Sie am Montagnachmittag ihr Zimmer aufgeschlossen haben, war es geräumt. Das haben Sie nicht bemerkt?"

„Ich war beschäftigt. Das Haus war voller Gäste. Und ich war froh, dass ich Hafsa nicht gesehen habe."

Nach einer Pause drehte die Kommissarin sich zu Alaric um.

„Und Sie haben nichts gesehen und nichts gehört?" Über ihr Taschentuch beobachtete Eden, wie er seine Augen in exquisiter Trauer zu der Kommissarin hob.

„Das Gekeife aus der Küche habe ich natürlich gehört. Aber ich wusste aus Erfahrung, dass ich besser nicht zwischen die beiden gehe. Mir war wichtig, dass die Gäste möglichst wenig davon merkten. Und weil die Leute vom Catering-Service bedient haben, ist mir nicht aufgefallen, dass Hafsa nicht da war. Erst am Abend, als sie aufräumen sollte, habe ich sie gesucht. Ihr Zimmer war abgeschlossen. Ich dachte, sie wäre bei einer Freundin, um sich zu beruhigen. Aber sie ist nicht wiedergekommen. Und dass sie ihre Kleider mitgenommen hat, habe ich erst am Montag erfahren."

„Wie heißen die Freundinnen von Frau Ghazali?"

Eden versuchte sich zu erinnern, ob es in der Umgebung überhaupt Leute gab, mit denen Hafsa Umgang gepflegt hatte.

„Sie hatte hier keine Freundinnen, soweit ich weiß." Frau Riedrich betrachtete sie zweifelnd. „Was sollte sie mit Freundinnen? Sie hatte hier im Haus genug Arbeit, falls ihr langweilig war. Und sie hat mich zu Konzertreisen begleitet."

„Verstehe. Einen Freund?"

Eden atmete tief aus. Hier bot sich eine Gelegenheit.

„Nur mit Ramesh McPhelps hat sie viel geredet. Aber das war natürlich nichts Ernstes."

Die Kommissarin ignorierte das *Natürlich*.

„Was ist mit ihrer Familie? Lebt die in Deutschland?"

„Wenn sie Familie haben sollte, lebt die in Birmingham. Sie sprach wie jemand von dort. Aber die Eltern waren schon tot, als Hafsa bei uns angefangen hat. Es gibt eine Schwester, glaube ich. Den Namen kenne ich nicht."

„Irgendwelche Brüder, Onkels oder solche Leute, die etwas gegen ihren Lebenswandel hatten?" Eden hätte beinahe gesagt, dass Hafsa keine Zeit für einen Lebenswandel gehabt hatte. Stattdessen hob sie die nach oben gedrehten Handflächen. „Warum haben Sie Frau Ghazali nicht vermisst gemeldet?"

„Sie hat doch gesagt, dass sie gehen will. Ich habe nicht damit gerechnet, dass sie wiederkommt." Eden fand ihre Argumentation einleuchtend. Was Frau Riedrich darüber dachte, war ihr nicht anzusehen. Durch das Fenster beobachtete sie die Mitarbeiter des Catering-Services im Garten, die ein Mittags-Buffet aufbauten.

„Bei Ihnen arbeiten viele Asiaten."

Eden ließ ihr Taschentuch sinken.

„Ich wollte blonde Kellner. Blond, wie Hausdiener in englischen Fernsehserien. Für den Gesamteindruck von Schule, Alaric und mir. Aber solche gibt es nicht." Der Kolonialeffekt kam bei den Gästen immer gut an, doch manchmal musste Eden an McPhelps Vorwurf denken, ihr Gehabe sei rassistisch. Frau Riedrichs Nasenflügel vibrierten sachte.

„Dabei gibt es so viele arbeitslose deutsche Kellner." Eden war nicht sicher, wie sie diese Bemerkung einordnen sollte. Wenn sie blond waren und außerdem fleißig, hätte sie die arbeitslosen deutschen Kellner eingestellt. Im nächsten Moment kehrte der gewohnte Gesichtsausdruck in Frau Riedrichs Gesicht zurück. Eden musste dann immer an eine hungrige Hyäne denken. Insgeheim war sie erleichtert, dass die Kommissarin das hysterische Kichern dieser Tiere unterließ. „Sie sagten, Sie glauben, Frau Ghazali hatte keine Freundinnen in der Umgebung. Kannte sie jemand in Nordenham?"

„Wo?" Alarics Lächeln hatte genau den Grad an Arroganz, den die Presse einem Künstler zugestand. „Ich bitte Sie, Frau Riedrich. Hafsa kümmerte sich um unser Haus und besonders um Eden und ihre Garderobe. Sie war nie länger als ein paar Stunden fort. Reisen unternahm sie nur mit Eden. Und meine Frau, das kann ich Ihnen versichern, stand nie vor der Notwendigkeit, nach Nordenham zu reisen."

„Wir haben ein ausgedrucktes Online-Ticket von Sandkrug nach Nordenham bei ihr gefunden. Sie trug es in der Tasche ihres Kleides. Das Ticket war nicht entwertet." Kommissarin Riedrich machte eine Pause, in der sie Eden und Alaric streng musterte. „Aber bei der Bahn sagte man uns, dass am Samstag das Passagieraufkommen so groß war, dass die Kontrolleure Mühe hatten, durch die Waggons zu kommen. Es kann also sein, dass sie von Sandkrug nach Hude gefahren ist, obwohl sich am Bahnhof niemand an sie erinnern kann. Aber was wollte Frau Ghazali in Nordenham? Und warum ist sie bereits in Hude ausgestiegen?"

Eden erinnerte sich an ein Konzert, dass sie im Frühjahr an der Klosterruine in Hude gegeben hatte. Man konnte dort wunderbare Spaziergänge machen, um sich vor dem Auftritt zu beruhigen. Kleine Wege führten von der Ruine zwischen Feldern zum Wald. Alaric setzte sich nun aufrecht auf seinen Stuhl.

„Vielleicht jemand, den sie von Facebook kannte. Falls sie da ein Profil hatte."

„Wir überprüfen das. Kannte sie jemand in Hude?"

Eden hob die Schultern. Wenn Hafsa niemand in Sandkrug kannte, war es unwahrscheinlich, dass sie Bekannte in Hude besessen hatte. Frau Riedrich sah sie unter ihren dunklen Brauen missbilligend an.

„Sie haben nicht bemerkt, wann Frau Ghazali Ihr Haus verlassen hat, und, als sie es entdeckt haben, angenommen, sie habe ihre Drohung wahrgemacht und fristlos gekündigt. Sie haben in den Tagen danach nichts unternommen, um Kontakt mit ihr aufzunehmen, obwohl ihr noch Lohn zustand. Sie kennen ihre Freunde nicht und Sie wissen nicht, was sie in Nordenham wollte oder warum sie in Hude aus dem Zug gestiegen ist. Vorher hat sie zehn Jahre bei Ihnen gearbeitet. Verstehe ich das richtig?"

„Meine Güte." Eden hielt es nicht mehr aus. „Hafsa war erwachsen. Sie war unsere Angestellte. Nicht unsere Tochter."

Nachdem Alaric die Kommissarin hinausbegleitet hatte, starrte Eden auf die Tischdecke. Hafsa hätte die Kaffeeflecken gesehen und die Decke ausgetauscht. Ohne sie passierte gar nichts in diesem Haushalt. Sie hörte ein Auto wegfahren. Kurz darauf betrat Alaric das Zimmer.

„Alles klar mit dir, Lissy?"

Müde hob sie den Kopf.

„Nenn mich nicht so. Was willst du?"

Er schloss die Tür.

„Sei doch nicht so grantig. Wir müssen überlegen, wie wir Ersatz für Hafsa finden." Er hatte recht. Eden stopfte ihr durchnässtes Taschentuch in eine leere Kaffeetasse und zog das Laptop zu sich.

„Ich kümmere mich darum. Ich kümmere mich um alles, Alaric."

Ramesh in Sandkrug

Ramesh hatte damit gerechnet, dass sich früher oder später diese Kommissarin Riedrich melden würde. Die Beamtin, mit der er wegen Hafsa gesprochen hatte, war nach anfänglicher, höchst korrekter Steifheit freundlicher geworden. Der britische Pass mit Löwe und Einhorn als Wappenträger half mehr als akzentfreies Deutsch, indem er ihn zum erwünschten Ausländer adelte. Nun saß die Kommissarin vor ihm am Tisch und musterte ihn, als hätte sie ihm zu gerne die Verantwortung für Hafsas Tod untergeschoben.

„Sie haben Frau Ghazali am Samstag nach Sandkrug gefahren. Was hatte sie bei sich?"

Er hatte keine Ahnung, ob sie erwartete, er wüsste, was Hafsa mit sich herumgetragen hatte.

„Eine Handtasche." Völlig falsch schien die Antwort nicht gewesen zu sein.

„Mehr nicht? Keine Reisetasche, keinen Koffer?"

„Nur eine Handtasche. Ich dachte, sie wollte in Oldenburg shoppen, um sich zu beruhigen. Sie hatte sich mit Eden Snowe gestritten. Die Frau, bei der sie arbeitete."

„Das weiß ich. Wie kam es dazu, dass sie mit Ihnen gefahren ist?"

„Ich hatte in Edens Sommermusikschule einen Kurs gegeben. Der war gerade vorbei. Hafsa kam hinter mir aus dem Haus und hat mich gefragt, ob ich nach Oldenburg fahren wollte. Ich sagte nein, und sie hat mich gebeten, sie nach Sandkrug zum Bahnhof zu bringen. Das habe ich getan. Aber sie wollte vorher aussteigen. Ich habe sie bei der Sparkasse in der Bahnhofsstraße abgesetzt."

„Warum wollte sie da schon aussteigen?"

„Sie sagte, sie müsste sowieso auf ihren Zug warten."

„Hat sie noch mehr gesagt?"

Er überlegte und merkte, dass er versuchte, sich auf die Fragen einzustellen. Das passte ihm nicht. Er war froh, dass Leo noch bei der Arbeit war. Er brauchte nicht mitzuerleben, wie diese Frau mit ihm sprach.

„Sie hat gefragt, wo ich hinfahren wollte. Und dann hat sie gefragt, ob es stimmt, dass ich in Hamburg gewohnt habe und ob das eine große Stadt ist. Ich habe beides bestätigt."

Die Kommissarin gehörte zu den Deutschen, denen die Hitze wenig ausmachte. Sie trug das dunkle Kostüm, das sie bereits bei ihrem letzten Besuch angehabt hatte, und sah nicht erhitzter aus als an jenem kühlen Tag. Ihre Brauen standen auffallend dunkel in dem blassen Gesicht und überschatteten ihre Augen. Wie um dies zu kompensieren, waren die Augen weit aufgerissen. Auf die Dauer war es unangenehm, ihr gegenüber zu sitzen.

„Wollte sie nach Hamburg?"

„Das habe ich sie auch gefragt. Aber nur als Scherz. Ich konnte ja sehen, dass sie nichts für eine Reise dabei hatte."

Sie lehnte sich zurück und musterte ihn mit diesem stieren Blick.

„Wie standen Sie denn zu Frau Ghazali?"

„Ich kannte sie kaum." In gewisser Weise stimmte das. Seit er in Sandkrug wohnte, hatte er öfters mit ihr gesprochen. Meistens waren sie über Eden und Alaric hergezogen. Bis auf diesen Klatsch und ihre Gespräche in Hindi und Urdu verband sie nichts. „Eden und Alaric sind Leute, die sich immer auf neue Nachbarn stürzen und versuchen herauszufinden, ob sie ihnen nützen können. Nachdem sie herausgefunden hatten, dass ich auch Brite bin, haben sie versucht, mich für Kurse in ihrer Musikschule zu gewinnen. Entspannung für

Musiker und so. Damals habe ich Hafsa kennengelernt. Hafsa war, glaube ich einsam. Sie hatte keine Familie und keine Freunde, von denen ich weiß."

„Aber wie gut kannten Sie sie?"

„Nicht gut. Ich wollte nichts von ihr. Und damit sie mir das glaubt, habe ich mich von ihr zurückgehalten. Sie sollte nicht denken, ich wollte ihre Situation ausnutzen."

„Was für eine Situation?"

„Allein als Frau in Deutschland."

„Frau Ghazali hat Ihnen am Samstag erzählt, dass sie sich mit Frau Snowe gestritten hatte. Hat sie gesagt, dass sie gekündigt hat und fort wollte?" Er schüttelte den Kopf. „Das wollte sie angeblich. Und sie hat ihre gesamten Sachen mitgenommen."

„Ich sage doch, sie hatte nur ihre Handtasche dabei. Hafsa ist ... war eine Frau. Eine pakistanische Frau. Unsere Frauen, äh Frauen aus Südostasien, legen Wert auf ihr Aussehen." Das Gesicht der Kommissarin verdunkelte sich, als hätte er etwas Unziemliches gesagt. „Und Hafsas einziges Interesse waren Kleider. Wenn Eden sie nicht in ihre schwarze Dienerinnenverkleidung gezwungen hat, trug sie ständig neue Sachen. Das hätte niemals alles in ihre Handtasche gepasst."

„Wo hat sie ihre Kleider gekauft? Als wir sie gefunden haben, trug sie Kleidung aus Pakistan."

„Haben Sie die Label nicht gesehen? Hafsa bestellte alles in den USA, weil die Stoffe für Waschmaschinen geeignet waren. Sie trug ein kurzes Shalwar, knapp bis zum Knie, enge Hosen und eine Dupatta, alles aus den USA. Und Schuhe, in denen sie kaum stehen konnte, geschweige denn laufen." Er überlegte, ob er die Dupatta erwähnen sollte. „Hafsa trug die Dupatta vor der Brust. Das hat sie sonst nie gemacht."

Frau Riedrich machte ein Gesicht, dem ihr Unverständnis anzusehen war. Er zögerte, ehe er aufstand und den Schrank öffnete, in dem er Unterlagen seiner Großmutter und einige Gegenstände, die er nicht hatte weggeben wollen, aufbewahrte. Immerhin entglitten der Kommissarin die Gesichtszüge, als er einen Sandelholzkasten öffnete und eine reich bestickte Brokatdupatta auseinanderfaltete.

„Das, was Hafsa trug, war aus den USA. Zu westlich, um wirklich schick zu sein, haben meine Kolleginnen immer gesagt." Wahrscheinlich glaubte diese spießige Deutsche, er zeigte ihr seine Dupatta. „Diese Dupatta hier ist für festliche Anlässe." Es hatte ihn überrascht, dass seine Großmutter solche Kleidungsstücke besessen hatte. Er kannte sie nur in knielangen Kleidern aus einem Oldenburger Kaufhaus. Die Saris und Shalwars in ihren Sandelholzkästen sahen aus, als hätte sie sie nie getragen. „Hafsa hat sie meistens wie einen Schal um den Hals gebunden. So. Hände frei und die Enden lose nach hinten. Am Samstag hat sie die Brust verhüllt. Etwa so. Und damit der Stoff nicht von den Schultern fiel, hatte sie Nadeln benutzt. Eine habe ich gesehen."

„Nadeln? Also, wenn ihr jemand dieses Ding da herunterreißen würde, kämen die Nadeln raus?"

Er musste an die Frau in Bremen denken, der auf offener Straße der Hijab abgerissen worden war. Das war mitten in der Stadt gewesen. Wenn man Hafsa bei Hude am Wald gefunden hatte, und ihr die Dupatta abgerissen worden war, hatte das wahrscheinlich nichts mit Politik zu tun.

„Ja."

Die Kommissarin nahm das Ende der langen Dupatta in die Hand und fuhr mit dem Zeigefinger über den bestickten Rand.

„Und so feiner Stoff reißt dann leicht ein." Sie betrachtete ihren Handrücken durch den Stoff. „Offenbar wurde sie mit einem roten Tuch erwürgt. So ein Ding wie das hier haben wir nicht bei ihr gefunden. Können Sie beschreiben, was sie dabei hatte?"

Er schloss einen Moment die Augen und rief sich Hafsa auf der Auffahrt der Musikschule vor Augen.

„Also, die Dupatta war rot. Mit einem blauen Zickzackmuster. Und weniger transparent als diese Dupatta hier. Man konnte das Muster des Shalwar nicht durch den Stoff sehen."

Frau Riedrich nickte langsam.

„Das heißt, wenn sie etwas unter diesem Ding getragen hätte, eine Kette oder einen Brustbeutel, hätte man den nicht sehen können."

Martina Sevecke-Pohlen

Leo in Sandkrug

Zu Leos Überraschung stand das Auto im Unterstand, als er sein Fahrrad abstellte. Er wollte ins Haus gehen, als er Ramesh im hinteren Teil des Gartens bemerkte. Er saß im Lotussitz, meditierte aber nicht. Das Rascheln des hohen Grases gegen Leos Hose ließ ihn aufblicken.

„Überrascht?"

„Ja. Warum bist du schon hier?"

„Kommissarin Riedrich wollte mit mir sprechen. Mir war es lieber, sie hier zu treffen. Also habe ich die Sprechstundenhilfe gebeten, zwei Termine umzulegen, damit ich früher fahren konnte."

Leo ließ sich neben ihm ins Gras fallen. Im Schatten des Hauses war es kaum kühler, aber Büsche und Haus hielten den Staub der nur teilweise befestigten Straße ab. Er atmete tief durch und versuchte bewusst, die Arbeit und die Hektik der Welt zurückzulassen. Seine Arbeit konnte er loslassen, die Welt und mit ihr Kommissarin Riedrich blieben.

„Wie war dein Gespräch mit ihr?" Sofort spürte er Rameshs Wachsamkeit, sein Abwägen, was er ihm sagen und was er unterschlagen wollte. Es hätte ihn ärgern sollen, dass nur eine zensierte Version angemessen erschien. Stattdessen sah er ihn mit muhischer Offenheit an. „Und sag mir alles, Ramesh."

„Die Frau an den Gleisen war Hafsa. Jemand hat sie erwürgt. Und sie hat etwas bei sich gehabt, unter ihrer Dupatta oder unter dem Shalwar, das man mitgenommen hat."

„Was hatte sie denn dabei?"

„Ich glaube, das weiß die Polizei nicht. Aber was würdest du direkt am Körper tragen?" Leo zuckte mit den Schultern. Er hatte nie etwas mit sich herumgetragen, das er meinte verbergen zu müssen. „Geld, zum Beispiel. Vielleicht hat sie Schmuck von Eden mitgehen lassen. Ist das nicht der traditionelle Vorwurf an Dienstmädchen, dass sie ihre Memsahib bestehlen?" Auch dazu konnte Leo nur mit den Schultern zucken.

„Wenn sie etwas am Körper versteckt hat, wieso hat die Person, die sie erwürgt hat, es dann gefunden?"

„Vielleicht weil die Person wusste, dass sie es dabeihaben würde. Diese Person wäre auch ein Grund für Hafsa gewesen, in Hude aus dem Zug zu steigen. Jemand mit einem Auto muss auf sie gewartet haben. Mit den Schuhen, die sie anhatte, wäre sie kaum die Treppe vom Bahnsteig heruntergekommen und ganz sicher nicht bis hinter den Hasbruch."

Leo nickte, um zu zeigen, dass er die Worte verstanden hatte. Die Logik dahinter erschloss sich ihm nicht.

„Ich habe keine Ahnung, was du meinst."

„Soll ich es dir erklären?"

„Lieber nicht. Jemand der sie kannte, hat sie umgebracht. Vielleicht sogar jemand, den wir kennen. Dahinter steckt mir zu viel Welt." Ramesh wurde ernst.

„Allerdings. Wie viel Uhr ist es? Ich muss gleich rüber zum Tagungshaus wegen des Yoga-Kurses. Oh, gut. Dann gehe ich schnell duschen."

Leo blieb im Garten, bis er annahm, dass Ramesh fertig war. Es war ihm unangenehm, doch er musste ihm sagen, dass er nicht an der öffentlichen Sammlung teilnehmen wollte. Nach Innas harten Worten fürchtete er, das gesamte Zentrum stehe gegen ihn. Er konnte Innas Vorwurf immer besser verstehen, je länger er darüber nachdachte. Einige Muh fürchteten gewiss, und nicht zu Unrecht, dass seine Anwesenheit Spuren der Welt in den der Gemeinschaft vorbehaltenen Teil des Tagungshauses trug.

Als er durch die Terrassentür das Haus betrat, rauschte das Wasser im Bad nicht mehr. Auf dem Tisch lag ein großes Stück Stoff in leuchtenden Rot- und Safrantönen, üppig mit Goldfaden bestickt. Vorsichtig näherte Leo sich dem Tuch bis auf einen halben Meter. Das Tuch verströmte den starken Sandelholzduft, den er mit Ramesh verband. Er hatte jedoch gelernt, dass der Duft auch Insekten vertrieb, und nahm an, dass die beiden Holzkugeln neben dem Tuch als Mottenschutz gedacht gewesen waren. Ein Geräusch ließ ihn aufsehen. Ramesh trat neben ihn.

„Ein weiteres Stück Welt. Ich bin noch nicht dazu gekommen, es wegzuräumen."

„Was ist das?" Es war nicht Leos Absicht, doch er hörte Misstrauen in jeder Silbe, die er sprach.

„Das, mein Muh, ist eine Dupatta meiner Großmutter. Ich habe damit Frau Riedrich demonstriert, wie Hafsa sie letzten Samstag getragen hat. Um deiner Frage vorzubeugen: Ich hätte ein Handtuch verwenden können, aber unsere Handtücher sind nicht so lang und breit." Er hob das Tuch von der Tischplatte und breitete es aus. Leo trat einen Schritt zurück, teils um das Muster besser sehen zu können, aber auch um nicht in Berührung mit so vielen Farben und Gold zu kommen. Dunkelblau war die auffallendste Farbe, die er an sich ertragen konnte. „Ich glaube nicht, dass sie die Dupatta je getragen hat. Du kannst dir vorstellen, wie überrascht ich war, dass sie ein paar sehr teure Saris in einer Truhe aufbewahrt hat. Vielleicht hat sie geglaubt, sie würde irgendwann nach Indien fliegen. Zu meiner Hochzeit?"

Leo tat einen weiteren halben Schritt zurück. Die Intensität der Bedrohung durch das Tuch schien sich zu erhöhen. Preeta McPhelps hatte gewiss gehofft, dass ihr Enkel ein wohlgeordnetes Leben führte, mit Frau und Kindern. Sunita Jain fragte in beinahe jedem Skype-Gespräch, wann er sich zu verloben gedenke. Kein Muh, nicht einmal eine Muh, sähe sich in der Lage, mit so einem Tuch geschmückt eine Verbindung einzugehen. Misstrauisch sah er zu, wie Ramesh den Stoff zusammenlegte, die Sandelholzkugeln zwischen die Lagen schob und ihn in der Schrankhälfte mit dem Besitz seiner Großmutter einschloss. Erleichtert atmete Leo tief aus.

„Ich weiß, es ist albern ..."

„Nein, ist es nicht. Erst recht nicht, nach dem, was Inna gestern zu dir gesagt hat."

Er drehte sich zu Ramesh, der noch vor dem Schrank kniete, konnte sich jedoch nicht durchringen, ihn anzusehen.

„Ich werde die Gemeinschaft verlassen. Letztes Jahr hätte ich das schon machen sollen." Da Ramesh nichts sagte, sprach er eilig weiter. „Inna hat recht. Ich muss mich entscheiden und ich entscheide mich für dich. Und die Welt."

Er konnte sehen, dass Ramesh nicht mit dieser Entscheidung gerechnet hatte. Langsam stand er auf und kam näher, bis er vor Leo stand.

„Du musst jetzt losfahren", erinnerte Leo ihn. Er brauchte Raum für sich, ein Bedürfnis, das ihm fremd war. Es war ein weiterer Beweis, dass er sich der Welt angepasst hatte. Ramesh warf einen Blick auf die Uhr.

„Ich habe noch drei Minuten. Meinst du das ernst?" Leo presste die Lippen zusammen und nickte. „Das glaube ich nicht."

„Warum nicht?" Leo hatte lauter gesprochen, als notwendig gewesen wäre. Ramesh zuckte mit den Schultern.

„Du brauchst mich nicht anzuschreien, wenn du von deiner Entscheidung überzeugt bist."

„Bin ich." Der Duft des Tuches hing immer noch in der Luft und mischte sich mit dem milderen Aroma von Rameshs Duschgel. In diesem Haus gab es viel zu viele Gerüche für einen Muh. Das war ein Reiz des Hauses gewesen, doch noch immer gab es Momente, in denen die Sinneseindrücke Leo überwältigten. Er konnte nicht gleichzeitig atmen und denken, deshalb konzentrierte er sich auf die Fuge zwischen zwei Steinfliesen neben einem Tischbein.

„Das glaube ich dir nicht. Du bist wütend auf Inna, weil sie einen wunden Punkt bei dir getroffen hat. Komm mit und sprich mit ihr. Danach willst du bestimmt nicht mehr aus der Gemeinschaft austreten."

Leo merkte, dass er sich nach wie vor nicht konzentrieren konnte. Das geschah immer, wenn er sich mit Menschen befassen musste. Zahlen und Formeln verlangten nie, dass er auf Zwischentöne achtete.

„Du willst, dass ich Mitglied der Gemeinschaft bleibe?"

Ramesh zögerte. Als Fürsprecher der Muh wollte er vermutlich nicht auftreten.

„Mir ist das egal. Du hast mir oft genug gesagt, dass du Muh bist und deshalb anders. Ja, das bist du. Ich sehe auch, dass du dich schwer tust mit dem Spagat zwischen der Gemeinschaft und dem, was du Welt nennst. Aber den Spagat hatte ich auch zwischen Indien und Deutschland, und ich weiß, dass der Spagat nur kleiner wird, aber nie endet. Darum bringt es nichts, wenn du den Kontakt zur Gemeinschaft abbrichst. Du musst mit Inna, oder meinetwegen auch mit Bea Muh, klären, ob an deinem jetzigen Leben etwas problematisch für andere Muh ist."

Leo schüttelte den Kopf.

„Was ich in der Welt mache, ist ein Problem für Muh." Er überlegte kurz. „Ich dachte, du wolltest mich ganz für dich."

„Natürlich will ich das. Ich weiß nur inzwischen, dass ich mindestens die Muh aus deinem Tagungshaus dazu bekommen habe."

Gegen seinen Willen musste Leo grinsen. Trotzdem wollte er sich nicht so leicht umstimmen lassen.

„Deine drei Minuten sind um, Ramesh. Du kannst gern zur offenen Sammlung gehen, wenn du möchtest oder Viola Schuhmann-Schulz darauf besteht. Ich werde nicht kommen. Und wenn Bea fragt, sag ihr, dass ich morgen nach der Arbeit mit ihr sprechen möchte."

Ramesh hätte wohl noch mehr gesagt, doch sein Telefon erinnerte jetzt auch an seinen Yoga-Kurs. Er nahm Leo in den Arm.

„Du bist hier, wenn ich wiederkomme. Ich will nicht durch die Nacht fahren müssen, um dich zu suchen, weil ich mir Sorgen mache."

„Natürlich bin ich hier. Wo sonst?"

Ramesh ließ ihn los.

„Eben. Wo sonst. Ich gehe nicht zur Sammlung, aber ich werde mit Bea sprechen, okay? Also, kurz nach acht bin ich wieder hier."

Leo wartete, bis er das Motorengeräusch hörte. Erst dann setzte er sich an den Tisch und stützte den Kopf in die Hände.

Donnerstag, 3. Woche Juli

Eden in Sandkrug

Vor Edens Augen standen Farben in transparenten Formen, die eine aus der anderen wuchsen, sich aufeinander türmten oder voneinander glitten, die stiegen und sanken und von innen heraus warm strahlten. Sie folgte den Farben zu immer mehr Klarheit und immer wärmerem Licht. Sie vergaß ihren Schmerz, sie vergaß ihre Umgebung. Licht und Farben erfüllten sie, Töne klangen aus ihrem Körper, sie war die Töne und sie war die Farben. Ein schwarzer Misston breitete sich aus, löschte langsam das Licht und dämpfte alle anderen Töne. Als sie die Augen öffnete, stand die Frau vor ihr, die ein Vermittlungsservice als Ersatz für Hafsa geschickt hatte. Ihren Namen hatte Eden vergessen.

„Ja?" Sie öffnete und schloss langsam ihre Hände. In den Fingerspitzen kribbelten kleine Funken, während die Unterarme in Flammen standen.

„Da ist eine Frau von der Polizei." Die Frau machte ein Gesicht, als sei sie es nicht gewohnt, Vertreter der Polizei zu empfangen. Eden und Alaric hatten entschieden, dass sie nicht erfahren sollte, was mit Hafsa passiert war, doch ohne Zweifel hatten die Kellner geschwatzt.

„Wo ist sie?"

„Wohnzimmer."

Hafsa hatte in Sätzen gesprochen. Eden stellte die Harfe aufrecht und stand vorsichtig auf. Der Raum drehte sich um sie, nur das Gesicht der namenlosen Frau blieb ihr gegenüber. Gegessen hatte sie an diesem Tag noch nichts. An den Vortag besaß sie kaum Erinnerung, doch vermutlich hatte sie etwas zu sich genommen. Wenn Alaric auch alles um sich ignorierte, achtete er darauf, dass sie aß. Hafsa hatte ebenfalls darauf geachtet, doch sie war fort. Erst als Eden langsam hinter der Frau zu dem als Wohnzimmer bezeichneten Salon ging, kehrten Fetzen des letzten Gesprächs mit der Kommissarin zurück. Sie schüttelte die Nachwirkungen der Musik ab, zerrte die restlichen Erinnerungsfetzen aus der hintersten Ecke ihres Gedächtnisses und fand auch noch ein strahlendes Lächeln wie vor einem Soloauftritt. Die namenlose Frau warf ihr einen unsicheren

Blick zu, ehe sie die Tür zum Salon öffnete. Eden schritt an ihr vorbei wie auf eine Bühne. Sie streckte der Kommissarin ihre weiße Hand entgegen, verdrängte den Schmerz und lächelte das strahlend tapfere Lächeln einer Frau, die ihre geschätzte Haushaltshilfe unter tragischen Umständen verloren hatte.

„Frau Kommissarin Riedrich. Was kann ich für Sie tun?"

Frau Riedrich, immer noch in ihrem dunkelblauen Kostüm, erwiderte das Lächeln nicht.

„Ist Ihr Mann auch da?" Eden signalisierte der Frau, Alaric zu holen. Vor der Kommissarin war es unvorteilhaft, sie nicht mit Namen ansprechen zu können. „Ich sehe, Sie haben Ersatz für Frau Ghazali gefunden. Auch eine Asiatin."

Eden blinzelte. Wenn sie die Wahl zwischen Osteuropäerinnen und Asiatinnen hatte, wählte sie selbstverständlich eine Frau, die optisch zum britischen Kolonialreich passte. Sie musste für ihr deutsches Publikum ein Bild von sich aufrechterhalten, das Teepartys auf der Veranda, luftige Kleider vor tropischen Blumen und respektvolle Dienerschaft zu einem harmonischen Ganzen vereinte.

„Sie hat gute Referenzen. Ich brauche eine Frau, die sich durch den Trubel hier nicht aus der Ruhe bringen lässt."

Sie war selbst nicht sicher, ob sie damit andeuten wollte, Asiatinnen ließen sich weniger leicht aus der Ruhe bringen als Vertreterinnen anderer Nationen. Hafsa hatte ihre Arbeit zuverlässig verrichtet. Sie war eine wahre Perle gewesen, nur leider respektlos und dumm. Im Haus verstummte Klaviermusik, die die ganze Zeit den Hintergrund für ihr Gespräch gegeben hatte.

„Wir haben jetzt einen ersten Bericht über Frau Ghazalis Kleidung."

Eden deutete der Kommissarin, Platz zu nehmen.

„Tatsächlich?"

Alaric riss die Tür auf.

„Frau Riedrich. Haben Sie Neuigkeiten über die arme Hafsa?"

Sein Schwung verebbte unter dem Blick der Kommissarin. Ohne ein weiteres Wort setzte er sich auf die Armlehne von Edens Sessel und legte einen Arm um sie. Um das Bild zu vervollkommnen, verlagerte sie ihr Gewicht gegen ihn.

„Frau Ghazali hat unter ihrem Kleid einen Papierumschlag getragen. Sie hatte ihn mit Klebestreifen auf die Haut geklebt und mit dem Kleid bedeckt. Und über dem Kleid trug sie eine ... Dupatta." Das letzte Wort kam in einer Mischung aus Triumph und Ekel aus dem Mund der Kommissarin. Eden spürte, wie Alaric sich aufrichtete.

„Ich habe das Wort nicht verstanden, Frau Riedrich. Was hatte sie über dem Kleid?"

„Ein langes Tuch aus einem Seidenimitat aus hundert Prozent Polyester, bestickt mit goldfarbenem Faden. Dieses Tuch gehört zur Kleidung im ethnischen Stil bestehend aus einem knielangen Kleid und einer Hose. Offenbar trug sie in dem Umschlag etwas bei sich, das zu wertvoll war, um es in der Handtasche zu transportieren." Kommissarin Riedrich sah von Alaric zu Eden. „Wir vermuten Bargeld."

„Bargeld? Sie hatte doch eine Kreditkarte."

„Für einige Zwecke verwenden Menschen lieber Bargeld, Herr Tudor. Es muss sich um eine größere Summe gehandelt haben. Die Klebstoffreste weisen auf einen großen Umschlag hin. Nun stellt sich die Frage, was für Geld das war. Ihr Lohn wurde ihr überwiesen, nehme ich an?"

„Selbstverständlich. Hafsa war eine ganz normale Angestellte nach deutschem Recht."

„Bekam sie Trinkgeld?"

Eden sah zu Alaric.

„Hin und wieder. Die Studenten der Musikschule geben kein Trinkgeld. Mit denen hatte Hafsa auch nichts zu tun. Private Gäste geben manchmal Trinkgeld. Aber das war niemals so viel, dass sie dafür einen Umschlag gebraucht hätte."

„Und hätte sie Geld von Gästen oder Kunden entwenden können? Haben Sie in dieser Richtung Beschwerden bekommen."

„Nie. Hafsa war grundehrlich." Eden sah das Misstrauen in den weiten Augen der Kommissarin, als sie Alaric musterte. Deren Arbeit bestand darin, Aussagen von sich betroffen gebenden Personen zu hinterfragen. Und Alarics Betroffenheit, die sich in tief heruntergezogenen Mundwinkeln und ständigem Raufen der Haare zeigte, erreichte in Edens Augen nicht die übliche Überzeugungskraft.

„Große Summen hat man heutzutage doch nicht bar in der Tasche. Und unsere Klientel ist hochprofessionell, aber nicht wohlhabend." Eden sah, dass ihre Aussage auf mehr Wohlwollen stieß. Frau Riedrich nickte langsam, ehe sie wieder von einem zum anderen sah. Unter den fast schwarzen Brauen sahen ihre Augen seltsam farblos aus. Die Pupillen waren so verengt, dass es den Anschein hatte, als lägen hellblaue Murmeln in den Höhlen.

„Eine andere Möglichkeit, wie Frau Ghazali an so viel Bargeld gekommen sein könnte, ist Erpressung. Als Angestellte in einem Haushalt mit so vielen

Übernachtungsgästen hat sie vielleicht Dinge beobachtet, die sie finanziell nutzen wollte."

„Hafsa? Nie." Alaric fand diesmal mehr Überzeugungskraft. Eden legte ihre Hand auf sein Knie.

„Hafsa war kein Engel, Alaric. Wenn sie mich auf Konzertreisen begleitet hat, kam sie natürlich mit allen möglichen, auch sehr … exzentrischen Leuten zusammen. Ich kann mir vorstellen, dass sie über die eine oder andere Person unschöne Dinge erfahren hat. Und einige dieser Leute, also Leute, denen ich Gewalt zutraue, waren während der Sommermusikschule hier."

Kommissarin Riedrich wies Eden an, die Namen aufzuschreiben. Alaric erhob sich, um ihr Papier und einen Stift vom Schreibtisch zu geben. Eden notierte einige Namen, dabei presste sie die Lippen zusammen, um den Schmerz in ihrem Handgelenk zu bändigen. Wortlos reichte sie der Riedrich das Blatt. Die überflog die kurze Liste wortlos und legte sie beiseite. Falls sie die Namen erkannte, zeigte sie sich keineswegs beeindruckt, wen Hafsa alles erpresst haben könnte.

„Ist es möglich, dass Frau Ghazali Vermutungen hatte, wer hinter dem Mord an Herrn Welsh steckte?" Synchron schüttelten Eden und Alaric den Kopf. Früher hatten sie diesen Trick perfekt beherrscht, doch auch jetzt blieb er nicht wirkungslos. Die Kommissarin runzelte die Stirn, als verursachte ihr der Anblick Kopfschmerzen. „Sie müssen zugeben, dass zwei Morde innerhalb von einer Woche an Mitgliedern Ihres Haushalts die Vermutung nahelegen, dass da eine Verbindung besteht."

„Das … das ist … daran habe ich auch schon gedacht." Eden schluckte. Alaric setzte sich wieder auf ihre Armlehne.

„Meine Frau ist äußerst sensibel. Beunruhigen Sie sie nicht mit unbewiesenen Behauptungen."

„Ich beunruhige Ihre Frau nicht, ich fordere Sie beide zum Nachdenken auf."

Alaric zog gehorsam die Stirn kraus, als wälzte er schwere Gedanken von einer Schädelseite zur anderen. Eden bemühte sich um einen Ausdruck tiefer Nachdenklichkeit.

„Vielleicht hilft es, wenn ich Ihnen sage, dass wir Frau Ghazalis Handtasche gefunden haben. An der Autobahnauffahrt zur A 28 Richtung Oldenburg. Ich finde das sehr interessant. Sie nicht?"

„Inwiefern ist das interessant?"

„Wer immer Frau Ghazalis Handtasche an sich genommen hat, Frau Snowe, fuhr in die Richtung, aus der sie gekommen war. Und diese Person fand offenbar Frau Ghazalis Portemonnaie und Telefon weniger wichtig als den Umschlag. Wenn wir das Telefon untersucht haben, wissen wir mit Sicherheit mehr. Ich melde mich dann bei Ihnen."

Im Aufstehen nahm Kommissarin Riedrich die Liste mit den Namen vom Tisch. Alaric beeilte sich, sie hinaus zu komplimentieren. Eden sah ihnen nach. Ihr war übel von den Machenschaften in der Welt. Sie wartete, bis die Haustür zugefallen war, dann schlich sie zurück zu ihrer Harfe.

Christa in Sandkrug

KONTAKT ZU HEIDI WAR FÜR CHRISTA IN DIESEN TAGEN NOCH SCHWIERIGER, WEIL SIE fürchtete, ihre Heiratspläne zu verraten. Wenn das geschähe, zöge sie sich den Unmut aller Verwandten zu, weil sie dieses großartige Ereignis so klein feiern wollte. Diese Ansprüche, und besonders die von Heidi, bestärkten sie in ihrer Entscheidung, die bevorstehende Heirat zu verschweigen.

Heidi war nicht mehr krankgeschrieben und betonte, wie schwer ihr bei dieser Hitze die Arbeit im Büro fiel. Christa bemitleidete sie unaufrichtig. Wer so entspannt aussah wie Heidi, litt keine Qualen, nur weil die Eiswürfel in ihrem Wasserglas schmolzen.

Gegen halb sechs fuhr Christa nach Sandkrug zu Bea. Ihre Eltern waren in Urlaub, so dass sie kein schlechtes Gewissen zu haben brauchte, wenn sie dort nicht vorbeifuhr. Ann an der Rezeption schickte Christa ins Büro. Als sie sich der Tür näherte, hörte sie eine laute Männerstimme. Zögernd trat sie an den Türrahmen. Leo lehnte am Fenster und sah zu Bea, die neben dem Besprechungstisch stand. Anscheinend hatte das Gespräch dort begonnen, denn zwei Gläser Wasser standen auf der Holzplatte. Leos Blick konzentrierte sich auf Bea. Christa, die nur einen Meter hinter ihr stand, bemerkte er nicht.

„Ich werde meine Meinung nicht ändern, Bea Muh. Diesen Schlussstrich hätte ich letztes Jahr ziehen sollen. Es wäre besser gewesen, für die Gemeinschaft wie für mich."

„Meine Verantwortung für dich verlangt ..."

„... gar nichts, Bea Muh. Ich muss es hinnehmen, dass die Gemeinschaft meine Entscheidungen ohne Wohlwollen sieht. Aber die Gemeinschaft muss ebenso hinnehmen, dass ich Entscheidungen für mich selbst treffe."

Er hätte vermutlich noch weiter gesprochen, doch nun war ihm Christas Anwesenheit aufgefallen. Bea drehte sich auf sein abruptes Schweigen hin um. Geduld floss zäh über ihr Gesicht. Es entging Christa nicht, dass die Auseinandersetzung mit Leo sie mitgenommen hatte.

„Ich komme ungelegen, oder?" Christa sah von Bea zu Leo, der sich abgewandt hatte und aus dem Fenster starrte. „Ann Muh hat gesagt ..."

„Ann Muh weiß nicht, dass Leo hier ist. Es war mein Fehler, sie nicht zu informieren. Bitte ..."

Leo drehte sich um und nahm seinen Rucksack von einem der Stühle.

„Ich halte dich nicht länger auf, Bea Muh. Aus meiner Sicht ist alles gesagt."

Grußlos hastete er aus dem Büro. Bea sah ihm nach. Es war unmöglich, in ihrem gleichmütigen Gesicht zu lesen, was sie dachte, doch Christa spürte ihre Ratlosigkeit.

„Wenn du meinst, dass du hinter ihm her gehen solltest ..."

„Nein, Christa Hemmen. Leo Muh hat in einem Punkt recht. Es ist alles gesagt. Nun ist es angezeigt zu denken. Für ihn wie für mich." Bea strich sich über den frisch rasierten Schädel. Als habe sie beruhigende Wellen ausgelöst, entspannte sich ihr Gesicht.

„Komm, setz dich, Christa. Genügt dir Wasser oder soll ich einen Tee zubereiten?"

„Wasser genügt."

Bea entfernte das Glas, aus dem Leo getrunken hatte, und brachte Christa ein frisches. Sie selbst nippte an ihrem benutzten Glas. Christa war es peinlich, eine so wenig gleichmütige Szene zwischen Muh miterlebt zu haben. Bea brauchte noch zwei Minuten, ehe sie in ruhiger Stimmlage sprechen konnte.

„Heute ist Donnerstag, ein Tag, an dem du selten kommst Christa. Ist alles in Ordnung mit deiner Familie?"

Christa bestätigte dies. Ihr Gewissen meldete sich, doch sie hatte sich vorgenommen, Bea auszuhorchen.

„Wie gut kennst du die Leute aus der Welt in Hatten und Sandkrug?"

Bea musterte sie mit einem gerade noch erkennbaren Hauch Verwunderung.

„Es sind zu viele, um sie alle zu kennen, Christa. Hier in der Straße kenne ich alle. Ich lege Wert darauf, dass die Menschen in der Umgebung des

Zentrums wissen, wer wir sind und dass wir keine Bedrohung darstellen. Ich kenne einige Landwirte, bei denen wir einkaufen, auch wenn das weitgehend in den Bereich der Küchen-Muh fällt. Mehr nicht."

„Was ist mit den Leuten, die in Sandhatten die Musikschule haben?"

Bea öffnete den Mund, als wollte sie antworten, und überlegte es sich anders. Sie maß Christa mit einem ihrer langen Blicke, ehe sie sich entschloss zu sprechen.

„Ich habe ihre Bekanntschaft gemacht."

„Und?"

„Und was? Christa Hemmen, du weißt, dass meine Eindrücke geprägt von meinem Leben als Mindere und Heimatlose sind. Also gut. Sie sind freundlich und sie arbeiten hart. Ich bin nur nicht sicher, was sich hinter ihrer Freundlichkeit verbirgt."

Diese Einschätzung deckte sich mit dem, was Ramesh McPhelps gesagt hatte. Der Gedanke an ihn ließ Christa wieder an Leo, der so aufgebracht aus Beas Büro gestürmt war, denken. Schnell konzentrierte sie sich auf den Anlass ihres Besuchs.

„Bea, weißt du, dass dieser Alaric Tudor vor fast zwanzig Jahren in einer Rockband gewesen ist?"

Bea machte ein verwundertes Gesicht, über das Christa lachen musste.

„Nein. Ist das relevant?"

„Ja. Er war in der Band von Ida Santer, die bei uns auf dem Fehn ermordet wurde."

Wachsamkeit glitt über Beas Gesicht.

„Ermordet? Ja, ich glaube, ich habe eine Schlagzeile gesehen."

„Und dieser Darren Welsh, der hier an der Hunte ermordet wurde, war ebenfalls in der Band. Zeitweise."

Bea sah jetzt ernst aus.

„Als nächstes sagst du mir, dass diese Leute in der Musikschule etwas mit den Morden zu tun haben."

„Ja. Ich bin überzeugt, dass dieser Alaric Tudor ..."

„Christa." Bea legte so viel Geduld in ihre Stimme, dass Christa unter dem Druck verstummte. Vor ihr saß eine ernste Kodexwächterin. „Christa Hemmen, du bist nicht die Person, die sich mit solchen Fragen auseinandersetzen sollte. Geh zur Polizei mit deinen Vermutungen, aber misch dich nicht selbst ein."

Sie sahen sich an. Anders als Justin, Leo oder dieser McPhelps hatte Bea vor vielen Jahren mit Christa den Versuch unternommen, die Arbeit der Polizei schneller zu erledigen. Um ein Haar wären nicht nur sie dabei umgekommen. Für einen kurzen Moment schwankte Christa in ihrem Entschluss. Sie besann sich auf ihre Verantwortung für Hinriette Santer und den Ruf von Crea. Heim und Pflege.

„Mach dir keine Sorgen, Bea. Ich weiß, was ich tue."

„Das", sagte Bea trocken, „glaube ich ganz und gar nicht."

Nach diesem Satz fühlte Christa sich gedrängt, ein Versprechen abzugeben, das sie weder geben konnte und noch geben wollte. Sobald wie möglich verabschiedete sie sich mit einem Hinweis auf die lange Rückfahrt. Auf dem Parkplatz standen nur noch wenige Autos und ein Fahrrad. Ein paar Schritte von dem Fahrrad entfernt saß Leo auf einem Begrenzungsstein. Als er sie bemerkte, erhob er sich, als wollte er fliehen, besann sich aber und wartete, bis sie vor ihm stand.

„Wie du siehst, bin ich noch immer hier."

„Es sah eben so aus, als wolltest du für immer gehen."

„Das wollte ich auch." Er machte eine Pause, in der er sie plötzlich voll ansah. „Aber ich schaffe es nicht."

„Du hast doch nicht vor, die Gemeinschaft zu verlassen?"

Er atmete tief ein und blies die Luft durch die Nase heraus.

„Warum glaubt mir das keiner?"

„Vielleicht weil es so untypisch für dich ist. Es geht mich ja nichts an", fuhr Christa fort. „Aber aus meiner Sicht hast du doch das Beste aus zwei Welten. Du lebst in der Welt mit deinem Partner und du hast Arbeit in deinem Beruf gefunden. Gleichzeitig bist du mehrmals in der Woche im Zentrum, nimmst an euren Sammlungen teil und tauschst dich mit deiner Kodexwächterin aus. Das ist doch gut."

Sein Blick verdunkelte sich.

„Nicht jeder sieht das so."

„Wer denn nicht?"

Christa hielt McPhelps für denjenigen, der gegen die Bindung an die Gemeinschaft Einwände hatte.

„Inna." Er musste über sich lachen. „Warum erzähle ich dir das, Christa Hemmen? Es interessiert dich nicht. Wieso sollte es auch?"

„Wir waren einmal ... Freunde."

Er hob die Schultern.

„Wenn du es sagst, Christa Hemmen." Er ging zu seinem Fahrrad und klappte den Ständer ein. „Ich fahre jetzt nach Hause. Und du, fährst du nach Ostfriesland zurück?"

„Nachher. Ich wollte noch nach Sandhatten, einen Kurs in der Musikschule buchen."

Leo stellte das Rad zurück auf den Ständer.

„Tu das nicht. Diese Leute sind ... Hafsa wurde ermordet."

„Wer ist das?"

„Hafsa war die Haushaltshilfe. Bestimmt ist es unfair, das zu sagen, aber ich würde mich von diesen Leuten fernhalten, Christa."

Es war ihm ernst, das konnte sie sehen. Um ihn jetzt los zu werden, nickte sie, versprach aber nichts. Skeptisch musterte er sie, ehe er sich auf sein Rad schwang und Richtung Straße radelte. Christa gab ihm zehn Minuten Vorsprung, ehe sie in ihr Auto stieg und nach Sandhatten fuhr.

Ein Chor sang in der umgebauten Scheune, als Christa durch den Garten zu dem reetgedeckten Haus ging. In einem Pavillon räumten einige Männer ein Buffet auf. Sie beachteten Christa nicht, als sie an ihnen vorbei durch die offen stehende Tür ins Haus ging. Ein breiter Flur diente als Foyer mit einer kleinen Sitzecke und Plakaten für musikalische Veranstaltungen im Raum Oldenburg. Auf der anderen Seite des Flurs hingen die einzelnen Seiten des Programms der Sommermusikschule, darunter Porträts der Dozenten und Beschreibungen der einzelnen Kurse.

„Kann ich Ihnen helfen?"

Christa war in das Programm vertieft gewesen. Erschrocken fuhr sie herum und sah sich einem Mann Anfang sechzig gegenüber. Sie hatte Bilder von ihm gesehen, mit langen Locken in den achtziger Jahren, mit Pferdeschwanz in den neunzigern und kurz gestutzt in den Nullerjahren. Angegraut mit Beethoven-Mähne erschien er ihr viel attraktiver als in seiner Jugend. Seine hellen Augen gaben ihr all die Aufmerksamkeit, die jüngere Männer, bis auf Justin, ihr nie zuteil werden ließen. Melancholie lag in seinen Mundwinkeln, doch sein Lächeln versprach Komplimente, sollte sie sie einfordern. Ihre Gedanken rasten, ihr Blick flog wieder zu den Programmseiten und zurück zu Alaric Tudor.

„Ich möchte diesen Schnupperkurs Klavier buchen", platze sie heraus. Sein Lächeln breitete sich aus für das erste Kompliment.

„Da haben Sie Glück gehabt. Ich bin Alaric Tudor." Sie war bereit ihm zuzustimmen, dass es ein Glück war, ihm begegnet zu sein. „Gerade eben ist jemand abgesprungen. Möchten Sie eine Tasse Tee mit mir trinken, während wir das Anmeldeformular ausfüllen?"

„Sehr gern."

Er öffnete die Tür zu einem Esszimmer, in dem Platz für zwanzig Personen war. Auf einem Ende des langen Tischs lag ein gefaltetes Tischtuch, an dem anderen stand noch ein Tablett mit einer Silberkanne und zwei benutzten Tassen. Tudor bat sie, Platz zu nehmen und holte für sie eine frische Tasse von der Anrichte. Nachdem er ihr Tee eingeschenkt hatte, nahm er aus einer Mappe neben der Kanne ein Formular.

„Jetzt müssen Sie mir Ihren Namen verraten."

Sein Akzent war ausgeprägter als bei seiner Frau, passte aber erstklassig zu seinem sommerleichten Tweedjackett.

„Christa Hemmen."

Er ging mit ihr alle relevanten Daten durch und setzte seinen eleganten Schnörkel neben ihre gezackte Unterschrift.

„Und jetzt erzählen Sie mir, was Ihre Motivation ist."

„Meine Motivation?"

„Das Klavierspielen zu erlernen."

Christa verfluchte ihre Idee und ratterte ein paar Gründe herunter, die auch zu einem Kurs in Eventmarketing gepasst hätten. Während sie sprach, verblasste sein Lächeln, doch es erstrahlte neu, als sie zum Ende kam.

„Dann sind Sie noch völlig unerfahren? Für einen Schnupperkurs ist das genau richtig."

„Bin ich nicht zu alt?"

Seine Augen glänzten im Licht der Sonne, die durch die Spitzengardine in den Raum fiel.

„Ganz und gar nicht, liebe Frau Hemmen."

Er begleitete sie in den Garten. Die Männer des Catering-Service hatten die Vorhänge vor den Pavillons zugezogen und das Gelände verlassen. In der Scheune arbeitete sich der Chor an einer schwierigen Passage ab. Christa blieb stehen und sah sich bewundernd unter den alten Apfel- und Kirschbäumen um.

„Herrlich ist es hier. So eine wochenlange Veranstaltung wie die Sommermusikschule muss wahnsinnig viel Arbeit machen."

„Ja, gewiss. Doch es ist eine wunderbare Gelegenheit, alte Bekannte wiederzutreffen und neue Freunde zu finden." Seine Augen ruhten auf ihr, als hätte er in ihr schon eine neue Freundin entdeckt. „Die Organisation liegt ganz in den Händen meiner Frau. Sie kann das viel besser als ich. Frauen sind geschickt darin, mehrere anspruchsvolle Aufgaben miteinander zu verzahnen. Ich möchte wetten, dass Sie dieses Talent auch besitzen."

„Wahrscheinlich mehr davon als musikalisches Talent."

„Aber das wissen Sie doch noch gar nicht, meine liebe Frau Hemmen. Stellen Sie Ihr Licht nicht unter den Scheffel, ehe Sie es überhaupt angezündet haben."

Er lächelte wieder, wenn auch angestrengter als zuvor. Eine kleine asiatische Frau kam aus dem Haus zu ihnen.

„Benötigen Sie morgen auch Getränke, fragt die Frau vom Catering-Service."

„Aber ja, Sasika. Die gleiche Menge wie heute." Als sie fort war, wandte er sich an Christa. „Sasika ist neu. Mitten im Trubel hat uns unsere Haushaltshilfe verlassen."

„Ich habe gehört, dass sie ermordet wurde."

Alaric Tudors Blick wurde scharf, verlor diesen Fokus jedoch sofort wieder.

„Das ist ... äh, das haben Sie richtig gehört. Sie verstehen natürlich, dass ich nicht darüber reden möchte." Er sah sie aus den Augenwinkeln an, während er vorgab, in den Anblick der Rosen versunken zu sein. „So kompliziert die Beziehungen zu Menschen manchmal sind, so sehr vermisst man sie, wenn alles endet." Er machte eine Handbewegung wie einen Schnitt.

Sie hatten das Ende der Auffahrt erreicht. Christa schloss ihr Auto auf.

„Dann sehen wir uns am Samstag, Frau Hemmen." Er hielt ihre Hand, dabei sah er ihr tief in die Augen.

„Alaric. Du wirst am Telefon verlangt." Eden Snowe stand in cremeweißer Spitze hinter ihm. Weder er noch Christa hatten sie kommen hören. Christa hoffte, sie sehe nicht so schuldbewusst aus wie Tudor. Mit einer Entschuldigung nahm er das Telefon entgegen und ging langsam zum Haus. Seine Frau blieb am Ende der Einfahrt stehen und wartete, bis Christa gewendet hatte und Richtung Huntlosen fuhr.

Freitag, 3. Woche Juli

Christa in Rhauderfehn

Justins Auto stand unter dem Carport, als Christa von der Arbeit in die Vereinswieke kam. Am Morgen hatte er angekündigt, dass er früh kommen wollte, doch sie hatte nicht damit gerechnet, dass er damit den späten Nachmittag meinte. Als hätte er nach ihr Ausschau gehalten, trat er aus dem Haus, sobald der Motor nicht mehr lief. Nach einer dem Vorabendprogramm angemessenen Begrüßung trug er für sie die Einkaufskiste ins Haus. Christa folgte langsamer. In der Küche holte sie ihn ein.

„Wenn wir verheiratet sind, sollte ich den Einkauf übernehmen. Diese Kiste ist viel zu schwer für dich."

„Du müsstest dann nach Rhauderfehn ziehen."

„Das hatte ich vor, Chrissie."

Er begann mit dem Verstauen der Ware. Christa stellte fest, dass er jedes Produkt ohne Zögern an den Platz stellte, an dem sie es aufbewahrte. Soviel Perfektion war gruselig.

„Wann?", brachte sie nach zwei Minuten, in denen sie ihm beim Auspacken zugesehen hatte, heraus. Er drehte sich in der Hocke um und sah über die Schulter zu ihr.

„Was meinst du?"

„Wann ziehst du hierher?"

Die Antwort verlangte offenbar soviel Energie, dass er in der Bewegung erstarrte und ein Glas Marmelade am ausgestreckten Arm hielt.

„Ich habe drei Bewerbungen abgeschickt und einen Headhunter engagiert. Im Idealfall könnte ich in einem Monat hier einziehen. Realistisch sind wohl drei oder vier Monate."

Erst jetzt drehte er sich ganz zu ihr um, als ahnte er, dass er eigenmächtig gehandelt hatte. Christa fiel ein, dass er ohne Absprache mit ihr auch seine Papiere und Bescheinigungen für die Heirat mit einer Deutschen zusammengetragen hatte.

„Darüber haben wir nicht gesprochen."

„Nicht in so vielen Worten und in Zusammenhang mit unserer Hochzeit. Aber im Laufe des letzten Jahres ..."

„Ja, das weiß ich." Sie sammelte sich. „Was ich meinte, war, dass wir keine Entscheidung getroffen haben, was du wann unternimmst, um wo zu arbeiten."

„Ich bin nun einmal in der Situation, dass ich der Ausländerbehörde ständig beweisen muss, dass ich nicht nur hierbleiben möchte, sondern auch hierbleiben sollte. Auf der Grundlage unserer Gespräche in den vergangenen Monaten und unserer Heiratspläne bereite ich nun einen Stellenwechsel vor. Mir ist klar, dass es mich nicht empfiehlt, wenn ich innerhalb eines Jahres zweimal den Arbeitgeber wechsele. Mein Ziel ist es aber, so schnell wie möglich in deiner Nähe zu sein."

Er sagte nicht, dass er davon ausgegangen war, dass es auch ihr Ziel wäre, aber sie sah es ihm an. Heidis Stimme in ihrem Hinterkopf schimpfte sie egoistisch und verklemmt.

„Das ist doch auch meins. Also, dass du in meiner Nähe bist."

„Wo ist dann das Problem?"

„Es gibt keins", behauptete sie, um Heidis Stimme abzustellen. Stattdessen lachte die schrill über die schwache Lüge. Justin strahlte wieder und kam aus der Hocke hoch.

„Natürlich gibt es keins. Das weiß ich doch." Er sah aus, als hätte er gern noch mehr gesagt, unterließ es aber. Nachdem er ihren Einkauf eingeräumt hatte, stellte er die zusammengeklappte Kiste in den Hauswirtschaftsraum. „Möchtest du, dass ich uns etwas koche, Chrissie?"

„Ja."

Er begann mit den Vorbereitungen, während sie das Bett frisch bezog und das Bad putzte. Als sie wieder in die Küche kam, dudelte das Radio. Das Kochen war weiter fortgeschritten, als sie vermutet hatte. Sie setzte sich an den Tisch und sah zu, wie er nach und nach gewürfeltes Gemüse in den Topf gab und Gewürze aus den Gläsern, die er aus Hamburg importiert hatte, hinzufügte. Offenbar gab es in seiner Nähe einen Laden, der auf koreanische Lebensmittel spezialisiert war. Nachdem er den Deckel wieder auf den Topf gelegt hatte, setzte er sich ihr gegenüber.

„Ich habe heute morgen mit Jeff geskypt." Wie eng der Kontakt der Brüder war, wusste Christa nicht, aber sie nahm an, dass sie selten miteinander sprachen. Für die Kontaktpflege war ihre Mutter zuständig. „Er hat einen neuen Job in – ach, ihr habt so ein tolles Wort dafür – in einer Denkfabrik in Washington. Das war lange sein Ziel, schon als Student."

„Das ist toll." Christa wusste nicht, was sie sonst hätte sagen sollen. Justin warf einen kurzen Blick auf seinen Topf.

„Er hat von unserer Mutter erfahren, dass ich die Stelle die mein Vater für mich gefunden hatte, abgelehnt habe. Er hat mir vorgeworfen, dass ich mich in Europa verkrieche, wenn ich doch helfen könnte, unser Land zu seiner alten Großartigkeit zurückzuführen. Oder sagt man *Herrlichkeit*?"

„Das klingt nach Zarenreich."

Justin lachte, und Christa stimmte mit ein, obwohl sie ahnte, dass es nichts zu lachen gab. Jeff Brown war ihr suspekt, nicht nur weil er Bisons jagte.

„Er wollte wissen, warum ich die Stelle nicht annehmen will. Ich habe nichts über dich gesagt. Das hätte ihn nicht beeindruckt, das weiß ich. Stattdessen habe ich ihm meine moralischen und spirituellen Vorbehalte geschildert." Justin machte eine Pause. „Er hat gelacht." Empört, dass jemand Justins Argumente, die sie nicht teilte, aber respektierte, nicht ernst genommen hatte, legte Christa ihre Hand auf Justins. „Mit dieser Einstellung gehörte ich ins zwanzigste Jahrhundert. Und ich würde sehen, was ich davon hätte, hier zu bleiben." Er verzog das Gesicht, als könnte er die Worte seines Bruders immer noch nicht fassen. „Nach diesem Gespräch habe ich sofort den Headhunter angerufen und mein Portfolio hochgeladen. Mir war auf einmal klar, warum ihr unsere Art, über unseren Glauben zu sprechen, nicht ernst nehmt."

„Ich nehme deinen Glauben ernst", widersprach Christa und schalt sich unaufrichtig.

„Ja, du. Aber lassen wir das. Du musst nur einsehen, dass ich aus Trotz gehandelt habe. Das war nicht professionell, das gebe ich zu."

„Ich bin froh über deinen Trotz." Sie beugte sich vor, bis sie seine Wange erreichte, und küsste ihn. Justin lachte verlegen.

„Deck schon mal den Tisch. Das Essen ist gleich fertig."

Während er letzte Hand an den Eintopf legte, stellte Christa Teller und Gläser auf den Tisch. Im Radio begannen die Nachrichten mit der Meldung, dass in einem Müllcontainer auf der Raststätte Huntetal Gepäckstücke mit Kleidern der bei Hude ermordeten Hafsa Ghazali gefunden worden waren. Die Polizei erhoffe sich Hinweise auf die Motive der Tat durch die Ergebnisse der Auswertung ihres Telefons. Ihr fiel ein, dass sie Klavierstunden gebucht hatte.

„Justin, spielst du nicht ein Musikinstrument?" Sie legte einen Korkuntersetzer auf den Tisch und er stellte den Topf darauf.

„Ich hatte Geigenunterricht. Gegen meinen Willen." Er hob den Deckel vom Topf. Ein aromatischer Duft erfüllte die Küche. „Und gegen den Rat des Geigenlehrers."

„Ich habe für morgen einen Schnupperkurs für das Klavier gebucht. In Sandkrug." Sein Blick ließ sie auflachen. „Ich dachte, ich sollte mir musikalische Bildung zukommen lassen, ehe ich einen Mann heirate, der das Geigenspiel perfekt beherrscht."

„*Beherrscht* ist kaum das richtige Wort." Er gab eine Kelle Gemüse auf ihren Teller. „Du brauchst keine Musikstunden zu nehmen, Chrissie." Nachdenklich sah er sie an. „Gibt es in Leer keine Musikschule?"

Das war der heikle Punkt. Sie wollte ihn nicht anlügen, aber auch nicht verraten, was sie vorhatte.

„In Sandkrug gibt es eine Musikschule, bei der eine Sommeraktion läuft. Fünf Blockstunden Klavierunterricht für hundertzwanzig Euro."

„Das klingt preiswert. Fünf Stunden am Stück sind aber harte Arbeit."

Immerhin beklagte er sich nicht, dass sie an einem Samstag nach Sandkrug fahren wollte.

„Das ist mir klar. Alaric Tudor hat mir genau erklärt, was wir machen werden."

Er legte den Löffel in den Teller.

„Alaric Tudor? Das ist doch einer der Musiker von Blemish. Wir haben vor zwei Wochen in diesem antiken Heft über ihn gelesen." Er musterte Christa scharf. „Du machst diesen Kurs nicht, weil du Klavier spielen möchtest. Du willst diesen Mann aushorchen. Das ist gefährlich. Glaubst du, ich habe nicht mitbekommen, dass seine Angestellte ermordet wurde? Diese Ghazal, oder wie sie hieß, war eine Servicekraft in Tudors Haus."

„Kann sein." Christa überlegte kurz. „Justin, es ist doch nichts dabei, wenn ich diesen Mann kennenlerne."

Sie schaffte es, ihm in die Augen zu sehen.

„Ich kenne dich, Christa. Du hast dieses antike Heft bestellt, weil du herausfinden möchtest, wer Ida Santer ermordet hat. Das ist alles schön und gut, und solange es auf dieser spielerischen Ebene bleibt, unterstütze ich dich gern. Aber ich finde es verantwortungslos, wenn du zu ihm fährst und allein mit ihm bist."

„Ich bin nicht allein mit ihm. Gleichzeitig finden drei andere Veranstaltungen statt. Das Haus ist voll, und es ist kein großes Haus, Justin. Nicht wie das Tagungshaus der Muh in Sandkrug. Es ist ein umgebautes Bauernhaus, nur ein bisschen größer als das Haus meiner Eltern. Da würde doch jeder merken, wenn er etwas versuchen sollte."

„Musik ist laut. Da fällt nicht auf, wenn du schreist. Falls du noch zum schreien kommst, wenn er dich wie diese Ghazal erwürgen will."

„Ach, komm."

„Ja, ich komme mit."

„In den Unterricht?"

Er zögerte.

„Nein, das wäre nicht gut. Ich bringe dich hin und ich hole dich ab. Ich kann deine Eltern besuchen ..."

„Die sind in Urlaub."

„... oder in Oldenburg ins Museum gehen. Ich wollte immer schon mal ins Schlossmuseum, nachdem ich den virtuellen Rundgang gemacht habe. Wann ist dein Klavierunterricht? Wenn das Museum schließt, fahre ich zu Bea. Bestimmt darf ich da essen. Anschließend hole ich dich ab."

„Ich bin nicht zwölf, Justin."

„Du benimmst dich aber so." Sie sahen sich an, bis beide grinsen mussten. „Okay, Justin. Hol mich ab, wenn du meinst, dass es nötig ist."

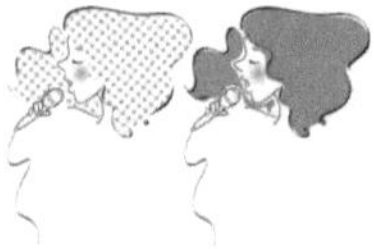

Samstag, 3. Woche Juli

Christa in Sandkrug

Christa war fest davon überzeugt, dass sie Justin überzeugen konnte, sie nicht nach Sandhatten zu bringen und von der Musikschule abzuholen. Als sie jedoch zum Frühstück in die Küche kam, hatte er bereits eine Verabredung mit Bea getroffen.

„Sie ist auch der Meinung, dass du etwas Gefährliches planst. Das nur nebenbei bemerkt", teilte er ihr mit. Christa sah ein, dass sie ihn nicht würde abschütteln können. Sie hoffte nur, dass er nicht darauf bestand, sie wie ein Helikopter-Verlobter bis vor den Unterrichtsraum zu begleiten. Um diese Idee nur ja nicht aufkommen zu lassen, gab sie sich kooperativ, schwärmte nicht zu sehr vom Schlossmuseum und unterließ alles, was er als Ablenkungsversuch hätte deuten können. Auch Justin tat so, als wäre es normal, wenn er sie in seinem Auto nach Sandhatten fuhr und vor der Einfahrt zur Musikschule absetzte. Dort liefen bereits einige Veranstaltungen. Ein Madrigalchor sang unter den Obstbäumen und vor der umgebauten Scheune aß eine Gruppe robuster Frauen Eis. Justin spähte aus dem Seitenfenster in den Garten, wo das Reetdachhaus versteckt hinter den weißen Pavillons lag.

„Das sieht sehr idyllisch aus." Auf der anderen Seite der Straße standen weitere Reetdachhäuser unter alten Bäumen. Wären die Straßenlaternen und der gelbe Briefkasten nicht gewesen, hätte man meinen können, in einem Museumsdorf zu stehen. Christa öffnete die Beifahrertür.

„Also, der Kurs endet um einundzwanzig Uhr fünfzehn. Du willst mich wirklich abholen?"

„Ja. Vergiss nicht, ich bin dein Transportservice nach Rhauderfehn. Wenn du früher fertig bist, rufst du mich an, okay?"

„Okay. Grüß Bea von mir."

Sie wollte ihm einen raschen Kuss auf die Wange drücken, doch er nahm sie in den Arm und küsste sie mit einer Intensität, die sie außerhalb des Schlafzimmers noch nicht bei ihm erlebt hatte.

„Pass auf dich auf."

Sie stieg aus und winkte, bis er um die Biegung der Straße gefahren war. Langsam ging sie zum Haus. Die Luft war heiß und feucht, unter den Bäumen nur minimal kühler als in der prallen Sonne. Insekten schwirrten unter den Zweigen und setzten sich auf die nackten Arme und Schultern der Madrigalsänger. Auch Christa schlug nach einer Bremse, die sie bis zur Haustür verfolgte, wo sie in das Reet aufstieg. Im Flur überlegte Christa, ob sie an eine der Türen klopfen sollte, als sie Schritte auf der Treppe hörte. Alaric Tudor in einem blütenweißen Hemd zu hellgrauen Hosen kam die Stufen hinunter.

„Frau Hemmen. Ich habe Sie durch das Fenster gesehen. Wie geht es Ihnen? Voll motiviert?" Christa bestätigte ihre Motivation. „Dann gehen wir in den Probenraum. Wir haben auf der anderen Seite des Grundstücks einige schallisolierte Räume. Dort findet der lautere Unterricht statt: Schlagzeug und Perkussion, oder Blechblasinstrumente. Für eine so lange Anfängersitzung sind sie auch geeignet. Kommen Sie."

Sie hatte angenommen, ihr Unterricht würde in dem Reetdachhaus stattfinden. Mit einem Mal fühlte sie sich weniger optimistisch. Tudor ging voraus in den Garten. An einem der Pavillons winkte er einem Kellner.

„Wayan, Tee für zwei Personen zu den Probenräumen. Dazu Gebäck und zwei Flaschen Wasser." Der Kellner deutete eine Verbeugung an und begann, ein Tablett zu bestücken. Tudor wartete nicht, sondern führte Christa über einen mit feinem Kies bestreuten Weg am Haus vorbei und unter alten Bäumen zu einem Außengebäude. Auch dieses war ein mit Reet gedecktes Ziegelhaus. Die krummen schwarzen Balken des Fachwerks verliehen dem Gebäude ein windschiefes Aussehen. Beim Betreten merkte Christa jedoch, dass es saniert war und modern ausgestattet. Der große Eingangbereich mochte ursprünglich offene Ställe beherbergt haben. Die drei fensterlosen Räume dahinter erinnerten nicht mehr an eine landwirtschaftliche Nutzung. Kleine LED-Lampen beleuchteten die Räume diskret. In einem stand ein Klavier. An der Wand war eine Tafel angebracht, davor standen ein Tisch und zwei Stühle. Ordner mit Noten und andere Arbeitsmaterialien befanden sich in einem offen stehenden Bauernschrank.

„Hier werden wir die nächsten Stunden arbeiten. Einen Waschraum finden Sie neben dem Eingangsbereich. Und da kommt unser Tee."

Der Kellner stellte das Tablett auf ein Sideboard und zog sich zurück. Tudor bediente Christa mit Tee und Gebäck. Nach dem ersten Smalltalk begaben sie sich zu einer Theoriesitzung in den Probenraum. Christas Gehirn sperrte sich gegen die ungewohnte Materie, und als sie nach einer kurzen Pause zum ersten Mal in ihrem Leben auf dem Klavierhocker Platz nahm, war sie überzeugt, dass der Tag eine katastrophale Wendung nehmen musste.

„Sie sind verspannt", sagte Tudor nach der ersten halben Stunde. Seine Stimme war sanft, seine Hand lag warm zwischen ihren Schulterblättern. „Entspannen Sie sich. Atmen Sie in meine Hand. So. Und tief ausatmen. Noch einmal. Sehr gut. Noch einmal diese Tonfolge und dann bekommen Sie eine kleine Pause."

Zur Pause tranken sie den schal gewordenen Tee vor dem Probenhaus. Die Sonne war hinter großen dunkelgrauen Wolken verschwunden. Kein Blatt regte sich, nur die Mücken und Fliegen kreisten gierig um das Teegebäck. Christa legte den Kopf in den Nacken.

„Man wünscht den Regen herbei."

„Ja, die Hitze ist kaum noch zu ertragen. Ich hoffe nicht, dass das Gewitter so heftig wird." Er sah besorgt in Richtung der Pavillons. „Müssen Sie nachher weit fahren?"

„Etwa sechzig Kilometer. Ich wohne in Ostfriesland." Christa warf ihm über den Rand ihres Glases einen verstohlenen Blick zu. Tudor sah immer noch zu den Pavillons, aber ein Zucken war bei der Erwähnung Ostfrieslands über sein Gesicht gelaufen.

„Ach ja, Ihre Postleitzahl auf der Anmeldung war nicht von hier. Ich hätte aber gedacht, Sie kommen aus Oldenburg."

„Ich stamme von hier, bin aber aus beruflichen Gründen in die Nähe von Leer gezogen."

„Was machen Sie beruflich?"

„Ich leite die Filiale eines Dienstleistungsunternehmens für Senioren."

Sein Interesse erlosch bei dieser Beschreibung.

„Dann benötigen Sie die inspirierende Wirkung von Musik."

Christa sah das anders, nickte aber.

„Obwohl Rhauderfehn zahlreiche inspirierende Angebote im kulturellen Bereich hat."

Vielleicht hatte sie sich das neuerliche Zucken nur eingebildet, denn nun lächelte er.

„Rhauderfehn. Da bin ich auch schon aufgetreten. Eden, meine Frau, auch."

„Nicht viele Leute kennen Rhauderfehn. Oft wird es mit Ostrhauderfehn verwechselt."

Etwas in Tudors Zügen verhärtete sich, und die Knöchel seiner Hand standen weiß hervor, als wollte er seine Tasse zerdrücken.

„Ist das so? Das hätte ich nicht vermutet. Kommen Sie, Frau Hemmen, schauen wir uns noch einmal das Tonsystem an."

Abrupt ging er in den Probenraum. Bis Christa dort eingetroffen war, lag ein strahlendes Lächeln auf seinen Lippen. Die Augen erreichte es nicht. Nach einer weiteren Theoriesitzung begann der zweite Teil der praktischen Unterweisung. Christa schwitzte, als leistete sie körperliche Arbeit. Glücklicherweise waren ihre Finger vom Tastenschreiben schnelles Greifen gewohnt, so dass sie die kleinen Tonschritte schnell bewältigen konnte.

„Nicht so verkrampft. Lassen Sie sich vom Klang führen."

Er atmete nah bei ihrem Ohr. Christa nahm die Hände von den Tasten.

„Mein Nacken schmerzt so."

Es war nicht einmal gespielt.

„Erlauben Sie?" Mit geübten Griffen knetete er ihren Nacken. „Fühlt es sich hier taub an? Wir machen eine kleine Pause. Gehen Sie ein paar Schritte und heben Sie die Arme." Gehorsam bewegte Christa ihre Arme. „Schon besser? Ich kenne das Problem. Nach einem Unfall vor, ach, vor fast dreißig Jahren, habe ich lange gebraucht, bis ich wieder längere Zeit Klavier spielen konnte. Ich hatte Sorge, dass ich meinen Beruf nicht mehr ausüben könnte."

„Das muss schrecklich gewesen sein."

Tudor nickte wie zu sich selbst.

„Ich hatte Glück gehabt. Daran musste ich mich immer wieder erinnern. Andere sind bei diesem Unfall umgekommen."

„Wie furchtbar."

„Ja. Glauben Sie, dass Sie jetzt weitermachen können?"

Nach der nächsten Sitzung war eine längere Pause vorgesehen. Der Kellner brachte frischen Tee und kleine Sandwichs. Die alten Bäume warfen ihre Äste in den Wind, der in Böen durch den Garten fuhr. Obwohl es noch über zwei Stunden bis zum Sonnenuntergang war, dämmerte es unter den Bäumen. Auch die Gerüche des Gartens hatten sich verändert. Es roch weniger nach heißem Gras und Blättern, dafür drang der Duft der Rosen bis zu ihnen, und ein erster Vorbote von Regen machte die Luft schwer. Nach der drückenden Hitze des Nachmittags und der schweißtreibenden Arbeit am Klavier fröstelte Christa in ihrer dünnen Bluse.

„War das ein Verkehrsunfall?"

„Was?"

„Der Unfall, bei dem so viele Leute umgekommen sind und Sie verletzt wurden."

„Ja." Tudor strich durch seine angegrauten Locken. Er hatte das bereits früher während des Kurses getan, und Christa hatte die Bewegung als einstudierte

Geste für leicht zu beeindruckende Schülerinnen gewertet. Jetzt schien er wirklich nicht zu wissen, wohin mit seiner Hand. „Ich war damals mit einer Band auf Tournee. Nicht mit meiner Band. Damals hatte ich nicht die Verbindungen, die ich heute habe. Ich glaube auch, es wäre mir schwerer gefallen weiterzumachen, wenn so viele Leute aus meiner eigenen Band umgekommen wären." Er betrachtete seine Hände. Christa musste daran denken, was Martin Wersig über die krummen Dinger von Ida Santer und Alaric Tudor erzählt hatte. McPhelps hatte von einer Vergewaltigung direkt nach dem Unfall gesprochen, in deren Folge eine Frau gestorben war. Unwillkürlich zog sie sich einen Schritt zurück. „Wie dem auch sei, ich habe nicht nur Kollegen verloren sondern auch eine ... eine gute Freundin. Man verliert Menschen nicht nur durch den Tod, Frau Hemmen. Manchmal bringt der Tod auch Überlebende auseinander. Aber das ist kein Thema für einen Samstagnachmittag. Sie wollen doch kein Requiem spielen."

Dabei glaubte Christa, die getragene Melodie einer Totenmesse zu hören. Ihr war, als legten sich kühle Hände um ihren Hals. Die nächsten zwanzig Minuten befasste sie sich mit einem theoretischen Thema, das sie sogar erfassen konnte, und spielte eine halbe Stunde eine kleine Melodie. Zum Ende dieser Sitzung schlug ein glühender Hammer in ihrem Kopf, und eine Stelle unter ihrem rechten Schulterblatt fühlte sich an, als drückte jemand einen kalten Nagel in ihr Fleisch, aber sie hatte erstmals den Eindruck, dass sie einen Fortschritt gemacht hatte. Auch Tudor lächelte aufrichtiger, als er ihr eine frische Tasse Tee einschenkte.

„Wie meinten Sie das eben, als Sie sagten, dass der Tod auch Überlebende auseinanderbringen kann? Heißt das, dass man sich von Menschen mit der gleichen Erfahrung löst, um die Erinnerung zu stillen?"

Tudor sah sie offen an. Es war nicht die Offenheit der Muh, die entwaffnend und verschleiernd zugleich sein konnte. Er wollte nichts beschönigen.

„Wenn man so einen Unfall überlebt, beginnt danach ein neues Leben. Entscheidungen, die man in der Notsituation getroffen hat, gewinnen neue Tragweite, eine viel größere, als anfangs abzusehen ist. Damals dachte niemand an Therapie. Wir hatten unser neues Leben. Und ... meine Freundin zog es vor, ohne mich zurechtzukommen."

„Sprechen Sie von Ida Santer?"

Diesmal zuckte er eindeutig zusammen.

„Sie kennen Blemish? Kein Wunder, es war so viel über uns in der Presse nach dem Mord an Ida. Nein, ich meine nicht diese Frau. Melli ... Ich glaube, Wayan sollte uns noch Wasser bringen. Ich rufe ihn an."

Er ging ein paar Schritte in den Garten, nahm aber nicht sofort sein Telefon. Erst nach fast einer Minute zog er es aus der Hosentasche und bestellte mehr Wasser. Bis der Kellner kam, blieb er unter den Bäumen stehen.

Christa grübelte unterdessen über den Namen Melli. Sie war sicher, dass keines der Bandmitglieder so geheißen hatte. Trotzdem hatte sie das Gefühl, dass sie den Namen gehört oder gelesen hatte. Sie sah, wie der Kellner zwei Flaschen an Tudor übergab. Als er das Tablett zum Probenraum balancierte, grollte in der Ferne ein Donner.

„Was für ein Auftritt. Machen Sie sich bereit für Ihr Finale, Frau Hemmen."

Kurz vor einundzwanzig Uhr klingelte Tudors Telefon. Er bat Christa weiterzuspielen und ging zu dem Bauernschrank, in dem er das Telefon abgelegt hatte. Nachdem er den Klingelton weggedrückt hatte, stand er gedankenverloren vor dem Schrank. Christa spielte bis zum Ende ihrer Übung. Nachdem sie eine Weile gewartet hatte, drehte sie sich zu ihm um.

„Ich bin fertig."

Eilig steckte er das Telefon in die Hosentasche und kam zu ihr.

„Das war sehr, sehr gut. Würde es Ihnen viel ausmachen, wenn wir ein paar Minuten früher Schluss machen? Ich habe einen wichtigen Anruf erhalten und sollte so bald wie möglich zurückrufen."

Christa war zu erleichtert über das Ende des Unterrichts, um auf ihre letzten zehn Minuten Unterricht zu bestehen. Sie nahm ihr Telefon, um Justin anzurufen, und stellte fest, dass sie kein Netz hatte. Tudor sah über ihre Schulter.

„Hier hinten im Garten ist der Empfang schlecht. Gehen Sie bis vorne an die Straße, da müssten Sie ein Netz haben. Kommen Sie gut nach Hause."

Christa verabschiedete sich und trat vor die Tür des Probenhauses. Der Wind jagte Blätter und abgerissene Zweige über das Gras. Es war dunkel geworden. Weit hinter den Bäumen schimmerten die Fenster des Haupthauses. Blitze zuckten, ihr Licht erhellte jedoch nicht den Rasen unter den Bäumen. Christa sah besorgt nach oben, wo es ächzte und knarrte, wenn der Wind einen dicken Ast schüttelte. Auf dem Kiesweg konnte sie nur wenige Meter weit sehen. Entschlossen ging sie los. Sie hoffte, das Haupthaus zu erreichen, ehe das Gewitter endgültig losbrach. Sie konnte drinnen auf Justin warten, denn es lohnte sich nicht mehr, ihn anzurufen.

Nachdem sie keine zehn Meter gegangen war, hörte sie ein Geräusch wie von einem Reißverschluss, der aufgerissen wurde. Einer der Pavillons flatterte wie ein gefangenes Gespenst, ehe die letzten Befestigungsseile rissen und die weiße Plane direkt auf Christa zu flog. Erschrocken wich sie zur Seite aus und geriet vom Weg tiefer unter die Bäume. Der Pavillon wickelte sich um mehrere Stämme. Seine losen Seile schlugen mit den Böen, eines traf Christa am Arm. Sie schrie auf und sprang aus der Reichweite des Seils. Die übrigen Pavillons schimmerten grau. Auch sie flatterten und hoben sich, als könnten sie dem immer stärkeren Wind nicht mehr lange standhalten. Sicherheitshalber machte Christa einen weiteren Bogen.

Für Sekunden erleuchtete ein Blitz den Garten wie ein Scheinwerfer. Gleichzeitig donnerte es. Der Boden bebte unter ihren Füßen. Dann lag alles schwarz vor ihr. Mit dem Licht war das Haus verschwunden, so oft sie sich drehte und den Hals reckte. Ein weiterer Blitz erhellte den Garten. In der Ferne, die ebenso gut fünfzig wie hundert Meter hätte sein können, erkannte sie die Einfahrt und die Häuser gegenüber. Auch dort war kein Fenster erleuchtet. Immerhin wusste sie, in welche Richtung sie gehen musste. Am Rande ihrer Wahrnehmung nahm sie eine Bewegung wahr, doch ihr blieb keine Zeit, sich umzudrehen, denn der Garten fiel zurück in absolute Dunkelheit und ein monsunartiger Regen stürzte nieder.

Christa presste ihre Handtasche an die Brust und stapfte gegen den Wind vorwärts. In ihrem Kopf kreiste der Spruch *Eichen sollst du weichen*. Wenn sie raten sollte, hätte sie gesagt, dass vor dem Haus Apfelbäume standen. Ob zur Grundstücksgrenze ebenso Obstbäume, Buchen oder eben Eichen standen, konnte sie nicht sagen. Ein nasser Zweig flog an ihrem Gesicht vorbei, irgendwo in ihrer Nähe beschwerten sich Elstern. Gerade als in den Häusern an der Straße die Lichter wieder angingen, sprang etwas von hinten gegen Christa und warf sie zu Boden.

Atemlos lag sie auf dem nassen Gras, unter sich die Handtasche. Der Sturz war plötzlich gekommen, und sie fragte sich noch, ob sie in Wirklichkeit gestolpert war, als von der Seite ein schwerer Körper auf sie fiel. Knie drückten in ihren Rücken und kalte Hände pressten ihr Gesicht in das Gras. In Panik versuchte Christa ihre Arme unter ihrem Körper zu befreien und die Hände zu fassen zu kriegen. Es gelang ihr, das Gleichgewicht ihres Angreifers zu stören, doch ehe sie sich vom Boden hochstemmen konnte, warf sie ein erneuter Angriff auf das Gras. Diesmal pressten Daumen in ihren Nacken und sechs Finger suchten ihren Kehlkopf. Lichtpunkte tanzten vor ihren Augen. Eine ihrer Hände bekam ein Handgelenk zu fassen. Sie zog daran und erreichte, dass die nassen Finger von ihrem Hals glitten. Ein spitzer Schrei direkt neben ihrem Ohr erhöhte ihre Panik noch. Mit einer Drehung des Oberkörpers streifte Christa die zweite Hand ab.

Wieder ertönte dieser gelle Schrei, wie von einer Katze. Sie drehte sich halb um, als ein Schlag sie zurückwarf. Die Katze hatte etwas Großes, Schweres in ihre Klauen bekommen, wahrscheinlich Christas Handtasche. Der Geschmack von Metall erfüllte ihren Mund, als Christa sich einem Fisch gleich wand und mit beiden Händen das Fell der Katze zu packen bekam. Wieder hörte sie den Schrei, diesmal auch heftigen Atem, als ein Knie ihre Schenkel auseinanderdrückte. Sie riss an dem Fell, dass wie nasse Wollfäden über ihre Arme fiel. Licht tanzte, doch diesmal sah es anders aus, es blieb konstant vor ihrem Gesicht, ohne sie zu blenden. Die Katze schrie, als sie sich von ihr hob. Christa kauerte sich zusammen für den nächsten Angriff. Doch es blieb bei dem Schreien.

Die Lichtpunkte waren für kurze Zeit verschwunden gewesen, nun traf ihr Schein Christas Gesicht. Sie hob eine Hand an die Augen. Das Licht verschwand und jemand nahm sie in den Arm, dass sie fast keine Luft mehr bekam. Diesmal erkannte sie am Geruch Justin.

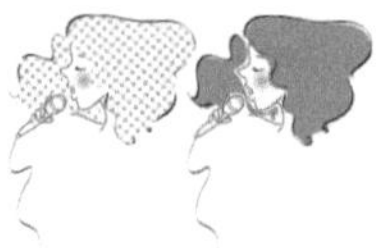

Sonntag, 3. Woche Juli

Christa in Sandkrug

Muh waren nur selten aus der Ruhe zu bringen. Bea ließ sich nicht anmerken, ob sie es seltsam fand , dass ein Polizist Justin und Christa klatschnass und mit Gras und Erde beschmiert im Tagungshaus abgeliefert hatte. Sie hatte die beiden zum Duschen geschickt und ihnen anschließend in ihrem Büro heißen Tee serviert. Während Christa mit der Wunde in ihrem Mund zu kämpfen hatte, schien Justin sich in den zur Verfügung gestellten Kleidungsstücken unwohl zu fühlen. Mit Sicherheit saß der Pullover an seinen Schultern zu knapp, und die Jogginghose ließ fast dreißig Zentimeter Bein frei.

„Brauchst du noch irgendetwas für deinen Hals?"

Christa fuhr mit den Fingerspitzen vorsichtig über die Seiten ihres Kehlkopfs.

„Nein. Der Arzt meinte, ich hätte Glück gehabt, weil ihre Hände so klein waren und sie wegen der Sehnenscheidenentzündung nicht richtig zupacken konnte."

„Glück? Die Frau war wie ein Tier." Justin nahm eine von Christas Händen und hielt sie kurz an die Lippen. „Wenn sie nicht so geschrien hätte, hätten wir euch nicht gefunden."

„Also doch mein Glück."

Justin machte ein wütendes Gesicht, was nicht zu ihm passen wollte.

„Ich hatte dich gewarnt."

„Ja, aber du hast gedacht, dass Tudor gefährlich ist."

„Du doch auch."

„Ja", gab Christa zu und versuchte, ohne ruckartige Bewegung an ihren Becher zu kommen. Bea schob ihn zu ihr. „Es wäre logisch gewesen, wenn er diese Hafsa, Darren Welsh und Ida Santer ermordet hätte."

„Aber Menschen sind nicht logisch", mischte sich Bea ein. „Sonst würden sie nicht zu Gewaltausbrüchen neigen. Warum hat Eden Snowe dich angegriffen?"

„Eifersucht." Christa warf einen schnellen Blick auf Justin, der sie misstrauisch musterte. „Offenbar war sie immer eifersüchtig, und bestimmt nicht ohne Grund. Sie hat am Donnerstag mitbekommen, wie charmant Tudor zu mir war, als ich einen Kurs buchen wollte. Da hat sie anscheinend die Anzeichen erkannt, dass er auf eine Eroberung aus war. Gestern hat sie sich in das Probenhaus geschlichen und beobachtet, wie er mir den Nacken massiert hat."

„Er hat deinen Nacken massiert? Wieso das?" Justin wirkte fassungslos.

„Meine Muskulatur war verspannt."

Er schnaubte. Bea machte ein gleichmütiges Gesicht.

„Und dann hat sie entschieden, dass du aus dem Weg geräumt werden musst?"

„Ja. Aber sie war wohl schon ziemlich durchgeknallt, nachdem sie die anderen umgebracht hat."

„Die anderen?"

Der Gleichmut lag unbeweglich auf Beas Gesicht. Christa fand, Justin sollte sich an ihr ein Beispiel nehmen.

„Eden Snowe war immer schon eifersüchtig auf Ida Santer gewesen. Sie mochte es nicht, dass ihr Mann nach all den Jahren immer noch Kontakt zu ihr hielt. Es war natürlich naiv von ihm zu glauben, dass seine Frau nichts davon merkte. Als Ida ihn kurz vor dem Festival angerufen hat, hat sie das mitbekommen. Oder sein Telefon kontrolliert. Zur gleichen Zeit hat sie erfahren, dass Tudor Darren Welsh seit Jahren Geld gegeben hat. Tudor hat es freundschaftliche Unterstützung genannt, aber es war Erpressung. Sie hat die Kontoauszüge ihres Mannes überprüft und herausgefunden, dass er nicht nur Geld an Welsh geschickt hat, sondern Geld von Ida bekommen hat."

„Warum hat Ida Santer ihm Geld überwiesen?"

Christa sah Bea an.

„Vielleicht damit er nichts verriet. Aber das hätte er nicht tun können, ohne sich selbst in Schwierigkeiten zu bringen. Vielleicht um wenigstens über das Geld Kontakt zu ihm zu halten. Sie konnte nicht vergessen, dass sie ihn einmal geliebt hat. Und dann brauchte plötzlich sie Geld. Da hat sie Tudor um Hilfe gebeten."

Justin schüttelte den Kopf.

„Was ich so über sie gehört habe, hat sie sich von anderen Gefühlen leiten lassen. Liebe spielte für diese Frau keine Rolle."

„Na ja, man täuscht sich in Menschen. Ida Santer hat mit Bedacht an ihrem schlechten Image gearbeitet."

Wenig überzeugt brummte Justin vor sich hin und nahm sich mehr Tee.

„Zurück zu Eden. Darren Welsh hatte über einen langen Zeitraum die Finanzen von Tudor und damit auch von der Musikschule belastet. Jetzt hatte er sich da eingenistet und verlangte noch mehr Geld für seine medizinische Behandlung. Da hat Eden geglaubt, sie könnte zwei Fliegen mit einer Klappe schlagen. Sie hat die von Ida und Tudor geplante Geldübergabe abgesagt und auf einen späteren Zeitpunkt verschoben. Dann ist sie selbst hingefahren und hat Ida erstochen. Später hat sie Welsh zu Idas Haus gelockt. Sie wusste von Tudor, dass er auch Ida erpresst hat. Als die Polizei Welsh nicht wegen Einbruchs bei Ida aus dem Verkehr gezogen hat, hat sie ihn getötet. Aber ihre Haushaltshilfe hat zu viel gemerkt und ebenfalls eine Erpressung versucht. Sie musste auch sterben."

„Wie hat sie das hinbekommen?"

„Wir haben nur Edens Wort für das, was die beiden in der Küche besprochen haben, als sie sich angeblich stritten. Diese Hafsa wollte den Umschlag mit dem Geld in einem Schließfach deponieren. Sie hatte nicht vor gehabt, sich an diesem Samstag abzusetzen. Leos McPhelps sollte sie zum Bahnhof in Sandkrug fahren. Aber vorher ist sie ausgestiegen, weil sie Edens Auto hinter ihnen auf der Straße erkannt hat. Eden hat ihr vermutlich Versprechungen gemacht. Sie ist mit ihr nach Hude gefahren, hat sie erwürgt und das Geld wieder mitgenommen. Anschließend hat sie Hafsas Zimmer ausgeräumt und die Sachen an der Raststätte Huntetal entsorgt. In der Sommermusikschule war so viel los, dass niemand darauf geachtet hat, was sie tat."

Christa trank etwas Tee. Ihr Mund fühlte sich wund an.

„Warum hat denn niemand gemerkt, was sie im Schilde führte?"

„Weil alle glaubten, ein Mann müsse Ida ermordet haben. So viele Männer hatten unter ihr gelitten. Dabei war es wirklich eine Frage des Rufes. Ida war nicht so ein männerverschleißender Vamp, wie alle sagten. Sie war nicht einmal Ida."

„Was?" Justin und Bea starrten sie verständnislos und, im Falle von Justin, besorgt an.

„Ja, Ida Santer ist tot. Seit 1990. Und wenn man die Andeutungen von Welsh richtig interpretiert, ist sie nicht bei dem Unfall gestorben. Tudor und die Ida, die wir kennen, wurden erpresst, weil sie den Tod einer Frau verursacht hatten. Das war die richtige Ida, egal was Wersig herumerzählte. Er hatte sein Wissen von Welsh, und der hat ihm entweder nicht die Wahrheit gesagt oder sich so unklar ausgedrückt, dass Wersig seine eigenen Schlüsse gezogen hat."

„Und wer wohnte in Rhauderfehn in der Kastanienallee? Wer hat diese fantastische Jazzkarriere aufgebaut?"

So viel Begeisterung für Ida Santers Musik hätte Christa nur bei Harry erwartet. Sie wandte sich zu Justin, der mit ihr die alten Zeitungen gelesen hatte.

„Melanie Krevis. Genannt Melli. Sie war eins der Bandmitglieder, die in letzter Minute mit auf die Comeback-Tour gekommen sind. Sie kam frisch von der Ausbildung als Sängerin und hatte keine Chance, so kurz vor dem Ende der DDR ein Engagement als Opernsängerin zu bekommen. Dafür hatte sie eine Affäre oder fast eine Affäre mit Tudor. Und nach dem Unfall hat sie mit Ida die Rollen getauscht. Welsh wusste das. Er hat es beobachtet. Und Idas Mutter fühlte es."

Amke in Rhauderfehn

AMKE WOLLTE ES KEINER DER PFLEGEKRÄFTE ZUMUTEN, FRAU SANTER ZU ERKLÄREN, was mit ihrer Tochter geschehen war. Nach einem Telefonat mit der Kommissarin aus Oldenburg fuhr sie selbst in die Wohngruppe.

Hinriette Santer verließ nur ungern ihren Platz im Gemeinschaftsraum, wo sie mit einigen Damen Mensch ärgere Dich nicht gespielt hatte. Bis sie in ihrem Zimmer eingetroffen waren, hatte sie sich von ihrer schlechten Stimmung erholt.

„Ich hätte sowieso verloren", teilte sie Amke mit und wies mit der Hand auf einen Sessel. Amke nahm Platz und wartete, bis die alte Dame saß. Dann schilderte sie ihr so einfach und so einfühlsam wie möglich, dass Ida Santer 1990 nach dem Busunfall ermordet worden war. Die alte Dame schwieg eine Weile.

„Niemand hat mir geglaubt, wenn ich gesagt habe, dass diese Frau nicht meine Tochter war."

„Das stimmt. Leider."

„Als Mutter weiß man so etwas. Ich bin doch nicht blöd." Frau Santer faltete die Hände. „Diese Frau hatte Geld, nicht wahr?"

„Ja."

„Bekomme ich das?"

Amke nahm das an. Frau Santer nickte langsam.

„Dann ist es in Ordnung. Ich möchte nicht mehr in die Jägerstraße. Ich bleibe hier. Hier gefällt es mir. Und jetzt gehe ich wieder zu den anderen Mädchen."

Mit diesen Worten stand sie auf und ließ Amke sitzen.

ENDE

Liebe Leserin, lieber Leser,

Wenn Ihnen dieses Buch gefallen hat, würde ich mich über eine Rezension freuen. Dafür danke ich Ihnen im Voraus. Weitere Bücher aus dem Wieken-Verlag finden Sie auf der Internetseite des Wieken-Verlags.

Martina Sevecke–Pohlen

Über Martina Sevecke–Pohlen

Martina Sevecke-Pohlen wurde 1968 in Düsseldorf geboren. Nach einem Umzug nach Aachen besuchte sie dort die Schule und machte 1989 ihr Abitur. An der Carl von Ossietzky–Universität in Oldenburg studierte sie Anglistik und Germanistik und arbeitete anschließend in der Erwachsenenbildung.
2011 gründete sie in Rhauderfehn den Wieken–Verlag Martina Sevecke–Pohlen.
Weitere Bücher von Martina Sevecke-Pohlen finden Sie auf der Seite des Wieken-Verlags https://www.wieken-verlag.de.